中華文化思想叢書

老北大講義

清史講義

孟森　著

出版說明

　　自一八九八年建校以來，北京大學作為中國第一所國立大學，當仁不讓地成為一座重鎮。我們很難在「重鎮」的前面加上合適的定語，如果掛一漏萬地勉強做一下嘗試，那麼，如下關鍵字應該無法忽略：教育、學術、思想、文化傳承；如果再在這些嚴肅的字眼前做個補充，我們應該謹慎地加上——心目中。

　　因此，這句話完整地表述出來，或許是這個樣子的——北大是我們心目中一座教育、學術、思想和文化傳承的重鎮。

　　從語法的角度來看，離中心詞越遠的形容詞，它的定語功能越弱，因此，這個「心目中」的限定作用其實很讓人懷疑——難道事實不是這樣嗎？難道北大只是無數人在心中塑造的神聖殿堂嗎？

　　確實如此，在我們沒有條件走入北大的課堂，在我們沒有聆聽教授們的傳道、授業、解惑，甚至在我們沒有閱讀這套《老北大講義》之前，它只不過存在於我們渴求學業、探求人文理想的心目中。如今的我們很難跨越時空觸摸「五四」時期的紅樓，也再無可能聽到黃侃擠兌胡適的精彩言辭——但好在，校址課堂可以變換，教授先生可以逝去，但這套《老北大講義》，仍然使這座學術思想的重鎮觸手可及般呈現在我們的面前，而不僅僅再讓我們於心目中憧憬和描摹。事實上，又有什麼比文字著述能流傳得更遠更久，同時又能連綴百年與今日、先賢與遺產呢？

　　這套《老北大講義》，就是這樣與我們「心目中」的那座殿堂如此接近，它來自於塑造這座重鎮所需的基石——現在我們依然無法用準確的詞彙總結出給神殿做基石所必要的成分。好在北大建校百年後的

大洋彼岸，美國史丹佛大學明確拒絕了國務卿萊斯重回母校任職的申請。一位教授這樣闡述他的理由：萊斯為之服務的政府破壞了正義、科學、專業、正直等基本的學術價值觀，史丹佛不應該再讓她回來。美國人在現代文明中體會到「學校」的本質精神，而早在百年前社會思想紛雜的亂世中，北大的學者便在這個基礎上加上了「勇氣」二字，因為，他們面對的是啟蒙。

正是基於勇氣之下的正義、科學、專業、正直，老北大的講義直到如今，依然在現代學術和思想史上具有無可替代的價值。原因似乎很簡單：它只為良知負責，而不摻雜任何功利；原因卻也很複雜：能夠做到這一點，並不是僅有願望和堅持那麼容易。因此，我們很難想像，這套《老北大講義》，是如何能夠穿越百年風雲，在思想的多次變革和社會的動盪過後，依然能夠熠熠閃光。

或許所有的答案早在蔡元培先生的一句話中：「循思想自由原則，取相容並包之義。」這是北大的立校之基，是北大的教育準繩。但是，如果我們拋開了學校與教育的因素，就會清晰地看到現代學術與思想發軔的源頭。正是本著這種精神，這套《老北大講義》呈現出大多數人意想不到的面貌：

其一，它涵蓋了文學、史學、藝術、哲學甚至更多的邊緣學科。而我們大概很難想到那些目前幾近符號化定格的先賢竟會如此「跨學科」，在某個非專項的細小考證上侃侃而談；

其二，在同類學術問題的思考上，各教授的觀點未必一致甚或相左。課堂上也經常有明譏暗諷、互相貶低之類的掌故。但這並不妨礙落了下風的一方以獨立的精神和學術的品格堅守自己；

其三，在當時的情況下，教授們對西方現代哲學思想或歷史觀念的了解並不很深，哪怕對本國正在發生的白話文運動也多有不成熟的看法，但這並不妨礙以客觀踏實的精神大膽探求；

其四，即或放在今天，我們依然看到著述中鮮活的思路和治學原則。或許其所述內容業已陳舊，但其字裡行間跳動的思想卻是今天的某些所謂巨著中缺少的靈魂。

正因為如此，《老北大講義》不僅僅是小小課堂的教學工具，更是現代學術和思想發軔的第一媒介。因為有了李大釗的《史學要論》，才有了馬克思主義唯物史觀在中國的首次公開而正式的傳播；因為有了胡適的西方哲學講義，才有了國人對西方文明尤其是現代思潮的進一步了解；因為有了錢玄同和劉半農的漢語研究，才有了推動白話文運動的基本依據……

當我們無法親臨北大課堂，當我們無法回到那個大師輩出的年代時，這套《老北大講義》像是一座橋梁溝通了時空，輕易地在我們腳下搭建了一條通往中國學養源頭的路。

然而，對這些珍貴思想文化遺產的整理和推廣，看似輕易簡單，實則困難重重。在首批推出的著述中，我們不得不仔細考慮作者的成就與影響，也不得不考量每一本書的內容價值，甚至還得兼顧品種的豐富性和學科的完整性，因此，難免有遺珠之憾。

此外，有些影響較廣的著述，此前亦有各種單行本見於市面。編者雖然力求呈現出更多的新品種，填補文化傳承上的空白，但考慮到這是國內首次完整地以「老北大講義」的概念進行編纂出版，所以，我們也在嚴謹衡量的基礎上推出了這類「舊作」。

以往，老北大講義有很多著述僅有存目，出版本十分罕見。但讓我們十分快慰的是，在此次編選的過程中找到了一些孤本，不日將陸續付梓──在興奮與欣喜之餘，我們也不免懼怕，如果再不出版，它們，這些凝聚一流學者畢生心血的思想學術經典，恐怕後人再難讀到了。

正因如此，我們希望這套書的出版，能夠延續我們「心目中」的

那座殿堂，否則，很難說再過百年後，北大是不是一座空中樓閣，會不會只是個在口頭傳頌的一段傳奇。

孟森與《清史講義》

張中行先生對孟森的回憶是所有紀念文章中最為傳神的，其中說：「（孟森上課時）眼永遠在講義之上，不往講臺下看。他只會寫，不會發揮，所以所謂講課就是念講義，認真，準確，一字不差……也就因為潛心治學，在明清史方面有突出的造詣，學生有時候形容他，說現時白菜多少錢一斤他不知道，可是成化或雍正年間，誰打誰一個嘴巴，他必記得清清楚楚。」

孟森（1869-1937），字蒓孫，號心史，世稱孟心史先生。他被公認為中國近代清史研究的傑出奠基人，其著作是近代清史研究第一代的最高水準。

孟森早年著意於學術、政治、經濟等諸多領域，曾撰寫翻譯了一些有關法學及經濟學的著作，中年時又為著名實業家張謇親近幕友，曾參與了清末立憲運動。清末民初，孟森逐漸脫離政治活動，開始專力於治史。

一九二九年起，孟森受聘於南京中央大學，講授清朝入關前歷史，撰成講義《清朝前紀》，一九三一年，受聘於北京大學歷史系，講授「滿洲開國史」等課程，編纂《明元清系通紀》，著有《明史講義》《清史講義》，對史實進行考訂敘述，多有發明創見，所作評議，亦具精闢獨到之處。

孟森治史，在傳統方法上吸收了近代史論研究方法，開創了明清斷代史研究之先河。清史專家王鍾翰先生給予孟森史學研究成果極高評價：其「不過三十餘年，而撰述之富，成就之大，影響之深，自非後輩末學所能望其肩背者也」。

　　這部《清史講義》是孟森先生二十世紀三〇年代在北京大學授課時的講義。孟森先生在北京大學歷史系所授課程有四門，為「明清史」「滿洲開國史」「明清史料擇題研究」與「清史研究」。其中，第一次開設「明清史」課，是在一九三二至一九三三年度，為一年的學時。以後每隔一年開課一次，到一九三七年夏為止，總共開過三次。

　　從一九三五年秋天起，「明清史」一課，不再僅是二年級必修科，也是一、三、四年級學生必修科。而在一九三六至一九三七年度第三次開課時，授課內容與計劃做了重大調整，簡單來說，就是因為史實太過豐富，不能講得過於簡略，所以實際上將「明清史」分為「明史」「清史」兩課，分別為一年的課時，隔年授課。

　　這一重要改變，直接影響到孟森授課內容的變化以及講義的編撰，比如，一九三二年「明清史」作為一堂課時，清代部分只講到乾隆末年，其後則劃歸「中國近代史」的範疇，但拉長為一部史講一年課時後，則要增補很多內容。所以，一九三五年後孟森先生開始增補清史乾隆朝後的內容。不過，現在所見《清史講義》只講到咸豐同治年間，他的學生在整理出版《清史講義》時回憶，孟森確實是想寫到光緒宣統年代的，但因為抗戰爆發和他的去世，這一章並未寫成。另外，乾隆後至同治末年這一章，雖然寫成，但未來得及授課，是後來整理其遺稿增補入書的，嚴格來說，這一章並不是授課內容。

　　《清史講義》對清朝二百多年之政治、經濟、文化進行了全面的述評，史實詳盡，考訂了清先世源流、八旗制度原貌，並對清代從開國到國運由盛轉衰的過程和重要史實進行了縝密的論析。雖欠完整，仍被史學界譽為我國近代清史學派的開山之作。

目次

第一編
總論

第一章
清史在史學上之位置

　　清末有史也，而有《史稿》，《史稿》為辛亥革命後政府所修。若以革命為易代之限，則《清史稿》與史有同等效力。然革命後同為民國，而政府之遞嬗，意義有不盡同。故前一期政府之所修，又為後一期政府之所暫禁。今猶在審查中，卒蒙弛禁與否未可知。要之，吾輩今日之講清史，猶未能認《清史稿》為勒定之正史也。則於史學上，無一定之史書可作根據。但論史之原理，一朝之經過，是否有為修正史之價值？能統一國土，能治理人民，能行使政權，能綿歷年歲，則能占一朝正史之位置，意義全矣。政府之意，亦非謂清不當有史，但未認《清史稿》即為《清史》。然則於清一代史料之正確者，懸設一正史之位置處之，史料極富。《清史稿》為排比已有具體之一大件，亦應在懸設正史之位置中，參加史料之一席。真正史料，皆出於史中某一朝之本身所構成，聞野記，間資參考，非作史之所應專據也。

　　清之於史，自代明以來，未嘗一日不踐有史之系統。中國史之系統，乃國家將行一事，其動機已入史，決不待事成之後，乃由史家描寫之。描寫已成之事，任何公正之人必有主觀，若在發動之初，由需要而動議，由動議而取決，由取決而施行，歷史上有此一事，其甫動至確定，一一留其蛻化之痕跡，則雖欲不公正而不能遇事捏造，除故意作偽之別有關係者外，國事之現象，如攝影之留真，妍媸不能自掩也。有史之組織，清代明時未嘗間斷，故有史之系統未嘗差池。民國代清，獨未嘗留意此事，及今而始議保管檔案。保管檔案，乃抱殘守缺之事，非生枝發葉，移步換形，而皆使之莫可逃遁之事也。中國有

史之系統，嚴正完美，實超乎萬國之上。由科鈔而史書，由史書而日錄，而起居注，而絲綸簿，清代又有軍機處檔。具此底本，再加種種之纂修，《實錄》又為其扼要，分之而為本紀，為列傳，為方略，為各志各表，史已大備。易代後就而裁定，其為史館自定者無幾矣。《清史稿》即就此取材，故大致當作《清史》規範。而其原件之存在，因印刷之發達，流布尤多。故以此大宗史料歸納之為《清史》。而此《清史》之在史學上位置，必成正史，則無可糾駁矣。

　　近日淺學之士，承革命時期之態度，對清或作仇敵之詞。既認為仇敵，即無代為修史之任務。若已認為應代修史，即認為現代所繼承之前代，尊重現代，必並不厭薄於所繼承之代，而後覺承統之有自。清一代武功文治，幅員人材，皆有可觀。明初代元，以胡俗為厭，天下既定，即表彰元世祖之治，惜其子孫不能遵守。後代於前代，評量政治之得失，以為法戒，乃所以為史學。故史學上之清史，自當占中國累朝史中較盛之一朝，不應故為貶抑，自失學者態度。

第二章
清史體例

　　清史今皆只可謂之史料，未成正史。惟《清史稿》為有史之輪廓，後有修訂，大約當本此為去取。則《清史稿》之與前史異同，其為斟酌損益之故，即吾輩治清史所應討論者也。紀志表傳，四大總類，仍前不變。紀有十二，最後為〈宣統紀〉。據金梁《校刻記》，言初擬為今上本紀，後改定。今上本紀之名，自為不合，稱〈宣統紀〉，亦屬變例，宣統乃一國紀年之號，非帝身所獨有，若稱宣統帝，猶為宣統朝之帝，否則以遜國而稱遜帝，亦尚相符。古有易代而前代之君存在者，修史時其君已亡。則由後代為之追諡，而即以諡入史，若漢之獻帝，元之順帝，皆是。清遜帝獨在，而《史稿》已成，無諡可稱，似當以遜帝名紀。志目十六：曰〈天文〉〈災異〉〈時憲〉〈地理〉〈禮〉〈樂〉〈輿服附鹵簿〉〈選舉〉〈職官〉〈食貨〉〈河渠〉〈兵〉〈交通〉〈刑法〉〈藝文〉〈邦交〉。其〈交通〉〈邦交〉兩志，為前史所無，今以時政重要，專為作志。其〈災異〉則所以變前史之〈五行志〉。〈時憲〉即曆，清避高宗諱，改〈曆書〉為〈時憲書〉，其實〈時憲〉乃清曆之名。歷代曆皆有名，且或一代數名，而曆之公名不變。清改明之〈大統曆〉為〈時憲曆〉，至曆字成諱遂去之。〈史稿〉作志，〈曆志〉竟稱〈時憲志〉，假如明之〈曆志〉，豈可作〈大統志〉？但文字因避諱而流變，其例亦多，姑不論。第其志中全載〈八線表〉，篇幅占全志三之二。夫〈八線表〉為步天濟算之用具，習算者人人挾之，且充用之〈八線表〉，亦無需密至七八位。清修《明史》，已用新法列圖，即具八線之法，而不必盡推其數。今何必於志中括其用具？若果為便用

計，則豈不更有〈八線對數表〉乎？學校習算之生皆挾一表，書非難得，史志又非便人工作之文，不應浪費篇幅。以〈災異〉變前史之〈五行〉，不可不謂為進步，又仿明〈五行志〉，削事應之附會，似皆取長去短；然所載事目，仍拘於五行之分項，豈非矛盾？夫果以災異而後志，則必有關於國計之盈絀，民生之登耗，若水旱、饑饉、疾疫之類，載之可也；一時一地之物異，一人一家之事變，載之何為？尤可異者，狂人、服異二事。人之狂為生理中之事，以醫學為統計，人之狂者正多，何時何地不有狂人，而〈志〉獨載雍正三年七月一狂人，云：「靈川五都廖家塘，有村民同眾入山，砍竹不歸，一百四十餘日始抵家，所言多不經。」清一代二百六十八年，只有此一狂人，其狂之程度又甚馴善，若在世俗言之，乃小說家所謂遇異人得道者。以此列入〈災異志〉，當是清國史館原有〈五行志〉，曾列此事，今不知抉擇而隨手採入，未免苟且固陋。服妖之說，尤非有政刑之國所應為。朝不通道，工不信度，有此現象。若謂國無法度即是災異，則又不當終清之世僅得一事。〈志〉云：「道光十七年，崇陽鄉民好服尖頭帽鞋，站步不穩。識者以為服妖。」由事實言之，叔季之世，奢靡之鄉，服之妖者占多數，何可勝載！其人痾一事，以一產三男占篇幅十之七八。此事古或以為祥，清代功令，亦在優待之列，此云人痾，豈節育家言乎？至〈藝文志〉之為目錄學家詬病，則在疏漏，較之〈時憲〉〈災異〉兩志，常識未具，猶為有間。表目十：曰〈皇子〉〈公主〉〈外戚〉〈諸臣封爵〉〈藩部〉〈大學士〉〈軍機大臣〉〈部院大臣〉〈疆臣〉〈交聘〉。〈軍機大臣〉為前史所無。〈部院大臣〉即《明史・七卿表》。而衙門加一理藩院，官職列至侍郎。其軍機、理藩院之增加，乃應合時制，侍郎之添列，則用意周密，殊便考核。任其事者為職官制表專家吳君廷燮，亦人存政舉之道。〈疆臣〉一表，比之〈方鎮〉。清中葉以來，實有外重之漸，即其初，設督撫為專官，已有兼轄軍民之柄，位尊地

重。史列年表，亦應時代而為之。而駐防之將軍、都統，亦列疆臣，又清之特制也。〈交聘〉有表，與〈邦交〉有志相應。傳目十五，曰：〈后妃〉〈諸王〉〈諸臣〉〈循吏〉〈儒林〉〈文苑〉〈疇人〉〈忠義〉〈孝義〉〈遺逸〉〈藝術〉〈烈女〉〈土司〉〈藩部〉〈屬國〉。其中〈疇人〉一傳，前史所無，古豈無明習歷算之人，一藝之長，史家為之類傳，無庸另標專目。九數屬之保氏。經生不通算術，本不得為全材。孟子言「千歲之日至，可坐而致」。可見其視此為學問之餘事，不過孔門六藝之一耳。清代經師，能治歷者甚多，既文達偶然創作〈疇人傳〉，並非為史立例，《史稿》乃沿之，似亦多事，併入經學為宜。〈儒林〉一傳，沿清代學風之弊，以詞章為〈文苑〉，考據即為〈儒林〉。考據中專究文字學者，明明文苑耳，而亦與尊德性飭躬行者並驅爭先，且形容以身教人者為迂腐，為空疏，人心風俗，於是大壞。此亦非《清史稿》作俑，舊國史館《儒林傳》已立此例。蓋為乾嘉以來學風所劫制，不自知其捨本逐末，而卒為世道之憂也。此皆其可議者也。

第三章
清代種族及世系

　　三代以前，皆推本於黃帝，秦亦由伯益而來。封建之世，淵源有自，數典不忘其祖。其可信之成分，較後世為多。漢附會豢龍之劉累，僅憑左氏之浮誇，半涉神話。唐祀老聃，明尊朱子，則皆援引達人，以自標幟。宋更捏造一神人為聖祖，所謂趙玄朗者，終亦不甚取信於子孫臣庶。元自附於吐蕃，《蒙古源流》一書，究屬荒幻。惟清之先，以種族論，確為女真；以發達言，稱王稱帝，實已一再。肅慎與女真，古本同音，中間以移殖較繁之所在，就其山川之名而轉變，遂為抑婁，為勿吉，勿吉又為靺鞨，唐末仍復女真。故知其本名未改。中國史書屢改其名，而在彼實一時之部落名義，非全族有廢興也。女真既為清之先固定種族，唐時成渤海國，有五京、十五府、六十二州，為海東盛國。不但疆域官守，建置可觀，即其享國年歲，由唐開元十七年乙巳，大武藝建號改元，至後唐同光三年乙酉，為遼所滅，傳國一百九十七年，亦可謂根深蒂固之一國家矣。此族雖暫屈於遼，而元氣未漓，猶能自保其種，契丹不足與同化，女真不自混他族。未幾又乘遼之衰，與遼代興，金一代自有正史位置，不勞縷述。所謂一再為帝王者如此。元能滅金，不能滅女真之種，僅驅還女真故地，仍不能直轄其種人，舉其豪酋，世為長率，有五萬戶之設。其中斡朵憐萬戶，後遂為建州女真。清之始祖布庫里雍順，居俄漠惠之鄂多里城，蓋即此始受斡朵憐萬戶職之女真部酋長，故推為始祖。時在元初，余別有《清始祖考》，不詳述於此。據《朝鮮實錄》，斡朵里為金帝室之後，其餘圖們江流域女真，即建州全部女真，尚為金之平民，

迤北之兀狄哈女真，在金亦為同種而別族，然則清為金後之近屬。金與渤海發跡之地，同在女真南部，接壤高麗。清又承金，是其種族之強固，千年之間，三為大國，愈廓愈大。

　　建州女真，既為女真中最優秀之部分，初因居渤海時之建州，謂之建州女真。自元設五萬戶時，建州之名，必已存在。元亡歸附於明，明就其建州部落之名，授以土官衛職，而即名建州衛。先授建州衛職者，為元之胡裡改萬戶阿哈出。由阿哈出復招致斡朵里萬戶童猛哥帖木兒，授以建州左衛指揮之職。清之初系，為明之建州左衛。始授左衛職之猛哥帖木兒，又因其姑姊妹中，有入明宮為妃嬪者，因內寵之故，至陞都督職銜，《清實錄》謂之都督孟特穆。乃以布庫里雍順為分族之始祖，孟特穆為肇基王跡之祖。故後開國建號，尊孟特穆為肇祖，以記其得國實由孟特穆承明寵侍而來。孟特穆即猛哥帖木兒，而去其童姓不著。孟特穆距布庫里雍順約三四代，太祖責兀喇貝勒布占泰，謂其於己之祖先為天女所生，乃十世以來之事，豈有不知。則太祖為孟特穆六世孫，並其本身為第七世，其前亦不過三世。元享國短，元初授布庫里雍順萬戶，不及百年，已入於明，其間亦只應有三世時限。孟特穆襲職或已入明初，或尚在元末，俱未可知。而其父名揮厚，亦為萬戶，見《朝鮮實錄》。再上即必有名范察者，當為布庫里雍順之孫。孟特穆尊為肇祖，其子為充善，為褚宴，明作董山、童倉，童為其姓，倉當即褚宴之合音，朝鮮則謂童倉即董山。董山之弟，朝鮮則名「重羊」，或「充也」，或「真羊」，或「秦羊」。充善之子妥羅、妥義謨、錫寶齊篇古，妥羅繼充善襲建州左衛職。而錫寶齊篇古，「篇古」二字為職名，或云即「萬戶」之譯音。錫寶齊原作石豹奇，《清實錄》謂為充善之第三子，《明實錄》為重羊之子，名失保。明人謂清太祖為建州之枝部，《清實錄》亦謂興祖福滿系石豹奇之子。惟太祖確為建州左衛酋長，朝鮮明著之。且太祖嘗以建州左衛印信文

書致朝鮮，其為石豹奇之後，則非世襲左衛都督者。明人謂失保受指揮職，又謂太祖之先，世為都指揮，則其說皆合。興祖一世，不見於明實錄，以其時建州方弱，妥羅之後，世奉朝貢，其枝部酋無他事接觸中朝，遂不著錄。清之尊為興祖者，在太宗崇德元年，初用帝制，追尊四親之世，興祖為太宗高祖，適當四親之首，故上不及石豹奇，而適以此不見《明實錄》之一代，為追尊所親之始。若肇祖則緣始祖而尊之。以故充善、石豹奇兩世，以親盡而為追尊所不及，入關後因之。但興祖以下，一世景祖，二世顯祖，即太祖之祖若父，在《明實錄》亦載其事實。後來興、景、顯三祖以親盡而祧，太祖則不祧，祧廟中遂永奉肇、興、景、顯四祖。致論清事者疑其世系之不確，則未嘗深求其故也。太祖為開創之祖，清世自應不祧。今先將太祖以上世系，表列如下：

（甲）合各記載所詳之清世系

一世	布庫里雍順　始受元代斡朵里萬戶職，清稱天女所生，認為始祖。
二世	范察　以太祖自謂天女所生子之後十世，始定范察為第二世。據《清實錄》謂為子孫內之一幼兒，不能確定果為子抑為孫也。
三世	童揮厚　襲萬戶，姓童，至太祖乃作姓佟。
四世	童猛哥帖木兒　先襲萬戶，後歸明授建州左衛指揮，升至都督。清稱都督孟特穆，追尊肇祖。朝鮮謂其又姓夾溫，則金之合音。為兀狄哈女真所殺。
五世	充善　襲建州左衛長，亦稱都督。以叛伏誅。明作董山。 褚宴　坐董山叛逆罪，充發福建，死於戍所。
六世	石豹奇　受都指揮職。明作失保。
七世	福滿　以太宗建清國，為四親之首，追尊興祖。只見《清實錄》。為石豹奇之子。
八世	覺昌安　福滿第四子，追尊顯祖。明作叫場。原作覺常剛。

| 九世 | 塔克世　覺昌安四子，追尊顯祖。明作他失。原作塔石。 |
| 十世 | 太祖　塔克世長子。 |

（乙）《清實錄》所詳之世系

一世	布庫里雍順　天女所生，不夫而孕。浴於池，食朱果成胎。既生，命其姓為愛新。愛新為金之義。其實女真自謂金後者，無不稱姓金。
二世	
三世	
四世	都督孟特穆　追尊肇祖。
五世	充善　肇祖一子。 褚宴　肇祖二子。原作除煙。
六世	妥羅　充善一子。原作脫落。 妥義謨　充善二子。原作脫一莫。 錫寶齊篇古　充善三子。原作石豹奇。
七世	福滿　石豹奇子，追尊興祖。
八世	覺昌安　福滿四子，追尊景祖。原作覺常剛。
九世	塔克世　覺昌安四子，追尊顯祖。原作塔石。
十世	太祖　名努爾哈赤，塔克世長子。

　　太祖以前，為明之屬夷，受明之恩遇獨厚。猛哥帖木兒被戕於兀狄哈，其弟凡察及子童倉，求避入遼東邊，明允之。既居邊內，久之乃以所居地為己所應占，明反退以撫順為邊。斡朵里本在朝鮮東北境，至是乃盡移撫順邊門以外，占舊日遼東境內之地。自是得避兀狄哈之難。明之惠於屬夷者，以建州女真所被為最厚。清世盡諱之，於清史料中固不見其事，於明史料中雖見，而清修《明史》，務盡沒之。此今日始大發現，而以余為發現最多。

　　肇祖當元亡以後，臣附於高麗，在高麗王氏朝末，而為李氏朝太

祖未篡高麗時之麾下夷將，時當洪武初年。至明收遼東，平海西，聲
威已至東海之濱，建州女真中，先由阿哈出歸附，繼招致肇祖並歸
明。故清之祖先，見之明代及朝鮮記載者，恰與明開國時相次。明一
代二百七十餘年，清先世亦附見，未嘗間斷。前史無論何朝，其開國
以前祖先之事實，未有如清之先世，彰彰可考，既詳且久者也。充善
以叛伏誅。當時之叛，亦並無與明為敵之志，不過桀驁不馴，不守屬
夷禮節耳，以此誅死。其後馴伏無擾，直至太祖，在建號天命之初，
對明猶朝貢不輟。太祖身自朝明者三次，皆見《明實錄》。明寵以高
官，既為都督，又進龍虎將軍，則《清實錄》亦自載之。而又自謂與
明為敵國，自古未嘗臣服，則徒自失實，煩史學家為之糾摘，於清實
無加損也。太祖之建號天命，本自稱為金國汗，而亦用中國名號，自
尊為天命皇帝。其實並非年號，並未以天命二字為其國內臣民紀年之
用。特帝業由太祖開創，在清史自當尊為開國之帝，入關後相沿以天
命為太祖之年號，則亦不足深辨。至太宗改稱天聰，亦是自尊為天聰
皇帝，非以紀年。觀太宗修《太祖實錄》，屢稱天聰皇帝，為不可分離
之名詞，可以見之。《太祖實錄》成於天聰九年，時雖尚無帝制之心，
而已有為國存史之意，亦見志量之不同其他夷酋。《實錄》既成，明年
又實行建國，去舊國號之金，而定為清。觀其以夷稱君為滿住，後即
就改為滿洲，以名其國。則清之為清，亦就金之口音而變寫漢字，謂
為清國耳。而清之一朝，實定名於是。故天聰十年，有大舉動，改元
崇德，則真用為年號，不自稱崇德皇帝矣。國號為清，乃禁人稱金；
國名為滿洲，乃禁人稱女真。《清實錄》中有「禁人稱珠申，務令改稱
滿洲」之文。珠申即女真之對音，亦即肅慎以來之古音也。逮世祖繼
統，混一中國，天命、天聰，皆成年號。帝統既定，就其開國以後之
世系，以一朝定制，表列如下：

世數	廟號	諡法	年號	享國	陵名	干支	御名	即位	崩年
一	太祖	高。原諡武。原在天聰年間，本不知有諡法。天聰九年，明昌將許世緒叛奏請上諡，並改先汗為先皇，始稱武皇帝，康熙元年改諡曰高。	天命本系尊稱，後相沿即作年號。	景、顯二祖，於明李成梁兵火。太祖以遺怨起，歸之尼堪外之，明祖之興兼併同種而討仇也。未敢討明。歷年種金國而稱汗，三十三年稱國汗，並經天命稱皇帝。又歷十一年。	福陵。以上肇祖以來，其肇祖四祖地亦於順治十六年並稱，永葬一處。	起兵自明萬曆十一年癸未至四十三年乙卯，為國稱金時。四十四年丙辰至天啟六年丙寅，為天命時。	努爾哈赤。原作弩兒哈奇。明作奴兒哈赤。朝鮮亦作老乙可赤。譯文原無正字。	起兵為二十五歲，稱汗五十八為五歲。	六十八歲
二	太宗	文	天聰本系尊稱，後亦作年號。至天聰十年四月初十日，改其年元為崇德。太宗於是始改清國號，一建元改元，清帝皆無建元者。太宗後建元，實亦一建元。	十七年	昭陵	自明天啟七年丁卯至崇禎十六年癸未。	皇太極。亦作黃台吉、黃太極。	三十六歲	五十二歲

世數	廟號	諡法	年號	享國	陵名	干支	御名	即位	崩年
三	世祖	章	順治	十八年	孝陵	元年即明崇禎十七年甲申，至十八年辛丑。	福臨。不令天下避諱。	六歲。元年為明崇禎十七年，三月李自成犯京師。清兵方入關，吳三桂請破賊共入，成五月攝政王迎帝入京都，即中國十月朔，即帝位。	二十四歲
四	聖祖	仁	康熙	六十一年	景陵	自壬寅至壬寅。	玄燁	八歲	六十九歲
五	世宗	憲	雍正	十三年	泰陵	自癸卯至乙卯。	胤禛	四十五歲	五十八歲
六	高宗	純	乾隆	六十年。傳位仁宗皇帝。太上皇嘉慶四年正月初三日崩。又三上日為太三上日。	裕陵	自丙辰至癸卯。	弘曆	二十五歲	傳位年八十六，崩年八十九。

世數	廟號	諡法	年號	享國	陵名	干支	御名	即位	崩年
七	仁宗	睿	嘉慶	二十五年	昌陵	自丙辰至庚辰。	顒琰	二十七歲。正月朔受禪改元。	六十一歲
八	宣宗	成	道光	三十年	慕陵	自辛巳至庚戌。	旻寧	三十九歲	六十九歲
九	文宗	顯	咸豐	十一年	定陵	自辛亥至辛酉。	奕詝	二十歲	三十一歲
十	穆宗	毅	同治。先定祺祥，太后贊襄政務，殺王大臣端華等，改順治，自七日文宗初十日朋，十七日即位。始七月，改同治，十月即位。	十三年	惠陵	自壬戌至甲戌。	載淳	六歲	十九歲
十一	德宗	景	光緒	三十四年	崇陵。葬已在民國二年。	自乙亥至戊申。	載湉	四歲	三十八歲
十二			宣統	三年退位		自己酉至辛亥。	溥儀	三歲	六歲遜位

第四章

八旗制度考實

　　清一代自認為滿洲國，而滿洲人又自別為旗人，蓋即以滿為清之本國，滿人無不在旗，則國之中容一八旗，即中國之中涵一滿洲國，未嘗一日與混合也。然自清入中國二百六十七年有餘，中國之人無有能言八旗真相者。既易代後，又可以無所顧忌，一研八旗之所由來，即論史學亦是重大知識，然而今尚無有也。蓋今始創為之。

　　淺之乎視八旗者，以為是清之一種兵制，如《清史稿》以八旗入〈兵志〉是也。夫八旗與兵事之相關，乃滿洲之有軍國民制度，不得捨其國而獨認其為軍也。至〈食貨志〉亦有八旗丁口附戶口之內，稍知八旗與戶籍相關矣，然言之不詳，仍是膜外之見，於八旗之本體，究為何物，茫然不辨。則以其蛻化之跡已為清歷代帝王所隱蔽，不溯其源，無從測其委，以其昏昏而欲使人昭昭，宜其難也。

　　八旗者，太祖所定之國體也。一國盡隸於八旗，以八和碩貝勒為旗主，旗下人謂之屬人，屬人對旗主有君臣之分。八貝勒分治其國，無一定君主，由八家公推一人為首長，如八家意有不合，即可易之。此太祖之口定憲法。其國體假借名之，可曰聯邦制，實則聯旗制耳。太宗以來，苦心變革，漸抑制旗主之權，且逐次變革各旗之主，使不能據一旗以有主之名，使各旗屬人不能於皇帝之外復認本人之有主。蓋至世宗朝而法禁大備，純以漢族傳統之治體為治體，而尤以儒家五倫之說壓倒祖訓，非戴孔、孟以為道有常尊，不能折服各旗主之稟承於太祖也。世宗制《朋黨論》，其時所謂「朋黨」，實是各旗主屬之名分。太祖所制為綱常，世宗乃破之為朋黨，而卒無異言者，得力於尊

孔為多也。夫太祖之訓亦實是用夷法以為治，無意於中夏之時有此意造之制度，在後人亦可謂之亂命。但各旗主有所受之，則憑藉固甚有力，用儒道以易之，不能不謂大有造於清一代也。夫儒家名分之說在中國有極深之根柢，至今尚暗資束縛者不少，而國人或自以為已別有信仰，脫離崇儒之範圍，此亦不自量之談耳。

　　凡昔人所紀之八旗，若明末，若朝鮮之與清太祖、太宗同時所聞，皆非身入其中，語不足信；而清代官書則又抹殺實狀，私家更無述滿洲國本事者。故求八旗之真相，頗難措手。但言清事，非從清官書中求之不足徵信，於官書中旁見側出，凡其所不經意而流露者，一一鉤剔而出之，庶乎成八旗之信史矣。

　　八旗之始，起於牛錄額真。牛錄額真之始，起於十人之總領。十人各出箭一枝，牛錄即大箭，而額真乃主也。此為太祖最初之部勒法。萬曆十一年癸未，太祖以父遺甲十三副起事，自後即有牛錄額真之部伍。吞併漸廣，糾合漸多，至萬曆二十九年辛丑，乃擴一牛錄為三百人，而牛錄額真遂為官名，蓋成率領三百人之將官。當時有四牛錄，分黃、紅、藍、白四色為旗，蓋有訓練之兵千二百人矣。

　　征服更廣，招納更多，一牛錄三百人之制不變，而牛錄之數則與日俱增。自二十九年辛丑至四十三年乙卯，所增不止女真部族，除夜黑（後於乾隆時改葉）外皆已統一，且蒙古、漢人亦多有降附，蓋十四年之間增至四百牛錄，則為百倍其初矣，於是始設八旗。蒙、漢雖自為牛錄，猶屬於一個八旗之內，而八旗之體制則定於是。後來蒙、漢各設八旗，不過歸附之加多，於八旗建國之國體毫無影響。此《會典》及《八旗通志》等官書所能詳，無庸反復鉤考矣。

　　《武皇帝實錄》：「辛丑年，是年，太祖將所聚之眾每三百人立一牛祿厄真管屬，前此凡遇行師出獵，不論人之多寡，照依族

寨而行。滿洲人出獵開圍之際，各出箭一枝，十人中立一總
領，屬九人而行，各照方向，不許錯亂。此總領呼為牛祿厄真
於是以牛祿華言大箭厄真為厄真，華言主也。官名。」

又：「乙卯年，太祖削平各處，於是每三百人立一牛祿厄真，五
牛錄立一扎攔厄真，五扎攔立一固山厄真，固山厄真左右立美
凌厄真。原旗有黃、白、藍、紅四色，將此四色鑲之為八色，
成八固山。」

《武錄》文本明了，不明則附注，頗詳原始。其後改修《高皇帝實
錄》，屢修而屢益不明。

《八旗通志》：「太祖高皇帝初設四旗。先是癸未年，以顯祖宣
皇帝遺甲十三副征尼堪外蘭敗之。又得兵百人，甲三十副。後
以次削平諸部，歸附日眾。初，出兵校獵，不論人數多寡，各
隨族長屯寨行。每人取矢一，每十人設一牛錄額真領之。至辛
丑年，設黃、白、紅、藍四旗，旗皆純色，每旗三百人，為一
牛錄，以牛錄額真領之。（原案云：「謹案：是年為編牛錄之
始，嗣後設固山額真、梅勒章京、甲喇章京等官。梅勒章京等
名，自天聰八年四月辛酉始定，惟固山額真存。雍正二年，以八旗都統
印信『額真』二字作主字解，非臣下所得用，改為固山諳班。
茲謹按年月，於改定以後書新名，改定以前仍舊稱，以昭初
制。」）甲寅年《實錄》作乙卯，始定八旗之制，以初設四旗為正
黃、正白、正紅、正藍，增設鑲黃、鑲白、鑲紅、鑲藍四旗，
為八旗。（原注：「黃、白、藍均鑲以紅，紅鑲以白。」）每
三百人設牛錄額真一，五牛錄設甲喇額真一，五甲喇設固山額
真一，每固山設左右梅勒額真各一，以轄滿洲、蒙古、漢軍之

眾。時滿洲、蒙古牛錄三百有八，蒙古牛錄七十六，漢軍牛錄
十六。」

以上三百有八牛錄中，有滿洲、蒙古牛錄，當是滿、蒙混合之牛
錄。七十六蒙古牛錄，則為純粹之收編蒙古牛錄。當設四旗時，牛錄
額真以上無統轄之上級官，知其初即以一牛錄為一旗。後來牛錄之數
滋多，甲喇、固山，層累而上，亦必不俟乙卯而始有上級之統轄，特
至乙卯始勒定制度耳。

八旗各有旗主，各置官屬，各有人民，為並立各不相下之體制。
終太祖之世，堅定此制，不可改移。太宗不以為便，逐漸廢置，使稍
失其原狀，而後定於一尊，有為君之樂。己身本在八大貝勒之列，漸
至超乎八貝勒之上，而仍存八貝勒之名。既塗飾太祖之定法，又轉移
八家之實權，其間內並諸藩，所費周折與外取鄰敵之國相等，然其遺
跡未能盡泯。至世宗朝而後廓然盡去其障礙，蓋以前於太祖設定之八
家，能以其所親子弟漸取而代之；至世宗則並所親之子弟亦不願沿襲
祖制，樹權於一尊之外，此又其更費周章者也。

終清之世，宗室之待遇，有所謂「八分」。分字去聲。恩禮所被，
以八分為最優。故封爵至公，即有入八分、不入八分之別。此所謂八
分，亦只存太祖時建立八家之跡象。八分為舊懸之格，無固定之八
家。故宗室盡可以入八家或不入八家也。

《宗人府事例》封爵：「九不入八分鎮國公，十不入八分輔國
公。案語云：謹案：天命年間，方立八和碩貝勒，共事議政，
各置官屬。凡朝會、燕饗，皆異其禮，賜賚必均及，是為八
分。天聰以後，宗室內有特恩封公及親王餘子授封公者，皆不
入八分。其有功加至貝子，准入八分。如有過降至公，仍不入

　　八分。」

　　八和碩貝勒，世無能盡舉其名者，實則其名本未全定。且和碩貝勒亦本無此爵名，而即沿以和碩貝勒為稱，亦竟無八人之多。蓋許為旗主，即稱為和碩貝勒，即未必許為旗主，對外亦常以八和碩貝勒為名號。此皆由太祖定為國體，不得不然。入關以後，乃不復虛稱八和碩貝勒，但旗主之實猶存，至雍正朝乃去之耳。

　　《東華錄・太宗錄》首：「丙辰年，太祖建元天命，以上及長子代善、第五子莽古爾泰、弟貝勒舒爾哈齊之子阿敏，並為和碩貝勒。國中稱代善大貝勒，阿敏二貝勒，莽古爾泰三貝勒，上四貝勒。（清《國史・舊代善傳》載此事盡同。）」

　　據此，八和碩貝勒中，有明文授此爵者為四人，而太宗居其一，且以齒為序而居最後。今考之《太祖實錄》，則並無此明文。而天命元年未建號以前之勸進，已稱由此四大貝勒為領袖，則以為建元時授此爵者，亦不成文之賞典也。《東華錄》所據之《實錄》云然，仍以《東華錄》證之。

　　《東華錄・太祖錄》：「天命元年丙辰明萬曆四十四年，春正月壬申朔，大貝勒代善、二貝勒阿敏、三貝勒莽古爾泰、四貝勒貼黃及八旗貝勒大臣，率群臣集殿前，分八旗序立。上升殿，登御座。貝勒大臣率群臣跪，八大臣出班跪進表章。侍衛阿敦、巴克什額爾德尼接表。額爾德尼前跪，宣讀表文，尊上為覆育列國英明皇帝。於是上乃降御座，焚香告天，率貝勒諸臣行三跪九叩首禮。上復升御座，貝勒大臣各率本旗，行慶賀禮。建元

天命，以是年為天命元年。時上年五十有八。」

《錄》載此時已序大、二、三、四貝勒，則以四人為和碩貝勒，應早在其前。又以此四貝勒冠八旗貝勒之上，似四大貝勒之分，高出八旗。此皆昧乎太祖時八旗八和碩貝勒之事實。

乾隆四年修定之《太祖高皇帝實錄》，大致與《東華錄》同，而所敘四大貝勒，則更含混至不可通。《錄》云：「丙辰正月壬申朔，四大貝勒、代善、阿敏、莽古爾泰及八旗貝勒大臣。」此以「四大貝勒」四字當太宗，若不知太宗與諸兄合稱四大貝勒者，愈改愈不合。

《武皇帝實錄》最近真相。《錄》云：「丙辰歲正月朔甲申日誤，應從後改本作壬申，八固山諸王率眾臣，聚於殿前排班。太祖升殿，諸王、臣皆跪。八臣出班進御前，跪呈表章。太祖侍臣阿東蝦蝦為滿語侍衛厄兒得溺榜式榜式即巴克什，皆由漢文博士之音譯，後來作筆帖式，亦此音變接表。厄兒得溺立於太祖左，宣表，頌為列國沾恩英明皇帝，建元天命。於是離坐當天焚香，率諸王、臣三叩首，轉升殿。諸王臣各率固山叩賀正旦。時帝年五十八矣。」

統稱八固山諸王，固山即旗，當時自表尊大，對漢稱王，對滿稱貝勒，原無差異，但系隨意自尊，無所謂爵命。於太祖則尊之曰皇帝，八旗旗主亦皆稱王，皆隨意為之之事。所叩賀者原系正旦，亦更不知有登極之說。自此以下，更不言於諸王有所封拜，而代善以下四人，則於後此二年，時已當天命三年，直犯明邊，襲破撫順、清河時，稱之曰大王、二王、三王、四王，從此常以此為稱。則當天命初年，實於八固山中尤重視此四子，則確矣。

清一代封爵制定，原無和碩貝勒一爵。蓋自崇德改元，始有模仿帝制之意，而封爵有親王之名，即仿明制。後更斟酌明宗室封爵，定為十四等，等級較明為多，而待遇實較明為薄。明皇子必封親王，且

有國可就，親王諸子必封郡王。清皇子封王，除開國八王外，例不世襲。迄光緒中葉以前，破例止一次，即世宗所特異之怡賢親王也。封王無國，雖其降襲多貝勒、貝子兩等，然皇子受封，或僅封公，而並不得貝子。雖亦旋有晉等，乃以示功過賞罰之權，無子孫必貴之例。此亦見清開國以後，能以明宗祿之病國為戒，自為長治久安之慮。而天聰以前之所謂和碩貝勒，實即後來之親王，且即與國君並尊。此非詳考不能見也。

清宗人府封爵之等十有四：一和碩親王，二世子，三多羅郡王，四長子，五多羅貝勒，六固山貝子，七奉恩鎮國公，八奉恩輔國公，九不入八分鎮國公，十不入八分輔國公，十一鎮國將軍，十二輔國將軍，十三奉國將軍，十四奉恩將軍。皇子之封，降至輔國公世襲。親王以下餘子之封必考授，且降至奉恩將軍乃世襲。

明〈諸王傳〉首：明制：皇子封親王，親王嫡長子年及十歲，立為王世子，長孫立為世孫。諸子年十歲，封為郡王，嫡長子為郡王世子，嫡長孫則授長孫。諸子授鎮國將軍，孫輔國將軍，曾孫奉國將軍，四世孫鎮國中尉，五世孫輔國中尉，六世以下皆奉國中尉。皇子皆世襲親王，親王諸子皆世襲郡王，郡王諸子乃降至奉國中尉世襲。

　　觀清代所定宗室封爵，和碩之號止冠於親王，貝勒所冠之號止有多羅字樣，與郡王同。又崇德以前，清不封親王，崇德改元，仿明制而封親王，並稍定親王以下之宗室封爵。順治九年，始仿明制設宗人府，即於此時斟酌明宗人府所掌封爵之制，而行清一代之制。其先清之大政皆出八和碩貝勒所議行，宗人府所掌其一也。

《清史稿‧職官志》宗人府：「初制，列署篤恭殿前，置八和碩貝勒共議國政，各置官屬。順治九年，設宗人府。」

此所敘宗人府之原始，乃天聰以前事。篤恭殿為天聰以前原名，篤恭殿前之列署乃天職以前之舊制。太祖都瀋陽後，以迄天聰，所營宮闕無外朝與內廷之別，篤恭殿即正寢，亦即正朝。所謂列署，即殿前東西各五楹之屋。崇德二年，始建外朝，以宮前已臨大道，無地可拓，乃於宮之東別建一殿，謂之大正殿。左右列署十。而篤恭殿亦改名崇政殿，左右屋但名朝房，不為列署。凡此因陋就簡，皆見清創業時，實亦能撙節以養戰士，無致美乎宮室之意。

《清一統志》盛京宮殿：「大政殿，在大內宮闕之東，崇德二年建，國初視朝之大殿也。殿制八隅，左右列署十，為諸王大臣議政之所。又大內宮闕，在大政殿之西，南北袤八十五丈三尺，東西廣三十二丈二尺，正門曰大清門。崇德元年始改國號曰清，則此門名亦太宗時所定。太祖時於門砌旁設諫木二，以達民隱。朝房東西楹各五。舊制，正殿曰崇政殿，原名篤恭殿。」

當清代未有宗人府、未定封爵制之前，並崇德未改元、未知模仿帝制之前，所謂貝勒，乃沿女真舊有尊稱；所謂和碩，據滿洲語譯漢為方正之「方」字。初以此為美名而取之，其後則貝勒之上既累親王、郡王兩級，仍以和碩冠親王，明乎親王即以前之貝勒也。後來之貝勒止冠多羅，與郡王同號，多羅在滿語譯漢乃「理」字，以此冠貝勒上，明乎後來之貝勒非以前之貝勒也。

四大貝勒稱和碩貝勒，原非若後來有封冊之典。考清《國史》清初宗室〈濟爾哈朗傳〉：「幼育於太祖宮中，封和碩貝勒。天命十年

十一月，同台吉阿巴泰等援科爾沁有功。」敘封和碩貝勒在天命十年前，則濟爾哈朗乃太祖時和碩貝勒見有明文者。自太祖之子姪，除四大貝勒外，皆稱台吉。惟太祖長子以誅死之褚英，其長子都督後改杜度以天命九年封貝勒；代善一子岳托、二子碩托、三子薩哈廉，太祖七子阿巴泰、十子德格類、十二子阿格濟，俱云天命十一年封貝勒；十四子多爾袞、十五子多鐸，俱云初封貝勒，不書年，當俱是天命十一年太祖崩後。蓋其時多爾袞年方十五，多鐸方十三，其母被太宗逼從太祖死時，猶以此二子托於諸王，則其先固未有分府置官屬之機會，而於太宗之嗣位，已以貝勒之名義在誓告天地之列。又太宗長子豪格，初封貝勒，天聰六年晉和碩貝勒。豪格之封貝勒，亦當是太祖崩時，〈傳〉言其以從征蒙古功，不過敘所以封之之故。豪格亦與於太宗嗣位誓告諸貝勒之列，蓋皆一時事。凡預於誓告者亦盡於以上數人。其杜度之貝勒，〈傳〉稱封於天命九年。是年二月十五日與科爾沁盟時，杜度尚稱台吉，或封貝勒在其後。濟爾哈朗之封和碩貝勒，〈傳〉敘在天命十年前，然十一年四月初九領兵收咯爾喀人民，尚稱濟爾哈朗為台吉，則〈傳〉文亦未必盡確；即使確矣，太祖諸子姪中，亦惟濟爾哈朗一人為天命年間四大貝勒以外之和碩貝勒。合之天聰間豪格為和碩貝勒，清一代為和碩貝勒者不過六人，豪格尚不在天命間，則所云天命間之八和碩貝勒，皆為口語隨意所命，無明文可據，凡為八固山之主，即是和碩貝勒。故求八旗之緣起，但當考其旗主，不當拘和碩貝勒之爵以求其人也。

　　天命間既以八和碩貝勒為後來永遠隆重之八分，至天聰間，四貝勒已為君矣。然《東華錄》：「開聰八年正月戊子朔，上御殿，命孔有德、耿仲明與八和碩貝勒同列於第一班行禮。」此時第一班仍為八和碩貝勒，尤可見八和碩貝勒為八分之通名，即非天命間原有之人，當時四大貝勒原人，惟大貝勒在列，二貝勒四年幽禁，三貝勒六年死，四

貝勒正位為君。至八固山之貝勒，則兩黃、正藍又歸太宗自將，所云八和碩貝勒，其為永存之空名可知矣。

《八旗通志》蒙古佐領緣起云：「天聰八年六月，以和碩貝勒德格類、公吳訥格所獲察哈爾國千餘戶，分給八旗。」德格類《本傳》不言其為和碩貝勒，而《八旗通志》中有此文。又《東華錄》於德格類死時，亦書其銜為和碩貝勒。恐皆口語所命。而德格類之未嘗獨主一旗，但入其同母兄莽古爾泰之正藍旗為貝勒，則自有證據詳後。今且先詳旗主。

八旗亦稱八固山，此清代一定之制。然《太祖實錄》中，一見「十固山執政王」之語，此非八旗之制曾有改移也，所敘為與蒙古喀爾喀五部誓詞中稱滿洲國主並十固山執政王等，蓋對外應具名者有十人，而此十人皆為旗主，知當時必有一旗不止一主之旗分。此應拈出，以徵旗主之或有歧異。

《武皇帝實錄》：「己未天命四年十一月初一日，帝令厄革腥格、褚胡里、鴉希詔、庫里纏、希福五臣，齎誓書，與胯兒胯後改喀爾喀部五衛王等，共謀連和。同來使至岡干色得里黑孤樹處，遇五衛之王，宰白馬烏牛，設酒肉血骨土各一碗，對天地誓曰：「蒙皇天后土我二國同心，故滿洲國主並十固山執政王等，今與胯兒胯部五衛王等會盟，征仇國大明，務同心合謀。倘與之和，亦同商議。若毀盟而不通五衛王知，輒與之和，或大明欲散我二國之好，密遣人離間而不告，則皇天不祐，奪吾滿洲國十固山執政王之算，即如此血出土埋暴骨而死。若大明欲與五衛王和，密遣人離間，而五衛王不告滿洲者，胯兒胯部主政王，都棱洪把土魯、奧巴歹青、厄參八拜、阿酥都衛、蟒古兒代、厄布格特哄台吉、兀把什都棱、孤里布希代大里汗、蟒古

兒代歹、弼東兔、葉兒登褚革胡里大里漢把土魯、恩革得里、
桑阿里寨布、打七都、桑阿力寨巴、丫里兔朵里吉、內七漢位
征、偶兒宰兔、布兒亥都、厄滕厄兒吉格等王，皇天不祐，奪
其紀算，血出土埋暴骨亦如之。吾二國若踐此盟，天地祐之。
飲此酒，食此肉，壽得延長，子孫百世昌盛，二國始終如一，
永享太平。」

　　《武錄》此誓詞，後經修改，刪除太不雅馴之文，俱不足論。其十
固山執政王，乾隆修《高皇帝實錄》，改作十旗執政貝勒，尚存原義。
《東華錄》於第一見處改作八旗執政貝勒，第二見處刪去，則竄改無
跡。若由王氏以意所改，則太謬妄矣。

　　後復有帝與諸王焚香祝天，昆弟勿相傷害事。其所謂諸王，恰得
八人，其四即四大貝勒，似此八人即所謂八和碩貝勒。但亦是一時之
事，終太祖之世，所定八固山之貝勒，非此八人也。惟此祝詞於清父
子兄弟中，大有關係。錄如下：

　　《武皇帝實錄》：「辛酉，天命六年正月十二日，帝與帶善、阿
敏、蒙古兒泰、皇太極、得格壘、跡兒哈郎、阿吉格、姚托諸
王等，對天焚香祝曰：『蒙天地父母垂祐，吾與強敵爭衡，將輝
發、兀喇、哈達、夜黑，同一語音者，俱為我有。征仇國大
明，得其撫順、清河、開原、鐵嶺等城，又破其四路大兵，皆
天地之默助也。今禱上下神祇，吾子孫中縱有不善者，天可滅
之，勿刑傷，以開殺戮之端。如有殘忍之人，不待天誅，遽興
操戈之念，天地豈不知之？若此者，亦當奪其算。昆弟中若有
作亂者，明知之而不加害，俱懷理義之心，以化導其愚頑，似
此者天地祐之。俾子孫百世延長，所禱者此也。自此之後，伏

願神祇不咎既往，惟鑒將來。』」

　　此祝詞以名告天者，自是國之主要人物。其人則四大貝勒之外，有德格類、濟爾哈朗、阿濟格、岳托四人之名，正合八固山之數。此後有大事具名者，又不定是此八人。且太祖遺屬中之各主一旗者，若多爾袞，若多鐸，皆不在內。則八和碩貝勒隨時更定，今尚非確定也。惟其告天之詞謂：子孫有不善者，待天自滅之，勿自開殺戮。一念操戈，即天奪其算。又請神祇「不咎既往，惟鑒將來」。據此云云，乃懺其既往操戈之悔也。後來改本，漸隱約其詞，無此顯露。至《東華錄》則全無此文。要其子弟中，先有推刃之禍，則可信矣。今以明記載證之，太祖一弟一子，皆為太祖所殺，而《清實錄》諱之：

《從信錄》：「萬曆四十年十一月，奴兒哈赤殺其弟速兒哈赤，併其兵，復侵兀喇諸部。」《通紀輯要》文同。

黃道周《建夷考》：「初酋一兄一弟，皆以驍勇雄部落中。兄弟始登壟而議，既則建台，策定而下，無一人聞者。兄死，弟私三都督兀喇。酋疑弟二心，佯營壯第一區，落成置酒，招弟飲會。入於寢室，鎖鐍之，注鐵鍵其戶，僅容二穴，通飲食，出便溺。弟有二名神，以勇聞。酋恨其佐弟，假弟令召入宅，腰斬之。長子數諫酋勿殺弟，且勿負中國，奴亦困之。其凶逆乃天性也。」

《從信錄》於萬曆四十一年末引《建夷考》，有云：「御史翟鳳羽中新入遼，疏稱奴酋（中略）長子洪巴兔兒一語罷兵，隨奪其兵柄，囚之獄。」

　　速兒哈赤，《武皇帝實錄》作黍兒哈奇，後改舒爾哈齊。太祖殺之

而併其兵，復侵兀喇諸部。蓋速兒哈赤有私於兀喇，故殺之也。石齋謂奴酋有一兄一弟，此屬傳聞不確。太祖有四弟，同母者二。其母弟雅兒哈齊先卒無嗣，或以此誤傳為太祖之兄。至舒爾哈齊之不得於太祖，則《清實錄》自有可徵。石齋謂私三都督，三都督殆謂兀喇酋布占太。太祖圖兀喇，舒爾哈齊輒保持之。太祖兄弟之後母為兀喇女，太祖不得於後母，或舒爾哈齊不然。至布占太為兀喇酋，以其妹配舒爾哈齊。又舒爾哈齊兩女，先後嫁布占太。太祖志滅兀喇，舒爾哈齊屢掣其計。以《清實錄》證之：

> 《武皇帝實錄》：「丙申年（萬曆二十四），十二月，布占太感太祖二次再生，恩猶父子，將妹滹奈送太祖弟黍爾哈奇貝勒為妻，即日設宴成配。又戊戌年（萬曆二十六），十二月，布占太不忘其恩，帶從者三百來謁。太祖以弟黍爾哈奇貝勒女厄石太妻之。盔甲五十副，敕書十道，以禮往送。」

己亥年（萬曆二十七），舒爾哈齊已有被太祖怒喝之事，見《實錄》，尚系征哈達而非征兀喇。意舒爾哈齊於併吞建州近族之外，對海西用兵，已不踴躍。其祖兀喇而得罪者則如下：

> 《武皇帝實錄》：「丁未年（萬曆三十五），東海斡兒哈部蜚敖城主策穆德黑，謁太祖曰：『吾地與汗相距路遙，故順兀喇國主布占太貝勒。彼甚苦虐吾輩，望往接吾等眷屬，以便來歸。』太祖令弟黍兒哈奇與長子烘把土魯貝勒，次子帶善貝勒，與大將非英凍、虎兒憨後改扈爾漢等率兵三千，往蜚敖城搬接。是夜陰晦，忽見旗有白光一耀。眾王大臣盡皆驚異，以手摩之，竟無所有，豎之復然。黍兒哈奇王曰：『吾自幼隨征，無處不到，從

未見此奇怪之事，想必凶兆也。』欲班師。烘把土魯、帶善二王曰：『或吉或凶，兆已見矣。果何據而遂欲回兵？此兵一回，吾父以後勿復用爾我矣。』言訖，率兵強進。至蜚敎城，收四周屯寨約五百戶。先令非英凍、虎兒憨領兵三百護送。不意兀喇國布占太發兵一萬截於路。虎兒憨見之，將五百尸眷屬，紮營於山嶺，以兵百名看守，一面馳報眾貝勒，一面整兵二百，占山相持。兀喇來戰，殺其兵七人，我兵止傷一人。是日未時，三王兵齊至，烘把土魯、帶善二王各領兵五百，登山直衝入營，喇兵遂敗。時追殺敗兵之際，黍兒哈奇貝勒原率五百兵落後，立於山下，至是方驅兵前進，繞山而來，未得掩殺大敵。及班師，太祖賜弟黍兒哈奇名為打喇漢把土魯，出燕即烘把土魯之名，後改褚英名為阿兒哈兔土門，帶善名為古英把土魯。常書、納奇布二將，負太祖所托，不隨兩貝勒進戰破敵，領兵百名，與打喇漢貝勒立於一處，因定以死罪。打喇漢把土魯懇曰：『若殺二將，即殺我也！』太祖乃宥其死，罰常書銀百兩，奪納奇布所屬人民。」

舒爾哈齊之不欲與兀喇戰，太祖之欲殺二將以示懲，皆為明記載殺舒爾哈齊，併其兵，復侵兀喇佐證。常書、納奇布二將，殆即石齋所謂二名裨，此時不死，或後終不免。

《武皇帝實錄》：「辛亥年（萬曆三十九），八月十九日，太祖同胞弟打喇漢把土魯薨，年四十八。」

《實錄》不書殺，然於太宗朝《實錄》書太祖坐舒爾哈齊父子罪。《太祖實錄》尚未見，錄《東華錄》：

天聰四年（崇禎三年）。議舒爾哈齊子貝勒阿敏罪狀十六款。第一款云：「貝勒阿敏，怙惡不悛，由來久矣。阿敏之父，乃叔父行。當太祖在時，兄弟和好。阿敏唆其父，欲離太祖，移居黑扯木。太祖聞之，坐其父子罪，既而宥之。及其父既終，太祖愛養阿敏，與己子毫無分別，並名為四和碩大貝勒。及太祖升遐，上嗣大位，仰體皇考遺愛，仍以三大貝勒之禮待之。此其一也。」

據此，則太祖確曾罪舒爾哈齊父子。所云移居黑扯木事，《太祖實錄》未見，至天聰間議阿敏罪時始涉及，可知為當時不欲宣布之事。四大貝勒之名，在天聰間成三貝勒，太宗不欲復居舊名矣。

至烘把土魯之為誅死，《武皇帝實錄》但於戊申年（萬曆三十六）三月，書阿兒哈兔土門及侄阿敏台吉克兀喇部異憨山城後，遂不復見。後來修《高皇帝實錄》，乃於乙卯年（萬曆四十三）閏八月乙巳朔，增書皇長子洪巴圖魯阿爾哈圖土門貝勒褚英薨，年三十六。似亦非凶死也者。然《宗室王公傳》褚英本傳則云：「乙卯閏八月，以罪伏誅，爵除。」則清《國史》中原未盡諱，特《實錄》諱之耳。清室世世以褚英之後為有仇視列帝，欲為乃祖報仇之意，又深明太祖父子之不相容，明代之說益信。

《東華錄》：順治五年三月辛丑，幽繫肅親王豪格。「諸王貝勒貝子大臣會議豪格應擬死。得旨：『如此處分，誠為不忍，不准行。』諸王內大臣復屢奏言：『太祖長子，亦曾似此悖亂，置於國法。』乃從眾議，免肅親王死，幽繫之，奪其所屬人員。」又：康熙四十七年九月，廢皇太子允礽，累日諭旨，其中庚寅諭有云：「昔我太祖高皇帝時，因諸貝勒大臣訐告一案，置阿爾

哈圖土門貝勒褚燕於法。」

丙午諭又云:「蘇努自其祖相繼以來,即為不忠。其祖阿爾哈圖土門貝勒褚燕,在太祖皇帝時,曾得大罪,置之於法。伊欲為其祖報仇,故如此結黨,敗壞國事。」

雍正朝上諭八旗:「四年二月初五日,允祉、允祺、允祐奏,將所奉皇考諭旨,恭錄繕奏。從前拘禁二阿哥時,皇考召眾阿哥入乾清宮諭,有曰:『八阿哥潛結黨與,蘇努、馬齊等俱入其黨。』觀此可知蘇努、馬齊自其祖父相繼以來,即為不忠。蘇努之祖,即阿爾哈圖土門貝勒也,在太祖時,因獲大罪被誅。馬齊之祖,原在藍旗貝勒屬下,因藍旗貝勒獲罪,移置於上三旗。伊等俱欲為祖報仇,故如此結黨,敗壞國事。」

　　以上因八貝勒告天祝詞,考及太祖之推刃子弟,是為天命六年之八貝勒。於四大貝勒外所具名者,為得格壘、跡兒哈郎、阿吉格、姚托四人。及七年三月初三日,更由太祖明示八固山共治國政之國體:

《武皇帝實錄》:「壬戌,天命七年(天啟二年),三月初三日,八固山王等問曰:『上天所予之規模,何以底定?所賜之福祉,何以永承?』(近重譯《滿洲老檔》亦有此段,其首數語直云:皇子八人進見問曰:『我等何人可嗣父皇,以登天賜之大位,俾永天祿?』)帝曰:『繼我而為君者,毋令強勢之人為之。此等人一為國君,恐倚強恃勢,獲罪於天也。且一人之識見能及眾人之智慮耶?爾八人可為八固山之王,如是同心干國,可無失矣。八固山王,爾等中有才德能受諫者,可繼我之位。若不納諫,不遵道,可更擇有德者立之。儻易位之時,如不心悅誠服而有難色者,似此不善之人難任彼意也。至於八王理國政時,或一

王有得於心，所言有益於國家者，七王當會其意而發明之。如
己無能，又不能贊他人之能，但默默無言，當選子弟中賢者易
之。更置時如有難色，亦不可任彼意也。八王或有故而他適，
當告知於眾，不可私往。若面君時，當聚眾共議國政，商國
事，舉賢良，退讒佞，不可一二人至君前。』」

　　此段文字為太祖制定國體之大訓，非太宗所心願，故後來悉逐漸
變革之。然於修《實錄》時，猶不能不多存幾分原意，因當時諸王之
親受命者尚多也。要其字句中或已有所抑揚損益，以就己意，而所載
猶如此。近譯《滿洲老檔》，於不關要旨之文，多出若干，其緊要眼
目，轉不清楚，蓋譯者之不解事也。《實錄》亦從滿文翻出，且為天聰
年間原翻，其文乃較後翻者為更無諱飾，則竟讀《實錄》，無庸重錄老
檔譯文矣。今詳其意：太祖謂嗣我為君，恐挾國君之勢而獲罪於天，
且一人不及眾智，惟八人為八固山王，可以無失。此則明詔以八旗旗
主聯合為治，無庸立君矣。下更言即以才德能受諫者，可推為領袖，
但一不合眾意，即可更易。尤不能任其不願易位，而容其戀棧。更言
八王在本固山中，有循默無能者，亦於本旗子弟中選人更代，亦不容
其戀棧不讓。末言八人公議，不得一二人挾領袖之意專斷。據此知八
旗共治，可以無領袖。即賢能為眾所推而作領袖，要為眾議更易，即
須更易，不許戀棧。是推選之制，及去留之權，仍操自八旗之公決，
則絕非太宗後來之自即尊位法也。太宗既改父政，箝以強權，人不敢
言，此正太祖之所諄諄不許者。宜後來多爾袞攝政時，有太宗即位原
系奪立之語也。

　　《東華錄》：順治八年二月己亥，追論睿王多爾袞罪狀，有云：
「擅自詭稱太宗文皇帝之即位，原系奪立，以挾制中外。」

　　康熙間修《太祖聖訓》，大約皆粗淺之修齊治平語，又多引中國史事，連篇累牘，數典過於儒生，此必為後來增飾之文。乾隆修《高皇帝實錄》，多據以增入，《武皇帝實錄》所未有也。太祖之八固山訓典，至天命十一年六月下旬，尚有一最切要之諭。《實錄》且言其口語既畢，又書其詞與諸王。然則此為成文訓典，八固山所均受。太宗修《實錄》時，未能擯棄，即乾隆更修《高皇帝實錄》，亦尚不過稍潤其文，至《東華錄》乃大刪節。未知王氏以意為之，抑另據他本。夫天命十一年六月之末，實為太祖末命。《武皇帝實錄》雖亦於七月二十三日始書帝不預，然七月二十三日之上並無書事直接此末命訓詞。乾隆修《高實錄》，乃於其間夾入七月乙亥初三日兩長諭。其詞皆老生常談，必系後來以意添補，隔斷其緊迫之跡。考明人記載，於是年二月，袁崇煥寧遠之捷，謂太祖受創而回，憤懣疽發背卒。朝鮮人記載，且謂太祖攻寧遠受傷遂卒。《清實錄》，太祖亦自言一生未遇之敗，大懷忿恨。則明與朝鮮所紀，當非盡誣。其間尚有用兵蒙古獲勝一事，乃太宗射死巴林部酋長之子囊奴，蒙古畏服來歸。喀爾喀五部遂內屬，為蒙古分旗之嚆矢。此皆表揚太宗之武力，於太祖逝後所以能壓服諸兄弟之故，實非太祖於寧遠歸後，尚能力征經營也。至六月二十四日，有此筆舌兼用之訓詞，雖不自言將死，亦已示倦勤，不能不信為最後之遺囑矣。

　　《武皇帝實錄》：「丙寅天命十一年（天啟六年），六月二十四日，帝訓諸王曰：『昔我祖六人，及東郭、王佳、哈達、夜黑、兀喇、輝發、蒙古，俱貪財貨，尚私曲，不尚公直。昆弟中自相爭奪殺害，乃至於敗亡。不待我言，汝等豈無耳目，亦嘗見聞之矣。吾以彼為前鑒，預定八家但得一物，八家均分公用，毋得分外私取。若聘民間美女，及用良馬，須破格償之。凡軍中

所獲之物，毋隱匿而不明分於眾，當重義輕財可也。此言每常曾訓誡，慎毋遺忘，而行貪曲之事！諸王昆弟中有過，不可不竭力進諫而存姑息心，若能力諫其過，誠為同心共事人也。以下先言己之訓言，成就汝等，愛之而非以屬之，再言己從艱苦得來，後人勿以安逸僨事，不關八固山國本制度，節之。昔金大定帝，自汴京幸故都會寧府原注：在白山之東，謂太子曰：「汝勿憂也，國家當以賞示信，以罰示威，商賈積貨，農夫積粟。」爾八固山原注：四大王、四小王繼我之後，亦如是，嚴法度以致信賞必罰。使我不與國事，得坐觀爾等作為，以舒其懷可也。』言畢，書訓詞與諸王。」

　　此訓詞中，首舉已吞併之各部，自近及遠，自先及後，自親及疏。最疏遠後及者為蒙古，次則海西四部，先舉者則為建州，建州中又以毛憐及岐州為較疏，其序亦較後。最先言我祖六人。此「我祖六人」四字，後改作「寧古塔貝勒」，則謂興祖六子，景祖之兄弟六人矣。以建州事實言之，恐出附會。太祖本意，當謂建州三衛，寧古塔貝勒乃左衛中一枝部，不得該括三衛也。竊意三衛後來內部各有分立，如《朝鮮實錄》，在正、嘉以前，已云建州右衛有甫下土、羅下兩酋長。隆、萬以來，《明實錄》中，建州衛來朝之都督，其名頗多，縱未必一衛定分為二，或三衛已有六酋。太祖所云我祖六人，乃言我祖衛六酋，而由滿譯漢書示諸王時系滿文時，語稍含混，乾隆時遂作寧古塔貝勒。蓋其時於建州原狀，亦已不了，修辭時易生誤會，非必有意誣捏也。且景祖兄弟，據《實錄》亦尚利害相共。至太祖崛起，氣吞祖衛。六王之後，恐其及禍，有謀弭其強暴，欲圖太祖者。不得以昆弟自相殺害，盡誣六王，並誣及景祖也。此可以事理辨正者也。

　　太祖言以己所已吞之各部為鑒，是以定八家均分之制。所命於後

人者，乃八家分權，深戒一家集權。勉以重義輕財，同心共事。由後言之，此實不可久持之幻想。幸而太宗力能改革，形驅勢禁，取分裂者而統合之，種種費手，俟下再詳。至訓詞末段，鄭重呼爾八固山，下注四大王、四小王。乾隆改修本作爾大貝勒四，小貝勒四，直貫作正文，不作小注，惟八固山三字，使人不注意其即為八旗旗主。至《東華錄》竟改作「爾諸貝勒」四字，未知出王氏之意，抑另據一本。故近代讀清世官書，不易了解其八旗初制之奇特，實緣無書可證也。惟《東華錄・太宗錄》，首載太宗即位之非由父命，則甚明顯。錄以為證：

《東華錄・太宗錄》首云：「太祖初未嘗有必成帝業之心，亦未嘗定建儲繼立之議。上隨侍征討，運籌帷幄，奮武戎行，所向奏功，諸貝勒皆不能及。又善撫億眾，體恤將士，無論疏戚，一皆開誠布公以待之。自國中暨藩服，莫不欽仰。遇勁敵輒躬冒矢石，太祖每諭令勿前。諸貝勒大臣咸謂聖心默注，愛護獨深。天命七年三月，諭分主八旗貝勒曰：『爾八人同心謀國，或一人所言有益於國，七人共贊成之，庶幾無失。當擇一有才德能受諫者，嗣朕登大位。』十一年八月庚戌，太祖高皇帝賓天，大貝勒代善長子岳托、第三子薩哈廉，告代善曰：『國不可一日無君，宜早定大計。四貝勒才德冠世，深契先帝聖心，眾皆悅服，當速繼大位。』代善曰：『此吾素志也。天人允協，其誰不從。』次日，代善書其議，以示諸貝勒。皆曰：『善。』遂合詞請上即位。上辭曰：『皇考無立我為君之命，若舍兄而嗣立，既懼弗克善承先志，又懼不能上契天心。且統率群臣，撫綏萬姓，其事綦難。』辭至再三，自卯至申，眾堅請不已，然後從之。」

此段文尤明顯。太宗嗣立，非太祖之命，而太宗在八貝勒中，尤有戰績，尤冒險圖功，為眾所不及，此當是事實。所敘天命七年三月之諭，即上文已載之諭，而諭云分主八旗貝勒，旗各有主，語亦分明。惟於擇一人嗣登大位之下，節去隨時可以更易之語，則是後來剪裁訓詞，以順太宗固定大位之意。當時論實力，太宗手握兩黃旗，已倍於他貝勒。又四小王皆幼稚，易受代善指揮，惟餘有兩大貝勒：阿敏非太祖所生，自不在爭位之列；莽古爾泰以嫡庶相衡，亦難與代善、太宗相抗。故有代善力任擁戴，事勢極順。而代善之所以盡力，由兩子之慫恿。觀於清開國八王，世所謂鐵帽子王，其中太祖子三人，太宗子二人，太祖所幼育宮中之胞姪一人，其餘二人乃皆代善之後，以始封者非皇子，故以郡王世襲。而此兩郡王，一為克勤郡王，即岳托，一為順承郡王，即薩哈廉之子勒克德渾，清之所以報酬者如此，蓋代善實為清之吳泰伯，從中成就者乃此二子。世或訛鐵帽子王內為有英王，此實不然。英王誅死，僅復宗籍，久之乃襲一鎮國公，王爵不終其身，何鐵帽之足云也。

鐵帽王必湊成八數，中間若太宗子承澤親王，後改號莊王世襲者，功績聲望遠在諸王之下。其必湊一世襲罔替之數，正由太祖以來，八固山、八和碩貝勒、八家八分等舊號，傳為定說。於英王既必不願其復爵，姑以莊王充數。睿王之復爵，終在意中，而睿王未復前，世宗已用怡王入世襲罔替之列，至睿王復時而得九鐵帽矣。至孝欽垂簾之獄，鄭王後得端華，並其弟肅順兩罪魁，不廢鄭王爵。怡王後得載垣，亦始奪而旋復。莊王後載勛，庚子時為罪魁，爵亦不奪，此皆示法祖之意。惟光緒間恭、醇兩王，一則中興有功，一則有子入承大統，皆得世襲罔替，猶為有說。至宣統即位，慶王亦世襲罔替，此則國無綱紀，見攝政載灃之無能，雖孝欽亦未必為此矣。

太祖遺訓中之四大王，自併太宗在內。其四小王究為何人，以前

天命六年之告天祝文，偶具八人之名。至九年正月，與胯兒胯部巴玉特衛答兒漢巴土魯貝勒之子恩格得里台吉誓文，則曰：「皇天垂佑，使恩格得里舍其已父而以我為父，舍其已之弟兄，以妻之兄弟為弟兄恩格得里先已妻舒爾哈齊女，棄其故土，而以我國為依歸。若不厚養之，則穹蒼不佑，殃及吾身。於天作合之婿子而恩養無間，則天自保佑。俾吾子孫大王二王三王四王，阿布太台吉、得格壘台吉、戒桑孤台吉、跡兒哈郎台吉、阿吉格台吉、都督台吉、姚托台吉、芍托台吉、沙哈量台吉及恩格得里台吉等，命得延長，永享榮昌。」據此，則八固山諸王台吉所可以對外及對天起誓者，四大貝勒外，又有九人之多，則為十三人矣。故知前所云十固山執政王，亦是此同等文法，謂十個在固山中執政之王，非謂固山有十也。是年二月，又與廓兒沁部盟。先由太祖自與設誓，復命大王二王三王四王，阿布太台吉、得格壘台吉、戒桑孤台吉、跡兒哈郎台吉、阿吉格台吉、都督台吉、姚托台吉、芍托台吉、沙哈量台吉等，亦宰白馬烏牛，對來使同前立誓書而焚之。其預於誓文之王台吉，同前。則是年之固山執政王為十三人，亦非八旗各一旗主之謂。乾隆修改《實錄》，本年前一誓，於四王用代善、阿敏、莽古爾泰之名，遂刪去太宗之名；於後一誓則又稱大貝勒二貝勒三貝勒四貝勒。《東華錄》則盡去之開國時草昧之跡，士大夫往往欲代為隱諱，初不虞其失實也。

旗主中四大貝勒為定名；四小貝勒則求其確定，於《宗室王公傳》中檢得一據。蓋太祖最後遺命以阿濟格即《武實錄》之阿吉格、多爾袞、多鐸各主一旗，合之四大貝勒，已得七旗，其餘一旗，別有考訂。今先錄〈阿巴泰傳〉，以明阿濟格、多爾袞、多鐸各主一旗之事實。

清《國史・宗室王公・多羅饒余郡王阿巴泰傳》：「天命十一年九月，太宗文皇帝即位，封阿巴泰貝勒。阿巴泰語額駙揚古

利、達爾漢曰：「戰則我擐甲冑行，獵則我佩弓矢出，何不得為
和碩貝勒？」揚古利等以奏。上命勸其勿怨望。天聰元年五
月，上親征明錦州，同貝勒杜度居守。十二月，察哈爾昂坤杜
來歸，設宴。阿巴泰語納穆泰曰：『我與小貝勒列坐，蒙古貝勒
明安巴克俱坐我上，實恥之！』納穆泰入奏。上宣示諸貝勒。
於是大貝勒代善率諸貝勒訓責之曰：『德格類、濟爾哈朗、杜度
即舊作都督之改譯、岳托舊作姚托、碩托舊作巧托，早隨五大臣議
政，爾不預！阿濟格、多爾袞、多鐸，皆先帝分給全旗之子，
諸貝勒又先爾入八分列。爾今為貝勒，心猶不足，欲與和碩貝
勒抗，將紊紀綱耶！』阿巴泰引罪願罰。於是罰甲冑、雕鞍馬
各四，素鞍馬八。阿巴泰舊作阿布太，太祖第七子。」

據代善所責阿巴泰語，八固山之主，四和碩貝勒外，惟阿濟格、
多爾袞、多鐸三人各主一全旗。是為七旗已各有主。其餘諸貝勒，但
稱其或早隨五大臣議政，或先入八分列，未有謂其主一旗者。則太祖
所擬定四大王四小王，尚有一小王未命，而八旗只有七旗為明命所定
之主也。其多一旗何在？則尚為太宗所兼領。未知太祖之意，究擬屬
之何人，但當歿時，尚未指派。在太宗以奮勇之功，多將一旗，亦所
應得。但觀遺訓，累以八王共治為言，並以恃強倚勢為戒，終不欲使
一子有兼人之武力，其令太宗得挾有兩旗者，乃臨終倉卒，未及處
分，亦意中無有一定可與之人，以故遲遲有待耳。今更舉太宗於太祖
崩時挾有兩旗之證：

《東華錄》：「太宗崇德四年，八月辛亥，召諸王貝勒貝子公等
及群臣集崇政殿，議疏脫逃人罪畢。又召傅爾丹至前曰：『此人
於朕前欺慢非止一二，朕欲使爾等共聞之，是以明數其罪。太

祖皇帝晏駕哭臨時，鑲藍旗貝勒阿敏遣傅爾丹謂朕曰：「我與諸貝勒議，立爾為主，爾即位後，使我出居外藩可也。」朕召饒余貝勒，與超品公揚古利額駙、達爾漢額駙、冷格里、納穆濟、索尼等至，諭以阿敏有與諸貝勒議，立爾為主，當使我出居外藩之語。若令其出居外藩，則兩紅、兩白、正藍等旗，亦宜出藩於外。朕已無國，將誰為主乎？若從此言，是自壞其國也。皇考所遺基業，不圖恢廓，而反壞之，不祥莫大焉。爾等勿得妄言。復召鄭親王問曰：『爾兄遣人來與朕言者，爾知之乎？』鄭親王對曰：「彼曾以此言告我，我謂必無是理，力勸止之；彼反責我懦弱，我用是不復與聞。」傅爾丹乃對其朋輩譏朕曰：『我主迫於無奈，乃召鄭親王來誘之以言耳。』」

據此則知太祖崩時，太宗挾有兩黃旗，故謂各旗若效鑲藍旗出外，則兩紅、兩白、正藍皆可出外，不數兩黃旗也。又知阿敏所主為鑲藍旗，則八旗中三旗為有主名矣。今再考正紅旗主，實為大貝勒代善。

《東華錄》：「太宗天聰九年九月壬申，上御內殿，諭諸貝勒大臣曰：『朕欲諸人知朕心事，故召集於此，如朕言虛謬無當，爾諸貝勒大臣即宜答以非是，勿面從。夫各國人民呼籲來歸，分給爾貝勒等恩養之，果能愛養天賜人民，勤圖治理，庶邀上天眷佑；若不留心撫育，致彼不能聊生，窮困呼天，咎不歸朕而歸誰耶？今汝等所行如此，朕將何以為治乎？大凡國中有強力而為君者，君也；有幼沖而為君者，亦君也；有為眾所擁戴而為君者，亦君也。既已為君，豈有輕重之分？今正紅旗固山貝勒等，輕蔑朕處甚多。大貝勒昔從征北京時，違眾欲返；及征

察哈爾時，又堅執欲回。朕方銳志前進，而彼輒欲退歸。所俘
人民，令彼加意恩養，彼既不從，反以為怨。夫勇略不進，不
肖者不黜，誰複肯向前盡力乎？今正紅旗貝勒，於賞功罰罪
時，輒偏護本旗。朕所愛者彼惡之，朕所惡者彼愛之，豈非有
意離間乎？朕今歲托言出遊，欲探諸貝勒出師音耗，方以勝敗
為憂，而大貝勒乃借名捕蟬，大肆漁獵，以致戰馬俱疲。及遣
兵助額爾克楚爾虎貝勒時，正紅旗馬匹，以出獵之故，瘦弱不
堪。儻出師諸貝勒一有緩急，我輩不往接應，竟晏然而已乎？
誠心為國者固如是乎？』」

　　以上為數代善之罪，而俱指其為正紅旗貝勒者。大貝勒與正紅旗
貝勒互稱，今取其足證大貝勒即正紅旗貝勒而止。又其後有一款云：

　　「往時阿濟格部下大臣車爾格有女，揚古利額駙欲為其子行聘。
　　大貝勒脅之，且唆正藍旗莽古爾泰貝勒曰：『爾子邁達禮先欲聘
　　之矣！爾若不言，我則為我子馬瞻娶之。』夫阿濟格乃朕之
　　弟，豈可欺弟而脅其臣乎？」

　　此段又可證阿濟格之自主一旗，其下有大臣。太宗又言不可欺弟
而脅其臣，則其旗下所屬，太宗是時亦認其為阿濟格之臣也。又見正
藍旗莽古爾泰貝勒，則正藍旗貝勒亦有主名矣。代善為讓位與太宗而
擁立之者，發端先言種種為君之來歷不同，既已為君，即不能有所重
輕。是因代善不免挾擁立之故，對太宗不甚嚴畏。經此挫抑，後不敢
復然，乃得以恩禮終始。此亦見太宗之自命為君，絕不認太祖遺訓為
有效。然其對代善猶止挫抑而已，未嘗欲奪其所主之旗。至正藍旗之
待遇則不同，是猶未忘代善擁立之惠也。

正藍旗旗主為莽古兒泰，既見上矣。至此旗為太宗所吞併，即在本年，正可與正紅旗之待遇相較。蓋代善之罪，經諸貝勒大臣、八固山額真、六部承政審擬畢，議請應革大貝勒名號，削和碩貝勒，奪十牛錄屬人，罰雕鞍馬十、甲冑十、銀萬兩，仍罰九馬與九貝勒。斯時除代善父子外，可知執政之貝勒蓋有九人。薩哈廉貝勒應罰雕鞍馬五、空馬五、銀二千兩，奪二牛錄屬人。奏入，上免之。罰代善、薩哈廉銀馬甲冑，然則聊以示威而已。正藍旗貝勒之獄，則在是年十二月，相距不過三月耳。惟在莽古爾泰死後，並在其同母弟德格類死後，未嘗及身受戮。此亦太祖所訓寧待天誅，勿兄弟間自相推刃之影響也。但固山則為太宗所併，是為後世天子自將三旗之由來。然自將三旗，後世乃以兩黃及正白為上三旗，尚非此正藍旗，此則順治間之轉換，別詳於後。今先詳正藍旗之歸結。

《東華錄》：「天聰六年十二月乙丑，和碩貝勒莽古爾泰薨，年四十六。上臨哭之，摘纓服喪服，居殿側門內。丙寅，送靈輿至寢園，始還宮。」

又：「天聰九年十月己卯，管理戶部事和碩貝勒德格類薨，年四十。上臨其喪哭之慟，漏盡三鼓方還。於樓前設幄而居，撤饌三日，哀甚。諸貝勒大臣勸至再三，上乃還宮。」

又：「十二月辛巳，先是，貝勒莽古爾泰與其女弟莽古濟格格，格格之夫敖漢部瑣諾木杜棱，於貝勒德格類、屯布祿、愛巴禮、冷僧機等前，對佛跪焚誓詞云：『我已結怨皇上，爾等助我，事濟之後，如視爾等不如我身者，天其鑒之！』瑣諾木及其妻誓云：『我等陽事皇上，而陰助爾，如不踐言，天其鑒之！』未幾，莽古爾泰中暴疾，不能言而死。德格類亦如其兄病死。冷僧機首於刑部貝勒濟爾哈朗，瑣諾木亦首於達雅齊國

舅阿什達爾漢。阿什達爾漢為葉赫金台什族弟，故為太宗諸舅，稱之曰達雅齊國舅。隨奏聞於上。諸貝勒大臣等會審得實，莽古濟格格，併其夫瑣諾木，及莽古爾泰、德格類之妻子，同謀屯布祿、愛巴禮，闔門皆論死；冷僧機免坐，亦無功。二貝勒屬人財產，議歸皇上。上以冷僧機宜敘功，財產七旗均分。命集文館諸儒臣再議。尋議莽古濟格格謀逆，不可逭誅，兩貝勒妻子應處斬，若上欲寬宥，亦當幽禁。冷僧機宜敘功。瑣諾木昔佯醉痛哭，言上何故惟兄弟是信，上在，則我蒙古得遂其生，否則我蒙古不知作何狀矣。此事亦見前議紅旗貝勒罪時，涉及哈達莽古濟格格，情節宜互詳。上亦微喻其意。彼時上待莽古爾泰、德格類、莽古濟，正在寵眷之際，瑣諾木雖欲直言，豈容輕出諸口。今瑣諾木先行舉首，應否免罪，伏候上裁。至屯布祿、愛巴禮，罪應族誅。兩貝勒族人戶口，應全歸上。古人云：『勿使都邑大於邦國，國寡都眾，亂之本也。』如上與諸貝勒一例分取，則上下無所辨別矣。於是諸貝勒大臣覆奏，誅莽古濟，免瑣諾木罪。先是，莽古爾泰子額必倫，曾言：『我父在大浚河露刃時事在天聰五年八月，我若在彼，必刃加皇上，我亦與我父同死矣。』其兄光袞首告，上隱其事。至是罪發，乃誅額必倫。莽古濟長女為岳托貝勒妻，次女為豪格貝勒妻。豪格曰：『格格既欲謀害吾父，吾豈可與謀害我父之女同處乎？』遂殺其妻。岳托亦請殺其妻，上止之。昂阿喇以知情處死。昂阿喇為莽古爾泰母先適人所生子，蓋其同母異父兄也。屯布祿、愛巴禮及其親支兄弟子姪，磔於市。授冷僧機世襲三等梅勒章京。以愛巴禮、屯布祿家產給之，免其徭役，賜以敕書。莽古爾泰子邁達禮、光袞、阿喀達舒，孫噶納海，德格類子鄧什庫等，俱黜為庶人。二貝勒屬人財產俱歸上。賜豪格八牛錄屬人，阿巴泰三牛錄屬人，其餘

莊田財物量給眾人。以正藍旗入上旗，分編為二旗，以譚泰為正黃旗固山額真，宗室拜尹圖為鑲黃旗固山額真。後籍莽古爾泰家，獲所造木牌印十六，文曰『金國皇帝之印』，於是攜至大廷，召貝勒臣民，以叛逆實狀曉諭於中外。」

正藍旗於是歸為太宗，併入兩黃旗，別設兩固山額真，則是兩黃旗有四旗，而其實則正藍一旗分為兩也。此與後來自將上三旗之方式不同，直是消滅一正藍旗，而由兩黃旗分轄其眾，又不逕入兩黃旗，乃成原設兩黃旗，後又分正藍旗為新兩黃旗，皆歸自將，幾乎破八旗之定制矣。要為八固山少一強宗，始為太祖遺訓痛革其理想之流弊。

莽古爾泰之積釁，據《實錄》之已見《東華錄》者，所載亦夥。其應否消滅此一固山，卻與莽古爾泰之罪狀無涉。推太祖之意，將永存八固山之制，則以其屬人更立一固山貝勒可也。乃諸貝勒等議以歸上，太宗不能泰然承受，而曰財產七旗均分，又命文館儒臣再議。夫分財產非分其人眾也，結果莊田財物量給眾人，即七旗均分之謂矣。太宗之意，非利其財產，而特欲並其人眾，以去一逼，故不更由諸貝勒議，而由儒臣議。儒臣乃以「大都耦國，亂之本也」之古訓，明示八固山平列之制當除，於是有此改革。若藍旗貝勒之罪狀，則轉為藉端焉耳。茲並撮其釁之所由生，為太宗兄弟間明其變態。

蔣氏《東華錄》：「太祖元妃佟甲氏，諱哈哈納札青，生子二：長褚英，次代善。繼妃富察氏名袞代，生子二：長莽古爾泰，次德格類。」此皆在孝慈高皇后來歸之前。

唐邦治《清皇室四譜》：「繼妃富察氏，名袞代，為莽塞杜諸祜女。初適人，生子昂阿拉。原注：昂阿拉，天聰九年十二月，坐知莽古濟格格逆謀並處死。後復歸太祖。明萬曆十五年，生皇五子原封

貝勒莽古爾泰。逾數年，生削籍皇三女莽古濟格格。二十四年，生皇子原封貝勒德格類。天命五年，以竊藏金帛，迫令大歸，尋莽古爾泰弒之。」

《滿洲老檔祕錄・大福晉獲罪大歸》：「（天命五年三月）皇妃泰察又告上先已告宮婢納札私通達海曰：『大福晉以酒食與大貝勒者二，大貝勒皆受而食之；以與四貝勒者一，四貝勒受而未食。且大福晉日必二三次遣人詣大貝勒家，而大福晉深夜私自出宮，亦已二三次矣，似此跡近非禮，宜察之。』上聞此言，遂命達爾漢侍衛扈爾漢、巴克什額爾德尼、雅孫、蒙噶圖等四人，徹底查究。知泰察所告非虛誣。大福晉因上曾言，俟千秋萬歲之後，以大福晉及眾貝勒悉托諸大貝勒，故傾心於大貝勒，日必二三次遣人詣大貝勒家。每值賜宴會議之際，必豔妝往來大貝勒之側。眾貝勒大臣雖微有所知，亦不過私自腹非，決不敢質直上聞，以觸大福晉、大貝勒之忌也。上聞言，不欲以曖昧事加罪大貝勒，乃假大福晉竊藏金帛為詞，遣使查抄。查抄之使至界凡，大福晉急以金帛三包，送至達爾漢侍衛所居山上，還宮後遣人往取。為達爾漢侍衛所覺，即與查抄之使同見上曰：『福晉私藏財物於臣家，臣豈有容受之理！今福晉私藏一事，臣實未知覺。即遣人來取，臣亦未知，顯系臣家奴婢所為，請予澈究。』上聞奏，立遣人往達爾漢所居山上查察，果系屬實，即殺容受財物之奴婢。蒙古福晉告查抄之使言：『小阿哥家藏有大福晉寄存之彩帛三百端。』使者聞言，往小阿哥家，果獲彩帛三百端。又在大福晉母家抄出銀錢盈篋。大福晉告使者言：『蒙古福晉處，亦存有珍珠一串。』使者以問蒙古福晉，蒙古福晉認為大福晉所寄藏，使者遂取其珠。又聞總兵巴都里之二妻，曾獻大福晉以精美倭段若干端；又大福晉曾以朝

服私給參將蒙噶圖之妻；以財物私給村民，祕不上聞。使者查抄既畢，遂將前情復奏。上歷問村民，皆認為大福晉所賜，且舉所得財物悉數送還。上乃大怒，遂以大福晉罪狀告眾曰：『大福晉私藏金帛，擅自授受，實屬罪無可逭。惟念所出三子一女，遽失所恃，不免心中悲痛！姑寬其死，遣令大歸。』遂取大福晉遺留宮中之衣物，發而觀之，所有私置庋藏之物，已無多矣。因命葉赫之納納寬烏珠、阿巴該二福晉來觀，且告以大福晉之罪狀。遂以大福晉所製蟒緞被褥各二，衣飾若干，賜葉赫之二福晉，其餘衣物悉賜大福晉所出之公主。又以皇妃泰察，不避嫌怨，首先舉發，遂命侍膳。」

以上為莽古爾泰兄弟之母。據《實錄》，癸巳年九國來侵，太祖安寢，袞代皇后推醒，問是昏昧，抑是畏懼？則天聰間尚以皇后稱之。至乾隆修本則改作妃富察氏。此大歸事，《實錄》不載，而《老檔》詳之。莽古爾泰之弒母，亦見《太宗實錄》。《東華錄》所錄太宗謂皇考於莽古爾泰一無所與，故倚朕為生，後弒母邀功，乃令附養於德格類貝勒家云云，語殊矛盾。壬子年已見莽古爾泰與太宗同擊兀喇貝勒布占太，則固早從征伐。後於天命元年，同為和碩貝勒，稱三貝勒，亦稱三王，即自有一固山之屬人及財產，何至倚其弟為生，乃至天命五年以後，藉弒母邀功，始令附養於其同母弟家耶？語不近情，則知太宗之罪狀莽古爾泰，不必符於事實，不過欲殺兄以殖己之勢耳。錄如下：

《東華錄》：「天聰五年八月甲寅，大凌河岸一台降，攻城東一台克之。上出營坐城西山岡，莽古爾泰奏曰：『昨日之戰，我旗將領被傷者多，我旗擺牙喇兵，有隨阿山出哨者，有隨達爾漢

額駙營者，可取還乎？』上曰：『朕聞爾所部兵，凡有差遣，每致違誤。』莽古爾泰曰：『我部眾凡有差遣，每倍於人，何嘗違誤？』上曰：『果爾，是告者誣矣，待朕與爾追究之。若告者誣，則置告者於法；告者實，則不聽差遣者亦置於法。』言畢，面赤含怒。將乘馬，莽古爾泰曰：『皇上宜從公開諭，奈何獨與我為難？我正以皇上之故，一切承順，乃意猶未釋，而欲殺我耶？』言畢，舉佩刀柄前向，頻摩視之。其同母弟德格類曰：『爾此舉動大悖？』遂以拳毆之。莽古爾泰怒詈曰：『蠢物何得毆我！』遂抽刀出鞘五寸許。德格類推其兄而出。代善見之恚甚曰：『如此悖亂，殆不如死。』上默然復坐，區處事務畢，還營，憤語眾曰：『莽古爾泰貝勒幼時，皇考曾與朕一體撫育乎？因一無所與，故朕推其餘以衣食之，遂倚朕為生。後欲希寵於皇考，弒其生母，邀功於皇考，皇考因令附養於德格類貝勒家。爾等豈不知耶？今莽古爾泰何得犯朕？朕思人君雖甚英勇，無自誇詡之理。朕惟留心治道，撫綏百姓，如乘駑馬，謹身自持，何期輕視朕至此！』怒責眾侍衛曰：『朕恩養爾等何用，彼露刃欲犯朕，爾等奈何不拔刀趨立朕前耶？』又曰：『爾等念及皇考升遐時，以為眼中若見此鬼，必當殺之之言乎？乃今目睹犯朕，何竟默然旁觀，朕恩養爾輩無益矣！』薄暮，莽古爾泰率四人，止於營外里許，遣人奏曰：『臣以枵腹飲酒四卮，對上狂言，竟不自知，今叩首請罪於上。』上遣揚古利、達爾漢傳諭曰：『爾拔刀欲犯朕，復來何為？』時有塞勒昂阿喇者，與俱來，並責之曰：『爾輩以爾貝勒來，必欲朕兄弟相仇害耶？爾等如強來，朕即手刃之矣。』拒不納。昂阿喇即莽古爾泰異父兄。」

又：「十月癸亥，大貝勒代善及諸貝勒擬莽古爾泰御前持刀罪，

議革去大貝勒，降居諸貝勒之列，奪五牛錄屬員，罰馱盔甲雕
鞍馬十匹進上，盔甲雕鞍馬一匹與代善，素鞍馬各一匹與諸貝
勒，仍罰銀一萬兩入官。」

以上為莽古爾泰得罪太宗之事實，及身後所被屬人出首，則皆隱
昧未遂之犯。至其女弟莽古濟與太宗相怨之起因，乃由女嫁豪格之
故。茲並詳其始末：

《武皇帝實錄》：「己亥年，太祖征哈達，生擒孟革卜鹵明作猛骨
字羅，哈達遂亡。後太祖欲以女莽姑姬與孟革卜鹵為妻，放還其
國。適孟革卜鹵私通嬪御，又與剛蓋通謀欲篡位，事泄，將孟
革卜鹵、剛蓋，與通姦女俱伏誅。辛丑年正月，太祖將莽姑姬
公主與孟革卜鹵子吳爾戶代為妻。萬曆皇帝責令復吳爾戶代之
國。太祖迫於不得已，令吳爾戶代帶其人民而還。哈達國饑，
向大明開原城祈糧不與，太祖見此流離，仍復收回。」
《清皇室四譜》：「吳爾戶代夫婦復來，歸依太祖，人稱皇女為
哈達公主，亦稱哈達格格。天命末夫亡，天聰元年十二月，復
嫁瑣諾木。」

《清史稿‧公主表》有嫁瑣諾木之莽古濟公主，又稱太祖有女嫁吳
爾古代，不知所自出，列為兩人，蓋未考也。莽姑姬之名，後修《實
錄》刪去，故列表時失照，其實太祖之女，《舊實錄》皆載其名，名下
皆有姐字，此亦系蒙古姐耳。至其得罪太宗，則在天聰九年。

《東華錄》：「天聰九年九月丁巳，諸貝勒議奏，貝勒豪格娶察
哈爾汗伯奇福晉，阿巴泰娶察哈爾汗俄爾哲圖福晉，上俞其

請。時上姊莽古濟公主聞之曰：『吾女尚在，何得又與豪格貝勒
一妻也。』遂怨上。辛未，上還宮，是日移營將還，大貝勒代
善以子尼堪祜塞病，遂率本旗人員各自行獵，遠駐營。時哈達
公主怨上，欲先歸，經代善營前，代善命其福晉等往邀，復親
迎入帳大宴之，贈以財帛。上聞之大怒，遣人詣代善及其子薩
哈廉所，詰之曰：『爾自率本旗人另行另止，邀怨朕之哈達公主
至營，設宴饋物，以馬送歸。爾薩哈廉，身任禮部，爾父妄
行，何竟無一言耶？』」

　　明日壬申，議大貝勒罪，並議哈達公主罪，上皆免之。於大貝勒
罰銀馬甲冑，哈達公主亦僅禁其與親戚往來。至十二月遂成大獄，而
正藍旗為太宗所併。又其先有處分鑲藍旗事。

　　鑲藍旗主為二貝勒阿敏，太宗亦先於天聰四年六月乙卯，宣諭阿
敏罪狀十六款。蓋以阿敏等棄永平四城而歸，因並及他罪，免死幽
禁，奪所屬人口奴僕財物牲畜，及其子洪可泰人口奴僕牲畜，俱給濟
爾哈朗。鑲藍旗旗主遂由阿敏轉為濟爾哈朗。其未能奪之者，濟爾哈
朗原為天命年間和碩貝勒，未能主一固山，在太祖遺囑中有四大王四
小王為八固山之訓，後止有阿濟格、多爾袞、多鐸為三小王，若增足
四小王，本應無越於濟爾哈朗之上者，而鑲藍旗遂為濟爾哈朗所專
有。至世祖入關，濟爾哈朗被貝子屯齊等評告：當上遷都燕京時，將
其所率本旗原定在後之鑲藍旗同上前行，近上立營，又將原定在後之
正藍旗，令在鑲白旗前行。革去親王爵，降為郡王，罰銀五千兩，奪
所屬三牛錄。此由世祖即位時，濟爾哈朗原與睿王同為攝政，至睿王
獨定中原，功高專政，不平相軋，遂為睿王所傾，有此微譴；未幾復
爵。及睿王薨，且極擠睿王，定其罪案，報復甚力。此不具論。但可
證濟爾哈朗之保有鑲藍旗，又可證正藍旗併入兩黃旗，旗色未變，特

於兩黃旗添設固山額真以轄之耳。

　　兩黃、兩藍、正紅共五旗，既皆考得旗主，餘兩白及鑲紅三旗，自必即為阿濟格、多爾袞、多鐸所主。三人皆一母所生，阿濟格固用事在天命間，而多爾袞、多鐸於太祖崩時，一年止十五，一止十三，乃先諸兄而均主全旗，自緣母寵子愛，英雄末年，獨眷少子。太宗乃挾諸貝勒逼三人之母身殉。此亦倫理之一變，為清室後來所諱言，惟《武皇帝實錄》詳載之，改修《實錄》既定，一代無知此事者。今錄舊《實錄》文如下：

> 《武皇帝實錄》：「天命十一年八月十一日庚戌未時崩，在位十一年，壽六十八。為國事，子孫早有明訓，臨終遂不言。及群臣輪班以肩帝柩，夜初更至瀋陽。帝不豫，詣清河溫泉沐養，大漸回京，崩於靉雞堡，離瀋陽四十里。入宮中，諸王臣並官民哀聲不絕。帝后原系夜黑國主楊機奴貝勒女，崩後復立兀喇國滿泰貝勒女為后，饒丰姿，然心懷嫉妒，每致帝不悅。雖有機變，終為帝之明所制，留之恐後為國亂，預遺言於諸王曰：『俟吾終必令殉之！』諸王以帝遺言告后，后支吾不從。諸王曰：『先帝有命，雖欲不從，不可得也！』后遂服禮衣，盡以珠寶飾之，哀謂諸王曰：『吾自十二歲事先帝。豐衣美食已二十六年，吾不忍離，故相從於地下！吾二幼子多爾袞、多鐸，當恩善之！』諸王泣而對曰：『二幼弟，吾等若不恩養，是忘父也！豈有不恩養之理？』於是后於十二日辛亥辰時，自盡，壽三十七。乃與帝同柩，巳時出宮，安厝於瀋陽城內西北角，又有二妃阿跡根、代因絷，亦殉之。」

　　《錄》言為國事子孫早有明訓，臨終遂不言。明乎六月二十四日之

遺囑，既口語，又書示，乃太祖末命之最要根據也。本《錄》此論後
遂接七月二十三日之帝不豫，以至八月十一日崩，更無一語，所謂臨
終遂不言也。後修《實錄》，於不預前竄入閑冗之諭文數則，詞意不
貫。其敘殉葬事則云：

> 「先是孝慈皇后崩後，立烏喇國貝勒滿太女為大妃。辛亥辰刻，
> 大妃以身殉焉，年三十有七，遂同時而殮。巳刻恭奉龍輿出
> 宮，奉安梓宮於瀋陽城中西北隅。又有二庶妃亦殉焉。」

今以太祖立國之計言之，以八固山平列，阿濟格等同母兄弟得三
固山，倘以一母聯綴於其上，勢最雄厚，五固山均覺畏之。去其總挈
之人，可使分析，乘多爾袞、多鐸尚無成人能力時，一阿濟格不能
抗，特矯遺命以壓迫之，可推見也。太祖因寵其母而厚其子，不思其
所終極而適以害之。以八分立國，根本涉於理想，子孫世世能矯正
之，於親屬為寡恩，於數典為忘祖，然為國家長久計，亦有不得已
者，此亦貽謀之不善耳！茲更舉兩白旗屬睿、豫二王之證。

《東華錄》：「順治八年正月甲寅，議和碩英親王阿濟格罪。先
是攝政王薨之夕，英王阿濟格赴喪次，旋即歸帳。是夕，諸王
五次哭臨，王獨不至。翌日，諸王勸請方至，英王於途遇攝政
王馬群廝卒，鞭令引避，而使己之馬群廝卒前行。第三日，遣
星訥、都沙問吳拜、蘇拜、博爾惠、羅什，曰：『勞親王英王子
名勞親系我等阿哥，當以何時來？』眾對曰：『意者與諸王偕
來，或即來即返，或隔一宿之程來迎，自彼至此，路途甚遠，
年幼之人，何事先來！』蓋因其來問之辭不當，故漫應以遣
之。吳拜、蘇拜、博爾惠、羅什等私相謂曰：『彼稱勞親王為我

等阿格，是以勞親王屬於我等，欲令附彼。彼既得我軰，必思
奪政。』於是覺其狀，增兵固守。又英王遣穆哈達召阿爾津、
僧格。二人豫王屬下人。阿爾津以自本王薨後，三年不詣英王所
矣，今不可遽往，應與攝政王下諸大臣商之。於是令穆哈達
回，遂往告公額克親及吳拜、蘇拜、博爾惠、羅什，額克親謂
阿爾津曰：『爾勿怒且往，我等試觀其意何如？』英王復趣召阿
爾津、僧格乃往。英王問曰：『不令多尼阿格詣我家豫王子名多
尼，攝政王曾有定議否？』阿爾津等對曰：『有之，將阿格所屬
人員置之一所，恐反生嫌，故分隷兩旗，正欲令相和協也。攝
政王在時既不令之來，今我軰可私來乎？此來亦曾告之諸大臣
者。』英王問曰：『諸大臣為誰？』阿爾津、僧格對曰：『我等
之上有兩固山額真、兩議政大臣、兩護軍統領，一切事務或啟
攝政王裁決，或即與伊等議行。』英王曰：『前者無端謂我憎多
尼、多爾博二人皆豫王子，多尼襲豫王爵，多爾博嗣睿王，我何為憎
之？我曾拔劍自誓，爾時吳拜、蘇拜、博爾惠、羅什等遂往告
之，自此動輒恨我，不知有何過誤？』既又曰：『退讓者乃克保
其業，被欺者反能守其家。』此二語蓋謂豫、睿二王皆死，而己獨存。
又言：『曩征喀爾喀時順治六年十月，睿王征喀爾喀，兩日風大作，
每祭福晉順治六年十二月，睿王元妃薨，皆遇惡風蓋謂睿王多遭天
警。。且將勞親取去，見居正白旗睿王之旗為正白，爾等何為不
來，意欲離間我父子耶？』阿爾津、僧格對曰：『似此大言，何
為向我等言之？王雖以大言抑勒，我等豈肯罔顧殺戮，而故違
攝政王定議乎？』英王曰：『何人殺爾？』阿爾津、僧格曰：
『倘違攝政王定議，諸大臣白之諸王，能無殺乎？』於是英王大
怒，呼公傅勒赫屬下明安圖曰：『兩旗之人，戈旗森列，爾王在
後何為？兩旗謂睿、豫二王之兩白旗，爾王謂多尼，時兩旗惟一王。可速

來一戰而死？』阿爾津、僧格起欲行，英王復令坐曰：『不意爾
如此，爾等系議政大臣，可識之！異日我有言，欲令爾等作
證。』阿爾津、僧格對曰：『我等有何異說，兩旗大臣如何議
論，我等即如其議。』睿王嗣子即豫王子，時兩白旗為一。語畢還，
具告額克親、吳拜、蘇拜、博爾惠、羅什。於是額克親、吳
拜、蘇拜、博爾惠、羅什、阿爾津議曰：『彼得多尼王，即欲得
我兩旗；既得我兩旗，必強勒諸王從彼；諸王既從，必思奪
政。諸王得毋誤謂我等以英王為攝政王親兄，因而向彼耶？夫
攝政王擁立之君，今固在也。我等當抱王幼子，依皇上以為
生。』遂急以此意告之諸王，鄭親王及親王滿達海曰：『爾兩旗
向屬英王向下當有不字，英王豈非誤國之人！爾等系定國輔主之
大臣，豈可向彼！今我等既覺其如此情形，即當固結謹密而
行。彼既居心若此，且又將生事變矣。』迨薄暮設奠時，吳
拜、蘇拜、博爾惠、羅什欲共議攝政王祭奠事。英王以多尼王
不至，隨於攝政王帳前繫馬處，乘馬策鞭而去。端重王獨留，
即以此事白之端重王。端重王曰：『爾等防之，回家後再議。』
又攝政王喪之次日，英王曾謂鄭親王曰：『前征喀爾喀時，狂風
兩日，軍士及廝養逃者甚多；福晉薨逝時，每祭必遇惡風，守
皇城柵欄門役，竟不著下衣。』又言攝政王曾向伊言：『撫養多
爾博，予甚悔之。且取勞親入正白旗，王知之乎？』鄭親王答
曰：『不知。』又言：『兩旗大臣甚稱勞親之賢。』此言乃鄭親
王告之額克親、吳拜、蘇拜、博爾惠、羅什者。又謂端重王
曰：『原令爾等三人理事，今何不議一攝政之人？』又遣穆哈達
至端重王處言：『曾遣人至親王滿達海所，王已從我言，今爾應
為國政，可速議之。』此言乃端重王告之吳拜、蘇拜、博爾
惠、羅什者。至石門之日，鄭親王見英王佩有小刀，謂吳拜、

蘇拜、博爾惠、羅什等曰:『英王有佩刀,上來迎喪,似此舉動
叵測,不可不防。』是日,勞親王率人役約四百名將至,英王
在後見之,重張旗纛,分為兩隊,前並喪車而行。及攝政王喪
車既停,勞親王居右坐,英王居左坐,其舉動甚悖亂。於是額
克親、吳拜、蘇拜、博爾惠、羅什、阿爾津集四旗大臣盡發其
事。四旗當是兩白、兩藍,說見下。諸王遂撥派兵役,監英王至京。
又於初八日,英王知攝政王病劇,乃於初九日早,遣人往取葛
丹之女。以上情罪,諸王固山額真議政大臣會鞫俱實,議英王
阿濟格應幽禁,籍原屬十三牛錄歸上。其前所取叔王七牛錄撥
屬親王多尼叔王即豫王。所取七牛錄,即前所云阿格所屬分隸兩旗者也,
投充漢人出為民,其家役量給使用,餘人及牧畜俱入官。勞親
王先欲迎喪,令阿思哈白於敬謹王、順承王,二王勿許。後英
王欲謀亂,密遣人召勞親王多率兵來,令勿白諸王。勞親王遂
不白諸王,擅率兵前往,應革王爵,降為貝子,奪攝政王所給
四牛錄。挾有四牛錄,是以能率兵來應,所率約四百人,其調發之權力可
知」

　　兩白旗為睿、豫二王所有,尚待下詳,此已明正白之為睿王旗
矣。細尋其跡,每旗或每牛錄,既屬某王,即調發由己,不關朝廷,
可見太祖所定八固山並立之制難與立國。時經太宗力圖改革,祖訓不
易全翻,其象如此。
　　阿濟格與多爾袞相較,明昧之相距太遠。清初以多爾袞入關,即
是天佑。至天下稍定,八固山之不能集權中央,又不無因攝政之故。
沖主與強藩,形成離立,若英王亦有睿王意識,當睿王之喪,奔赴急
難,扶植兩白旗,為兩旗之人所倚賴,則席攝政之威,挾三旗之力兩
白、正藍三旗,其說詳下,中立之兩紅旗不致立異,懷忿之鑲藍旗不敢尋

仇，世祖雖欲收權，尚恐大費周折。乃又英王自效驅除，鄭王乘機報復，先散四旗之互助，再挾天子以臨之。英王既除，睿、豫二王僅有藐孤，登時得禍，一舉而空四旗，大權悉歸公室，此所謂天相之矣。

正藍旗亦屬睿、豫二王旗下之經過，更當細考。此旗本系三貝勒莽古爾泰所主，天聰六年，已歸太宗自將。至順治八年，當攝政睿王故後，漸發露睿王之罪，及正藍旗為睿王所有。

《東華錄》：「順治八年二月癸未，初，羅什、博爾惠、額克親、吳拜、蘇拜等五人出獵歸，越數日，謂兩黃旗大臣曰：『攝政王原有復理事端重王、敬謹王親王之意。』時兩黃旗大臣即察見其言動不順。又端重王謂兩黃旗大臣云：『羅什敬我，過於往日，彼曾召隋孫言：攝政王有復以端重王為親王之意。順治六年三月，二王由郡王進親王，七年二月命理事，八月以事復降郡王。已告知兩黃旗大臣矣。』又莫爾泰往視博爾惠病時，博爾惠言：『攝政王原有復理事兩王為親王之意，我等曾告於兩黃旗大臣，今兩王已為親王否？』於是莫爾泰歸語額爾德赫，額爾德赫云：『此言關係甚大，爾既聞之，可告之王。』莫爾泰懼，未以告，而額爾德赫告於敬謹王。王因遇有頒詔事，黎明至朝會處，遂以告端重王，既入朝房，又以告鄭親王。其時端重王同兩黃旗相會云：『此為我輩造釁耳，可訴之鄭親王。』敬謹王云：『博爾惠所語莫爾泰之言，予先曾告知端重王，入朝房後，又以告知鄭親王矣。』於是二王及兩黃旗大臣跪訴於鄭親王。兩黃旗大臣言：『羅什、博爾惠、額克親、吳拜、蘇拜等，皆有是言，來告我等。既又私謂二王，皆我等兩黃旗大臣，遲延其事耳。夫二王乃理事王也，若非二王發伊等之奸，豈不令二王與我等為仇，而伊等得以市其諂媚乎？又前撥正藍旗隸皇上時，業已以

和洛會為滿洲固山額真，侍衛顧納代為護軍統領，阿喇善為蒙古固山額真。攝政王言：『予既攝政，側目於予者甚多，兩黃旗大臣侍衛等，人皆信實，予出外欲賴其力，以為予衛，俟歸政然後隸於上。』其時曾致一書於貝勒拜尹圖，一書於譚泰。此諸王及朝中大臣所共知也。又將無用之巴爾達齊撥於黃旗，而不與正藍旗，此豈羅什、博爾惠等所不知乎？（言知睿王約正藍旗俟歸政後仍隸於上。）羅什自恃御前大臣，陰行蠱惑，為欺罔唆構之行，以多尼王歸正藍旗，給多爾博阿格兩旗，而分為三旗，其意將奈誰何？（當謂其意誰奈之何！）今照此分給，是皇上止有一旗，而多爾博反有兩旗矣。』於是鄭親王以下，尚書以上，公鞫之。以羅什、博爾惠謂動搖國事，蠱惑人心，欺罔唆構，罪狀俱實，應論死，籍其家。」

　　據此錄，當時攝政王已薨，其旗下用事之人，猶以故見傳王意，即欲指揮天子之大臣，自成罪狀。天子之大臣，亦僅稱兩黃旗大臣，則以八固山平列，幾乎復太祖所定故事矣。端重、敬謹兩王，本媚事睿王而得理事及親王之爵，既降而復，當亦求之於睿王，而得其生前之允許者。至是睿王屬人為傳睿王意，有惠於兩王，而兩王見朝局將變，反為舉發之人，分其財物。至十六年乃議其諂媚睿王，王死飾為素有嫌怨，分取人口財物之罪。時二王亦已前卒矣。

　　其中敘睿王取正藍旗於天子自將之日，其立說為兩黃旗人多信實，足恃為禁衛之用，己則出外需加衛兵，調取歸己，俟歸政同時還返。王既死，而羅什輩以多尼入正藍旗，多尼原有之旗，並歸其弟嗣睿王之多爾博，是此時正藍旗為多尼所主矣。至云照此分給，皇上止有一旗，多爾博反有兩旗，蓋謂將無用之巴爾達齊由睿王當時撥於黃旗，已將黃旗分隸無用之人，雖有兩黃旗而實止一旗，多爾博則獨擅

兩白旗也。多尼之調正藍旗事在七年十二月乙巳，睿王已死後十七日。

　　《東華錄》：「順治七年十二月乙巳，議政大臣會議英親王罪。議
　　罪事詳書於後十日，明年正月甲寅，此時蓋未定議。既集，上命譚泰、
　　吳拜、羅什傳諭議政王大臣等曰：『國家政務，悉以奏朕。朕年
　　尚幼，未能周知人之賢否。吏、刑、工三部尚書缺員，正藍旗
　　一旗緣事固山額真未補，可會推賢能之人來奏。諸王議政大臣
　　遇緊要重大事情，可即奏朕。其諸細務，令理政三王理之。』
　　諸王大臣議奏：『吏、刑、戶三部，事務重大，應各設尚書二
　　員，吏部擬公韓岱、譚泰，刑部擬濟席哈、陳泰，戶部擬巴哈
　　納、噶達渾，工部擬藍拜。調王多尼於正藍旗，以公韓岱為固
　　山額真，阿爾津為護軍統領。」

　　是時世祖未親政，親政禮行於明年正月庚申。今之稱上命會議，
所議皆睿王意指。傳諭之譚泰、吳拜、羅什，皆睿王用事之人，所傳
之諭，當亦是名義如此，其實皆攝政餘威也。多尼之調正藍旗，即在
會議中決之。至明年二月，則以為羅什等之罪狀矣。其前正月十九
日，尚追尊睿王為成宗義皇帝，妃為義皇后，同太廟。王氏《東華錄》
已削之，《蔣錄》具在。今原詔書亦存，是為親政後八日。二月癸未為
初五日，既議羅什等罪，再逾十日癸巳，則有蘇克薩哈等首告睿王而
追論其罪。《蔣錄》所載，亦較《王錄》敘睿王罪狀多出「自稱皇父攝
政王，又親到皇宮內院」等語。又有「批票本章，概用皇父攝政王之
旨，不用皇上之旨，又悖理入生母於太廟」等語。其處分之詞，《王
錄》則云：「將伊母子並妻所得封典，悉行追奪。」《蔣錄》則云：「將
伊母子並妻，罷追封，撤廟享，停其恩赦。」一則尋常處分人臣之語；
一則曾經祔廟肆赦，尊以帝號後之追削也。昭示罪狀詔書，首言皇上

沖年，將朝政付伊與鄭親王共理，多爾袞獨專威權，不令鄭親王預
政。是則怨毒之所在，猶是鄭、睿二王之反復，故自了然。世祖之不
慊於攝政，在詔書內，以威逼肅王，使不得其死，遂納其妃，為最重
大。則肅王固世祖長兄，其欲為報怨宜也。

　　睿王之功罪，後來自有高宗之平反，不足置論。惟其為兩黃、兩
白旗分之爭，則據《東華錄》尚有顯然可據者：

> 《東華錄》：「順治八年四月辛亥，駐防河間牛錄章京碩爾對，
> 以戶部諸臣給餉不均；於駐防滄州兩白旗兵丁，則給餉不絕；
> 於駐防河間兩黃旗兵丁，則屢請不發；訐告尚書覺羅巴哈納
> 等。部議巴哈納阿附睿王，曾撥令隨侍皇上，乃依戀不去，又
> 將庫內金銀珠帛等物私送睿王府中，又私厚兩白旗兵丁，給餉
> 不絕，有意刻待兩黃旗兵丁，竟不予餉。」

　　以此益證明睿王所主者兩白旗，本系正白而又兼領豫王故後之鑲
白旗也。正藍則取之朝廷，睿王遂有三旗。至英王則本不理於攝政
時，未能一致為用，但其旗分，則其他七旗皆有確實主名，惟餘鑲紅
一旗應為英王所主，但無可據，尚不如謂克勤郡王所主。其說見下。

　　清一代所紀八旗，分上三旗為天子自將，下五旗為諸王、貝勒、
貝子、公分封之地。上三旗為兩黃、正白。夫兩黃之屬天子，太宗嗣
位時早如此，已見前矣。正白則攝政時確屬睿王，其歸入上三旗，必
在籍沒睿王家產之日。英、睿二王皆為罪人，當時朝廷力能處分者，
蓋有兩白、正藍、鑲紅四旗。其鑲白旗，以豫王已前歿，此時難理其
罪。世祖既取睿王之正白旗，仍放正藍、鑲紅兩旗，為任便封殖宗藩
之用，但非八貝勒原來之舊勢力，則固已不足挾太祖遺訓與天子抗
衡。而正紅之禮王代善，鑲藍之鄭王濟爾哈朗，各挾舊日之固山，亦

已孤弱。今檢順治以後，下五旗之設定包衣佐領，則知皇子以下就
封，由朝廷任指某旗，入為之主，亦一旗非復一主。從前一旗中有爵
者亦不止一人，但多系本旗主之親子弟，若德格類之亦稱藍旗貝勒，
則固莽古爾泰之同母弟也。其他類推。

> 《東華錄》：「康熙四十八年正月甲午，諭滿、漢諸臣，中有云：
> 『馬齊、佟國維與允為黨，倡言欲立允為皇太子，殊屬可恨！』
> 又云：『馬齊原系藍旗貝勒德格類屬下之人，陷害本旗貝勒，投
> 入上三旗，問其族中有一人身歷戎行而陣亡者乎？』」

　　據聖祖之言，藍旗貝勒為德格類。在天聰六年，治藍旗貝勒莽古
爾泰之罪，牽及德格類。今觀此諭，則德格類亦在藍旗中稱貝勒，亦
自有屬人，亦似與其兄各分所轄者。當時一旗容一旗之子弟，如濟爾
哈朗未得阿敏之遺業時，亦必在阿敏之鑲藍旗中，自有分得之所屬。
太祖於八固山，本以八家為言，指其所愛或所重，為八固山之主，而
其餘子弟，固皆待八固山收恤之。特由各固山自優其所親，非其所
親，則屬旗下為屬人而已。太祖之制，本不得為通法，太宗以來，刻
刻改革，至睿王而固山之畛域又加強固。英王內訌，仇敵得間，乃一
舉而奉之朝廷，此八固山制之一大變革也。今檢嘉慶初所成之重修八
旗通志，於其下五旗設立之包衣佐領，可見各旗之入而為主之王公，
皆時君隨意指封，略無太祖八固山之遺意矣。
　　考包衣之名，「包」者，滿洲語「家」也。房屋亦謂之包，蒙古氈
帳，謂之「蒙古包」，世以其為氈帳而始名包，其實不然，即謂蒙古人
之家耳，雖不氈帳亦當謂之包也。「衣」者，虛字，猶漢文「之」字。
「包衣牛錄額真」即「家之佐領」。旗制以固山額真後改名都統者，為
一旗之長官。在八貝勒尊貴時，都統乃本旗旗主之臣，君臣之分甚

嚴。然八旗之臣，合之亦皆當為國家效力。佐都統者每旗兩梅勒額
真，額真既改章京，又改漢名為副都統。下分五甲喇，始稱甲喇額
真，繼改甲喇章京，又改漢名為參領。一參領轄五牛錄，始稱牛錄額
真，繼改牛錄章京，又改漢名為佐領。此皆以固山之臣，應效國家之
用。別設包衣參領佐領，則專為家之輿臺奴僕，即有時亦隨主馳驅，
乃家丁分外之奮勇，家主例外之報效，立功後或由家主之賞拔，可以
抬入本旗。此下五旗包衣之制也。

　　上三旗則由天子自將，其初八旗本無別，皆以固山奉職於國，包
衣二字原不成名詞，後則作為職名奉職於家。其後上三旗體制高貴，奉天子
之家事，即謂之內廷差使，是為內務府衙門。內務府大臣原名包衣昂
邦，昂邦者總管之謂。凡各省駐防，必設昂邦章京，後即改名總管。
其源起於世祖入關，於盛京設昂邦章京，即漢文中之留守。後推之各
省駐防，又改名為將軍，其下轄副都統。所以不稱都統者，都統專理
旗務，留守及駐防對一省有政治之關係，非止理本旗之務也，是以謂
之總管。而包衣昂邦，實為家之總管，當其稱此名時，猶無特別尊嚴
之意，至稱內務府大臣，在漢文中表示為天子埶御之長，其名義亦化
家為國矣。

　　清代宮禁，制御閹官，較明代為清肅，此亦得力於內務府之有大
臣。縱為旗下人所任之官，究非刑餘私昵，若明之司禮秉筆等太監比
也。清代因其家事，原在部落時代，為兵法所部勒，故較漢人認婦人
女子為家者有別。清之內務府，可比於各君主國之宮內省，不至如明
代宮閫之黑暗，此由其故習而來。世祖雖設十三衙門，復明之宦官，
非固山耳目所習，故世祖崩而又復包衣之舊。夫上三旗已化家為國，
不復為宗藩私擅之資，可以別論。欲考見八固山遷流之跡，亦能化家
為國，一固山非復一家獨擅之武力。雖裁之以法制，尚待世宗之朝，
而順康以來，以漸蛻化，直至乾隆末為止，見之《八旗通志》者，輯

而錄之，可見其絕非太祖制定之八固山，亦非順治初諸王分占之八旗矣。

《八旗通志》　上三旗　鑲黃　正黃　正白　包衣佐領不著編立所由。

下五旗

一、正紅　包衣參領五

第一參領下佐領一分管二

第二參領下佐領二管領二

第三參領下佐領一分管二

第四參領下佐領一分管二

第五參領下佐領一分管三

第一參領第一滿洲佐領　謹按此佐領係國初隨禮烈親王編立，原係世管。乾隆十六年，因本族無現任五品以上應襲之員，經本旗奏改為公中佐領。又乾隆十八年，將第三參領所屬第二分管繳回，所有人丁，併入本佐領內。（禮烈親王即大貝勒代善。清初分屬時，此旗原為代善所主，故溯其由來，猶有遺跡。）

第一參領第一滿洲分管　謹按此公中分管，系國初隨謙襄郡王編立。（謙襄郡王即代善子瓦克達。）

第一參領第二滿洲分管　謹按（同上）。

第二參領第一滿洲佐領系於第一參領內撥出。

第二滿洲佐領系於第三參領內撥出。

第一管領亦系於第三參領內撥出。

第二管領系於第四參領內撥出。

第三參領第一滿洲佐領　謹按此佐領係國初隨禮烈親王編立，原係世管。乾隆七年，因本族無五品以上現任應襲之員，經本

旗奏改公中佐領。又乾隆十八年，將本參領所屬第二分管繳回，所有人丁併入本佐領。

第三參領第一旗鼓分管　謹按此分管係國初隨禮烈親王編立。乾隆十八年，本參領第二分管繳回時所有人丁併入本分管。

第三參領原第二分管　謹按此分管係雍正年間康修親王之子永恩，賜封貝勒時編立。乾隆十八年，貝勒襲封王爵，將此分管繳回，分並在王分各佐領分管下。（永恩，代善玄孫，即作《嘯亭雜錄》昭槤之父。）

第四參領第一滿洲佐領　謹按此佐領係順治年間隨恭惠郡王編立（恭惠郡王亦代善孫，即順承郡王勒克德渾。）。

第四參領第一旗鼓分管　謹按此分管係順治年間隨恭惠郡王編立。

第二旗鼓分管　謹按（同上）。

第五參領第一滿洲佐領　謹按此佐領係順治年間隨貝勒杜蘭編立。（杜蘭亦代善孫，父穎親王薩哈廉，勒克德渾為薩哈廉第二子，杜蘭為薩哈廉第三子。）

第一旗鼓分管　謹按此分管（同上）。

第二旗鼓分管　謹按（高宗第八子永璇）。

第三旗鼓分管　謹按（聖祖十二子允祹）。

皆公中。

由此可見正紅旗為代善世有，久而不變。惟勒克德渾之後亦為鐵帽王，其受封之旗分，亦在正紅，則此旗旗主已分屬兩世襲罔替之王，其餘暫分之王貝勒不論。

二、鑲白　包衣參領五

第一參領下佐領三管領四

第二參領下佐領一新增佐領二管領四新增管領一分管一

第三參領下佐領一管領四

第四參領下佐領一管領四

第五參領下佐領一管領三分管二

第一參領第一滿洲佐領系國初編立。

第二滿洲佐領亦系國初編立。

第三滿洲佐領系順治元年編立。

第一管領係康熙四十八年自第一佐領內分出。

第二管領亦（同上）。

第三管領亦（同上）。

第四管領亦（同上）。

第二參領第一滿洲佐領系雍正十三年增立。

第一管領亦（同上）。

新增第二佐領乾隆四十四年多羅儀郡王（高宗第八子永璿）分封時增立。

原第二管領亦係雍正十三年增立。

新增第一管領乾隆四十四年多羅儀郡王分封增立。謹按第一第二管領於乾隆二十八年和碩履親王薨（聖祖十二子允祹）後，封多羅履郡王時裁汰（履郡王永珹，高宗第四子，嗣履親王后。）。

原第三管領亦係雍正十三年增立。

原第四管領亦（同上）。謹按第三第四管領，並於乾隆四十二年，多羅履郡王薨後，封貝勒綿慧時裁汰。

第一分管係雍正九年編立。

第三參領第一滿洲佐領。

原第一管領係康熙六年自內務府分出。謹按此管領於乾隆五十一年，和碩裕親王薨後，多羅裕郡王襲封時裁汰。（和碩裕親王，為世祖第二子福全所受爵，乾隆五十一年之裕親王，乃福全孫廣祿，

襲郡王乃廣祿子亮煥。）

第二管領亦（同上）。

第三管領亦（同上）。

第四管領亦（同上）。

第四參領第一滿洲佐領係康熙三十九年分立。

第一管領亦（同上）。

第二管領係康熙四十八年編立。

原第三管領亦（同上）。謹按此管領於乾隆四十年和碩恒親王薨後多羅恒郡王襲封時裁汰。（恒親王為聖祖五子允祺爵，乾隆四十年薨者允祺子弘晊。襲郡王者弘晊子永皓。）

第四管領亦（同上）。謹按此管領於乾隆五十四年郡王降襲貝勒時裁汰。

第五參領第一滿洲佐領初係包衣昂邦（漢文稱總管內務府大臣）瑚彌塞管理。謹按此佐領係康熙十四年封純親王時由鑲黃旗包衣分出。（純親王為世祖第七子隆禧，康熙十三年封。）

第一管領係康熙十四年分立。

第二管領亦（同上）。謹按此管領多羅淳郡王薨後乾隆四十二年永鋆襲封貝勒時裁汰。（聖祖七子允祐，封淳親王，子弘暻，襲郡王。）

原第三管領亦（同上）。

下脫二分管。

此旗原屬豫王多鐸。順治八年，睿王獲罪，豫王牽及，此旗中已無豫王遺跡，為世祖以下諸帝之子，陸續分封。

三、鑲紅　包衣參領五

第一參領下佐領二旗鼓一管領四

第二參領下佐領二分管二管領三

第三參領下佐領一分管六

第四參領下佐領一管領一分管五

第五參領下佐領一管領一分管五

第一參領第一佐領系國初編立。

第二佐領亦（同上）。

第一旗鼓佐領係雍正年間隨莊親王分封時立，王府派員兼管。

（雍正元年，以聖祖第十六子允祿嗣太宗孫博果鐸之莊親王，博果鐸之父為
太宗七子承澤親王碩塞。）

第一佐領下第一管領係雍正七年增立。

第二管領係（同上）。

第三管領亦（同上）。

第四管領亦（同上）。謹按此管領裁汰。

第二參領第一佐領亦系國初編立。謹按此參領下佐領管領俱隨
克勤郡王分封時立。（崇德間，追封代善第一子岳托為克勤郡王，子羅洛
渾改衍禧郡王，孫改平郡王，至玄孫訥爾蘇，當康熙四十年起至雍正四年正
為平郡王，子福彭，孫慶明，皆襲號平郡王，乾隆十五年，從弟慶恒襲，
四十三年，復克勤號。）

第二佐領亦（同上）。

第一佐領下第一分管亦係雍正七年增立。

第二分管亦（同上）。

第二佐領下第一管領亦（同上）。

第二管領亦（同上）。

第三管領亦（同上）。

第三參領第一佐領亦系國初編立。謹按此佐領隨貝勒褚英分封
時立。（褚英，太祖長子，誅。）

新增第一佐領係乾隆五十一年隨貝勒綿懿分封時立。

下第一管領係（同上）。

第二管領係（同上）。（綿懿父高宗第三子永璋，封循郡王。其本生父即成
親王永瑆，清代親王，以能書名。）

第一分管原隸第一參領內，初為管領，康熙五十年改為分管，
雍正七年由第一參領撥隸。謹按此分管隨奉恩輔國公絕克堵分
封時立。（絕克堵遍檢未得，其分封時立此分管，如即為改分管時，則在康
熙五十年；如並在初為管領時，則當更早。若以輔國公之爵名，及絕克堵之
封音字當之，則阿敏之曾孫齊克塔，於康熙二十五年封輔國公，或是。）

第一分管係雍正七年增立。

第二分管（同上）。

第三分管（同上）。

第四分管（同上）。

第五分管（同上）。謹按此五分管，俱隨貝勒褚英設立。（上本參
領下第一佐領，言係國初編立，而案語又言係隨褚英分封時立，則褚英非雍
正七年始封也。此云雍正七年增立，又云隨褚英設立，殆褚英時已立而廢，
雍正七年乃復立，遂以後立為增立耶？）

第四參領第一佐領亦係國初編立。謹按此佐領係隨貝勒喀爾初
琿分封時立。（喀爾初琿，岳托二子。皇子表作喀爾楚渾。順治六年，由
鎮國公晉貝勒，蓋亦克勤郡王之支裔，知此旗為褚英誅後，轉入代善子克勤
王屬。）

新增第二佐領係乾隆四十六年隨貝勒綿億分封時立。（綿億為高宗
第五子永琪之第五子。）

下第一管領係（同上）。

第二管領係。

原第三佐領下第二管領係雍正七年由第一參領撥隸。謹按管領
久經裁汰。（佐領亦不見管理人，其併裁耶？抑即第一參領下之原第三佐
領，案語亦謂裁汰者耶？）

第四佐領下第一分管係雍正七年增立。

第二分管係（同上）。

第三分管係（同上）。

第四分管係（同上）。謹按此四分管俱系隨貝勒巴思漢設立。（岳托第二子，順治六年，由鎮國將軍晉，皇子表作巴思哈，亦順承王系。）

第五佐領下第五分管係雍正七年由第三參領撥隸。謹按此分管系隨貝勒褚英設立。

第五參領第一佐領亦係國初編立。

下第一分管係康熙十七年分立。

原第二佐領下第一管領係雍正七年由第一參領撥隸。

第三佐領下第二分管係雍正七年由第三參領撥隸。

第三分管係（同上）。

第四分管係（同上）。

第五分管係（同上）。

以上下五旗包衣參領所屬佐領管領分管等，例隨各王公封爵增減，鑲紅旗包衣參領，舊轄佐領九員，管領十一員，分管十九員，兼管二員。乾隆元年，撥去佐領一員，管領三員，新增佐領二員，管領四員。

此旗只有克勤王遺跡，及褚英亦有遺跡，至莊王則在雍正時封入，可不論。夫褚英被罪時，八旗尚未分定，未必有分封故事，或封其子杜度，即以為名耶？克勤王在此旗所分包衣甚多，自是此旗旗主。康熙四十五年，曹寅折，聖祖指令以鑲紅旗王子為其婿。當時以克勤王后之平郡王為鑲紅旗主。

四、正藍　包衣參領五

第一參領下佐領三管領一分管四

第二參領下佐領五管領一分管四

第三參領下佐領三分管九

第四參領下佐領三管領五

第五參領下佐領五管領一分管五

第一參領新增第一佐領係乾隆二十五年增立。

新增第二佐領係乾隆二年和親王分府時設立。（世宗第五子弘晝，雍正十一年封和親王。）

新增第三佐領係（同上）。

新增第一管領係（同上）。

第一分管係雍正四年編立。

第二分管。

第三分管。

第四分管。

第二參領新增第一佐領係乾隆二十五年增立。（聖祖第二十四子允祕，雍正十一年封諴親王。）

新增第二佐領系乾隆二年親王分府時設立。新增第三佐領係。

第四佐領。謹按此佐領係國初饒親王分封時設立。（饒親王當即饒餘親王，太祖七子阿巴泰，崇德元年，由貝勒加封號饒餘，順治元年，晉饒餘郡王，三年薨，康熙元年追封親王，當是順順原郡王封。）

第五佐領。

新增第一管領係乾隆二年諴親王分府時設立。

第一分管。

第二分管係順治九年編立。

第三分管亦。

新增第四分管係乾隆三十九年，弘昑封貝子設立。（弘昑，諴親王第二子。）

第三參領第一佐領。謹按此佐領系康熙十四年恭親王分封時設

立。（世祖第五子常穎，康熙十年封恭親王。）

第二佐領。謹按（同上）。

第三佐領。謹按此佐領原設第五參領所屬第一佐領，乾隆四十三年分封睿親王，將此佐領移入。

第一分管。謹按此分管係康熙十四年恭親王分封時設立。

第二分管。謹按此分管係國初設立。

第三分管係國初設立。

第四分管。

第五分管。

第六分管。謹按此旗鼓分管，係公慶怡分內，國初設立。（公慶怡不詳。）

第七分管。謹按此分管原係第五參領所屬第三分管，乾隆四十三年複封睿親王，將此移入。

第八分管係乾隆四十三年複封睿親王時增立。

第九分管係（同上）。

第四參領第一佐領。

第二佐領。謹按第一第二佐領，俱系雍正元年，分封怡賢親王時設立。（聖祖第十三子允祥，封怡親王。）

第三佐領。謹按此佐領係雍正九年分封寧良郡王時設立。（怡王第四子弘晈，分封寧郡王。）

第一管領。

第二管領。

第三管領。

第四管領。謹按第一第二第三第四管領系雍正元年分封怡賢親王時設立。

第五管領。謹按此管領係雍正九年分封寧良郡王時設立。

新增第一佐領係乾隆二十五年增立。

第二佐領。

第三佐領。謹按第一第二佐領係國初設立豫親王屬下。（高宗一子永璜封定親王，永璜一子綿德襲，後降郡王，降後又革，改由二子綿恩襲郡王，五十八年仍晉親王。）

新增第四佐領係乾隆四十四年分封定郡王時設立。

新增第五佐領係（同上）。

新增第一管領係（同上）。

第一分管。

原第二分管，謹按此原係貝勒弘昌屬下，乾隆五年，弘昌獲罪，將此分管存公。乾隆四十一年，本旗奏將分管內官員兵丁分與近派王公門上，其分管之缺裁汰。（弘昌為怡王第一子。）

新增第三分管係乾隆四十二年公綿德分封時，將前項人丁撤回設立。（綿德四十一年革郡王爵，四十二年封鎮國公。）

第四分管。謹按此分管係國初設立。

第五分管。謹按此分管原設在第一參領所屬第五分管，後移於第五參領所屬第四分管。（然則由第四五分。）

此旗原系莽古爾泰所主，為太宗所自取，順治初又歸睿王，後又暫屬豫王子多尼。睿王得罪後，遂為諸王任便分封之旗分。

五、鑲藍　包衣參領五

第一參領下佐領四

第二參領下佐領四

第三參領下佐領四

第四參領下佐領三管領一

第五參領下佐領四管領二

第一參領第一佐領。謹按此佐領係順治年間鄭親王分封時編

立。

第二旗鼓佐領。謹按此旗鼓佐領亦（同上）。

第三佐領。謹按此係管領亦系（同上）。

第四佐領係康熙三十九年自花色佐領內分出。謹按此佐領亦改管領。（第四參領第二滿洲佐領順治間鄭王分封時編立，其第五任管理名花善。）

第二參領第一佐領。謹按此佐領亦改管領。

第二滿洲佐領。謹按此佐領係順治年間鄭親王分封時編立。

第三滿洲佐領。謹按（同上）。

第四滿洲佐領。謹按此佐領係雍正元年隨理郡王（允礽二子弘晳）分封時編立，原志失載，今增入。（雍正六年晉弘　理親王，乾隆四年革爵。）

第三參領第一滿洲佐領係康熙三十七年分立。謹按此佐領改為管領。

第二滿洲佐領係雍正元年分立。

第三佐領係雍正九年分立。謹按此佐領改為管領。

第四佐領係雍正六年分立。

第四參領第一佐領。謹按此佐領係順治年間鄭親王分封時編立。

第二滿洲佐領。謹按（同上）。

第三佐領。謹按此佐領後改管領。

第四管領。謹按續增第四管領係乾隆元年隨奉恩輔國公永璥分府時編立。（允礽二子弘晉之三子。）

第五參領第一佐領。謹按此佐領係順治年間貝勒商山分封時編立。（商山，皇子表作尚善，舒爾哈齊八子費揚武之二子，順治六年，由貝子封貝勒，十六年降貝子，康熙十一年復。）

第二佐領係康熙四十七年自三探佐領內分出。謹按此佐領後改
為第二管領。（第二參領第二滿洲佐領，順治間，鄭親王分封時編立，初
係三探管理，三探年老辭退，以七品典儀官姜汝亮管理。）

第三佐領係雍正十三年編立。謹按此佐領後亦改為第三管領。

第四佐領係康熙三十九年自翁阿代佐領內分出。謹按此佐領亦
改為管領，後因公弘眺允初七子雍正十二年封，乾隆三十四年革。獲
罪，將包衣人等分給各王公門上，乾隆四十一年將此管領裁
汰。（第一參領第三佐領系管領，順治間鄭王分封時編立，第二任管理名翁
郭代。）

新增第三佐領。乾隆五十九年十七阿哥分封多羅貝勒時編立。
（高宗十七子永璘五十四年封貝勒，嘉慶四年晉慶郡王，二十五年晉慶親
王，諡僖。奕劻即其孫。）

第六管領亦（同上）。

此旗原係阿敏所主，後歸鄭王濟爾哈朗，故多有鄭王遺跡。順
治年間，已將貝勒商山封入，雍正以後，多任意分封。

　　由以上所考得，八固山惟正紅尚保存代善之系統，次則鑲藍旗亦
留濟爾哈朗遺跡，其餘皆盡屬後起之王公。蓋自順治八年後，已盡破
太祖八固山分立之制。上三旗既永為自將，下五旗亦故主罕存，強宗
各擁所屬之弊，已掃除矣。然王公分封之旗，既入而為之主，體統尚
尊。旗下臣於旗主，其戴朝廷，為間接之臣僕。旗員惟旗主之命是
遵，故雍正諸王心存不服，尚能各樹黨羽，以抗朝廷，非諸王之能要
結，在祖訓家法有所稟承，旗員自視此為天經地義，不可違也。再通
考其邅流如下：

　　《東華錄・太宗錄》首：「天命十一年九月庚午朔，上既即位，

欲諸貝勒共循禮義，行正道，交相儆戒。辛未，率貝勒代善、
阿敏、莽古爾泰、阿巴泰、德格類、濟爾哈朗、阿濟格、多爾
袞、多鐸、杜度、岳托、碩托、薩哈廉、豪格，誓告天地曰：
『皇天后土，既佑相我皇考，肇立丕基，恢宏大業。今皇考上
賓，我諸兄及諸弟侄，以家國人民之重，推我為君。惟當敬紹
皇考之業，欽承皇考之心。我若不敬兄長，不愛弟侄，不行正
道，明知非義之事而故為之，或因弟侄等微有過怨，遂削奪皇
考所予戶口，天地鑒譴。若敬兄長，愛子弟，行正道，天地眷
佑。』諸貝勒誓曰：『我等兄弟子侄，詢謀僉同，奉上嗣登大
位，宗社式憑，臣民倚賴。如有心懷嫉妒，將不利於上者，當
身被顯戮！我代善、阿敏、莽古爾泰三人，善待子弟，而子弟
不聽父兄之訓，有違善道者，天地譴責。如能守盟誓，盡忠
良，天地保佑！我阿巴泰、德格類、濟爾哈朗、阿濟格、多爾
袞、多鐸、杜度、岳托、碩托、薩哈廉、豪格等，若背父兄之
訓，而弗矢忠蓋，天地譴責。若一心為國，不懷偏邪，天地眷
佑。』誓畢，上率諸貝勒，向代善、阿敏、莽古爾泰三拜，不
以臣禮待之。各賜雕鞍馬匹。」

此段誓文，猶見滿洲國俗，以各貝勒相誓為正名定分之道。豪
格，太宗子也，而亦與此誓，居奉上嗣位之功，又可作不利於上身被
顯戮之約，此在帝制定後，必為極失體之夷風，而在當時則父子兄弟
互相角立，為根本當然之舉，猶是八大貝勒之制。不過欲使親生之
子，亦於諸強宗內分割一席，在太宗為得計，群雄對立之勢逼，父慈
子孝之說微，此猶謹守八固山共治之訓時也。有太宗與諸貝勒之合
誓，又有諸貝勒合誓，然後有三大貝勒與十一貝勒之相對設誓，終之
以三大貝勒受太宗率諸貝勒之拜，依然前此四大貝勒與小貝勒之體

統。自此直至天聰五年末，猶守太祖八家並立但分大王小王之意。未
幾，阿敏獲罪幽繫，三大貝勒又止存其二，對立之勢愈弱。又未幾而
二大貝勒復屈就臣列。此為太宗改更父訓之一勝利。

> 《東華錄》：「天聰五年十二月丙申，先是上即位，凡朝會行禮，
> 代善、莽古爾泰並隨上南面坐受，諸貝勒率大臣朝見，不論旗
> 分，惟以年齒為序。禮部參政李伯龍奏：『朝賀時，每有逾越班
> 次，不辨官職大小，隨意排列者，請酌定議制。』諸貝勒因言：
> 『莽古爾泰不當與上並坐。』上曰：『曩與並坐，今不與坐，恐
> 他國聞之，不知彼過，反疑前後互異。』以可否仍令並坐，及
> 李伯龍所奏，命代善與眾共議。代善曰：『我等奉上居大位，又
> 與上並列而坐，甚非此心所安。自今以後，上南面居中坐，我
> 與莽古爾泰侍坐於側，外國蒙古諸貝勒，坐於我等之下，方為
> 允協。』眾皆曰善，並議定行禮。奏入，上是之。至是諭曰：
> 『元旦朝賀，首八旗諸貝勒行禮，次察哈爾、喀爾喀諸貝勒行
> 禮，次滿洲、蒙古、漢官，率各旗官員行禮。官員行禮時，先
> 總兵官固山額真，次副將，次參將、遊擊、擺牙喇纛額真、侍
> 衛，又次備禦，各分班序行禮。』」

此為太宗改定朝儀，不與從前平列之大貝勒仍講均禮之始。先由
漢人發端，而諸貝勒乃以本年莽古爾泰有御前持刃議罪事，以莽古爾
泰不當並坐，迎合太宗之意。豈知太宗志在改革，轉命代善議，而代
善不得不並己之並坐議改。奏入，上乃是之，於是君臣之分定，八固
山共治之法除矣。

太宗時革共治制為君主制，然於諸旗主之各臣其所屬，猶立法保
障之。

《八旗通志・典禮志》，王府慶賀儀：「崇德元年，定親王生辰
及元旦日，該旗都統以下佐領以上官員齊集稱賀，行二跪六叩
頭禮。郡王生辰及元旦日，本府屬員齊集稱賀，行二跪六叩頭
禮。貝勒生辰及元旦日，本府屬員齊集稱賀，行一跪三叩頭
禮。若該屬官員無事不至府行慶賀者，治罪。」

　　據此，崇德元年之親王皆為旗主，故皆有所謂該旗都統以下佐領
以上官員，郡王即無之。因此可為太宗時之旗主加一考證。凡崇德元
年封和碩親王者，即是旗主，亦即是天命間之和碩貝勒。自此以後，
貝勒只有多羅之號，尤可見和碩親王之即為和碩貝勒所蛻化也。考崇
德元年封和碩親王者凡六人，追封者一人：代善為和碩禮親王，多爾
袞為和碩睿親王，多鐸為和碩豫親王，濟爾哈朗為和碩鄭親王，豪格
為和碩肅親王，薩哈廉於是年正月死，不及封而追封為和碩穎親王，
以其子阿達禮襲為多羅穎郡王，岳托為和碩成親王，至阿濟格則為多
羅武英郡王，直至順治元年始封和碩英親王。則於太宗時阿濟格雖有
太祖遺命，命為全旗之主，迄未實行，至籍沒時僅有十三牛錄，即系
他旗中分受之少數，蓋當在睿王之正白旗內分給，而豫王又分以七牛
錄，仍非全旗之主也。阿濟格之為人，狂稚無理，不足重任，雖有遺
命，斬之亦無能為。而太祖所云四小王，濟爾哈朗、多爾袞、多鐸三
人自無疑義，又其一必為代善長子岳托，豪格乃太宗親子，固不應徑
取阿濟格所受遺命而代之，其同封和碩親王，不過示將來可以代興之
意，即欲使主一旗，亦當在太宗自領旗分內給之。岳托封和碩親王，
必為旗主。阿濟格於是年封郡王，即非旗主。再證以鑲紅旗之包衣，
只見克勤郡王之遺跡。克勤郡王乃岳托由親王降封，子孫遂以此世
襲，列為八鐵帽之一。薩哈廉之後，雖亦以順承郡王世襲，然非太宗
時旗主，故包衣遺跡，順承王之包衣盡在正紅旗內。兩黃、正藍為太

宗自領，餘五旗歸一大王四小王。至此而主名定矣。

旗主及近親子弟之有郡王、貝勒爵者，屬人於生辰及元旦不詣慶賀，即須治罪。此其本旗主臣之分，有國法為之保障。特旗主則並旗內大臣亦為其臣，旗主之近親則以府內官屬為限。即包衣內旗員為純粹之家臣，本旗旗員兼為國之臣，對本旗惟盡臣禮於旗主，不必盡於旗主之子弟也。

本旗旗員之盡臣道於其主，生辰元旦如此，昏喪等事可知。而《八旗通志》於昏喪禮惟詳乾隆時之見行制，不及初制。惟於雍正朝《上諭八旗》，得有反證：

> 《上諭八旗》：「雍正四年六月二十三日，奉上諭：嗣後貝勒、貝子、公等，如遇家有喪事，將該屬之文武大臣，著吏兵二部開列具奏，再令成服。其官員內有在緊要處行走者，著各該管大臣指名具奏，令其照常辦事。特諭。」

此所云該屬之文武大臣，需吏兵二部開列者，及旗下人見為文武大臣，非旗內之大臣。旗內大臣惟有都統、副都統，無所謂文武，亦無庸吏兵二部分開。至其他官員則並非大臣之列者，世宗皆不許旗主家任意令其成服。則旗下屬人之不容專盡臣道，且有明諭。至本非屬人，由朝命任為本旗之都統以下等官，更不待言。雖對貝勒、貝子而言，親王、郡王或臨於屬人加尊，其不能臣朝廷之臣，不能與崇德元年之規定相合，亦可理推也。

昔年京朝士大夫傳言，松文清筠既為相，一日召對不至，詢之，乃主家有喪事，文清方著白衣冠，在主家門前執打鼓之役。帝乃令抬入上三旗，免為主家所壓抑。此說固不確，文清乃蒙古，非滿洲，其生在嘉道間，為相在嘉慶十八年以後，已在雍正諭禁之後。此或雍正

間之事，因有此事而有此論，要皆為世宗革除八旗舊制之一端也。

太宗雖兼併他固山，乃求強而非以求富，八固山之負擔，仍以八家為均分之準，則兩黃旗未嘗不作兩家負擔計也。滿洲新興之國，地廣人稀，得人力即可墾地，聚人先資養贍，八家負擔善贍之費。在天聰八年，正藍尚未取得，而兩黃久歸自將，初不因自將之故而與六固山有殊，亦不因一人兼將兩固山而不負兩家之費也。

《東華錄》：「天聰八年正月癸卯，眾漢官赴戶部貝勒德格類前，訴稱：『我等蒙聖恩，每備禦幫丁八名，止免官糧，其餘雜差，與各牛錄下堡民三百五十丁，一例應付。我等一身，照官例贍養新人，較民例更重。所幫八丁，既與民例一體當差，本身又任部務，所有差徭，從何措辦？徭役似覺重科，況生員外郎尚有幫丁，望上垂憐，將所幫八丁准照官例當差，餘丁與民同例。』德格類以聞。上遣龍什、希福察訊差役重科之由，所訴皆虛，因前買婦女，配給新人，未曾發價，故云。詔戶部即以價償各備禦，又諭禮部貝勒薩哈廉曰：『此輩皆忘卻遼東時所受苦累，為此誑言耳。若不申諭使之豁然，則將些少之費，動為口實矣。』於是薩哈廉奉上命傳集眾官諭曰：『爾眾漢官所訴差徭繁重，可謂直言無隱，若非實不得已，豈肯前來陳訴。然朕意亦不可隱而不言，當從公論之。朕意以為爾等苦累，較前亦稍休息矣。何以言之？先是，爾等俱歸併滿洲大臣，所有馬匹，爾等不得乘，而滿洲官乘之；所有牲畜，爾等不得用，滿洲官強與價而買之；凡官員病故，其妻子皆給貝勒家為奴。既為滿官所屬，雖有腴田，不得耕種，終歲勤劬，米穀仍不足食，每至鬻僕典衣以自給。是以爾等潛通明國，書信往來，幾蹈赤族之禍。自楊文朋《八旗通志》作楊文朋被訐事覺以來，朕始

宥爾等之罪，將爾等拔出滿洲大臣之家，另編為固山。從此爾
等得乘所有之馬，得用所畜之牲。妻子得免為奴，擇腴地而耕
之，當不似從前典衣鬻僕矣。』」

　　此段見建州之始待漢人，實視為奴虜。漢人中本為明之官吏，則
招徠之，輒妻以女，稱為額駙。若李永芳、佟養性之類皆是。由是漢
奸亦相率歸附。凡自天命至天聰初，來附者頗見於〈貳臣傳〉中。然
所挾以俱降之士兵，或無所挾之漢人，陷於建州者，困苦如此，此清
代官書之自述供狀也。漢人因此思歸，通書反正。太宗發覺其事，不
惟不用威虐，反以此自反其過，改善待遇，此見建州之有大志，迥非
平凡所能為。惟漢人另編固山，據清代官書，在前則太祖初設八旗，
事在萬曆甲寅乙卯年間，其時有漢軍牛錄十六，在八旗之內，此即所
謂歸併滿洲大臣時也。其另編固山，不詳何時。惟於崇德二年七月乙
未，言分烏真超哈一旗為二旗，則其先必有編為一旗之時，是即另編
時矣。今於八年正月有此諭文，別另編必在其前。考清〈貳臣・馬光
遠傳〉：「明建昌參將，本朝天聰四年，大兵克永平，光遠率所部投誠，
授副都統，隸漢軍鑲黃旗，賜冠服鞍馬。五年，上親征明，圍大凌
河，光遠從，招降城南守台百總一，男婦五十餘人，即令光遠撫之。
七年，詔於八旗滿洲佐領分出漢人千五百八十戶，每十丁授綿甲一，
以光遠統轄，授一等子爵。」據此，則另編漢軍為一固山，即七年事。
《東華錄》：「七年七月辛卯朔，命滿洲各戶漢人有十丁者，授綿甲一，
共千五百八十人，命舊漢兵額真馬光遠等統之，分補舊甲喇缺額者。」
此文亦敘此事，然敘述不明，蓋其誤。在傳錄時已自不了，故語不可
解，當以〈光遠傳〉改正之。而〈光遠傳〉文亦有誤，如云「投誠授
副都統，隸漢軍鑲黃旗」。當天聰四年，漢軍尚未分旗，即至崇德初，
所分一旗兩旗，亦止由整旗而分左右翼，兩翼旗猶純用玄青，並無鑲

黃之名，況在天聰四年乎？以意度之，當云隸鑲黃旗漢軍，蓋隸於滿洲鑲黃旗內之漢軍牛錄耳。漢人於旗制隔膜，清中葉以前，史館諸臣已不了如是，宜及今不可不加以研究也。

「爾等以小事來訴，無不聽理，所控雖虛，亦不重處，是皆朕格外加恩甚於滿洲者也。困苦之事，間或有之，然試取滿洲之功，與爾等較之，孰難孰易？滿洲竭力為國，有經百戰者，有經四五十戰者，爾等曾經幾戰乎？朕遇爾等稍有微勞，即因而擢用，加恩過於滿洲，若與滿洲一例較傷論功，以為升遷，爾今之為總兵者，未知當居何職？爾漢官皆謂：『滿洲官員雖嫻攻戰，貪得苟安，不知憂國急公；我等戰功雖不及滿洲，憂國急公則過之。』及覽爾等章奏，較前言有異矣。爾等另編固山之時，咸云：『拯我等於陷溺之中，不受滿洲大臣欺凌，雖肝腦塗地，不能仰答上恩於萬一。』今覽爾等所訴之詞，前言頓忘。爾等訴稱苦累甚於滿洲，盍向熟諳差役者問之！若以滿洲相較，輕則有之，甚則未也。古聖人有云：『以家之財養賢，則取國而國可得；以國之財養賢，則取天下而天下可得。』此言皆爾等素所知也。國小民稀，朕及貝勒之家，各量所有均出之，以養上天畀我之民，此即古聖人所謂『家財國財』之義也。既知此例，所輸大凌河數人贍養之資，遂出怨言，爾等何其言行不相顧耶？朕謂爾等博知典故，雖非聖賢，必有通達事理者。自朕以及貝勒，尚散財無吝，使爾等果能達於事理，豈以隨眾輸納為苦耶？他國之主皆斂民間財賦，以供一己之用，有餘方以養人；我國賦稅，朕與諸貝勒曾有所私乎？我國民力，朕與諸貝勒曾有所私役乎？取國賦糜用於家，役民力以修治宮室，不以國事為念，止圖一己便安，爾等當諫之。朕為國家朝夕憂

勤，荷天眷佑，殊方君長頭目接踵來歸，猶恐不能招致賢才，解衣衣之，推食食之。凡賞齎歸附之人，皆八家均出，何曾多取一物於爾等乎？禮部亦有漢官，試往問之，八家每年出羊若干，貂裘野獸酒米筵宴若干，明告於爾。當國中年歲荒歉，八家均出米粟，賑濟貧民，朕與諸貝勒又散給各固山滿洲、蒙古、漢人贍養之，爾等豈不知乎？朕與八固山貝勒，於新附之蒙古、漢人、瓦爾喀、虎爾哈、卦爾察，以及舊滿洲、漢人、蒙古等，凡貧窮者，給與妻室奴僕，莊田牛馬，衣食贍養，何可勝數。此皆爾等所明知者。爾等果憂國急公，其間縱有愚昧無知，自言其苦者，爾等猶當勸諭，乃反因此些小之費，遂出怨言。所謂急公過於滿洲者，徒虛語也。」

此段見其自矜無私費，無私役，皆以朕躬與諸貝勒並提，雖以君主自居，未能不以諸貝勒為有共治之分，是太祖遺意之未遽泯滅者。八家並稱，仍以八固山為出治之主名，君主雖臨於上，不能獨居其功，其自將之固山仍與他固山平列，惟己以一人超乎其上，此是太宗時八旗制蛻化真相。

「爾等曾奏云：『一切當照官職功次而行之。』我國若從明國之例，按官給俸，則有不能。至所獲財物，原照官職功次，加以賞齎；所獲土地，亦照官職功次，給以壯丁。先是，分撥遼東人民時，滿、漢一等功臣占丁百名，其餘俱照功以次給散。如爾等照官職功次之言果出於誠心，則滿、漢官員之奴僕，俱宜多寡相均。爾漢官或有千丁者，或有八九百丁者，餘亦不下百丁，滿官曾有千丁者乎？果爾計功，論理滿洲一品大臣，應得千丁。自分撥人丁以來，八九年間，爾漢官人丁多有溢額者。

若謂新生幼稚耶？何其長養之速；若謂他國所獲耶？爾漢官又
未嘗另行出征，此如許人丁，不知從何處增添也。爾等之過，
朕知而不究，其貝勒滿洲大臣，以爾等私隱人丁，孰不懷怨？
若不任爾等多得，而有較滿洲更加苦累之心，豈不將滿洲漢官
戶下人丁，和盤計算，照官職功次再為分撥手？倘如此分撥，
爾千丁者，不識應得幾人也。爾眾官在明國時，家下人丁若
干，今有若干，何不深思之！滿、漢官民雖有新舊，皆我臣
庶，豈有厚薄之分？今既如此，爾等亦同滿洲，三丁抽一為
兵，凡出征行獵，一切差徭，俱一例分毫不缺，爾等以為何如
乎？試取朕言，與爾等所言，從公忖量，有欲言者，不必疑
慮，切直言之可也。且滿洲之偏苦於漢人者，不但三丁抽一
也，如每年牛錄出守台人八名、淘鐵人三名、鐵匠六名、銀匠
五名、牧馬人四名、固山下聽事役二名，凡每牛錄下當差者十
有四家。又每年耕種以給新附之人。每牛錄又出婦人三口。又
耀州燒鹽，畋獵取肉，供應朝鮮使臣驛馬，修築邊境四城，巡
視邊牆，守貝勒門。又每牛錄派兵一名，防守句驪河《通志》作
巨流河，注即句驪河，每牛錄設哨馬二匹，遇有倒斃，則均攤買
補。征瓦爾哈時，每牛錄各餵馬二三匹從征。又派擺牙喇兵十
名，兵丁二三名，往來馳使，差回又令餵養所乘馬四。遇有各
國投誠人來，撥給滿洲見住屯堡房屋，令滿洲展界移居。又分
給糧穀，令其舂米納酒，每年獵取獸肉，分給新附之人。發帑
金於朝鮮，貿易布匹，仍令滿洲負載，運送邊城。又有窖冰之
役，每年迎接新附之虎爾哈，於教場看守貂鼠猞猁猻等皮，兼
運送新米。朝鮮、蒙古使至瀋陽，擺牙喇章京各出人一名，逐
日運給水草；夏月至，更有運給水草之役。又每年采參，負往
朝鮮貨賣此當即是皮島通商，每固山以一戶駐英格地方，巡緝盜

蹤，又以一戶駐瀋陽渡口，看守船隻。此皆滿洲偏苦之處，若
不向爾等詳切言之，爾等亦未必深信也。」

此段見滿洲開國，此草昧之部落，而內政外交有條不紊，尚無錢
幣之制，純恃實物為交易，所恃者土地閑曠，山林產珍貴之物。當天
下未定，滿洲人居然任其勞費，而處外族以優逸，用廣招徠。生事簡
單，然使有久計。文字無多，細繹之，民生國計，盡心經理之法，皆
見於此。尤不易者，投誠人來，授以滿人見住之屯堡房屋，而原住之
滿人展界移居以讓之。此非滿洲上下真能一心，何以得此。國無大
小，實心為政，虛心待人，事必有濟。自太祖初興至此，傳經兩代，
時逾五十年，銳意圖強，有進無止，而中國以萬曆、天啟之朝局應
之。思宗有志救亡，而用聚斂之臣以奪民生，信刑餘之賤以斥士類，
好谿刻瑣細之才以拒純正遠大之議論。對敵情固茫然，對民情尤漠
然。為淵驅魚，為叢驅爵，非兩兩對照，不易了也！其宣諭漢官之
詞，和平誠懇，有以服其心，絕不壓以威力，較之思宗，明知民力不
任，猶曰暫累吾民一年，一年之後，更不提暫字。興亡之判，非偶然
矣！論畢復有末尾一段，並錄以盡其曲折：

「總兵官石廷柱、馬光遠、王世選及副將、參將、遊擊，皆曰：
『控訴之事，我等不知，皆眾備禦所為。』遂將為首八人執之。
薩哈廉問曰：『爾等既云不知，當戶部貝勒遣布丹往問時，何云
知之？又何為將苦累之事備呈於部耶？』對曰：『各備禦向我等
不曾言差役重科，但言欲訴幫丁八人之事，故布丹來訊我等，
答云知之。至具呈之事，乃龍什、希福令我等將所有差徭，備
細開寫，我等無知，故爾開送奏聞。』上曰：『諸臣既云不知，
可將備禦八人並釋之，倘治其罪，後有苦累，亦更無敢言者。

各官及備禦，勿令謝恩。若謝恩，則是欲罪而復赦之也。』」

委曲周至，真能買漢奸之心。統觀全文，猥陋僅能達意，自是關外原來記載，非經中國文人以瞻天頌聖之格調為之潤色，且出兩造口語，非虛捏之宣傳文也。下各官惶恐語略之。

太宗時雖收各固山之權，而處分之法，仍視八固山為八家私物，以奪此予彼為懲勸。夫牛錄而可隨時予奪，必非太祖八固山並立之本意。太宗能立子奪之法，是即改革八家之專據。然自將之三固山，亦在予奪處分之內，則並立之遺跡尚存也。崇德改元時，正藍已歸太宗，故云三固山為自將。

《八旗通志‧兵制志》軍令：「崇德三年諭：凡和碩親王、多羅郡王、多羅貝勒、固山貝子，臨陣交鋒，若七旗王貝勒貝子卻走，一旗王貝勒貝子拒戰，七旗獲全，即將七旗佐領下人丁給拒戰之一旗。若七旗拒戰，一旗卻走，即將卻走人丁，分與七旗。若一旗內拒戰者半，卻走者半，即以卻走人丁，分給本旗拒戰者。有因屯札他所，未拒戰而無罪者，免革人丁。其拒戰之王貝勒貝子，別行給賞。若七旗未及整伍，一旗王貝勒貝子拒戰得功者，按功次大小俘獲多寡賞之。野戰時，本旗大臣率本旗軍下馬立，王貝勒貝子等率護軍乘馬立於後。若與敵對仗，王貝勒貝子大臣不按隊伍輕進，或見敵寡妄自衝突者，奪所乘馬匹及俘獲人口。」

觀此軍令，八旗於戰時，皆以王貝勒等為主將，大臣即都統以下，其責任乃主將負之，大臣可以進退，旗主之事也。旗主則以旗下人丁為賭勝之具，焉得而不以所屬人為旗主之臣，使號令得行也。

　　自此經睿王攝政之局，天子與親王，各挾固山之武力，與政權為消長。世祖親政初一大改革，睿王之正白旗尤為充實，而收為自將之上三旗，遂成一定之制。餘分屬諸王貝勒之五旗，謂之下五旗，已絕不足言平立之舊矣。以天命間之四大王論，一王化帝，一王剗奪莽古爾泰之正藍旗，一王遞嬗阿敏之鑲藍旗，移轉於弟濟爾哈朗，其為原主者，僅一代善之正紅旗。以天命末遺囑所定之四小王論，其三可知者乃阿濟格、多爾袞、多鐸，太祖有此殊寵之三子之母，遂遭諸王所公嫉，而迫使殉，又奪阿濟格之一小王，以益代善之子。又太宗自擅兩旗，無可分給而暫缺其一，迨取之阿敏以予濟爾哈朗，始具四小王之數。實則入諸王手者已止有五旗，所謂下五旗，其中已無原來旗主，供朝廷隨意分封者兩旗鑲白、正藍，有原來旗主者三旗。又分天命間原屬大王之旗，止有一旗正紅。子孫眾多，逐漸分封，世襲罔替之王，乃居其二禮親王、克勤郡王。餘郡王貝勒隨世遞降者不計，倘亦漢眾建諸侯而小其力之意。天命後原屬小王之旗，則有二旗：一由原主獲罪，遞嬗而來鑲藍之濟爾哈朗；一由不遵太祖遺囑，別授充數鑲紅之岳托。其權源本不強固，故皆有隨時封入之王貝勒，而鑲紅為尤甚。蓋旗主之武力，已減削無餘，各旗自有固山額真，為天子任命之旗主，非宗藩世及之旗主。宗藩受封於旗，乃養尊處優之地，旗之行政，天子之吏掌之，則不啻有廩之封也。親貴雖或典兵，所指揮者非有自主之本旗，特假天潢之重，以臨禁旅之上，而鎮攝後來歸順之雜軍。所謂八旗，皆朝廷之所運用，天子特於六卿兵部之外，自為一積世之軍閥，而親貴則皆不得分焉。此清代特殊之養威居重之地也。旗主消散而禁旅歸公，威棱所由極盛，旗人墮落而異軍特起，種族所以漸形，此一代興亡之大數也。

　　順康間，八旗之武力，已為國家所統一，而親王之體制，乃因從前八和碩貝勒之平行，對國家猶存各臣所屬之舊，此已無礙於立國之

大計，故聖祖臨御甚久，尚無革除之意。至世宗因嗣統不無取巧，諸
王間不盡誠服，而諸王各有臣屬，視各忠其主為祖宗定制，此本八固
山以來，太祖設定特殊之綱紀，旗員中有視為天經地義者。世宗於諸
王，束縛馳驟，呵譴誅戮，諸王所飲恨，所屬亦間與同抱不平。此為
高宗以來絕無之事。蓋經世宗朝之鏟削芟夷，乃始全一人威福之柄，
諸王之帖服，與朝士至無交往之自由。八固山對抗朝廷之習，可謂無
餘。而宗室與士大夫間，隔絕氣類，積數十年，衣帛食粟，養尊處
優，盡為尸居餘氣，種族益不可溝通，行能益無從比較，是為滿人衰
亡之漸。

　　康熙間，諸王皆通賓客，或羅致文學之士助其編纂書籍，以務聲
名。最著最大者，如《圖書集成》《律曆淵源》。二書皆世宗兄誠親王
允祉招致文學士陳夢雷、楊文言等所作。世宗即位後，以此為大罪，
誠王幽禁而死，禍及子嗣，陳、楊則坐以敗類惡名，譴逐擯斥。此事
可詳述別為專冊。至如校勘家何焯、詞臣秦道然，皆以王府賓禮而獲
重罪。清通禮，朝士與王貝勒等，但有途遇避道之禮，並無詣府通竭
之禮。清一代，帝室近親，絕少宮庭燕閑之樂，天子之尊嚴，諸王之
觳觫，較之歷代史書，親屬間君臣之希闊特甚，此亦一代之特色。

　　清代皇子不一定封王，是制度之善者。然旗下俗稱，遂以封爵與
王號分離，雍正間有明諭禁止。又對諸王不敢稱名，亦有明禁。此於
政體，未嘗非不私其親，要亦世宗防閑宗室之作用。

　　　　《雍正上諭八旗》：「元年十月十六日，奉上諭：親王、郡王等
　　　俱有封號。所以賜與封號者，蓋為稱呼設也，如無封號之王貝
　　　勒，即應直呼其名耳。至九貝子、十四王之稱，國家並無此
　　　例。嗣後凡無封號諸王貝勒等，即呼其名，若再如前稱呼，斷
　　　然不可。將此曉諭八旗，並各部院衙門。至各省督撫等，如奏

章內不書其名，仍有寫九貝子、十四王者，該部即行奏聞。再小人等並將閑散宗室，亦稱為王，又有貝勒王、貝子王、公王之稱，嗣後若有如此稱呼者，決不寬恕。著該部嚴行禁止。特諭。」

至旗人主屬之分，太祖所遺之跡，及世宗而盡破除之。八旗之軍政，先已移歸都統。其戶婚田土之事，都統雖亦理之，尚不足盡掣諸王之肘，亦並不欲旗人旗產盡隸於本旗都統。於是逐事諭禁之，設御史稽察之，令各旗交互代管之。於是一旗自為主屬之界限盡去。

《雍正上諭八旗》：「康熙六十一年十一月十七日，奉上諭：下五旗諸王屬下人內，京官自學士侍郎以上，外官自州牧縣令以上，該王輒將子弟，挑為包衣佐領下官，及哈哈珠子執事人王子之隨從人，曰哈哈珠子，挫折使令者甚眾，嗣後著停止挑選。其現在行走入內，係伊父兄未任以前挑選者，令其照常行走；若係伊父兄既任以後挑選者，俱著查明撤回。或有過犯，該王特欲挑選之人，著該王將情由奏明，再行挑選。特諭。」

此為加高旗員身分，以抑旗主之尊之始。

又：「雍正元年正月二十九日，奉上諭：從前皇考之時，凡上三旗大臣侍衛官員人等，俱不許在諸王門下行走，即諸王屬下人，非該屬處亦不許私相往來。著領侍衛內大臣，及旗下大臣等，各將該管侍衛官員等嚴行稽察，嗣後如有私相行走之人，一經查出，即行參劾。如不糾參，經朕查出，或被旁人首告，定將該管大臣一併從重治罪。將此詳悉再行曉示。特諭。」

此先斷各旗屬下互尊他旗旗主之路。

又：「雍正元年三月十八日，奉上諭：下五旗旗下官員兵丁，原不在諸王阿哥門下看守行走，朕與大阿哥曾經奏請，始令看守，其餘並未具奏，亦盡皆仿效，今不得復行如此。且旗下官員亦不敷用，著撥回旗下當差。行走三阿哥門上者，亦著撥回。若即行撤去或有不便之處，亦未可知，著都統詳議，令諸王具奏。特諭。」

此亦縮小諸王役使旗丁之範圍，凡世宗在藩邸時自蹈之弊，此時皆禁斷。如此者亦多，若結交外廷，需索帑項，皆有自犯於先自禁於後之事。可見聖祖時待諸王本寬，世宗特加嚴峻，要亦本非惡事。不具錄。

又：「雍正元年六月二十九日，奉上諭：凡旗員為外吏者，每為該旗都統參領等官所制。自司以至州縣，於將選之時，必勒索重賄，方肯出給咨部。及得缺後，復遣人往其任所，或稱平日受恩，勒令酬報；或稱家有喜喪等事，緩急求助；或以舊日私事要挾。至五旗諸王，不體恤門下人等，分外勒取，或縱門下管事人員肆意貪求，種種勒索，不可枚舉。以致該員竭蹶饋送，不能潔己自好，凡虧空公帑罹罪罷黜者，多由於此。嗣後如有仍蹈前轍，恣意需索等弊，許本官密詳督撫轉奏，督撫即據詳密奏。倘督撫瞻顧容隱，即許本官封章密揭都察院，轉為密奏。倘又不為奏聞，即各御史亦得據揭密奏。務期通達下情，以除積弊。外任旗員，勿得隱忍畏懼，朕不治以干犯舉首

之罪。將此著內閣通行八旗、直省督撫，遍諭內外旗員知悉。
特諭。」

凡世宗所力破旗下痼疾，皆自太祖以來使旗各自主所釀成。清代
若不經此裁制，主權安得而尊，國本安得而定。世宗之得位或有慚
德，逆取順守，或亦不讓唐宗也。

又：「雍正元年七月十六日，奉上諭：滿洲御史事務無多，八旗
各派御史二員，亦照稽察部院衙門之例，一應事務令其稽察。
如旗下有應密奏及應題參事件，俱著密行具奏。再五旗諸王，
有不按定例使令旗人，及濫行治罪者，亦著查參。這所派監察
御史，著調旗分派。特諭。」

自是八旗為政府以下之八衙門，非各自為政之八國矣。

八旗都統，舊為八旗臣屬，已見前矣。雍正間，每以親王郡王任
各旗都統，皆系不能臣屬他王貝勒者。先是康熙末年，屢以皇子辦理
旗務，即不欲假手於本旗王貝勒，而特命皇子出為代辦。其辦旗務，
正居都統地位，非該旗王貝勒地位，但不能臣屬於該旗王貝勒，則無
可疑。惟尚非竟任為都統，至雍正間乃明任為都統矣。都統為八旗之
行政官，不為臣屬。於是旗之行政，盡屬都統，該旗王貝勒只受其分
得之包衣，受俸餉於旗內。於是旗主不但無耦國之嫌，並不預旗之內
政矣。

《清史稿・聖祖諸子傳》：「淳度親王允祐，康熙五十七年十月，
正藍旗滿洲都統延信征西陲，命允祐管正藍三旗事務。」〈輔國
公允祎傳〉：「康熙五十七年，命辦理正藍滿洲、蒙古、漢軍三

旗事。」〈履懿親王允祹傳〉:「五十七年,辦理正白旗滿洲、蒙古、漢軍三旗事。」

此在康熙間,已用各旗王貝勒所不能臣屬之親貴,分別干與各旗之始。其每一旗色合滿、蒙、漢三旗者,京師八旗宿衛駐地,以旗色分區,而以滿、蒙、漢按色相次也。今再考其所以派皇子辦事之故:

《八旗通志》敕諭:「康熙五十七年十月三十日,諭議政大臣內大臣等曰:『每旗都統、副都統,或有起家微賤,專意徇庇,一應補放官員並佐領等事,恒有遲至數年或十年不奏者。或一官病故已久,數年尚仍給俸者。一切事件漫不稽查,甚是曠廢。近聞都統石文英,不出門戶,亦不見人,有事來奏,每不待事畢,只圖早歸,亦不瞻仰朕容,甚屬不堪!正藍旗都統顏信,前往出兵,其滿洲、蒙古、漢軍三旗之事,著七阿哥辦理。正黃旗都統巴賽,署理將軍事務,其滿洲、蒙古、漢軍三旗之事,著十阿哥辦理。正白旗滿洲都統何禮,差往雲南,其滿洲、蒙古、漢軍三旗之事,著十二阿哥辦理。如此辦理,別旗各相效法,自必發憤勤事也。』」

觀此諭,康熙間旗務掌於都統,而王貝勒不之問,其間正黃、正白,本屬上三旗,由天子自將,即派皇子辦旗務,亦無許可權之分別。而正藍則為下五旗,旗務廢弛,不令該旗王貝勒整頓,乃另派皇子,固已視本旗王貝勒為享有包衣祇候之地,無過問旗務之權矣。

雍正間,則直以親王為都統,自後更為常制,不必復言。今舉雍正時之親郡王為都統者:

禮親王後改號康親王時，崇安雍正間官都統，掌宗人府。

克勤郡王後改號平郡王時，雍正四年，訥爾蘇削爵，子福彭襲，授右宗正，署都統。

順承郡王錫保，雍正四年論：錫保才具優長，乃國家實心效力之賢王，可給與親王俸，授都統。

果郡王允禮，《雍正上諭八旗》，三年九月初八日，有諭鑲紅旗都統多羅果郡王允禮。

此皆見《清史稿》本傳及論旨，蓋雍正間始創此例，以後則諸王之歷官都統為常事，不足復道。惟康熙末之都統，似以同色旗中滿洲都統，有干預蒙、漢二旗之權，當亦是雍正以後始各自為政。其滿、蒙、漢各旗之都統、副都統，本不分界限，滿人可作蒙、漢旗都統、副都統，蒙、漢旗人亦可作滿洲都統、副都統。參領以下，則各自用本族之人。

《上諭八旗》：「雍正元年正月初十日，奉上諭：將八旗滿洲、蒙古人員，屢放漢軍參領，則該旗缺出，反致乏人。漢軍旗下，亦還得人，嗣後漢軍參領缺出，即將漢軍旗下人員，引見具奏。特諭。」

雍正初革除各旗旗主之權，復有專論。當上三旗下五旗既分之後，所需革除者亦只有五旗，較太宗時本易為力。太宗雖始終握定兩黃旗，究亦非太祖遺囑所許，對諸王較難操切。

又：「雍正元年七月十六日，奉上諭：看來下五旗諸王，將所屬旗分佐領下人，挑取一切差役，遇有過失，輒行鎖禁，籍沒家

產，任意擾累，殊屬違例。太祖、太宗時，將旗分佐領分與諸
王，非包衣佐領可比，欲其撫循之，非令其擾累之也。從前朕
之伯叔為諸王時，雖漸失初意，尚未過甚。至朕兄弟輩，所分
包衣佐領之人既少，而差役複多，因而不論旗分佐領、包衣佐
領，一概令其當差。其餘諸王，遂亦從而效之。或有不肖王
等，因漁色之故，多斃人命，人所共知。且護衛等尚無不奏而
擅行革退之例。如此日流而下，則五旗之人，竟有二主，何以
聊生？所關甚大。嗣後仍照舊例，旗分人員，止許用為護衛、
散騎郎、典儀、親軍校、親軍，或諸王挑取隨侍之人，或欲令
所屬人內在部院衙門及旗下行走者兼管家務。或需用多人，以
供差役，或補用王府官職，或令隨侍子侄，著列名請旨。將奉
旨之處，知會該旗都統等，令都統等覆奏。其旗分人員，不許
擅行治罪，必奏聞交部。如不請旨，斷不可也。倘仍有將旗分
人員，妄行擾累，令其多供差役，兼管散職，著該旗都統等奏
聞。若都統等隱匿瞻徇，一經御史參劾，即將該都統等治罪。
特諭。」

世宗制諸王至此，較之太祖分付八固山之意，判若天淵。然後來
帝所欲制之諸王，旗分中人，尚有不顧天威，而效忠本主者，則祖制
之約束甚久，旗人固視為綱常大義也。天無二日，民無二王，以儒家
名分之說壓之，始無間言。可知儒教之入人久深，過於開國之祖訓也。

又：「雍正元年十二月初一日奉上諭：『老安郡王（太祖八子饒
餘郡王阿巴泰子岳樂）居心甚屬不善，諂附輔政大臣等，又恃
伊輩長，種種觸忤皇考之處，不可悉述。皇考寬仁，加以容
宥。以如此之深恩，而安郡王之諸子，全然不知感戴竭誠，效

力行走，瑪爾渾、京喜、吳爾占等兄弟之中，互相傾軋，恣行鑽營，塞恒圖又生妄想，冀得王爵，殘害骨肉，以致皇考鬱悶等事，係眾所共知者。安郡王諸子之中，瑪爾渾尚屬安分，其子華啟，亦無惡處。上天不佑，將應襲封王爵之人令其絕嗣，因此皇考稍加躊躇審度，而安郡王之子孫，即怨及皇考，以至吳爾占、塞恒圖等，屢次形於辭色之間。夫國家恩施，豈可倚恃而強邀乎？今廉親王以不襲封安郡王之故，鑽營讒害，離間宗室，搖動該王屬下人等之心。以累世仰受太祖、太宗、世祖、聖祖恩施之舊人，豈肯倚附此輩，以遂其擾亂國家之意？今強欲令襲封安郡王，則朕從容施恩之本意俱不可行矣。將襲封安郡王之本發回，不准承襲。其屬下佐領，朕俱撤出，另賜他人。』將由安郡王之屬下撤出給與廉親王、怡親王之佐領下人等傳集，宣旨諭云：『爾等俱系朕之臣下，國家惟有一主，朕將爾王不准承襲者，其故如此。爾等若知爾王之罪，當即仰遵朕所辦理，衷心悅服，竭誠為國效力行走。倘仍顧念舊日屬王，違背大義，沽取小忠之名，而蹙額致怨於朕，爾等即將爾王屈抑之處，表白聲明具奏。若所陳得理，朕即襲封爾王，並將爾等給回舊屬；如謂王本無功，其罪案是實，略無遊移，則更有何言？不於奉旨賜給之王處，效力行走，仍顧戀舊主，以廉親王為爾王屬下之婿，鑽營行走，朕必誅之。』再將賜給廉親王之安郡王屬下佐領，俱撤出給予怡親王。並降旨於怡親王：『此所給人內，如有為其舊日屬主，致怨於朕，及不肯奉爾為主，一心效力行走者，以至形於顏色之間，或有仍瞻顧鑽營於其間者，王即奏聞，朕必將伊置之於法。特諭。』」

論中亦以旗下屬人顧戀舊主為效忠，不敢遽以遵守祖訓為罪，故

有此反復開諭之文。惟其取咎之故，實在廉親王之欲助安郡王。廉親王即後來之阿其那，乃安郡王之外孫婿。安郡王功在國史，此忽謂其無功，則挾帝王之勢以臨之，人亦無敢反駁。要之雍正諭旨，皆支離詞費，半由對兄弟有慚德，半由所革除者為祖制，不能不煩瑣言之，冀達其意也。

> 又：「雍正三年五月二十日奉上諭，旗下所存之官房，若令各該旗管理，參領等或有作弊之處，亦未可定，相應調旗管理為善。鑲黃旗之房，著正白旗管理。正白旗之房，著鑲黃旗管理。鑲白旗之房，著正藍旗管理。正藍旗之房，著鑲白旗管理。正黃旗之房，著正紅旗管理。正紅旗之房，著正黃旗管理。鑲紅旗之房，著鑲藍旗管理。鑲藍旗之房，著鑲紅旗管理。特諭。」

　　雖一房產之微，亦不能由各旗自為窟穴，太祖所命八固山各自為主之制，可云摧滅無餘矣。是時乃始開屠戮兄弟之隙，知其助之者寡，然世宗猶刻刻防舊屬之戴主，有決無其事而故為周內者。若雍正四年二月初五日，允祉、允祺、允祐奏述康熙年間面奉皇考罪狀允禩之旨，中有云：「蘇努、馬齊自其祖父相繼以來，即為不忠。蘇努之祖，即阿爾哈圖土門貝勒也。在太祖時，因獲大罪被誅。馬齊之祖，原在藍旗貝勒屬下，因藍旗貝勒獲罪，移置於上三旗。伊等俱欲為祖報仇，故如此結黨，敗壞國家。」夫蘇努可云為祖報仇，馬齊特先世為藍旗貝勒屬人，亦云為祖報仇，乃為其祖代報故主之仇矣。考馬齊以鑲黃旗著籍，姓富察氏，父米斯翰，登朝已在康熙年，祖哈什屯，乃曾隸正藍旗者，天聰時改隸鑲黃旗，即由太宗治兄莽古爾泰弟德格類之罪，而奪其正藍旗。世之相距遠矣，其說已不足信。且按之聖祖原

論，今載《東華錄》者，與允祉等所述正相反。今錄以互證如下：

《東華錄》：「康熙四十八年正月，甲午，諭有曰：『馬齊原係藍旗貝勒德格類屬下之人，陷害本旗貝勒，投入上三旗。問其族中，有一人身歷戎行而陣亡者乎？乃不念朕恩，擅作威勢。朕為人主，豈能容此？馬齊之弟李榮保，妄自尊大，虛張氣焰，朕屢加警戒而怙惡不悛，亦當治罪。馬齊等著諸王大臣會集，速審擬奏。』是日，康親王椿泰等遵旨審鞫馬齊等，覆奏：『馬齊係正藍旗貝勒德格類屬下，陷害本旗貝勒，投入上三旗。其族中並無一人行間效死者。今馬齊圖謀專擅，欲立允禩為皇太子。且馬齊於御前拂袖而出，殊為可惡，不可留於斯世者也；李榮保妄自尊大，虛張氣焰，亦甚可惡，俱應立斬。馬武與馬齊、李榮保，係親兄弟，亦應立絞。馬齊、馬武、李榮保及馬齊之兄馬思喀等之子孫，有職者革職，概行枷責。其妻子併發黑龍江。馬齊之族護軍參領壯圖等，有職者革職，其護軍披甲及閒散人，俱鞭一百。』奏入，諭曰：『馬齊原不諳事，此數年中起自微賤，歷升至大學士。其處心設慮，無恥無情，但務貪得，朕知之已久，早欲斥之，乃潛窺朕意，而蓄是心，殊為可惡，理應立斬，以為眾戒。朕因任用年久，不忍即誅，著即交允禩嚴行拘禁。李榮保著免死，照例枷責，亦聽允差使。馬武著革職。其族中職官，及在部院人員，俱革退，世襲之職，亦著除去，不准承襲。』又諭：『馬思喀在日，曾有效力之處，著將伊子佐領三等侍衛衲爾泰，從寬釋放。』」

以上康熙間議馬齊罪原文，迭諭及康親王等審鞫覆奏，反復成一讞牘，必非虛假。所云馬齊之祖，乃屬於德格類，而陷主以歸太宗，

得收入太宗親將之鑲黃旗者，豈但不為藍旗貝勒報仇，如果有忠於藍旗之人，且當甘心於馬齊，以為藍旗貝勒報仇耳。允祉等記憶聖祖諭旨之說，誠亦世宗所授之辭，非其本意，但此矛盾之說，實為世宗惟恐諸王貝勒舊屬之為主報仇，且覺諸兄弟之尚有心腹忠黨，故有此蛇影杯弓之見解。總之諸王有黨，原於舊有主屬之分；主屬之必應效忠，原於太祖之遺訓。明乎此，而世宗朝文煩意曲之處分諸王諭旨，皆有物焉為之梗，不能不曲折以達之者。其梗何在？即太祖八固山之制是已。至馬齊之罪案，根本為無意識，亦非聖祖之所深罪。其後李榮保之裔大盛，女為高宗孝賢皇后，子為忠勇公傅恒，孫為文襄王福康安等，固與康、雍間偶被之譴責，無影響也。

又：「雍正四年五月十四日，諭有云：『當時伊等見二阿哥廢黜，以為伊等奸計之所致，邪黨愈加堅固，公然欲仗邪黨之力，以東宮之位為可唾手而得，慢無忌憚，竟有敢與皇考相抗之意。此實朝廷之大患，國家之深憂。是以朕即位以來，百凡經理，費盡苦心，乃三年之久，頑邪尚未盡化，風俗尚未丕變。爾等滿洲大臣，急宜醒悟。當日世祖章皇帝御極，正在沖齡。睿親王輔政，大權在握。一日以黃色衣示在廷大臣，問可否衣著，而比時大臣尚力爭以為不可。凡滿洲耆舊內，此等行事，不可枚舉，剛方正直之風，權勢所不能奪者，歷歷可考。當時上三旗風俗，只知有君上。後因下五旗之人，與上三旗之人並用，遂染下五旗卑微之習。然從前下五旗之人，雖各有該管之主，而其心亦只知有君上，不知有管主也。何以至於今日，遂苟且卑靡，一至於此。如昨日都統五格，在朕前奏對，尚將獲罪削籍之允禵，稱之為主。五格乃一無知武夫，此則風俗頹壞，大義不明之故也。孟子云：『遵先王之法而過者，未之

有也。』朕事事效法祖宗，願爾等亦效法爾之祖宗，忠誠自
矢，一念不移。古人云：『天無二日，民無二王。』臣子之於君
上乃天經地義，苟懷二心，而存遊移瞻顧之念，即為亂臣賊
子，天理國法，豈能容乎？如阿靈阿、鄂倫岱等之奸惡，不明
大義，其存心行事，爾等當以為戒。當日滿洲風俗醇樸，尊君
親上之心，最為肫篤，雖遇天潢宗室，未嘗不加禮敬，而君臣
之大義必明，金石之心腸不渝。朕今日之諄諄訓誡不憚反復周
詳者，無非欲正人心，化風俗，使國家永享升平之福耳。』」

世宗於改革旗制，明明不法祖宗，而偏以法祖為言。又言旗人之
祖，如何尊君不尊主，其實乃兩黃旗之尊主，其主即君耳。又以世祖
初之上三旗為言，世祖之初，何嘗定為上三旗？世宗亦含混言之，欺
彼旗員，亦不甚明了八十年前故事。至以孔、孟之說相壓，其時教化
無有二義，無人敢於非聖，遂將太祖違理之制淘汰。中國歷代草昧時
之陋態，經儒家以六經為標幟，以孔子所舉之堯、舜為歸極，乃漸入
於國家之正軌，此所以帝王奉為萬世師也。今特以科學為不及人，以
為受儒家之毒。古之儒者，六藝兼賅，若欲令人於學問中，通一二科
學以應事，自是多能鄙事之一。若孟子言：「天之高也，星辰之遠也，
苟求其故，千歲之日至，可坐而致也。」則何嘗不知推步之術，然豈肯
僅僅與疇人子弟爭一日之短長哉？

至八旗之效用，在清代實亦有得力之處。能將軍閥熔化於其中，
無立時裁兵之棘手，而使習鬥之兵，積悍之將，安插能滿其意。用封
建之法，而勢力甚微，享用卻甚可恃。且部曲不必盡散，包容於旗制
之中，其世襲皆以佐領為單位，得一部人即編一佐領。其始於女真各
部，其後推之蒙古、漢人。至其不足成旗而但能設佐領者，若俄羅斯
佐領，若高麗佐領，皆以安其俘獲投順之人。苟非其遺丁自就衰微，

清廷實能長守封建之信，故人亦安之。

　　蒙古之編為八旗也，其大宗為兩次征服所得之眾：一為喀爾喀部，二為察哈爾部，此皆兵力所取。其不勞兵力而來附者，則與為盟好，謂之藩部，不收編其人，不設官治其土地也。蒙旗人亦較少，滿漢軍旗每旗五參領，蒙旗每旗止左右二參領。此其大概也。

　　漢軍編在招徠漢人之時，至入主漢土，則舊兵還為地方之兵，別其旗色於八旗之外，謂之綠旗，其兵即日綠營。而明代宿將之有選鋒者，渠魁之有死黨者，不可使之散在各地為患，則以八旗之制編之，使分得滿洲豢養之利。此清初偃武修文之根本法也。《聖武記》謂：漢軍舊名烏真超哈，乃滿洲八旗附屬之漢人。自尚、耿、孔攜來大軍，乃編為天佑、天助二軍，遂附益之而成漢軍八旗。《清史稿・兵志》亦因此說。其實不盡合事實。當其為天佑、天助等軍名，即是未能變更其組織，而消化其界限。至三藩既平，而後就其力屈受編者，編為漢軍。惟吳三桂所部，除散其裹脅外，悉發邊遠充軍，不編佐領，則以罪人待之。昔在黑龍江，聞台站之軍役，皆吳三桂舊部之子孫，當可信也。蓋觀漢軍各佐領中，尚、耿、孔三家皆有，獨無吳後，知必另有安插矣。

　　漢人在滿洲軍中自成為牛錄者，名烏真超哈。天聰七年，始編為一旗，前已據〈貳臣・馬光遠傳〉考定之矣。至《八旗通志》敘漢軍緣起，特從崇德二年始，各官書亦從此始。此特由一旗分為二旗之始。既曰一旗，則在滿洲八旗中分出為旗，不可不明其始也。而各書不能言之，幸有〈馬光遠傳〉可據。其自崇德二年以後之演變，及清初軍事大定以後之措置，清之所以能收拾全國，使數十年縱橫之兵匪，得告安謐，於漢軍之編制實有關係。惟編制八旗，分設佐領，自賴有滿洲八旗為之根柢。組成漢軍八旗以後，又賴有滿洲八旗鎮壓而率領之，故能追隨於宿衛之列，聽調於駐防之令，前有躐取官祿之

階，後有長養子孫之計。武夫悍卒不散為遊手無業之徒，非擾亂無謀生之地，此八旗制之大成就也。三藩以後賴此而定。中葉用兵，不甚添募，不覺安插之苦。至咸同間，舊兵不可用，清所恃為武力中堅之八旗，盡不可用，於是兵盡召募。以後，無舊安插法可用，裁者為會黨，覓食於遊手之中；存者亦為駢枝，糜餉於舊額之外。故有兵事時，兵尚得將而可用；無兵事以後，兵乃被裁而無可消納，終致一決而不可收拾也。明之開國，納兵於衛所；清之開國，納兵於八旗。今後已見擁兵之多，未定納兵之計，論者欲納之於地利實業，是誠然矣。國土日蹙而地利微，民生日凋而實業盡，旋乾轉坤，在當國者，刻苦以持己，為國民塞已漏之卮；誠懇於便民，為國民扶僅存之力。無不可救之危局，危局挽而消兵之策行其中，此鑒往以知來之事也。終之以《漢軍佐領考略》，為清代盡其八旗之作用，此治清史之實有借鑒者矣。

《漢軍佐領考略》

崇德二年七月，分烏真超哈漢文稱漢軍一旗為兩旗，以昂邦章京漢文稱總管石廷柱為左翼一旗固山額真；以昂邦章京馬光遠為右翼一旗固山額真。

四年六月，分烏真超哈二固山官屬兵丁為四固山，每固山設牛錄十八員，固山額真一員，梅勒章京二員，甲喇章京四員。正黃、鑲黃兩旗，以馬光遠為固山額真，馬光輝、張大猷為梅勒章京，戴都、崔應泰、楊名遠、張承德為甲喇章京。正白、鑲白兩旗，以石廷柱為固山額真，達爾漢、金維城為梅勒章京，金玉和、佟國蔭、佟代為甲喇章京。正紅、鑲紅兩旗，以王世選為固山額真，吳守進、孟喬芳為梅勒章京，金礪、郎紹貞、

王國光、臧國祚為甲喇章京。正藍、鑲藍兩旗，以巴顏為固山
額真，李國翰、土賴為梅勒章京，張良弼、曹光弼、劉仲錦、
李明時為甲喇章京。初兩固山纛色皆用玄青，至是改馬光遠纛
以玄青鑲黃，石廷柱纛以玄青鑲白，王世選纛以玄青鑲紅，巴
顏纛純用玄青。兩白旗缺一甲喇章京，原文各書同。

七年六月，初，烏真超哈止設四旗，至是編為八旗，以祖澤
潤、劉之源、吳守進、金礪、佟圖賴、石廷柱、巴顏、墨爾根
轄李國翰八人為固山額真；祖可法、張大猷、馬光輝、祖澤
洪、王國光、郭朝忠、孟喬芳、郎紹貞、裴國珍、佟代、何濟
吉爾、金維城、祖澤遠、劉仲錦、張存仁、曹光弼為梅勒章
京。

是年七月，以錦州、松山、杏山新降官屬兵丁，分給八旗之缺
額者，其餘男子婦女幼稚共二千有奇，編發蓋州為民。又蒙古
男女幼稚共四百二十有奇，又漢人八名，分賜恭順王孔有德，
男子十名，婦女幼稚十六口；懷順王耿仲明，男子十名，婦女
幼稚十二口；智順王尚可喜，男子十名，漢人一名，婦女幼稚
十二口；續順公沈志祥，男子五名，婦女十六口；察罕喇嘛，
男子三名，婦女幼稚三口；其餘分賜公以下梅勒章京以上養
之。

順治二年十一月，以和碩德豫親王多鐸等招降公、侯、伯、總
兵、副將、參、游等官三百七十四員，撥入八旗。三年四月，
分隸投誠官於八旗，編為牛錄。

十八年十月，戶部請將新投誠官員，分旗安置，現到偽漢陽王
馬進忠之子都督僉事馬自德，准入正黃旗；偽國公沐天波之子
沐忠顯，准入正白旗。未到偽延安王艾能奇之子、原鎮國將
軍、今左都督艾承業，准入鑲黃旗。

康熙元年三月，允義王孫徵淳所請，令屬下投誠各官，均撥三旗。

二十年九月，兵部題准耿昭忠等呈稱：家口甚多，難以養贍，照漢軍例披甲食糧，既可當差效力，又可均贍老幼家口。編為五佐領，令在京佐領管轄，每佐領下設驍騎校一員，小撥什庫漢文稱領催各四名，馬甲各五十四名，步軍撥什庫兵各十三名。此五佐領，俱係耿昭忠、耿聚忠等屬下，不便分晰，應將伊等本身，一併俱歸入正黃旗漢軍旗下。

二十一年十二月，戶部議准建義將軍林興珠，既歸併鑲黃旗漢軍，令該都統歸與缺少壯丁，其佐領下應給地畝籽粒口糧，照例支給，俟支俸後裁去。所居房屋，工部給發。

二十二年十二月，命尚之孝、尚之隆等家下所有壯丁，分為五佐領，隸鑲黃旗漢軍旗下。

乾隆五十五年五月，安南黎維祁及屬下人等，奉恩旨令其來京，歸入漢軍旗，分編一佐領。

摘錄尚、孔、耿軍收編，以明其非在稱天佑、天助軍時，沈志祥附。

鑲黃旗漢軍：第一參領第四佐領，原係定南王孔有德所屬佐領，康熙二十二年進京，撥隸本旗。孔有德早亡，而其所屬亦至三藩平後乃進京。原有佐領名色而不隸八旗。

第二參領第二佐領，原係隨續順公沈志祥駐防廣東之佐領，初以蔣有功管理，康熙二十二年進京，撥隸本旗。

〈貳臣・孔有德傳〉：「八年天聰，三月，詔定有德軍營纛旗之制，以白鑲皂，別於滿洲及舊漢軍，號天佑兵。」

又〈尚可喜傳〉：「四月天聰八年，詔至盛京，賜敕印，授總兵。軍營纛旗，以皂鑲白，號天助兵。」

又〈耿仲明傳〉:「是年天聰八年秋,從征明,由大同入邊,至代州,屢敗敵兵。仲明每奉命出征,輒與有德偕,其軍營纛旗,亦以白鑲皂,號天佑兵。」

第二參領第七佐領,原係駐防福建人丁,康熙二十二年進京,始編佐領,分隸本旗。

第三參領第三佐領,原係定南王孔有德所屬人丁,康熙二十二年進京,始編佐領,分隸本旗。孔軍亦不盡有佐領名色。

第三參領第八佐領,原隨續順公沈志祥駐防廣東人丁,康熙二十四年進京,始編佐領,分隸本旗。

〈貳臣・沈志祥傳〉:「崇德六年,率所部隨大軍圍錦縣。七年,凱旋,賜貂裘及降戶。志祥請全部眾隸八旗漢軍,於是隸正白旗。」按雖有此文,殊未能符事實,見下各文。

第四參領第八佐領,原係隨平南王尚可喜駐防廣東人丁,康熙二十二年進京,編為佐領,分隸本旗。

第五參領第七佐領,原係定南王孔有德所屬佐領,初以劉進孝管理,康熙二十二年進京,始隸本旗。

正黃旗漢軍:第一參領第一佐領,係康熙十八年,將定南王孔有德所屬官兵,編為佐領。孔部亦有先於平三藩而編佐領者。第二參領第一佐領同。

又第五佐領,係康熙二十年編設。《通志》案:此佐領係耿昭忠、耿聚忠因所屬家口人眾,分編為五佐領。雍正十一年,作為世管佐領。乾隆三年,奏定為勛舊佐領。又乾隆三年七月二十九日,正黃旗漢軍都統奏:臣旗耿姓三個公中佐領,奉旨改為世管佐領,其佐領下人等,應作為屬下,或作為另戶,恭請欽定。奉旨:此佐領照前所降諭旨,仍作為世管,其佐領下人等,俱實係另戶。著曉諭伊等知之。

第三參領第八佐領，系康熙二十二年編設，初隸鑲紅旗。三十七年，此佐領撥隸本旗。《通志》案：此佐領原係耿精忠屬下，隨將軍馬九玉征雲南兵丁一千，於康熙二十一年進京，編為五佐領之一，屬蘇彥卓克托公。

第四參領第一佐領，係康熙二十四年，將隨續順公沈熊昭駐防廣東之壯丁一百四十八名，編為佐領。沈氏家兵，至易世後猶待編旗。

又第七佐領，係康熙二十年編設。《通志》案：此佐領原係和碩額駙耿昭忠等，因隨伊祖投誠人多，不能養贍，部議編為五佐領之一。陳都策第五任革退後，因盧世英呈控，經王大臣議，請將五佐領內航海舊人、關東舊人、公主媵人七百餘名編為公中佐領三。其福建等省隨來壯丁，及耿姓各戶下家人三百餘名，編為耿姓世管佐領二。此即三公中佐領之一也。乾隆三年，又因耿化祚呈控，復奏請將三公中二世管，俱照鑲藍旗尚維邦佐領例，一體作為福珠裡佐領。奉旨：兩世管佐領作為福珠里佐領，三公中佐領作為世管佐領。乾隆十五年，奉旨仍為公中佐領。「福珠里」華言勛舊。

第五參領第二佐領，康熙二十年編設。《通志》案：此佐領亦係以耿昭忠等隨來壯丁編立。雍正十一年，另編為公中佐領，以金通保管理。金通保本參領，承耿化祚緣事革退後。乾隆三年，作為世管佐領。乾隆十五年，奉旨仍為公中佐領。

又第五佐領，系康熙十八年，將隨定南王孔有德駐防廣西之官兵編為牛錄。

正白旗漢軍：第二參領第三佐領，原係定南王孔有德所屬佐領，初以王守仁管理，康熙二十一年進京。

第四參領第四佐領，系康熙十八年，將定南王孔有德所屬官兵

編為佐領。

又第八佐領，系康熙二十二年，將平南王尚可喜所屬官兵編為佐領。

第五參領第二佐領，係康熙二十四年，將續順公沈熊昭進京之兵丁編為佐領。其第一佐領內，亦有續順公沈鐸、續順公沈廣文兩次管理。

又第八佐領，係康熙二十六年，將廣東進京之兵丁編為佐領。

正紅旗：第一參領第一佐領，係順治元年，將定南王孔有德所屬人丁，編為牛錄。初隸正黃旗，雍正四年始撥隸本旗。

第三參領第三佐領，係駐防福建佐領，康熙二十二年進京，分隸鑲藍旗。四十六年，撥隸正黃旗，雍正四年始撥隸本旗。

又第五佐領，係康熙二十二年，將駐防廣東兵丁，編為佐領。初隸正黃旗，雍正四年，始撥隸本旗。

第四參領第四佐領，係康熙二十二年，將駐防廣東兵丁，編為佐領。初隸正黃旗，雍正六年始撥隸本旗。

第五參領第五佐領，原係定南王孔有德所屬佐領，初以陳述林管理。康熙二十二年進京，分隸正黃旗，雍正四年，始撥隸本旗。

鑲白旗：第三參領第五佐領，係康熙二十二年，將廣西駐防兵丁，編為佐領。初隸正白旗，雍正四年撥隸本旗。

又第六佐領，係康熙二十二年，將廣東駐防兵丁，編為佐領。初隸正白旗，雍正四年撥隸本旗。

第四參領第五佐領，係康熙二十二年編設。初隸正白旗，以三品官線緘管理。線緘故，以其弟線緒管理。線緒故，以阿恩哈尼哈番石顯爵管理。石顯爵故，雍正四年，此佐領撥隸本旗。以後乃均不由線姓。按線國安於康熙十三年，從吳三桂叛，十五年

病死，子成仁復歸順，原係孔部。

又第六佐領，係康熙二十二年，將廣東駐防兵丁，編為佐領。初隸鑲黃旗，雍正九年，撥隸本旗。

正藍旗：第四參領第六佐領，係康熙十八年，將定南王孔有德所屬官兵編設佐領。

第五參領第六佐領，原係定南王孔有德所屬佐領，康熙二十二年進京，分隸正白旗，雍正九年撥隸本旗。

鑲藍旗：第二參領第三佐領，係康熙二十二年，將福建駐防兵丁，編為佐領。

第五參領第五佐領，係康熙二十三年編設。《通志》案：此係康熙年間，賞給尚之隆五佐領之一，於乾隆三十九年，因佐領出缺，奏請調取擬正人員。奉旨：此佐領雖係尚之隆親子孫，分定三佐領內之一，但既經管理兩個，若仍令伊支派管理，未免過優。著將此一佐領作為伊合族內公中佐領。按尚之隆五佐領，皆在本旗內，其孰為之隆親子孫管理之兩個佐領，志未明載，其佐領數如下：

第一參領第六佐領，係康熙二十三年編設。初以王國瑞管理，王國瑞因病辭退，以尚崇垣管理。以下皆歸尚氏世管。

第二參領第五佐領，係康熙二十三年編立。初以田毓英管理，田毓英故，以驍騎校劉思義管理，劉思義故，以尚崇管理。以下歸尚氏世管。

第三參領第五佐領，系康熙二十二年編設。初以尚崇志管理。以下皆尚氏世管。

第四參領第六佐領，系康熙二十三年編設。初以李芳臣管理，李芳臣緣事革退，以拜唐阿尚之緒管理。以下歸尚氏世管。

〈兵制志〉二：

雍正八年上諭：「前漢軍懇請出兵效力，朕諭該都統等，漢軍騎射生疏，平時不肯演習，而務出征效力之虛名，於事無益，可於每旗操演兵丁千名備用。昨據都統等奏：鑲黃、正黃、正白三旗，除常行當差兵外，現在輪流操演，可得千人。正紅、鑲白、鑲紅、正藍、鑲藍五旗，除當差外，不敷千人之數。我朝定鼎，漢軍從龍入關，技勇皆可用。今承平日久，耽於安逸，是以武藝遠不如前。目今官至提鎮副參者，寥寥無幾，而在內簡用都統副都統時，亦難其人。朕思漢軍生齒日繁，當籌所以教養之道，而額設之兵，為數又少，似應酌量加增，於國家營伍，旗人生計，均有裨益。且如在外駐防漢軍，子弟日漸繁衍，即本身錢糧，各有定數，難以養贍，應令餘丁回京當差。又如外任官子弟，往往以隨任為名，遊蕩荒廢，前曾有旨嚴禁，悉令回京當差，學習弓馬。又如候缺微員，一時難以銓選者，若情願入伍當差，到選班時，仍許輪流補用。又如內府人丁亦眾，於充役當差外，其閒散人丁撥入八旗充驍騎亦可。再五旗諸王之漢軍佐領，仍屬本王外，其貝勒貝子公等之漢軍佐領，實無所用，應撤歸旗下公中當差，且可免掣肘之虞。其如何增設漢軍佐領，永遠可行，著詳議具奏。」嗣議定：漢軍鑲黃旗，四十三佐領有半；正黃、正白二旗皆四十二佐領；正紅旗二十七佐領有半；鑲白旗二十八佐領；鑲紅旗二十七佐領；正藍、鑲藍各二十八佐領。通計領催、槍手、炮手、棉甲兵、教養兵、銅鐵匠、弓匠、聽差、護城、守門、守炮、守火藥局、守教場以及步軍、門軍，共一萬七千五百二十八人。今應於原有之二百六十五佐領及兩半分佐領外，增設三佐領，並增兩半分為兩整分。上三旗每旗定為四十佐領，下五旗每旗補足三十佐領，共二百七十佐領。其新設佐領下，應增領催十五

名，步軍領催三名，步軍四十八名。每佐領增足槍手四十名，棉甲兵八十名。上三旗每旗補足教養兵一百八十八名，下五旗補足教養兵一百四十九名。共增兵二千四百七十二名，以足二萬之數。至所增各項兵丁，應於在京閒散壯丁及外省駐防漢軍餘丁、外官隨任子弟願充驍騎者並候選未得之微員內選補。再下五旗漢軍佐領，除王等仍舊分設外，貝勒、貝子等佐領，悉歸各旗，作為公中佐領。

按漢軍佐領，皆天下初定時招納之叛降驍悍。清既為之編制，始終未嘗歧視。歷世既久，尚悉心理其傳襲之糾紛，使之得所，倚恃朝廷，為世世豢養之計，此亦清之取信於降人，不使生心。觀〈封爵表〉，貳臣所封之爵，多傳至辛亥失國乃止。

其所謂諸王貝勒下之漢軍，則包衣內之佐領，非漢軍八旗之佐領。包衣內漢人投入願為奴隸者，尚不得與漢軍旗比。漢軍旗尚以殘餘武力受編，在國家為息事寧人之計；包衣乃自願受役而投旗者。又清初漢官過犯免死者，往往令入漢軍旗。乾隆時則以漢軍生齒繁多，又准其自願呈請出旗矣。

第二編

各論

第一章
開國

　　清之開國，不能謂於國民先有何種功德。本以女真崛興東北，難言政治知識。顧其族為善接受他人知識之靈敏者，其知識能隨勢力而進，迨其入關撫治中國，為帝王之程度，亦不在歷朝明盛諸帝之下。雖然死於安樂，以致亡國，在女真之根性，實一優秀之民族也。

　　女真族，至清而已三有國，且愈後而愈盛，已見上編。惟其極盛，乃致滅亡。受漢族之奉養，以消磨其特長，又欲自別異於漢族。既已無能，而又顯非族類，輕視與仇視交並，一旦覆之，無可留戀。此為清亡之實狀。當太祖以前，未能鼓其武力，而行動即非同族各部所及。以物質之缺乏，仰中國為贍生之計，此為其常態。中國未失道時，因其所求，以為操縱，順則與之，逆則奪之。又多存其部落，予以世職，而保其並生並育。自居於興滅繼絕、扶弱抑強之帝德，而實制其兼併坐大之圖，此明以前之邊計也。女真雖譎，固不能不就此束縛。自肇祖至景、顯，清之所謂四祖，今皆考見其受明厚恩，為諸夷最。求高官以誇眾，則予以都督之尊；求托庇以避仇，則徙之遼邊之內。其詳見余《明元清系通紀》。

第一節　太祖

　　自太祖以前，可紀之事，較前代帝王開國以前之祖宗功德可為獨多。余別作《明元清系通紀》，成專書數十冊，今不復復述，述之自太祖始。太祖自二十五歲以前，景祖、顯祖皆在，在父祖重蔭之下，無

事可紀。《實錄》載其不得於繼母等事，與創業無關，亦不述。景、顯二祖，本導明總兵李成梁圖其同族建州右衛酋王杲、阿台父子，而為成梁軍中所駢殺。明人謂太祖以夷目餘孽，俘虜孤童，給役李成梁家，成梁撫之有恩，故與李氏有香火情。以今考之，不為無因，而亦不能盡確。如謂太祖為四歲孤童，有弟舒爾哈齊更幼，皆由成梁長養，此則不確。二祖死後，太祖即與尼堪外蘭尋仇，年歲相合，斷不能於二祖既死，再由成梁撫之二十年，然後長大稱兵。成梁之誅阿台，在萬曆十一年，與《清實錄》相合。不數年間，明已假借太祖，官以都督，寵之以龍虎將軍，亦與《清實錄》略同。而《明實錄》皆有年歲可紀。故四歲孤童受撫於李成梁之說，實出附會。惟太祖始起，正為成梁衰暮之年，以敷衍悍酋，期保威名，以全晚節，但得太祖表示效順，即保奏給官，甚且棄地以餌之，為廷臣宋一韓等所糾，按臣熊廷弼所勘，俱見《實錄》及諸臣章疏。又舒爾哈齊之女，有為成梁子如柏妾者，太祖之求媚於成梁，自亦無所不至。皆見《明實錄》。當萬曆四十六年以前，太祖雖已極狡展，然朝有嚴命，即陽示觳觫遵守，中朝猶視為屬夷首鼠常態。雖朝鮮來報建酋已立國僭號，亦不欲先詰，以為小丑戲侮，見怪不怪，可以了事。太祖亦倏進倏退，可伸可屈，深中明季苟且之隙。僭號在萬曆四十四年丙辰，至四十六年戊午四月十三日壬寅，以七大恨告天。（七大恨原文今不見，並非《實錄》所載之文。今北京大學史料室存有天聰四年正月日印刷黃榜，為再度入關復述戊午七恨之文，事實頗有不同，當尚是戊午原狀。事隔十三年，對明之心理尚未變，且明邊內外耳目相接，所需此榜文之效用，尚未悟其無謂，故有復述榜發之舉。可信其正是原文；縱有改篡，必最相近。《實錄》之始修，已在天聰九年，時已覺榜示七恨之徒揚己醜，特史中不能不存一告天事實，乃改篡以錄之。故有《實錄》以後，即是改本。余別有文考之，於此不復述。）襲破撫順，守將游

擊李永芳叛降。繼又破清河。於是為公然犯順，對明稱兵之始。

　　明年，萬曆四十七年，即太祖稱天命之四年，明發大軍分四路討建州，用楊鎬為經略。鎬固承平時科目庸材，李成梁已前死，鎬等方倚李氏餘威以自壯，固為敵人所嗤。命將調發，期日道路，盡泄於敵，太祖得設伏以待，盡覆其師。師號稱四十餘萬，並調朝鮮兵為助。明四路將帥，忠勇驍健者皆殉，劉綎、杜松，世尤惜之，坐為經略非人所誤。獨李如楨遲遲不進，聞敗全師而還。鎬之私李，李之通敵，益為世口實。是敗也，天下震動，明乃用前巡按熊廷弼代鎬，太祖遂斂兵不動，間以零騎掠邊，如向來之草竊故技。廷弼方規畫大舉，事未集而中朝群議其老師怯戰，排擊之使去。廷弼身捍大敵，相持年餘，朝廷不以未有喪失為功，而以不急撻伐為罪，於廷弼所圖制勝方略，亦漠然不知且不問，以袁應泰代之。太祖知新經略易與，又大入邊。天啟元年三月天命六年十三日取瀋陽，二十一日即取遼陽。袁應泰自焚死。中朝又大震，復起熊廷弼而斥前之攻廷弼者。而太祖則已由故居赫圖阿喇移遼陽，謂之遷都，一改其寇鈔出入，飽即揚去之故態矣。

　　明既復用熊廷弼，時廷臣只有黨派，無一主持之人，偏私乖戾者不必言，即最和善之首相葉向高，亦以座主祖護門生王化貞，以遼東巡撫抗經略，不用其命，是為經撫不和。而內閣本兵皆袒化貞，再濟之以多數之臺諫，毀經而譽撫，廷弼無所措手足。李永芳在太祖軍中，勾通化貞部下游擊孫得功，誑化貞謂永芳內應，共圖太祖。化貞恃為立功之奇秘，益藐視廷弼。廷弼乞休，廷議已允之，而太祖於天啟二年正月，已攻化貞防遼河之兵。得功欲執化貞歸太祖，為他將挾化貞以走，遂棄廣寧；遇廷弼來救，知廣寧已不守，遂偕入關。其實太祖未敢即入廣寧，未敢即犯河西，廷弼憤化貞所為，以為僨事非己之罪，不以死爭廣寧，不以身殉關外，惟冀廷臣敗後覺悟，知重己之

才而用之，以收後日之效，此則廷弼之忿懟失計，亦不得為無罪也。當時經撫已盡棄關外，太祖兵所不到，亦盡為蒙古占領。明旋用孫承宗，以閣臣督師，又漸收遼西地。太祖不敢逼，於其間籠絡蒙古，使與己合，以孤明邊。又自遼陽徙瀋陽，蓋由西窺關門、北略蒙古皆近捷也。啟疆心雖切，而明守關有人，即不敢動。太祖之善待時機如此。遷沈在天啟五年_{天命十年}三月，與承宗相持者三年。

天啟時，魏忠賢肆惡，逐年加甚，閹黨與承宗不相容。五年十月，允承宗致仕，以高第為經略。太祖知有可乘，六年正月，大舉西攻。第急檄盡棄承宗所復地，退守關門。寧遠前屯衛道員袁崇煥，以職守所在，固守寧遠城不奉命。第無如何，但撤他列城，委寧遠不顧。將吏不欲棄地者，忿第所為，從崇煥死守。太祖視寧遠城小，圍攻意可立拔，兩日為崇煥再挫，死傷多，乃撤圍還，咄咄自恨，謂生平未遇此敗，疽發背，以八月歿。稱號十一年。跡太祖所為，謂有積功累德，應主中國，在清代自言之則然，就史實考之，則實無有。清之取天下，純由武力。其知結民心，反明苛政，實自世祖入關時始。《太祖實錄》載初起時，以矯健警悟，當大敵不懼，受重傷不餒，以此稱雄。載在清官書，不具錄。要其以勇悍立威，為眾所戴，遂能驅率其族，裹脅益多。自是以訓練族眾見長，《清實錄》轉不載，而《明實錄》載之，錄數則，可知太祖之養成武力，實已橫絕一世。古云：「女真兵滿萬不可敵。」正以騎射之長，在漢人為特殊藝業，在女真為普通生活所必需。所未能得志於中國者，無大隊部勒之法，雖有長技，亦只能零鈔取勝耳。中有大豪，能取得眾人信仰，再以天然識力，悟行軍部勒之道，是即金世阿骨打之流矣。

《明實錄》：「萬曆四十八年正月壬寅，熊廷弼疏有云：奴賊戰法，死兵在前，銳兵在後。死兵披重甲，騎雙馬衝前。前雖死

而後乃復前，莫敢退，退則銳兵從後殺之。待其衝動我陣，而後銳兵始乘其勝。——效阿骨打、兀朮所為，與西北虜精銳在前，老弱居後者不同。此必非我之弓矢決驟所能抵敵也，惟火器戰車一法可以禦之。」

又：「天啟元年正月壬寅，戶科給事中趙時用疏請練兵，言：臣聞奴酋練兵，始則試人於跳澗，號曰水練，繼則習之以越坑，號曰火練。能者受上賞，不用命者輒殺之。故人莫敢退縮。」

凡此皆明廷之所聞奏，事在太祖稱天命之第五第六年。此可以知清興之武力。

太祖又習知中國事，據《明實錄》，朝貢親到北京者三次。萬曆十八年四月庚子，建州等衛女真夷人奴兒哈赤等一百八員名，進貢到京，宴賞如例。按上年九月乙卯，始命建州都指揮奴兒哈赤為都督僉事。蓋受此升職以後親來朝貢也。《清實錄》敘太祖受明都督職，在二祖為李成梁所斃時，並將授龍虎將軍亦並為一時之事，皆故事簡略之語。

又：二十六年十月癸酉，宴建州等衛進貢夷人奴兒哈赤等，遣侯陳良弼待。是為二次入京。

又：二十九年十二年乙丑，宴建州等衛貢夷奴兒哈赤等一百九十九名，侯陳良弼待。是為三次入京。

又有言太祖以傭工禁內，窺瞷多年者。

《明實錄》：「萬曆四十七年三月戊戌，戶科給事中官應震奏保京師三議。一曰皇城巡視應議：聞奴酋原系王杲家奴，在昔杲懸首藁街時，奴懷忿恚，尋即匿名，傭工禁內，窺瞷多年。夫大工詎今日急務，已停而復興，就裡夾雜奸人，亦所時有，今

須急停，以防意外。」按乾清、坤寧兩宮災，在萬曆二十四年，自後乃有所謂大工。太祖或冒名充工人內，但亦傳聞之詞，似無確據。官應震意在請停大工，述此流聞語耳。

又：「五月癸未朔，戶科給事中李奇珍，以陷城覆將，疏論原任遼東巡撫利瓦伊翰、經略楊鎬、總兵李如楨並應逮問。又稱：如柏曾納奴弟素兒哈赤女為妾，見生第三子，至今彼中有『奴酋女婿作鎮守，未知遼東落誰手』之謠。速當械系，以快公憤。不報。」

此事當是事實。太祖與李成梁結托極深，中間並有此女為李妾之援系，又不待勾結叛將佟養性、李永芳而始一一贅為額駙也。

第二節　太宗

太宗名黃台吉。往時蒙古酋長每有此名，即華言「皇太子」之音譯。譯音無正字，或又作「皇太極」。《清實錄》以為天意預定，有此暗合之佳名。此亦無可附會之附會。

> 蔣氏《東華錄》：「太宗文皇帝，太祖第八子，諱皇太極。史臣云：太祖名子為□□□者，國中原無漢與蒙古籍。及為汗，閱漢、蒙古書，漢之儲君曰皇太子，蒙古繼位者曰皇太極，天意已預定矣。」

太祖創業，以軍隊立國，軍編為八旗，每旗主以一貝勒，八貝勒並立。崩年遺訓，以此為後金國定制，不立一人為主器之子。太宗在八貝勒中，其序為第四，謂之四貝勒。在太祖時，四貝勒戰功獨多。

太祖崩時，八旗亦未遵太祖意分配，太宗獨挾兩旗，勢凌諸貝勒上。兄代善為大貝勒，與其子岳托、薩哈廉兩人議戴太宗為八貝勒領袖，始猶與代善、阿敏、莽古爾泰三大貝勒並坐而治，餘稱小貝勒，不敢與諸大貝勒齒；然太祖八旗並立之遺訓，未遽改也。既為領袖，乃自稱天聰皇帝。天聰四年，以罪廢鑲藍旗貝勒阿敏。阿敏有弟濟爾哈朗，早與本旗攻戰之事，與兄共為旗主，故阿敏廢而旗屬濟爾哈朗，然並坐之大貝勒則已少一人矣。至天聰六年元旦，乃正位南面專坐，代善、莽古爾泰旁侍。是為後金國進一步之君主政體。是年，莽古爾泰死。後三年，莽古爾泰同母弟德格類又死。未幾，所屬迫首莽古爾泰兄弟罪惡，削爵除宗籍，收所部正藍旗歸太宗自將。太宗獨領三旗，蓋兩黃始終由太宗兼領，至是並正藍得三旗，而諸貝勒分領各一旗，其勢力大不侔矣。是為後金國又進一步之君主政體。是年為明崇禎八年，即天聰九年，得傳國玉璽於元裔插漢林丹汗之太妃蘇泰所。明年四月，遂廢後金號，改號曰清，亦創年號曰崇德。以前天聰皇帝乃與太祖之天命同為尊號，用以紀年，乃相沿借用。至是則有年號，以天聰十年四月以後為崇德元年矣。是為更進一步公然成立之君主政體。

太宗始被推為八貝勒首，袁崇煥遣使來吊，以覘金國內情。太宗以禮報使，而明廷譁然，謂崇煥通敵。太宗以其間與明相周旋，而急攻朝鮮，以絕其從後牽掣之患。朝鮮事明最忠，太宗取城下之盟，多所約束，使朝鮮不為明助。旋以袁崇煥約和無成，遂回軍指中國。明廷論方指摘崇煥，太宗乘機以反間中之，兵越山海關大路，由蒙古地入大安口，攻龍井關入遵化，京師戒嚴，崇煥入援。明廷有右毛文龍者，有不慊於通吊建州者，並為一談。雖無反間，崇煥猶將不免。太宗之用間殺崇煥，直襲小說中蔣幹中計故事，本極拙劣，明之君臣自有成見，與相湊合，壞此干城，而崇煥被殺，為清室驅除矣。太宗兵

下遵化，在崇禎二年十一月，明能戰之將，趙率教、滿桂先後戰沒。清兵薄德勝門，起前大學士孫承宗視師，清兵退，歷破京東各州縣，大掠數月。至崇禎三年五月，仍由遵化出邊，永平、遵化及所屬各城皆復。時山陝亂勢已熾，清兵又屢侵擾，明廷大困。明崇禎九年，即太宗天聰十年，四月，遂定有天下之號曰清。

　　天聰十年四月乙亥朔，越十有一日乙酉，黎明，太宗率諸貝勒大臣，祭告天地，受寬溫仁聖皇帝尊號，建國號曰大清，改元崇德。即以是年為崇德元年。追尊始祖為澤王，高祖為慶王，曾祖為昌王，祖為福王，上太祖尊諡曰承天廣運聖德神功肇紀立極仁孝武皇帝，廟號太祖，太后尊諡曰孝慈昭憲純德真順承天育聖武皇后。定太廟制：前殿安奉太祖太后神位，後殿安奉正中始祖，左高祖，右曾祖，左末祖各神位，右末安奉皇伯祖禮敦神位。禮敦亦於是時追封為武功郡王。

　　　　太宗建立清代時之意識，據《東華錄》所載如此。此合後來記
　　　載，有可考證者數事：（一）太祖時已定國號為金，或稱大金，
　　　亦稱後金，是猶以女真先世帝號為榮，欲為紹述而已。至是乃
　　　辟而去之，直以金之半壁天下為未足，易一號以自標幟焉。顧
　　　其金之改為清，意義何在？餘向者持論，謂清即金之諧音，蓋
　　　女真語未變，特改書音近之漢字耳。聞者駁之，謂金清非同音
　　　字，金為侵覃韻之合口音，與庚韻之清大不同。吾以為女真何
　　　知音韻之學，從其效漢語時所肖之音，音近即取之，故效漢語
　　　呼夫人，則曰夫金，旋作福金，又作福晉。金與晉固非音韻學
　　　家所謂同音，金與晉及人字，不更相距尤遠乎？而滿漢譯文可
　　　以相通，何必金之不可為清也？然此究為無據之空談。近乃得
　　　一確證，滿人金息侯梁，撰有《光宣小紀》，亦稱清即金之諧
　　　音，並舉瀋陽撫近門額，漢文稱大金天聰年，其滿文即終清世

之大清字樣。是可知金之為清,改漢不改滿。有確證矣。(二)
太宗追尊先代。太祖本已用汗與帝並稱,顯祖以上,乃僅稱王
號。後至順治五年十一月,始定肇、興、景、顯四祖之稱。在
太宗時,惟以始受明都督官職者為始祖,謂之都督孟特穆。其
近代則自高祖起,為追尊所及之限,故此時所封慶王,後來所
尊為興祖,不必有何勛望。無庸疑其為建州左衛以外,別有傳
說。(三)當太宗時,高曾祖考,俱在四親之內,不應祧法。其
以高曾祖三世,與始祖俱安奉後殿者,以別於手創大業之太祖
而已。後世乃以後殿為即祧廟,此中國士大夫之禮學,實非太
宗所知,顧一成不改,遂為清一代之廟制。自雍正以後,顯祖
以上適在可祧之列,遂以後殿為祧廟耳。(四)後殿神位,原有
五座,武功郡王禮敦,儼然與四祖並尊。此亦當時草昧之制。
後於崇德四年八月,退禮敦為配享之列。此惟見《清史稿・禮
敦傳》,而清史於乾隆間補〈武功郡王等列傳〉,直以禮敦為崇
德元年即配享太廟,配享則應在兩廡。且《東華錄》對崇德元
年,亦明言配享者為費英東、額亦都兩人。時但有功臣配享,
未知有宗室配享也。蓋至崇德四年而稍悟廟制之非,後殿乃獨
存四祖矣。(五)崇德建元,實是紀元之始,以前天命天聰皆尊
號,非與一國臣民紀年之用。說已見前。

　　太宗之建清國,其動機在上年八月,得元代傳國玉璽於元裔林丹
汗之蘇泰太后。林丹汗為元順帝后,居察哈爾逼明邊,明謂之插漢,
自以為蒙古大汗。虐視近邊蒙古諸部,為諸部所不附。清於天聰八
年,以兵逼林丹汗走死,逾年得其傳國璽,乃定立國之計。先由諸王
貝勒偕已附之蒙古部落勸進,並告朝鮮,使預勸進之列。朝鮮忠於
明,不肯從。太宗既改號,首伐朝鮮,滅其國,脅其君伏罪而復置

之，自是朝鮮不敢復通於明，稱臣質子，永為清屬國矣。明方苦於內
亂。崇德二年，即明崇禎十年，既下朝鮮，明年即復入塞，明督師侍
郎盧象昇戰死。又明年，移薊遼總督洪承疇禦清，內亂益熾。承疇與
清相持於寧錦，太宗攻之累年，以崇德七年二月克松山，承疇降，遂
下錦州。冬十一月，又入薊州，連下畿南山東州縣，至明年四月乃北
還。時為明崇禎十六年。李自成勢力已遍及中原，明祚岌岌，而太宗
以其年八月初九日庚午崩，世祖以六齡嗣位，遂為代明有國統一華夏
之主。

第三節　世祖

　　世祖名福臨，太宗第九子，以崇德八年八月二十六日丁亥襲父
位。由叔父睿親王多爾袞、從叔父鄭親王濟爾哈朗同輔政。詔以明年
為順治元年。事既定，即以兵乘明之擾，累犯關外諸城，然不能薄關
門也。順治元年三月十九日丁未，李自成陷京師內城，帝自經。自成
稱帝，國號大順，改元永昌。四月初四日辛酉，秘書院大學士范文程
啟攝政王入定中原，略言：

> 上帝潛為啟佑，正攝政諸王建功立業之會，成丕業以垂休萬禩
> 者此時，失機會而貽悔將來者亦此時。中原荼苦已極，黔首無
> 依，思擇令主，以圖樂業。間有一二嬰城負固，自為身家計，
> 非為君效死也。明之受病，已不可治，大河以北，定屬他人。
> 其土地人民，不患不得，患得而不為我有耳。我雖與明爭天
> 下，實與流寇角也。今日當任賢以撫眾，使之近悅遠來，蠢茲
> 流孽，亦將臣屬於我。彼明之君，知我規模非復往昔，言歸於
> 好，亦未可知。倘不此之務，是徒勞我國之力，反為流寇驅民

也。舉已成之局而置之，後乃與流寇爭，非長策矣。往者棄遵化，屠永平，兩經深入而返，彼地官民必以我為無大志，縱來歸附，未必撫恤，因懷攜貳，蓋有之矣。然而有已服者，有未服宜撫者。是當嚴申紀律，秋毫勿犯，復宣諭以昔日不守內地之由，及今進取中原之意，而官仍其職，民復其業，錄賢能，恤無告，風聲翕然，大河以北，可傳檄而定。河北一定，可令各城官吏移其妻子，避患於我軍，因以為質，又拔其德譽素著者，置之班行，俾各朝夕獻納。王於眾論，擇善酌行，聞見廣而政事有時措之宜矣。此行或直趨燕京，或相機進取，要於入邊後山海、長城以西，擇一堅城，頓兵而守，以為門戶，我師往來，斯為甚便。

　　文程此言，於清之開國，關係甚巨。**攝政王時非一人，故文中累稱攝政諸王**。清僥天幸，以多爾袞入關成大功，其明達足以聽納正論。然其時能持論者，實無幾人，舊人中惟文程，降臣中惟洪承疇，為有見地。而多爾袞皆能虛受其言。此文為文程預定大計之始，蓋猶但料明之必亡，尚未知明帝之已死也。《東華錄》所載如此。清《國史》本傳已修飾而失真相，《史稿》更甚。今雖未見初修之《太宗實錄》，要知《東華錄》中文程之文，必猶近原狀，以其暴露清軍以往之態度，尚非有成大業之志，必為後來之所諱言也。自今以前，武力勁矣，招降納叛之道得矣，惟要結關內之人心，殊未留意。所留意者在鈔掠，自不能恤人疾苦。自今乃以救民水火為言，多爾袞深納之，此為王業之第一步。是月七日甲子，祭告南伐。翌日乙丑，賜多爾袞大將軍敕印。丙寅啟行，十三日庚午，次遼河，已知北京破。以軍事諮洪承疇，承疇上啟，略如文程指，皆為清有天下之大關鍵。而多爾袞之能聽受，則天之所以厚清而生此美質也。承疇略言：

我兵天下無敵，將帥同心，步伍整肅。流寇可一戰而除，宇內可計日而定。宜先遣官宣布王令：此行特掃除逆亂，期於滅賊，抗拒者誅。不屠人民，不焚廬舍，不掠財物。降者官則加升，軍民則秋毫無犯；不服者，城下之日，誅其官吏，百姓仍予安全。有首倡內應立大功者，破格封賞。法在必行，此要務也。流寇遇弱則戰，遇強則遁，今得京城，財足志驕，已無固志，一聞我軍至，必焚宮殿府庫西遁，賊之騾馬不下三十餘萬，晝夜兼程可二三百里。我兵抵京，賊已遠去，財物悉空，亦大可惜。今宜計道里，限時日，輜重在後，精兵在前，出其不意，從薊州、密雲近京處疾行而前。賊走則即行追剿；倘坐據京城以拒我，則伐之更易。庶逆賊撲滅，神人之怒可回，更收其財畜以賞士卒，殊有益也。明守邊兵弱馬疲，猶可輕入；今恐賊遣精銳，伏於山谷狹處，以步兵扼路。我國騎兵不能履險，宜於騎兵內選作步兵，從高處覘其埋伏，俾步兵在後，比及入邊，則步兵皆騎兵也，孰能禦之？抵京之日，我兵連營城外，斷陝西、宣府、大同、真、保諸路來攻，流寇雖不能與大軍相拒，亦未可以昔日漢兵輕視之。

　　承疇此言，已知自成據京師，猶未料其先已東來及吳三桂導引入關，並不用馬步迭代之法，懸兵度險，天之所啟，事半功倍。然承疇固老謀深算、久熟內情之言也。

　　先是京師日危，明用薊遼總督王永吉議，棄關外諸城，召寧遠總兵吳三桂入衛。三桂徙寧遠兵民五十萬眾而西，抵豐潤，聞燕京已陷，不敢前。自成拘三桂父襄招三桂，而遣降將唐通、白廣恩率兵向關門。三桂聞家口被掠，怒作書絕父，且急遣使至多爾袞軍前乞師。多爾袞時尚未至寧遠，得書即進，途次復得三桂趣進之書，兼程而

行，距關十里。自成以三桂抗不受招，自將精銳二十萬東擊三桂，又令唐通等前鋒二萬騎繞出關外夾攻。多爾袞逆擊，敗通等於一片石。翌日，師至關，三桂出迎，大軍入關。自成率眾自北山橫亙至海，嚴陣以待。是日大風，塵沙蔽天，軍少，不及自成之半，多爾袞命三桂兵居右，滿洲兵在其左，令曰：「敵陣大，首尾不能顧，可鱗次集我兵，對賊陣尾突之，必勝。」三桂受命，先搏戰當之，風沙中咫尺莫辨，力鬥良久，軍士呼噪者再，風旋止，滿洲鐵騎橫躍入陣，所向摧陷，自成方挾明太子諸王於高岡觀戰，俄塵開，見甲而辮髮者，驚曰：「滿洲至矣。」遂土崩，逐北數十里，斬獲數萬。自成離京師，焚宮殿，載輜重西走。多爾袞令三桂及阿濟格、多鐸兼程追擊，勿入京。即軍前承制進三桂爵平西王，令關內軍人皆剃髮，誓諸將曰：「此行除暴救民，滅賊安天下，勿殺無辜，勿掠財物，勿焚廬舍，違者罪之。」榜諭官民以取殘不殺共用太平之意。自關以西各城堡百姓逃竄山谷者，皆還鄉里剃髮迎降，用文程、承疇等言也。

五月初二日己丑，多爾袞至燕京，故明文武諸臣皆出迎五里外。下令禁兵士入民家，百姓安堵。多爾袞入居武英殿。蓋宮殿遭焚殘破，惟此殿獨完也。翌日庚寅，令兵部傳檄直省郡縣：歸順者官吏進秩，軍民免遷徙，文武大吏籍戶口錢糧兵馬親齎至京，觀望者討之。故明諸王來歸者，不奪其爵。在京職官及避寇隱匿者，各以名聞錄用。卒伍欲歸農者聽之。又翌日辛卯，令官吏軍民為明帝發喪，三日後服除，禮部太常寺具帝禮以葬。初六日癸巳，令故明內閣部院諸臣：以原官同滿洲官一體辦理。初八日乙未，阿濟格等報及李自成於慶都，擊敗之，追至真定，又破走之，近畿諸郡縣皆降。二十二日己酉，葬故明莊烈帝，后周氏，妃袁氏，熹宗后張氏，神宗妃劉氏，並如制。先是三月二十八日丙辰，遷帝后梓宮於昌平，昌平人啟田貴妃墓以葬，至是用帝禮為改葬也。至七月庚子，並設故明長陵以下十四

陵官吏，司守護焉。

　　霸者假借仁義，亦可與王者同功。要其優禮前代之意雖假，而於寬恤民生，使久罹水火之人倚我以圖蘇息，則事實不可誣也。當天命、天聰間，未嘗不厚結關外之人及關內來歸之人，然未能推此意於關內。觀其累次犯塞，輒挾告天七大恨榜文，向關內軍民布告，此於收拾人心有何益處？豈明之軍民見此榜而代為不平，亦有仇明順敵之意乎？固知天聰以前，清固以悍夷自處，絕未有得天下之意識也。崇德改元以後，亦未見若何改觀。及此而始自命王者之師，居然大異於昔。多爾袞於征朝鮮時，《朝鮮實錄》中載其舉動，在滿洲中獨為溫雅得體，固其資質之美，即天之所以啟女真，生才非意想所及也。而其最大之獻納，莫如範文程，節錄文程清《國史》本傳如下：

> 文程從師渡遼河，吳三桂來乞師，文程曰：「闖寇倡狂，中原塗炭，近且傾覆京師，戕厥君後，此必討之賊。我國家上下同心，兵甲選煉，誠聲罪以臨之，恤其士夫，拯厥黎庶，兵以義動，何功不成？」復言：「好生者天之德，兵者聖人不得已而用之，自古未有嗜殺而得天下者。國家欲統一區夏，非義安百姓不可。」於是申嚴紀律，妄殺者有罪。既敗流賊二十萬於山海關，我兵長驅而西，民多逃匿，文程草檄宣諭曰：「義兵之來，為爾等復君父仇，所誅者惟闖賊。師律素嚴，必不汝害。」民心遂安。師入北京，建議備禮葬明崇禎帝。時宮闕灰燼，百度廢弛，文程收集諸曹冊籍，布文告，給軍需，事無巨細，咸與議焉。

　　以上見攝政王之所行，皆文程之所議擬。其尤為清一代永久惠民之政者，則立除明季加派一事，能立起人民樂生之心，而天下已大致

定矣。至清一代竟能永行之，以不加賦為祖訓，為定制，此則清之自有器量，能收名臣之用者，必其意度亦本與契合可想也。〈文程傳〉又言：

> 明季賦額屢增，而籍皆毀於寇，惟萬曆時故籍存。或欲於直省求新冊，文程不可，曰：「即此為額，猶恐病民，豈可更求哉？」自是天下田賦，悉照萬曆年間則例徵收，除天啟、崇禎年間諸加派，民獲蘇息。

攝政王既定燕京，即派員率師先定山東、山西，蓋由近漸及遠省。明福王以五月戊子朔，由馬士英以兵擁戴入南京，初三日即監國位，十五日進稱帝，建號弘光。當擁立福王時，向時持清議者，皆以北都黨案反復，王為鄭貴妃孫，鄭氏乃造成各案之主體，又以王失教無善行，意不欲贊定策議。為士英所脅，而諸不快意於清流者群和之，自始即挾有意見。以諸正人於擁立有異議，激王疏遠正人，出史可法於外，以士英當國，起用閹黨阮大鋮，盡翻逆案。國事皆在馬、阮，王又童昏，南都事不可為。而攝政王於六月十一日丁卯，與諸王大臣定議，建都燕京，遣使奉迎車駕。世祖以九月十九日甲辰，自正陽門入宮。十月乙卯朔，親詣南郊告祭天地，即皇帝位，頒大清《時憲曆》。翌日丙辰，以孔子六十五代孫允植襲封衍聖公，其五經博士等官襲封如故。十日甲子，上御皇極門頒詔天下，大赦。乃議佐命開國親郡王及滿洲諸臣封爵，所司損益前典以聞，並察歸降文武官紳，其先後輕重之序如是。詔中除宣赦外，悉屬蠲除明代苛雜加派賦稅，地畝錢糧悉照前明會計錄，自順治元年五月朔起，如額徵解，鹽法亦然。凡加派各餉，俱行蠲免，仍免本年額引三分之一。又自五月朔以前，所有本色折色各數十種款目錢糧，逋欠在民者，一律豁免。另一

款亦系豁除逋徵，當是指雖無民欠實據，亦概予豁除。至五月朔以後之蠲免，則大軍經過地方，仍免正糧一半，歸順州縣，非經過者，免本年三分之一。關津商稅普免一年。明末所增之商稅則永豁免。曾經前明因兵災全免錢糧之地方，仍予全免，不在免半及三分免一之例。近畿六十八衛軍人，明時派供內廷柴炭，永免且禁私派，招商辦買充用。京城行商車戶僉派徭役，及北直、河南、山東、山西等省截銀，明末所已免派免解者，均照現行事例蠲除。京師東、中、西三城，因屯紮禁衛軍人，不得已令官民之家遷讓，其遷居之戶，所有田地不拘坐落何處，概免租賦三年。南北城居家雖不遷徙，而房屋被人分居者，亦於所有田地不拘坐落何處，概免租賦一年。丁銀不照原有定額，查核老幼廢疾，並與豁免。軍民年七十以上，許一丁侍養，免其徭役。明季直省屯田司助工銀兩，准予豁免。直省漂流掛欠及明系侵沒之錢糧，已經追比在官者，自五月朔以前事件，一律免追釋放。經寇劫失之錢糧亦同。凡此皆從明末人民生計之苦，曲折體貼。又於明時已有之惠恤，不因現在加惠之通令，轉有廢閣。此詔適合人民苦於徵納、思解倒懸之心理。與未入關前對待關內方法，截然不同。出以世祖登極詔書，實即攝政王聽納群言、熟察民瘼所得之結果，其餘培風化，收人望，敬禮先代帝王賢聖，守護明代陵寢諸端，皆合中國舊來崇尚，無復夷風。攝政王樂引漢人，為滿洲舊人所嫉，此亦其所收之效也。詔榜今尚有存者，《東華錄》亦載全文，不能備錄。《清史稿‧世祖紀》，已有所刪節矣。

　　方世祖將即位時，明使左懋第、馬紹愉、陳洪范奉金幣求和，為割地偏安計。不報。既繼位後，逾兩旬，以十月二十五日己卯，命豫親王多鐸為定國大將軍，進取江南。先清河南北未服軍民屯堡，所過悉平。閱數日，以英親王阿濟格為靖遠大將軍，西討李自成。兩王皆攝政王同母兄弟。英王直由綏德取延安、鄜州，斷自成軍西竄之路。

豫王自河南破自成軍於潼關，連敗之，至西安，自成被迫東走出陝。
乃命豫王移師向江南，英王專事自成。時在順治二年四月。以是月
十八日庚午，豫王師至揚州，諭明督師閣部史可法等降，不從。
二十五日丁丑，克揚州，可法不屈見殺。五月初五日丙戌，清師渡
江，明守將鄭鴻逵等舟師潰，遂陷鎮江，由丹陽、句容抵南京。初十
日辛卯，明弘光帝先遁。翌日，馬士英亦遁。南都士民擁獄中所囚崇
禎太子出監國。十五日丙申，豫王至南京，勛臣趙之龍、閣臣王鐸、
部臣錢謙益等以城降。南都既下，明所以繫人心者略盡。以後隆武之
在閩，魯監國之在海上，永曆之在兩粵、滇、黔，奔迸流離，保存名
號而已。

　　崇禎太子之獄，始於是年三月。弘光及馬、阮，以北來之太子為
偽，下之獄，而朝士多信為真。士民不慊於時政，亦誹議君相。其先
於上年十二月，北都先見崇禎太子，清廷以為偽，殺之，並殺認太子
為真者。至南中復見太子，史可法得北使左懋第等訊，知太子已被害
於北，不附和繼至之太子，朝士則謂可法受馬、阮脅制而然。然余考
之，北都太子實不偽，即南都太子非真也。余別有專論，於此不復
贅。六月，明總兵田雄、馬得功等執弘光獻於豫王。閏六月，英王追
李自成至湖廣，勢窮入通城之九宮山，自縊死。是時，明唐王聿鍵即
帝位於閩，建元隆武。魯王以海稱監國於浙。豫王多鐸既克南京，並
下杭州，旋召還，以貝勒勒克德渾代將。三年正月，又乙太宗長子肅
親王豪格為靖遠大將軍，征四川。至冬十一月，清軍平閩，隆武帝
殉。豪格入川，張獻忠戰死於西充。會明遺臣復立桂王由榔於肇慶，
改元永曆。自成、獻忠餘部巨萬數，先後歸之。南明之兵多為歸附之
眾，自隆武倚鄭芝龍立國，鄭氏即前時受撫之海寇，至永曆又盡收
張、李餘部，不收則無兵可作聲勢，收之亦無彈壓之力，非惟不足圖
功，亦且備受屈辱。清對南明，亦用漢人為前驅。使相屠殺，是為

吳、尚、耿、孔四王之兵。吳三桂原為明將，所統為明之官軍，尚可喜、耿仲明、孔有德皆毛文龍舊部，實盜類也。清用此諸軍，自有八旗為中堅，以臨督之，其勢自不敵。然猶亙十餘年，終世祖之世，未能悉平南方。聖祖即位後，永曆帝乃為緬甸所縛獻，魯王亦卒於臺灣。自是無與清對立之明。以國統言，自康熙元年以後，始為真統一中國。在述清史者可認為主體，不復以清與明為分別之詞矣。

世祖開國之制度。除兵制自有八旗為根本外，餘皆沿襲明制，幾乎無所更改。明之積重難返，失其祖宗本意者，清能去其泰甚，頗修明明代承平故事。順治三年三月，翻譯明《洪武寶訓》成，世祖制序頒行天下，直自認繼明統治，與天下共遵明之祖訓。此古來易代時所未有。清以為明復仇號召天下，不以因襲前代為嫌，反有收拾人心之用。明祖立法，亦實有可以修明之價值，若閉關之世不改，雖至今遵行可也。故明之代元，史家極應研究其制作。清之代明，綱紀仍舊，惟有節目之遷流，自非詳考不足標其大異之點。八旗制已有詳考，余從略。其馭宮庭閹宦之法，清實大勝於明。但在世祖開創時，亦已模仿明制，十年六月，設內十三衙門，嚴為限制，令宦官不得過四品。十三年六月，又仿明祖立鐵牌，禁內官干政。此皆有復蹈明閹禍覆轍之漸。十五年三月，有大學士陳之遴、前恭順侯吳惟華賄結內監吳良輔之獄。之遴、惟華流徙籍沒，之遴遂死貶所。吳監被旨嚴飭，而世祖卒愛昵之，崩前五日，《實錄》已書不豫，而是日尚幸憫忠寺觀吳監祝髮，其為自知不起，令吳監避禍耶？抑自恐命促，令所愛代為出家以媚佛求佑耶？二者必居一於此。要之世祖御世時，無改革閹寺之計，其處斬吳良輔及廢十三衙門，乃世祖崩後太后及輔政諸臣之意。此《清史》之所不詳，見余《三大疑案考實》。

清入關創業，為多爾袞一手所為。世祖沖齡，政由攝政王出。當順治七年以前，事皆攝政專斷，其不為帝者，攝政自守臣節耳。屢飭

廷臣致敬於帝，且自云：「太宗深信諸子弟之成立，惟予能成立之。」
以翼戴沖人自任，其功高而不干帝位，為自古史冊所僅見。薨於順治
七年十二月初九日戊子，當時猶用帝禮，祔廟上謚，稱成宗義皇帝，
以稱其實。乃未幾以屬下首告，王曾制八補黃袍，令與大東珠朝珠、
黑貂褂潛置棺內等事，坐以悖逆之罪。夫既以帝號加之，凡形式上之
帝制，何者為不可犯？此與追尊之詔豈非矛盾？惟王與肅王不合，因
王致死，而又取其福晉，肅王為世祖長兄，於此事不無懷憤。又於順
治五年冬至，初次郊天恩詔，尊稱王為皇父，世乃傳太后有下嫁攝政
王之事。今見之筆墨者，惟明遺臣張煌言之《蒼水詩集》，有「春官昨
進新儀注，大禮恭逢太后婚」之句。確為當時人語。然蒼水以鄰敵在
遠，仇恨所敵，因傳聞而作揶揄之詞，難為信史。世所傳則謂春官指
禮部尚書，而其人則坐以錢謙益，以附會謙益之所以為高宗深惡，且
傳有謙益撰太后大婚詔文，清亡後頓見傳播，而故老亦多信之。余考
謙益未為禮部尚書，多爾袞稱皇父時，謙益去國已久。且考《朝鮮實
錄》，當時有「擬議攝政稱皇父」之語，並不涉及太后之下嫁，即其未
奉大婚詔之明證。惟舊《東華錄》議多爾袞罪時，有「身到皇宮內院」
一語，或可為事有曖昧之據，但不必為太后有私，且有私亦與下詔大
婚公然稱慶有別。以其坦然尊為皇父，轉信其非有曖昧之慚，直如古
者尚父、仲父之君尊其臣而已。此事詳見余《三大疑案考實》，不具
錄。攝政王之身後獲咎，因緣世祖之心有不平，亦因鄭親王濟爾哈朗
始本同為攝政，後以多爾袞功高，己為所掩，後於四年七月又停其輔
政之職，而代以多爾袞之同母弟多鐸。多鐸於定天下實亦功高，先攝
政而死，至攝政死後，鄭王再起輔政，有報怨之心，益構攝政之罪。
觀高宗之為攝政昭雪，極道世祖沖年受惑，誣此賢王，則其子孫自有
公論，要為開創時之一大反復，不可不紀者也。

　　當世祖時，南方尚未悉定，然朝廷已見開明之象。前七年為攝政

代行，親政以後，雖有攻異端，寵側妃，不無太過之失，然資稟英明，不至妨政。世傳世祖之崩御非實，乃緣愛寵董鄂妃，妃死而帝為僧以殉之。蓋以媚佛寵妾、並為一談。余別有《世祖出家考實》，為三疑案之一，有以深明其不然。要其媚佛而不以布施土木病民，寵妾而不以女謁苞苴干政，惟見其理解之超，情感之篤，蕭然忘其萬乘之尊，真美質也。自攝政王好延攬漢人，用陳名夏，而南方名士多所薦起。親政以後，政策仍前，由八旗掌握實力，天子則樂就漢人文學之士，書恩對命，綽有士大夫之風，居然明中葉以前氣象。正、嘉以後，童昏操切之習略無存者，天下忘其為夷狄之君焉。順治朝，通攝政親政兩時期觀之，其有君人之度，略無更改。摘數事為例：

> 二年五月壬午朔，河道總督楊方興進濟寧州瑞麥，有三四歧者，有八歧十歧者。得旨：「時和年豐，人民樂業，即是禎祥，不在瑞麥。當惠養元元，益加撫輯。」
> 是月丁酉，故明中書張朝聘輸木千章，助建宮殿，自請議敘。諭以「用官惟賢，無因輸納授官之理」，令所司給直。
> 三年七月壬戌，江西巡撫李翔鳳進正一真人張應景符四十幅。得旨：「凡致福之道，惟在敬天勤民，安所事此？朝廷一用，天下必致效尤，其置之。」
> 四年正月丙午，河南巡撫吳景道以芝草產於嵩山，表賀。得旨：「政教修明，時和年稔，方為祥瑞。芝草何必稱奇？」
> 八年正月己未，世祖將親政之前一日，戶部尚書覺羅巴哈納等入奏事畢，上問曰：「外間錢糧，有無益之費否？」巴哈納等奏曰：「有。京師營建，用臨清磚，土質堅細，遣官一員燒造，分派漕船裝載抵通，又由五閘撥運至京，給予腳價。」上曰：「營造宮殿，京師燒磚，盡可應用，又費錢糧撥運，甚屬無益。漕

船遠涉波濤，已稱極苦，用令裝載帶運，益增苦累。臨清燒造城磚，著永行停止，原差官撤回。」越三日壬戌，江西進額造龍碗。得旨：「朕方思節用，與民休息。燒造龍碗，自江西解京，動用人夫，苦累驛遞，造此何益？以後永行停止。」

此可知入關以後，攝政與親政時代無殊，皆能用中國賢明之君為法，定天下固自有氣度也。明季習於苛斂，攝政時用范文程言，一切釐革。然亂世宵人，伎倆百出，嘗試不已，非有明決之識，真實之意，輒為群小所眩惑。「與其有聚斂之臣，寧有盜臣」，真知此意者少矣。順治朝不肖疆臣，時時有規復加派之請，輒廢黜不行。舉例如下：

清《國史・土國寶傳》：五年五月，仍授江寧巡撫。蘇、松、常三府白糧，明季僉民戶輸運，民以為苦。至是復明初官運制。國寶言：「民戶一遇僉點，往往傾家，今改官運，一切皆給於官，而經費不敷。請計畝均派運費，民皆樂從。」諭曰：「僉點固屬累民，加派豈容輕議。」下部察核，官運經費果不敷否。部臣言：「經費未嘗不敷，惟嚴絕克減虛冒諸弊，則用自裕。」黜國寶奏不行。華亭縣有義田四萬八百餘畝，明光祿寺署丞顧正心置以膳宗族助差徭者。國寶初撫吳，即令有司收其米四萬三千餘石給兵餉。及國寶降調，以擅殺非陣擒之吳易黨降調。周伯達代為巡撫，以改充織造匠糧入奏。戶部議：「令察勘義田在明時曾否題明，創置者有無子孫。」至是國寶以實覆奏。戶部尚書巴哈納、謝啟光等核議：「義田所以恤貧助徭，非入官之產，宜仍令顧正心子孫收穫。至兵餉匠糧，皆有正項取給，其擅用義田米，責國寶償還。」六年，國寶疏請加派民賦佐軍需。給

事中李化麟言：「加派乃明季弊政，民窮盜起，大亂所由。我朝東征西討，興師百萬，未嘗累民間一絲一粟。今國寶遽議加派，開數年未有之例，滋異日無窮之累。」上復黜國寶奏不行。

此皆攝政時事，後亦持之甚謹，終清一代，以永不加賦為大訓，真所謂殷鑒不遠，以實心行之，非高呼愛民、圖一時宣傳之用者比矣。明之餘弊，竄穴於其中者迭試不已，能受善言，乃能撲滅之。復舉廠衛緝事之弊。再見一例：

《清史稿・季開生傳》附〈張國憲〉：疏言：「前朝廠衛之弊，如虎如狼，如鬼如蜮。今易錦衣為鑾儀，此輩無能，逞其故智。乃臣聞有緝事員役，在內院門首訪察賜畫。賜畫特典，內院重地，安所用其訪察？城狐社鼠，小試其端，臣竊謂宜大為之防也。」疏入，下廷臣議禁止。得旨：「鑾儀衛專司扈從，訪役緝事，一概禁止。」廠衛之禍始息。

世祖善畫，得自天授，侍從之臣，往往蒙賜，具見諸家記載。此賜畫自必指此，亦見其稟質之美。

世祖朝為人詬病之政事，莫如圈地、逃人兩事。此為國初瞻徇滿人，不得不行之策。圈地尚止一時，督捕逃人歷時較久，相傳為清朝之罪惡，不可不一述其真相。

（一）圈地。據《東華錄》及《史稿・世祖紀》，諭戶部清查無主荒地，給八旗軍士，事始元年十二月丁丑。然在前十餘日己未，順天巡按柳寅東奏已言清查無主地，面條陳其圈換五便。則朝議當已發動在前。考是年七月癸卯，太監吳添壽等請照舊例遣內員徵收涿州寶坻縣皇莊錢糧。攝政王諭：「差官必致擾民，著歸併有司另項起解。」是

為畿輔原有明代不屬民有之地，發動於內監，思擅其弊藪，有此自效，而攝政王不從。近畿皇室及勛貴本系占奪民間之地，已經積久，取以給入關之旗軍，未為不合。自朝議將定，柳寅東始以圈換為請，則紛擾起矣，然亦圖一勞永逸耳。寅東奏言：

> 無主之地與有主之地犬牙相錯，勢必與漢民雜處，不惟今日履畝之難，日後爭端易生。臣以為莫若先將州縣大小，定用地多寡，使滿洲自占一方，而後以察出無主地與有主地互相兌換，務使滿、漢界限分明，疆理各別而後可。蓋滿人共聚一處，阡陌在於斯，廬舍在於斯，耕作牧放，各相友助。其便一。滿人漢人，我疆我理，無相侵奪，爭端不生。其便二。里役田賦，各自承辦，滿、漢各官，無相干涉，亦無可委卸。其便三。處分當，經界明，漢民不至竄避驚疑，得以保業安生，耕耘如故，賦役不缺。其便四。可仍者仍，可換者換，漢人樂從，其中有主者歸併，自不容無主者隱匿。其便五。

此奏下戶部詳議速覆，越十餘日，諭行清查撥給，則以滿、漢分居各理疆界為言，則用寅東策矣。是為圈撥所由起。若但撥無主地，即無所謂圈矣。

> 諭戶部：「我朝建都燕京，期於久遠，凡近京各州縣民人無主荒田，及明國皇親、駙馬、公、侯、伯、太監等死於寇亂者，無主田地甚多。爾部可概行清查，若本主尚存，或本主已死而子弟存者，量口給予；其餘田地，盡行分給東來諸王勛臣兵丁人等。此非利其土地，良以東來諸王勛臣兵丁人等無處安置，故不得不如此區畫。然此等地土，若滿、漢錯處，必爭奪不止，

可令各州縣鄉村滿漢分居，各理疆界，以杜異日爭端。」

　　圈而後撥，其兌換能否公平，當視承辦之長官。然動必有擾，自不可諱。至外省駐防，亦有故明藩府莊田等在。又有滿兵初到，秩序未定，如韓慕廬所記蘇州城內所居里為旗兵圈占之事。此尤軍興時之變態，不足論矣。夫圈地之擾，若清代竟永遠行之，其國祚必不能如此之久。當開國時不得已而暫行，則在歷史上固為可恕，且世祖明有不得已之表示，較之明代溺愛子弟，向國民婪索莊田者，尚較有羞惡是非之心。至後來之永停圈地，則在康熙年間，其時親貴已漸就範，不需屈法以奉之，故於康熙二十四年，有順天府府尹張吉午一奏，戶部不敢議准，而聖祖特旨俞允，此可見圈地一事之可已則已，清於病民之政，實未嘗如明代之甚也。

　　《東華錄》：「康熙二十四年四月戊戌，戶部議覆：『順天府府尹張吉午奏，請康熙二十四年始，凡民間開墾田畝，永免圈取。應不准行。』上諭大學士等：『凡民間開墾田畝，若圈與旗下，恐致病民，嗣後永不許圈。如旗下有當撥給者，其以戶部見存旗下餘田給之。』」

　　（二）逃人。當清室在關外，為明建州衛時，往往掠漢人為奴，視為大利。被虜者逃至朝鮮，朝鮮輒解送中國，建州恨之，時為寇於朝鮮，以為報復。此積世糾纏之事，具見《朝鮮實錄》。太宗既以兵力壓伏朝鮮，乃嚴約不許解送，而漢人尚有逃入朝鮮以求庇者，朝鮮涕泣拒之，或有不忍坐視中國人為奴，私自縱還中國者，清必予以重罰。是為滿洲督捕逃人舊法。入關以後，各旗風習如故，所欲得保障於國家者，以有逃人法為最要。而其時則情偽又不同，因立法之嚴，有冒

充逃人以害良善之事，故清初以此事為厲民之大者。世祖雖知之，時方用八旗之力以定天下，不能違國俗，拂眾情也。《史稿·李棠傳》獨詳此事，錄如下：

八旗以俘獲為奴僕，主遇之虐，輒亡去。漢民有願隸八旗為奴者，謂之投充，主遇之虐，亦亡去。逃人法自此起。十一年，王大臣議：「匿逃人者給其主為奴，兩鄰流徙，捕得在途復逃，解子亦流徙。」上以其過嚴，命再議。仍如原議上。十二年，棠上疏極論其弊曰：「皇上為中國主，其視天下皆為一家，必別為之名曰東人，又曰舊人，已歧而二之矣。謂滿洲役使軍伍，猶兵與民不得不分；州縣追攝逃亡，猶清勾逃兵，不得不嚴核：是已。然立法過重，株連太多，使海內無貧富良賤，皆惴惴莫必旦夕之命，人情洶懼，有傷元氣。可為痛心者一也。法立而犯者眾，當思其何利於隱匿而恝不畏死。此必有居東人為奇貨，挾以為囮。殷實破家，奴婢為禍，名義蕩盡。可為痛心者二也。犯法不貸，牽引不原，即大逆不道，無以加此。破一家即耗一家之貢賦，殺一人即傷一人之培養。十年生聚，十年教訓，今乃用逃人法戕賊之乎？可為痛心者三也。人情不甚相遠，使其居身得所，何苦相率而逃，況至三萬之多！其非盡懷鄉土念親戚明矣。不思恩義維繫，但欲窮其所往，法愈峻，逃愈多。可為痛心者四也。自逮捕起解，至提審赴質，道路驛騷，雞犬不寧。無論其中冤陷實繁，而瓜蔓相尋，市鬻銀鐺殆盡。日復一日，生齒彫殘，誰復為皇上赤子？可為痛心者五也。又不特犯者為然，饑民流離，以譏察東人故，吏閉關，民扃戶，無所投止。嗟此窮黎，朝廷方蠲租煮粥，衣而食之，奈何因逃人法迫而使斃？可為痛心者六也。婦女躑躅於郊原；老

稚僵仆於溝壑；強有力者，犯霜露，冒雨雪，東西迫逐，勢必
鋌而走險。今寇孽未靖，招撫不遑，本我赤子，乃驅之作賊
乎？可為痛心者七也。臣謂與其嚴於既逃之後，何如嚴於未逃
之先。今逃人三次始行正法，其初犯再犯，不過鞭責。請敕今
後逃人初犯即論死。皇上好生如天，不忍殺之，當仿竊盜刺字
之例，初逃再逃，皆於面臂刺字，則逃人不敢逃，即逃人自不
敢留矣。」疏入，留中。後十餘日，下王大臣會議，僉謂所奏
雖於律無罪，然七可痛情由可惡，當論死。上弗許。改議杖徙
寧古塔。上命免杖，安置尚陽堡。逾年，卒。上深知逃人法過
苛，絀王大臣議罪裀。十三年六月，諭曰：「朕念滿洲官民人等
攻戰勤勞，佐成大業，其家役使之人，皆獲自艱辛，加之撫
養。乃十餘年間，背逃日眾，隱匿尤多，特立嚴法。以一人之
逃匿而株連數家；以無知之奴僕而累及官吏。皆念爾等數十年
之勞苦，萬不得已而設，非朕本懷也。爾等當思家人何以輕
去，必非無因。爾能容彼身，彼自體爾心。若專恃嚴法，全不
體恤，逃者日眾，何益之有？朕為萬國主，犯法諸人，孰非天
生烝民，朝廷赤子？今後宜體朕意省改，使奴僕充盈，安享富
貴。」十五年五月，復諭曰：「督捕逃人事例，屢令會議，量情
申法，衷諸平允。年來逃人未止，小民牽連被害者多，聞有奸
徒假冒逃人，詐害百姓，將殷實之家指為窩主，挾詐不已，告
到督捕，冒主認領，指詭作真，種種詐偽，重為民害。如有旗
下奸宄橫行，許督撫逮捕，並本主治罪。」逃人禍自此漸息。

〈裀傳〉所載，其奏疏見蔣氏《東華錄》，而王《錄》不載。世祖
兩諭，則王《錄》有之，蔣《錄》所未收也。想是王所據《實錄》不
書裀奏，蓋不欲彰當時之過。裀意重治逃人，並不責旗下主家，而已

為滿人所忌恨如此。可見入關後之逃人，絕非關外時之比，乃恃國家設立重法，而旗下奸人與民人之黠者合成訛詐之局。原立法止罰重窩逃，不深究逃者，正欲保護還歸之家奴，仍為舊主操作。奸人於是專放囮誘，投殷實之家寄宿，即以窩主誣之，以遂其索詐取盈之計。故重處逃人，即奸民有所畏而不敢為旗下之囮也。順治間人文字中涉逃人者頗多，不能備錄。惟其漸次救正，〈祝傳〉言由於世祖之兩論，觀其事實，則順治朝猶未改督捕之功令，至康熙時乃並無所事於督捕，則弊根為已拔矣。茲先詳督捕衙門之設立。

> 《史稿・魏管傳》：「八旗逃人，初屬兵部督捕，部議改歸大理寺。管疏言其不便，時琯為大理卿。乃設兵部督捕侍郎專董其事。」時即以管為督捕右侍郎，見《東華錄》十一年正月甲辰。〈管傳〉失載，〈貳臣・管傳〉亦失載。
>
> 清《國史・吳達禮傳》：「十一年正月，上以八旗逃人日眾，增設兵部督捕侍郎、郎中、員外、主事等官，另置廨署，專理緝捕事，擢吳達禮為左侍郎。」
>
> 《史稿・職官志》兵部下：「十一年，增置督捕滿左侍郎、漢右侍郎各一人，漢協理督捕太僕寺少卿二人。尋改左右理事官滿漢各一人。滿漢郎中各一人。員外郎滿洲七人，漢軍八人，漢一人。堂主事，滿洲三人，司主事一人，十四年增一人。漢主事六人，司獄二人，分理八司，當是旗各一司。掌捕政。三營將弁隸之。十二年，增置督捕員外郎八人，旗各一人。康熙三十八年，省督捕侍郎以次各官併入刑部，刑部止設督捕司，掌八旗及各省逃亡。」

順治朝以八旗逃人為一大事，至兵部內專設衙門，而以京畿巡捕

三營隸焉。官職繁多，其徇各旗王公之意無所不至。魏琯以職掌論逃
人事，流徙尚陽堡，李裀以科臣言此事繼之，俱死戍所。王大臣言所
奏於律無罪，然七可痛情由可惡，當論死。是論罪並不依律，但旗人
以為可惡，即當論死耳。世祖亦曲從之，俾言逃人事者多死於戍所，
故逃人事實為清初秕政。但至康熙中葉，已盡革此衙門，並刑部，僅
為一司，所掌乃與各省應捕逃犯為同等，且旗下竟無逃人案，督捕司
對旗務，轉以防禁旗人無故離京為專責，則立法已平，旗人無所利於
逃人，國法亦無所庇於縱逃之旗人，此事自然消滅。則一時之弊害，
特國基未固時有此，尚非一朝怙惡不悛之事，如明之廠衛閹人比也。

　　世祖朝於明季朋黨相攻，概不願理其說。馮銓為閹黨，而首先召
用，至言官交攻，輒罪言者。當時用銓，取其明習故事，內閣票擬等
明之舊法，由銓復行之。從前邪正派別，固非所當問。又其招降納
叛，封賞不吝，且持之以久，要之以信。降人封爵，直至清亡而始與
同盡者甚多。此亦見定天下之氣度，能使武夫悍將，釋甲來歸，功名
可保，既降者心安，未降者亦知勸，檢《史稿·封爵表》，一一可見。
舉一最顯之事為例。如牛金星，為李自成丞相，明國亡君殉，皆繫此
人。當自成據燕京時，金星以宰相之威福，記載洋溢，逮自成敗後，
金星歸宿，世頗忘之。《史稿·季開生傳》附〈常若柱〉，乃悉金星入
清之仕履，並世祖之優容焉。〈若柱傳〉如下：

　　若柱疏言：「賊相牛金星，弒君殘民，抗拒王師，力盡始降，宜
　　嬰顯戮，乃復玷列卿寺，靦顏朝右；其子銓同父作賊，冒濫為
　　官，任湖廣糧儲道，贓私巨萬，請將金星父子立正國法，以申
　　公義，快人心。」得旨：「流賊偽官投誠者多能效力。若柱此
　　奏，殊不合理，應議處。」遂罷歸。

　　以糾舉金星為不合理而削職，似乎獎奸，然其時天下擾攘，方事招徠，以散亂勢。若柱，陝西蒲城人，順治四年進士，自庶起士改給事中。則此必改官後所奏，事在世祖親政前後，招降之事方急，所以待牛金星者如此，願歸者可以無疑矣。此所謂「雍齒且侯，吾屬無患」，漢高所以為豁達大度，如此類矣。金星父子甘就此不重要之官，正新朝所視為奇貨者。

第二章

鞏固國基

第一節　聖祖嗣立至親政

　　明後迭次建國於南方，適與世祖一朝，相為起訖。明雖數盡，清所假以驅除者，不能專恃八旗，旗軍人數固不足，且盡用旗人敵漢，亦於招徠之道隔膜。故除用故明文臣任招撫外，亦用明舊帥舊軍與旅距未服者，以聲氣相呼召，此吳三桂等諸藩之所以擁眾難散也。清所倚以平定南方常為先驅者，蓋有四藩。吳三桂獨專亡明之功，由其手逼取永曆帝於緬甸以歸，有代沐氏世鎮雲南之意，封之為平西王，為最強之藩。耿仲明之孫精忠，襲封靖南王，及平南王尚可喜之子之信，更有定南王孔有德，雖已於順治間為明所攻，城陷而死，然部曲猶與三藩相呼應，此為開國以來不易消之巨患。世祖未壯而崩，親政以後，不過十年，既於明代厲民之政痛與革除，復能以籠絡士大夫洗刷關外傖荒，適成一除舊布新氣象。既遭短折，聖祖以八歲嗣位，又落於輔政諸臣之手。以開創大業成於兩代沖齡之主，當時柄國之親貴，惟以定國為務，不知覬覦天位，是亦孟子所謂「社稷之臣，以安社稷為悅」。明初兩世有親藩之禍，清初兩世得親貴之力，新開化之種族，淳樸有甚於漢人，此亦其不可輕量者。

　　世祖以順治十八年正月初七日丁巳夜子刻崩，《史稿》誤會夜子時，係於丙辰。此亦《史稿》應改正之一點。初八戊午頒遺詔，初九己未初位，改元康熙。此遺詔頗由世祖太后主持，以輔政大臣同意發布，於

世祖之過舉臚列無遺，引為己罪者十四事，其中以子道未終，永違太后膝下為兩款。此名分之引罪。而首列漸習漢俗，於祖宗淳樸舊制日有更張為一款。又宗室諸王友愛未周為一款。滿洲世臣不能專任，部院印信亦令漢官掌管為一款。求不得罪於實力所在之滿臣，用意甚切。而輔政亦滿臣。其以入關以來，接近漢臣為憾，蓋非一日。此可見在廷之有意見。而其實世祖為己過之事而引罪，聖祖亦並未因遺詔之故而疏遠漢臣。是敷衍滿臣自有不得已，而宥密之地自有權衡，亦不至真為滿臣所把持。此亦英明之見端，與清末之反為親貴所挾而致亡，正有天淵之別。至見賢未能盡舉，見不善未能盡退兩款，雖係門面語，中有事實，亦見誠懇。厚己薄人，糜費不節兩款；御朝絕少，上下否塞一款；自恃聰明，不能納諫一款；知過未改一款，亦非政治有甘苦者不能言。而於端敬皇后即董鄂妃之喪逾濫不經一款，為世祖生時所不肯言。設立內十三衙門，與明同弊，亦不似生時愛幸吳良輔情狀。《東華錄》言遺詔由王熙、麻勒吉二學士所草，世祖諭令奏知皇太后宣示。而王熙自著《年譜》，敘此時又深明其有秘密不敢直言。則遺詔直由太后所改定，未必世祖臨崩前所見之原草也。說詳余《世祖出家考實》，不重錄。兩事中端敬喪之逾制，不過認已往之過，而廢止十三衙門，為清一代突過往古歷朝之善制。生時立此衙門，未為獨有之失德，遺詔廢此衙門，則真能以明為鑒，在歷史為非常之舉也。

　　廢內十三衙門，處斬內監吳良輔，《清史稿‧世祖》、〈聖祖〉兩紀互相矛盾。〈世祖紀〉：順治十五年三月甲辰，書：「良輔受賄伏誅。」〈聖祖紀〉：順治十八年二月乙未，書：「誅有罪內監吳良輔。」其實兩俱有誤。《東華錄》於前一月日，書良輔賄案發覺，結之云：「良輔尋伏誅。」《史稿》忽其「尋」字，於後一月日，書諭旨廢十三衙門。中有「良輔已經處斬」一

語，亦未必斬於是日。惟世祖崩前五日，已書不豫，而尚親幸法源寺為良輔祝髮。知斬良輔決非世祖崩前之事，已見前。史文之待訂者往往類是，幸而史料具在，可以考確，否則又成疑竇，此不獨《清史稿》為然也。

聖祖初年之輔政，為索尼、蘇克薩哈、遏必隆、鼇拜四人，皆非宗室。受命後以非從來成例，跪請諸王、貝勒共任，諸王、貝勒以遺命不敢違，乃奏知皇太后，誓告於皇天上帝及大行靈前，中有「不私往來諸王貝勒等府，受其饋遺」之語。是亦以太后為中心，遺詔為根據，懲於前次攝政之太專，以異姓舊臣當大任，而親王貝勒監之，其用意可見也。然事權所在，必有積重。輔政四人中，忠梗者居其二，有一專橫之鼇拜，即有一緘口不語之遏必隆。康熙初仍有輔政跋扈之事。至八年五月，聖祖親政。輔政時於國家本計，民生要務，亦無大影響。其資望最高之索尼，於康熙六年六月先卒。卒之前，因鼇拜專擅，於三月內請聖祖早親政，而未即行。至七月己酉初七日，始行親政禮，然鼇拜橫暴猶昔。自索尼卒，鼇拜不循遺詔中原次，自居輔臣之首。先是，鼇拜以己隸鑲黃旗，國初圈地，鑲黃旗屯莊在保定、河間、涿州之地，嫌其瘠薄，令以正白旗所圈之薊、遵化、遷安諸州縣分地相易，正白旗地不足，別圈民地補之。令下，所涉州縣旗民俱大擾，耕耨盡廢。大學士兼管戶部尚書蘇納海、直隸總督朱昌祚、巡撫王登聯俱力爭之。輔臣中惟蘇克薩哈隸正白旗，不贊圈換之議，餘均徇鼇拜議。尚書、督撫坐遲誤阻撓論死，蘇克薩哈不對，鼇拜卒矯詔並予棄市，事在五年十二月。明年聖祖親政，蘇克薩哈請守先帝陵，罷輔臣任。鼇拜與其黨大學士班布林善等謂蘇克薩哈不欲歸政，論以大逆，與其長子俱磔死，餘子孫俱斬決，籍其家，並斬及其族人白爾赫圖等。奏入，聖祖不許，鼇拜攘臂上前，強爭累日，卒坐蘇克薩哈

後，餘悉如議。又前後殺大臣不附己者。與弟侄及同黨相比，至請申
禁言官，不得上書陳奏。八年五月，乃詔逮鰲拜廷鞫，褫職籍沒，與
其子那摩佛俱禁錮之，弟侄及同黨多坐死。及鰲拜死於禁所，乃釋那
摩佛。後聖祖晚年，念鰲拜戰功多，賜一等男爵，以其後襲。世宗朝
並復其一等公爵，世襲罔替，加封號曰超武。乾隆間，復降為一等男
世襲。

聖祖初年輔政四臣事實及鰲拜罪狀，據官書，鰲拜罪亦終不掩
功。而世傳聖祖逮鰲拜時，恐其不勝，至譎以取之，具見滿人
記載。《史稿》亦錄入〈本紀〉云：「八年五月戊申，詔逮輔臣
鰲拜交廷鞫。上久悉鰲拜專橫，特慮其多力難制，乃選侍衛拜
唐阿年少有力者，為撲擊之戲。是日鰲拜入見，即令侍衛等掊
而縶之。於是有善撲營之制，以近臣領之。」云云。觀上雖親
政，鰲拜攘臂上前，必行其意，竟無如之何，則帝之威令有不
行，至以術取乃定。是亦見聖祖童年，早能不動聲息，以銷肘
腋之患。而輔政之始末，亦清初一重事，不可不稍詳也。
四輔臣時，有復行明季加派之失，數月即罷，未為永害，要亦
輔政時之闕失。《史稿・四輔臣傳》論云：「四輔臣當國時，改
世祖之政，必舉太祖、太宗以為辭。然世祖罷明季三餉，四輔
臣時復徵練餉，並令併入地丁考成。此非太祖、太宗舊制然
也，則又將何辭？」考此事紀傳志皆不見，獨見此於傳論，意
謂事非經久，可不特書，附著一語，亦文省事增例也。然清以
不加賦為特長，非明著此變，恐成疑議。考《東華錄》：順治
十八年八月甲寅，戶部遵旨議覆：「查明季加增練餉，並無舊
案，止有遺單一紙，每畝派徵一分，直隸等十三省，共計
五百七十七萬一千餘頃，每畝一分派徵，計徵銀五百餘萬兩。

　　請敕該撫於十八年為始，限三月徵完解部。至雲貴系新辟地
　　方，無舊案可查，敕該撫於見徵田地內，照數徵派，匯冊到
　　部。」得旨如議速行。是年十二月己未，左都御史魏裔介奏請
　　停止。辛酉諭戶部：「除順治十八年己派外，康熙元年通行停
　　止，爾部作速刊示，遍行曉諭，使小民咸知。」

　　鰲拜既逮治，圈地事停，諸被誣者皆復，或予諡恤。於是舉經
筵，置日講官，改內三院大學士銜為殿閣大學士，復翰林院，用儒臣
編纂經義，凡輔政時所不足於世祖朝之漸染漢俗者，次第復舊。十二
年五月，侍臣請以夏至輟講，聖祖特諭：「學問之道，宜無間斷，其勿
輟。」視朝講學，納諫求言，悉用前代盛明故事。接見士大夫之日多，
士大夫浸浸向治，而撤藩之議起。

第二節　撤藩

　　南明既亡，天下絕望，謂清業可定矣。實則必危必亂之癥結，其
不易拔除，較之取勝於末運之朝，伸威於稔惡之寇，其難不啻倍蓰。
天下初定，驕悍之武夫，反側之凶盜，以擊鬥為專業，不樂歸農者，
屯結不散，戴一渠魁，為延其生命之計，此渠魁即今所謂軍閥。清初
武力，自有根柢，但用漢人號召漢族，招降納叛，事半功倍。大勢既
定，則解散編制，必有一番擾亂。其所以毅然措手，不稍遲回者，亦
正恃有有根柢之武力在也。其時屯結之眾，統名三藩。三藩之實力，
以吳三桂為首。三桂既以兵通緬甸，縛獻明永曆帝以自效，朝廷先撤
旗兵北歸，亦所以示放牛歸馬，將與天下更始。雖其報功之典，不能
不用前明沐氏鎮滇之體制相待，然逐漸裁兵，則與爵位並非一事。三
桂為延長兵事計，一攻廣西之隴納山蠻，再平貴州之水西、烏撒兩土

司，以武功震耀於朝廷，而實厚自封殖。朝廷議裁綠營，三桂亦聽命，於康熙四年奏裁雲南綠旗兵五千有奇。則以綠旗為明之經制舊軍，而其先所挾藩屬甚眾，又廣收逋寇以益之，蓋裁老弱而實已增精銳也。

> 隴納山蠻與水西土司，用兵一在二年，一在三年，非一地，非一事。《史稿》未明清修〈貳臣傳〉文義。水西設治，以比喇為平遠，蓋平遠治在水西之比喇壩也。史館不考事實，遽改比喇為隴納。此需訂正。又〈三桂傳〉所增事實，有不盡可信者，別見下。至如稱三桂為江南高郵人，籍遼東。當有所據，俟再考證。

三桂藩屬，於順治十七年三月癸亥，定平西、靖南二藩兵制時，已有佐領五十三。一佐領計有甲士二百，而丁數五倍之，計五丁出一甲，是有壯丁五萬餘也。分左右兩都統，雖用道制，然統將皆所部署，皆其死黨。是年七月戊午，又有旨如三桂請，以投誠兵分忠勇、義勇各五營，營各千二百人，統以由自成投明，由明復投三桂之劇盜馬寶等十將，皆為總兵。十月復請設雲南援剿四鎮總兵官，以四川、湖廣本任之統兵大員為之。更樹死黨於雲、貴兩省之外，貴州自由三桂兼轄，兩省督撫咸受節制，用人則吏、兵二部不得掣肘，用財則戶部不得稽遲，所除授號曰西選。三桂之爵，進為親王。據五華山永曆帝故宮為藩府，增華崇麗。籍沐天波莊田七百頃為藩莊。廣徵關市，榷鹽井、金礦、銅山諸利，一切自擅。通使達賴喇嘛，互市北勝州，遼東之參，四川之黃連、附子，遣官就運轉鬻收其直，富賈領其財為權子母，謂之藩本。厚餌士大夫之無籍者，擇諸將子弟四方賓客肆武事，材技輻輳，朝臣一指摘，抗辭辯詰，朝廷輒為譴言者以慰之。

尚、耿二藩始並封粵，耿藩旋移閩。三藩鼎踞南服，麋餉歲需二千餘萬，近省挽輸不給，仰諸江南，紬則連章入告，既贏不復請稽核，耗天下之半。三桂專制滇中十餘年，日練士馬，利器械，水陸衝要，遍置私人，各省提鎮，多其心腹。子應熊，尚世祖妹和碩長公主，朝政纖悉，旦夕飛報。此未撤藩前所有不可終日之勢也。

　　西選之說，相傳吳三桂所除授之官，各省皆有，每出一缺，部選者到任，往往遇西選者先到，則折回。魏源《聖武記》亦言：「西選之官遍天下。」此恐傳之太過。在雲貴兩省則必有是事，遍天下之說或非也。當時敢於論三桂者，不過三人，多得罪去。御史楊素蘊所論，專指三桂用人授官一事，疏言：「三桂以分巡上湖南道胡允等十員題補雲南各道，並奉差部員亦在其內，深足駭異。」又言：「三桂疏稱：『求於滇省，既苦索駿之無良；求於遠方，又恐叱馭之不速。』則湖南、四川，去滇猶近，若京師、山東、江南，距滇不下萬里，不知其所謂遠者將更在何方？皇上特假便宜，不過許其就近調補耳，若盡天下之官，不分內外，不論遠近，皆可擇而取之，則何如歸其權於吏部銓授，為名正而言順？縱或雲貴新經開闢，料理乏人，諸臣才品，為藩臣所素知，亦宜請旨令吏部簽補，乃經行擬用，不亦輕朝廷而褻國體乎？」據此則當時所論三桂任官之不法，亦不過謂所轄雲貴省內缺官，任意指調他省及京朝之員充補，非他省缺官，三桂輒以遣員來補也。楊《疏》在順治十七年，雖其後三桂跋扈尚久，然天下之官有缺，何由報知滇省，而得據為選授之柄，終覺於理不近也。

　　康熙十二年三月，平南王尚可喜首請歸老遼東，以子之信留鎮

粵，自率兩佐領之眾，及藩屬孤寡老幼自隨。時尚、耿二藩各有十五佐領，及綠旗兵六七千，丁口二萬。部議：盡移所部隨可喜歸遼東。將行，而三桂、精忠以七月間先後請撤藩，以探朝旨。朝議不敢決允，惟尚書莫洛等數人獨言宜撤，命議政王貝勒大臣會核，仍不敢決。聖祖特旨允二藩請，悉移遼東。分遣部院大臣入滇、粵、閩獎諭，並經理撤藩事。侍郎折爾肯、學士傅達禮至滇，三桂遂以十一月二十一日殺雲南巡撫朱國治反。折爾肯等被留，貴州巡撫、總兵以下皆降，雲貴總督甘文焜駐貴陽，聞變出走，為所屬叛將圍之，自刎死。十二月京師聞變，召還閩、粵所遣部臣，停撤尚、耿二藩。三桂自稱「天下都招討兵馬大元帥」，以明年甲寅為周王元年。時天下岌岌，京師亦有稱朱三太子謀放火舉事者，未及期，為同黨所首，獲數百人，首事者遁去，勘問以為奸民楊起隆所為，非真朱三太子，而朱三太子之名則自此遍中於人心。蓋自南明之亡，思明者無所繫屬，乃始傳言明崇禎帝尚有第三子在人間，欲戴以起事者雖未辨真偽，然歷數十年而卒獲朱三太子其人，殺之而後心安焉。其有舉動則始於是。朝命削三桂爵，以順承郡王勒爾錦為寧南靖寇大將軍，討之，執三桂子額駙應熊下之獄。孔有德部眾尚在廣西，加其婿孫延齡撫蠻將軍，其故將線國安為都統，命鎮廣西，以恩結之。

明年春正月，三桂陷沅州，偏沅巡撫駐長沙，聞風已棄城循，總兵吳之茂以四川叛應三桂，巡撫、提督皆降，四川盡陷。夷陵總兵徐治都赴援，退守防地。二月，三桂連陷湖南諸郡，直至岳州，湖南又盡陷。孫延齡亦以廣西叛。三月，耿精忠反，執福建總督范承謨幽之，巡撫降。襄陽總兵楊來嘉以谷城叛。先是，湖南、四川皆三桂分布黨羽，設援剿諸鎮地，至是回應甚速。四月，詔以分調禁旅遣將分防情形寄示平南王尚可喜，以籠絡之，蓋四藩中孔有德舊部亦已變，獨尚藩未動，可喜年老，決無意發難，將留此為南方一遮罩。而是月

則誅三桂子應熊，並孫世霖，削孫延齡、耿精忠職爵，示無所瞻顧。
三桂聞應熊誅，驚曰：「上少年乃能是！」初倉卒起事，天下以三桂剿
絕明後，無可假借之名義，僭號為周，人心非所屬。三桂至澧州，意
頗前卻，至是推食而起曰：「事決矣。」耿藩既變，浙東回應，精忠既
遣其將馬九玉、曾養性入浙，又遣白顯忠犯江西，所至土匪蜂應，江
西尤甚。八旗勁旅與相持於中原，迭有勝敗，未能速進。朝廷通使於
達賴喇嘛，欲藉其力，號召信仰黃教之青海、蒙古，由西邊攻川、滇
之西，發詔川、滇、黔諸省供應軍食，蓋以從亂之地餌蒙古軍。詔書
刊十三年八月初三日，此詔不見《東華錄》，亦不見《史稿》敍其事
日。蓋亦紛亂之拙計。其後達賴喇嘛並不出蒙軍，反以割地連和為
請，朝議卻之。詔書見存北京大學史料室，可見當時應付之不易。是
時赴浙應敵者，以康親王傑書為奉命大將軍，赴粵者以安親王岳樂為
定遠平寇大將軍，防守陝西者，以尚書加大學士衛莫洛為經略。至
十二月，陝西提督王輔臣又叛，經略莫洛死之。十四年二月，進陷蘭
州。自此為三桂兵力所極。廣西則叛將馬雄時時窺廣東，尚可喜老病
不能軍，子之信劫其父降三桂。於是諸藩之毒盡發。甘肅尚存張勇、
王進寶諸將，能與相持，中原則旗軍督率地方文武漸有收復，為三藩
禍既熾而地域有所限制，可與言恢復時矣。

　　十五年五月，撫遠大將軍圖海敗王輔臣於平涼，輔臣降，詔復其
官，授靖寇將軍，立功自效，諸將弁皆原之，以此鼓叛者來歸之氣。
時官兵各路皆捷，諸藩勢日蹙。十月，傑書師次延平，耿藩將耿繼美
以城降，精忠遣子顯祚獻自鑄印乞降。精忠蓋亦效三桂所為，稱「總
統兵馬大將軍」，蓄髮易衣冠，鑄「裕民通寶」錢。至是，獻其印降。
傑書入福州疏聞，命復其爵，從征海寇自效。蓋時鄭成功子經尚據臺
灣，是時入閩、浙，不問清軍、耿軍守地，乘亂略取，陷漳州，海澄
公黃芳度殉。亦逼建昌，耿藩守將耿繼善遁。朝廷因敕傑書速進，乘

機下福州。十二月，尚之信使人詣簡親王喇布軍前乞降，且乞師，願立功贖罪。詔赦其罪，且加恩優敘。孫延齡為三桂將吳世琮所殺，踞桂林。十六年三月，以莽依圖為鎮南將軍，赴廣州。四月至南安。叛將嚴自明以城降，遂克南雄，入韶州。五月己卯，之信出降，命復其爵，隨大軍討賊。十七年，於時三桂已起事閱六年，自稱為周。三月朔，以地日蹙，援日寡，思建號以系從亂者封拜之望，用群下勸進，稱帝，改元昭武，以所在衡州為定天府，置百官，大封諸將，國公、郡公、侯、伯有差。頒新曆，舉雲、貴、川、湖鄉試，號所居曰殿，瓦不及易黃，以漆髹之，構蘆舍萬間為朝房。築壇衡山，行郊天即位禮。是時年六十七，老病噎，八月又病痢，噤不能語，召孫世璠於滇，未至而死。世璠抵貴陽，其下即擁嗣稱帝，改號洪化。當是時，巨魁既死，孤雛繼業，其下驍悍敢死之夫猶能奉以周旋。清軍聞三桂死，銳氣自倍，然與世璠軍戰，猶迭有進退，其強悍固結不易解散可知。三桂所用水師將領林興珠，先已降，朝廷封以侯爵，資其習水之用，乃收洞庭之險，急攻湖南。將軍莽依圖等徇廣西，吳世琮走死。西軍則張勇所用趙良棟，自略陽破陽平關，克成都，王進寶自鳳縣破武開，取漢中，進克保寧、順慶。鄂邊將軍吳丹、提督徐治都自巫山克夔州、重慶。湖南大軍貝勒察尼等迭取各郡縣，三桂所都衡州亦下。於十九年春，在湘之藩下諸將均歸貴陽就世璠，世璠令再擾川南，降將譚弘復叛，夔州再陷。朝命罷吳丹。以趙良棟盡護四川諸軍，與定遠平寇大將軍彰泰由湖南，平南大將軍賚塔由廣西，分三道入雲南。十月，彰泰克鎮遠，薄貴陽，世璠與其將吳應麒等奔還雲南。二十年正月，賚塔與彰泰兩軍會於一雲南之嵩明州。二月，進攻雲南省城，並收雲南各郡縣，世璠拒守久不下。九月，趙良棟軍亦渡金沙江來會，良棟議斷昆明湖水道，速攻之。十月二十八日戊申，世璠自殺，次日，其將線緎率眾降，戮世璠屍，傳首京師，所署將吏悉

降。十二月丁酉，遣官行祭告禮。己亥，宣捷受賀。先是群臣請上尊號，不許。癸卯，乃上太皇太后、皇太后兩宮徽號，頒恩詔，赦天下。

　　三桂起事之年，聖祖年方冠。撤藩議起，事由尚可喜請歸老而由其子代鎮，非請撤也。部議遽以撤藩覆允，朝議兩歧，英主獨斷，實已定於此時。尚藩不求撤而已撤，吳、耿乃不自安，求撤以相嘗試，一旦盡允之。當日情事，於二十年十二月，群臣以大憝既除，請上尊號，聖祖召議政王大臣、大學士、九卿詹事科道等官，諭曰：「曩者平南王尚可喜奏請回籍，朕與閣臣面議，圖海言斷不可遷移。朕以三藩俱握兵柄，恐日久滋變，馴致不測，故決意撤回。吳三桂反叛，八年之間，兵民交困，倘復再延數年，百姓不幾疲敝耶？憶爾時，惟有莫洛、米斯翰、明珠、蘇拜、塞克德等言應遷移，其餘並未言遷移必致反叛，議事之人至今尚多。試問當日曾有言吳三桂必反者否？及吳逆倡叛，四方擾亂，多有退而非毀，謂因遷移所致。若彼時諉過於言應撤者，盡行誅戮，則彼等含冤泉壤矣。朕自少以三藩勢焰日熾，不可不撤，豈因吳三桂反叛遂諉過於人耶？賊雖已平，瘡痍未復，君臣宜益加修省，恤兵養民，布宣德化，務以廉潔為本，共致太平。若遂以為功德，崇上尊稱，濫邀恩賞，實可恥也！」王大臣等再以皇上一切調度，非臣等意慮所及，理應加上鴻稱，以顯功德為請。復諭：「吳三桂初叛時，偽札煽惑，兵民相率背叛，此皆德澤未孚，吏治不能剔厘所致。今幸地方平靖，獨念數年之中，水旱頻仍，災異疊見，師旅疲於徵調；被創者未起，閭閻困於轉運，困苦者未蘇。且因軍興不給，裁減官員俸祿，及各項錢糧並增加各項銀兩未復舊。每一軫念，甚歉於懷。若大小臣工，人人廉潔，俾生民得所，風俗醇厚，教化振興，雖不上尊號，令名實多；如政治不能修舉，則上尊號何益，朕斷不受此虛名也。朕自幼讀書，覽古人君行事，始終一轍者甚少，嘗以為戒，惟恐幾務或曠，鮮克有終。宵衣旰食，祁寒盛暑不敢少間，偶有

違和，亦勉出聽斷，中夜有幾宜奏報，披衣而起，總為天下生靈之計。今吏鮮潔清之效，民無康阜之休，君臣之間全無功績可紀，倘復上朕尊號，加爾等官秩，則徒有負愧，何尊榮之有？至於太皇太后、皇太后加上徽號，詔敕天下，理所宜然。其上朕尊號之事，斷不可行。」云云。所敘撤藩之初廷議情狀，及藩變以後歸咎情狀，皆見事由主斷。以圖海之威重，且不主張，親貴中亦絕無成見，惟受命出師，效其奔走之力，扼要屯駐，能守而後言戰。叛黨有來歸者，不吝爵祿，且實保全之，不輕斬刈，此不能不謂聖祖之有作為矣。

又觀其經亂討伐八年之中，朝廷舉措，極示整暇。其時天下士夫皆有望治之心，並無從亂之意。逸民遺老，亦早痛恨三桂之絕明，尤無人贊助藩變者。要亦聖祖善馭天下士夫，略舉其跡：十二年歲杪聞變發兵，而十三年二月，書：「上御經筵。」中間有皇子生、皇后崩等事；命將行師，又無日無之。八月再書：「上御經筵。」則典禮無廢也。九月朔諭翰林院掌院學士傅達禮等：「日講關係甚大，今停講已久，若再遲恐致荒疏，日月易邁，雖當此多事之時，不妨乘間進講。於事無誤，工夫不間，裨益人心不淺。爾衙門議奏。」院臣以幾務殷繁，間日一進講。上曰：「軍機事情，有間數日一至者，亦有數日連至者，非可限以日期，其仍每日進講，以慰朕拳拳向學之意。」

　　舉經筵，康熙朝自九年為始，十三年不因軍務而間斷，此可書也。而《史稿‧本紀》，二月書：「上御經筵。」八月不書，九月朔乃書之，因諭「每日進講」。與《東華錄》不同。此《史稿》不明故事之誤也。經筵與日講，並非一事，九月無御經筵之理。因九月朔有「每日進講」之諭，而移並一處，望文生義，不可不訂正之。

　　十四年四月諭：「日講原期有益身心，增長學問。今止講官進講，朕不覆講，但循舊例，日久將成故事，不惟於學問之道無益，亦非所以為法於後世也。嗣後進講時，講官講畢，朕仍覆講，如此互相討論，庶幾有裨實學。」康熙間講學之風大盛，研求性理，此時已用熊賜履開其先聲，纂修經義，明習天文算學，皆於此開其端。以天子諄諄與天下通儒為道義之講論，實為自古所少，其足以係漢人之望者如此。而考其時勢，則正復黔、秦、蜀、湘盡陷，東南浙、閩、兩廣、江西蠢蠢思變，方於十三年歲杪議親征而未發之時，無論其為鎮定人心與否，要能無日不與士大夫講求治道，其去宦官宮妾蔽錮深宮之主遠矣。

　　十五年十月，命講官進講《通鑒》，以「前代得失有裨治道，撰擬講章進講。」覆奏從《綱目》中擇切要事實，首列綱，次列目，每條後總括大義，撰為講說，先儒論斷亦酌量附入。十六年，三藩盡叛，各地皆發之後，叛服之數曉然，兵事大有把握。三月諭翰林院掌院學士喇沙里：令翰林官將所作詩賦詞章及直行草書，不時進呈。上召至懋勤殿，親自披閱，以御臨書賜喇沙里。此又振興文事，為鴻博開科先聲，皆極得撫馭漢人之法。兵事實力在八旗世僕，人心向背在漢士大夫，處漢人於師友之間，使忘其被征服之苦，論手腕亦極高明矣！

　　　　故宮有聖祖巡幸出征時報告兩宮太后及訓示諸皇子之語，文理
　　　　甚拙，字體亦劣，於康熙朝御書文彩或有假借。然南巡時對眾
　　　　揮毫，傳布甚夥，斷非偽為；或道途手簡，轉是內豎等所代
　　　　作，未可以此疑之。

　　是年五月初四日己卯，尚之信降。而是日諭大學士等：「帝王之學，以明理為先，格物致知，必資講論。向來日講，惟講官敷陳講

章，於經史精義未能研究印證，朕心終有未愜。今思講學必互相闡
發，方能融會義理，有裨身心。以後日講，或應朕躬自講朱注，或解
說講章，仍令講官照常進講。爾等會同翰林院掌院學士議奏。」尋覆
議：「講官進講時，皇上或先將《四書》朱注講解，或先將《通鑒》等
書講解，俾得仰瞻聖學。講畢，講官仍照常進講。」據此則帝於講官所
進講章，擬於未講之先，自將講章向講官先講，然後由講官再訂正
之，覆議未敢任此也，聖祖則可謂好學矣。自後日講時帝自晰經傳之
旨極多，皆於進君子退小人，親賢遠佞之意，就聖賢之語有會而發，
《東華錄》所載極多，不具錄。十七年正月，詔舉「博學鴻儒」。時三
桂尚未稱帝，叛眾意尚堅，而海內士夫嚮往之誠，歌頌之盛，已視朝
廷之舉動而日有加增矣。歷年巡幸之事，若行圍講武，巡近畿訪民疾
苦，巡邊，謁陵，親祀明陵，親禾勸耕，每奉太皇太后以行，所至亦
以講官從，進講不輟。其時關外勤樸之風未改，所經過無累於民，《實
錄》累書其所幸，若士民之遊歷無異也。時西南戰事方急，中原及畿
輔，已晏然向治如此。然都城北鄰蒙古察哈爾部，自太宗征服以後，
林丹汗走死，其子額哲來降，得其傳國璽，念系元世祖嫡裔，封為親
王，仍冠內蒙四十九旗之上。傳至布林尼，當康熙十四年，征其兵助
討藩變，不至，旋煽奈曼等部同叛。以多鐸孫信郡王鄂札為撫遠大將
軍，圖海為副，討之，六閱月而平。《史稿·圖海傳》：「討布林尼時，
禁旅多調發，圖海請籍八旗家奴驍健者率以行，在路騷掠一不問，至
下令曰：『察哈爾，元裔，多珍寶，破之富且倍。』於是士卒奮勇，無
不一當百，戰於達祿，布林尼設伏山谷，別以三千人來拒，既戰伏
發，土默特兵挫，圖海分兵迎擊，敵以四百騎繼進，力戰覆其眾。布
林尼乃悉眾出，用火攻，圖海令嚴陣待，連擊大破之，招撫人戶
一千三百餘，布林尼以三十騎遁。科爾沁額駙沙津追斬之，察哈爾
平。」據此則滇亂年餘時，又對察哈爾用兵，除調不附察之蒙旗赴討

外，官軍主力，乃八旗家奴，則旗下正兵已盡發，可見南方軍事之棘。但所謂家奴，即屬包衣下人物，誘以利即成勁旅，又可見八旗風氣之悍勁。考〈圖海傳〉此文，舊史館傳所無，出李元度《先正事略》，李想自有本，今未能詳矣。

　　主撤藩者，親貴中無人，重臣若圖海，亦力持以為不可，莫洛等言之而聖祖用之，是廟謨先定，非群策也。統兵大將則皆親貴，然一蹉跌即召回，無始終其事者，則運用在一心，非倚辦於一二大將也。贊撤藩而出預軍事者，僅一莫洛，早為叛將所戕。明珠輩幸而言中，以此徼後來之寵。其時非有主持之力，聖祖隨材器使，疆臣中得李之芳能捍閩浙之患，蔡毓榮能收雲南會師之功。武臣中得西陲數將，張勇及王進寶、趙良棟，能與中原之師夾擊收效。是皆因事見材，非先倚此數人而舉其事。聖祖之平三藩，為奠定國基之第一事，少年智勇，確為事實。又能功成不自驕滿，力辭尊號，惟務講學，開一代醇厚之風，較之明萬曆以來，不郊、不廟、不朝，而邊將小小捕斬之功，無歲不宣捷頒賞，君臣以功伐自欺，以進號蒙賞，糜費國財，互相愚濫，其氣象何啻天壤之隔也。

　　鴻博開科，正在滇變未平之日，而其時文運大昌，得才之盛，至今尚為美談，非特當時若不知西南之未靖，即後之論世者，亦若置三藩為又一時事，而以己未詞科為清代一太平盛事。今為提出以時事相比論之，且應知己未詞科，純為聖祖定天下之大計，與乾隆丙辰之詞科，名同而其實大異，此論清事之一要點也。康熙十八年三月朔，試薦舉博儒之士一百五十四人於體仁閣，先賜宴，後給卷，頒題「璿璣玉衡賦」，省耕二十韻。讀卷官派大學士李霨、杜立德、馮溥，掌院學士葉方藹，凡四人。取中一等二十名，二等三十名，俱入翰林，先已有官者授侍讀侍講，曾中進士者授編修，布衣生員以上授檢討，俱令纂修《明史》。其中理學、政治、考據、詞章、品行、事功，多有籠罩

一代者。而其誓死不就試者為尤高，至更能有高名而不被薦，尤為絕特，若顧炎武是矣。是時高才博學之彥，多未忘明，朝廷以大科羅致遺老，於盛名之士，無不攬取，其能薦士者，雖雜流卑官，亦許呈薦。主事、內閣中書、庶起士，猶為清班；若兵馬司指揮劉振基之薦張鴻烈，督捕理事張永琪薦吳元龍。至到京而不入試者，亦授職放歸，若杜越、傅山諸人。入試而故不完卷，亦予入等，若嚴繩孫之僅作一詩是也。蓋皆循名求士，大半非士之有求於朝廷。後來丙辰再舉大科，入試百九十三人，取一等五人，二等十人；補試二十六人，取一等一人，二等三人，試至兩場。二等授職，貢監只得庶起士，逾年散館，有改主事、知縣者，而士以為至榮，且得士亦遠不及己未之品學。部駁三品以下所薦，不准與試，皆以資格困之，是士有求朝廷矣。故康熙之制科，在銷兵有望之時，正以此網羅遺賢，與天下士共天位，消海內漠視新朝之意，取士民之秀傑者以作興之，不敢言利祿之途，足以奔走一世也。此事宜與平三藩之時代參觀，彌見聖祖作用。

第三節　取臺灣

　　三藩既平，國勢已振，而鄭氏猶踞臺灣。東南濱海之地，禁民勿居，又禁出海之民，以為堅壁清野之計，仍時時有海警。八旗勁旅不習風濤，於此無能為役。自三藩既平，滿人思以功名自奮者，自然乘時會而生。臺灣在臥榻之側，然惟漢人能圖之。成大功者姚啟聖、施琅二人，而世皆傳姚之功為施所掩。《國史》所紀，頗與私家所傳不盡合。而臺灣之歷史，以前多不明了，茲悉約為辨正焉。

　　古書無臺灣之名，而其地距福建之泉州絕近，豈得古沿海之人一無聞見？近柯先生劭忞著《新元史》，於《外國・琉求傳》後繫論曰：「琉求，今之臺灣。今之琉求，至明始與中國通，或乃妄傳為，誤莫甚

矣。」此說極是。史書中琉求有傳，惟《隋書》《宋史》及《元史》。《隋書》云：「琉求國居海島之中，當建安郡東，水行五日而至。」隋建安郡，當今興、泉、漳、汀濱海諸郡地。又云：「大業元年，海師何蠻等，每春秋二時，天清風靜，東望依稀似有煙霧之氣，亦不知幾千里。三年，煬帝令羽騎尉朱寬入海求訪異俗，何蠻言之，遂與蠻俱往，到琉求國，言不相通，掠一人而返。明年又往，撫慰不從，取其布甲而還。」《宋史》：「淳熙間，琉求人猝至泉州水澳、圍頭等村殺掠，人閉戶則免。」《元史》：「琉求在南海之東，漳、泉、興、福四州界內，澎湖諸島與琉求相對，亦素不通。天氣清明時，望之隱約若煙若霧，其遠不知幾千里也。西南北岸皆水，至澎湖漸低。近琉求則謂之落漈。漈者，水趨下而不回也。凡西岸漁舟到澎湖以下，遇颶風發作，飄流落漈，回者百一。琉求在外夷，最小而險者也。世祖至元末，遣使楊祥、阮鑒等往宣撫，以二十九年三月二十九日自汀路尾嶼舟行，至是日巳時，海洋中正東望見有山長而低者，約去五十里，祥稱是琉求國，鑒稱不知的否。祥乘小舟至低山下，以人眾不親上岸，令軍官劉閏等二百餘人，以小舟十一艘載軍器，領三嶼人陳輝者登岸，岸上人眾，不曉三嶼人語，為其殺死者三人，遂還。四月二日至澎湖。」

　　據諸史所言，地望距泉、汀極近。自汀屬海嶼往，且不過一日可達，部署登岸，被抗而還，抵澎湖計亦不過一兩日程，其為臺灣地無疑。至明洪武初所詔諭之琉球，則儼然舊國，與元以前所紀無文字、無年歲、無疆理、無官屬者，文野迥異。國有三王，曰中山，曰山南，曰山北，皆以尚為姓，而中山最強。洪武五年正月，命行人楊載以即位建元詔去其國，自是隨使入朝貢，奉箋表無虛歲。三王迭來，且請子弟入國學。其距中國道里，據《清通典》，自福州五虎門出海，歷程一千七百里至其國。據《琉球國志略》，康熙五十八年遣使測量，琉球偏東五十四度，距福州八度三十分，推算徑直海面一千七百里，

船行則福州至姑米山四十更，計二千四百里，回五十更，計三千里
云。與五日程之說大異，故曰《新元史》之說確也。《清一統志》尚以
歷史之琉求為明以來之琉球，其敘臺灣，莫詳於《國史・施琅傳》，琅
疏言：「明季設澎水標於金門，出汛至澎湖而止。臺灣原屬化外，土番
雜處，未入版圖，然其時中國之民，潛往生聚於其間，已不下萬人。
鄭芝龍為海寇時，以為巢穴。及崇禎元年，鄭芝龍就撫，借與紅毛為
互市之所，紅毛遂聯結土番，招納內地民，成一海外之國，漸作邊
患。至順治十八年，海逆鄭成功攻破之，盤踞其地。」據此，則臺灣原
為鄭氏巢穴，特距其地於土番之中，未有建置之規劃。至芝龍就撫於
明，乃以臺借紅毛，為互市所，則亦若澳門之於葡萄牙，本以為好而
相假，非紅毛以力取之也。紅毛為其時西洋人之通稱，實為荷蘭國
人。紅毛經營三十餘年，乃成一海外之國，成功乃以兵力逐久假不歸
之荷蘭，又傳子至孫，奉明正朔者二十餘年。是則開闢臺灣者始終為
鄭氏。姚啟聖為清代平臺首功。諸家紀啟聖事，謂生於鄭芝龍起事之
歲，至年六十而臺灣鄭氏亡，啟聖亦卒，以為天特生啟聖與臺灣相終
始。啟聖生明天啟四年甲子，芝龍入臺即在是年，至崇禎元年即讓與
紅毛而身就撫，是據臺不過四年，且無海外立國之計，一招即受撫，
其不重視臺可知也。此既名為臺灣以後之歷史也。

　　姚啟聖人奇事奇，輕俠豪縱，為路人可以殺人報仇，恤人患難，
可以不自顧其身命；以犯法亡入旗。在明末本為浙江會稽籍諸生，入
旗後中康熙二年旗籍第一名舉人，出為縣令，多奇特之行。康親王傑
書統兵討耿精忠，啟聖從立功，洊升至福建布政使，尋擢總督。臺灣
鄭經，即成功子，閩亂以來，屢侵略福建沿海郡邑，其將劉國軒尤能
軍。啟聖禦之，連復所侵地，遂以收全臺為己任，開修來館以納降，
不惜金錢重賄，多行反間，以攜其黨。不終歲，將士降者二萬餘人。
又請前被裁之水師提督施琅，以百口保其復任。施琅者，泉州晉江

人，雄傑習於海，故隸芝龍部。芝龍降於貝勒博洛，琅族叔福從之；琅從成功招，留為明用。既而與成功不相得，遁歸福所。琅父大宣及弟顯，俱為成功所殺。琅既歸新朝，久之無所遇，歸居泉州。順治十一年十二月，朝命鄭親王世子濟度為定遠大將軍征成功，入泉州，拔琅從軍。十二年，成功攻福州，琅擊卻有功，授同安副將，進總兵。康熙元年，擢水師提督。時成功已死，子經統其眾。琅累戰有功，加右都督，授靖海將軍。康熙七年，密陳鄭氏克取狀，而部議難之，且以為疑，遂裁水師提督，召琅入為內大臣，隸鑲黃旗將軍。十六年，復水師提督，啟聖累保琅，未用。二十年，鄭經又死，子克塽幼。內閣學士李光地亦奏保琅，乃復任琅為水師提督焉。

先是，鄭氏已屢敗，盡棄閩省海邊地，並海壇、金門、廈門等群島。鄭氏之眾，悉歸臺灣。旗軍在閩無所用，啟聖使客說耿精忠自請入朝，亦勸康親王傑書請班師，悉其供億之費，從事平臺。時鄭克塽襲稱延平王，而事皆取決於其下劉國軒、馮錫範。琅以國軒最悍，時方守澎湖，計一戰破之，則臺灣可不戰下；遂以二十二年六月攻澎湖，力戰克之，國軒遁歸臺灣，克塽及錫範等果震懾乞降。琅以八月率師入臺受降，克塽及國軒、錫範以下皆出降。琅由海道專奏捷，而啟聖則馳驛入奏，遲琅奏二十日而達。聖祖得捷音甚喜，立封琅靖海侯。啟聖以積年經畫之勞，賞竟弗及。會啟聖又奏言「廟謨天定，微臣無力」，聖祖益疑其有怨望意，未幾啟聖以疽發背卒。卒後，尚論之士多有為啟聖鳴不平者，因於琅有貶辭。其實為國立功，琅與啟聖所見自同，惟其奏捷取巧，受爵不讓，有攘功之跡，掠賞之情，亦可議者。其論臺灣之善後，朝議主遷民棄地不設守。李光地為泉州產，於此役頗自謂有所參預，聖祖亦以其曉事，詢問之。光地尤主張招紅毛畀以其地，此見光地自撰《語錄》及《年譜》；聖祖不納。琅疏爭其事，略言：「順治十八年，鄭成功攻紅毛破之，踞臺灣地，窺伺南北，

侵犯江、浙，傳及其孫克塽，積數十年。一旦畏天威，懷聖德，納土
歸命，以未闢之方輿，資東南之保障，永絕海邦禍患，人力所能致
之。若棄其地，遷其人，以有限之船，渡無限之民，非數年難以報
竣。倘渡載不盡，竄匿山谷，所謂藉寇兵而齎盜糧也。且此地原為紅
毛所有，時在垂涎，乘隙復踞，必竊窺內地，重以夾板船之精堅，海
外無敵，沿海諸省，斷難晏然。至時復勒師遠征，恐未易見效。如僅
守澎湖，則孤懸狂洋之中，土地單薄，遠隔金門、廈門，出足不受制
於彼，而能一朝居哉！部臣蘇拜、撫臣金鉉等，以未履其地，莫敢擔
承。臣伏思海氛既靖，汰內地溢設之官兵，分防兩處，臺灣設總兵
一、水師副將一、陸營參將二、兵八千，澎湖設水師副將一、兵
二千。初無添兵增餉之費，已足固守。其總副參游等官，定以二三年
轉升內地，誰不勉力竭忠！其地正賦雜糧，暫行蠲免。現在一萬之
兵，仍給全餉，即不盡資內地轉輸。蓋籌天下形勢，必期萬全。臺灣
雖在外島，實關四省要害，無論耕種猶資兵食，固當議留；即荒壤必
藉內地挽運，而欲其不為紅毛，亦斷不可棄。棄之必釀成大禍，留之
誠永固邊隅。事關封疆重大，伏祈乾斷施行。」疏入，下議政王大臣等
議，仍未決。總督啟聖從琅議。上召詢廷臣，大學士李霨是琅；尋侍
郎蘇拜亦請從琅，與啟聖同議，請設總兵等官及水陸兵，並設三縣、
一府、一巡道。上允行。蓋成琅之美者啟聖也，琅實負啟聖，啟聖何
嘗忌琅。其卒於是年，亦壽數適然耳；必謂憤鬱致死，不淺之乎論啟
聖哉！琅又疏言：「克塽納土歸誠，應攜族屬，劉國軒、馮錫范應攜家
口，同明裔朱恒〈小腆紀傳〉作魯世子桓等，俱令赴京。其武職官
一千六百有奇，文職官四百有奇，應候部議。降兵四萬餘人，或入
伍，或歸農。」詔授克塽公銜，國軒、錫范伯銜，俱隸上三旗；其餘職
官，及朱恒等，命於附近各省安插墾荒。旋授國軒天津總兵。終清之
世，鄭氏之後及國軒、錫範，皆以世襲佐領，轄其所屬，至清亡乃止。

第四節　治河

河患恒在大亂之後，兵事正殷，無能顧及此事也。清興，治河有名者，世祖時即用楊方興、朱之錫二人，先後為總河。其時無所謂科學，方法皆得之工人之經驗。其為治河名臣者，第一係廉潔，第二即勤懇。廉潔則所費國帑，悉數到工；勤懇則視工事為身事，可以弭河患者無不留心，除力所不及外，不至以玩忽肇禍。有此二者，其收效恒在徒講科學者之上，蓋雖精科學，仍當以廉潔勤懇為運用科學之根本也。方興、之錫皆足以當之。順治元年五月，攝政王兵始入京。六月，遣王鼇永招撫山東、河南。七月即命方興總督河道。十四年乞休還京師，所居僅蔽風雨，布衣蔬食，四壁蕭然。代者即之錫，亦任十年，至康熙五年卒官。時總督朱昌祚奏之錫遺績言：「之錫治河十載，綢繆旱潦，則盡瘁昕宵；疏浚堤渠，則馳驅南北。受事之初，河庫儲銀十餘萬，頻年撙節，見今財庫四十六萬有奇。及至積勞攖疾，以河事孔亟，不敢請告，北往臨清，南至邳、宿，夙病日增，遂以不起。」此皆述其實，非溢美也。徐、兗、淮、揚間頌之錫惠政，相傳死為河神。乾隆時，高宗巡視河工，順民意封「佑安助順永寧侯」神號，春秋祠祭，民稱之曰朱大王云。後數年乃得名河臣靳輔。輔任總河在康熙十六年，時吳三桂叛，諸藩、諸降將回應，兵事極棘，河道不治，先後潰決，淮、黃交病，水浸淫四出，下河七州縣淹為大澤，淮水全入運河，清口涸為陸地。十六年略有轉機，中原已無動搖之象，而輔以先任皖撫，帝獎其實心任事，急欲治河，遂授為河道總督。輔到官，即周度形勢，博採輿論，為八疏同日上之。議疏下流，治上流，塞黃、淮各處決口，規畫甚備。又議經費所出，計需銀二百十四萬八千有奇，應令直隸、江南、浙江、山東、江西、湖北各州縣借徵康

熙二十年田賦十之一，工成後由淮、揚被水田畝涸出收穫，及運河通行經過商貨徵稅補還。又議裁併冗員，明定職守，嚴河工處分，諱決如諱盜例。又議官吏工成優敘。覆議工竣後守堤兵役。期二百日畢工，日用夫十二萬三千有奇。當時工料之賤如此。而廷議以軍興難其事，謂募夫太多慮擾民。帝命輔熟籌，乃寬其期限為四百日，運土改用車駄，募夫可減至四之一。廷議允行。於是治河始有徹底之計畫。十八年，如期工竟，急謀增賦，議淮、揚已漸有涸出地畝，除丈量還民外，餘田可行屯田法。時論以為有礙民業，乃不直輔，而所修之工亦有小決處，河水亦未盡復故道，輔自請處分。部議當奪官。帝命輔戴罪督修。部又以決口議令輔賠修，帝以賠修非輔所能任，不允。此皆帝之能用才，不聽有司以文法困之也。既而議者謂：「下河被水，輔乃築堤堵水不使下，何不就下河浚使出海，而反蓄水於高處，既徒拂就下之性，又以下河所涸地，規屯田之利以病民。」劾輔甚厲。劾之者皆正人，若於成龍、湯斌皆是。帝詢淮、揚仕京朝者，侍讀喬萊等亦右成龍。而輔堅持堵築，謂下河不可浚使出海。帝意不能不從眾議，令侍郎孫在豐董浚口之役，發帑二十萬專任之，總河仍任輔。輔言：「下河形如釜底，近海轉高，浚之水不能出，徒令海水倒灌為患。」持之甚堅。言官劾輔請加罪，至比之舜之殛鯀，又言屯田累民，並及其幕客陳潢，罪狀無所不至。御史郭琇既劾輔，同時劾大學士明珠，直聲震天下。而劾明珠疏亦及輔，以故輔之功罪，時論頗不定，至今記載中尚然。帝諭廷臣：「輔挑河築堤，漕運無誤，不可謂無功；屯田事亦難逃罪。近論其過者甚多，人窮則呼天，輔不陳辯朕前，復何所控告耶？」時在康熙二十七年三月，帝御乾清門，召輔與成龍、琇等廷辯，輔、成龍於築堤浚口各持所見不相下，琇獨言輔屯田害民。輔引咎，遂坐罷，諸右輔者並降謫有差，陳潢亦坐譴。

　　清初治河，必兼治運。元明以來，建都在北，而糧從南來，運道

獨恃一水。運河絕黃河而北，故治河必先顧運，視今海陸皆有輪軌為交通情形迥異，故瞻顧尤多。輔既治河，又以漕運向有河運一節，蓋清口而上，漕艘行黃河中有百八十里，乃再入運。輔以避風濤之險，自駱馬湖鑿渠，歷宿遷、桃源，至清河仲家莊出口，名曰中河。對清口僅行黃河數里，即入中河，直達張莊入運。此與明初陳瑄鑿清江浦導水由管家湖入鴨陳口達淮謂之清口者，為淮南北兩大功。當築堤浚口兩論未定以前，先有此通漕成績，故不獲罪。後在豐浚口功卒不就，成龍等亦皆認主張之非。三十年，帝復思起用輔，而輔以老辭矣。帝於三藩平後，即親視河南巡。二十三年、二十八年兩次南巡，皆閱河，益獎諭輔。及是，帝言：「朕聽政後，以三藩及河務、漕運為三大事，書宮中柱上，至今尚存。」河務不得人，必誤漕運，及輔未甚老而用之，亦得紓數年之慮。仍命為總河，輔辭，疏請前此繕治所未竟者數事並疏請復陳潢官，並起用前坐累同貶之熊一瀟、達奇納、趙起士三人。旋卒，賜祭葬，諡文襄。帝之治河，謂能一勞永逸，非也，然愛惜人材，曲盡眾論，有疑義則身臨決之，一時理想之說，朝野沸騰，未嘗熒聽而輕罪爭執之人，兢兢業業於武功告成之後，在帝尚為盛年，而持重有為若是，可謂有道之氣象矣。陳潢者，杭州才士，輔過邯鄲呂祖祠，見題壁詩署潢名，異之，蹤跡得潢，禮之入幕，輔所建白，多自潢發之。帝首次南巡閱河，問輔必有通今博古之人為佐，以潢對。後輔疏言潢佐治十年勞，授潢僉事道銜。郭琇劾輔連及潢，逮至京卒。後以輔疏請復其官。生平言河務，有友人張靄生次而述之，為《治河述言》十二篇。聖祖為閱河而始巡幸，亦與高宗之侈遊觀勞供頓者有不同焉。

第五節　綏服蒙古

　　內蒙四十九旗，早服清。漠北三汗，猶以前代帝族自居，其預朝覲會盟之事，在康熙中葉以前，間以例貢邀賞，略如前代中外對抗意。聖祖不輕啟邊釁，亦未有相圖意也。三汗者，元順帝后達延車臣汗為蒙古退出塞外後中興之汗，自漠北入居漠南，蓋明初擯蒙古於漠北，至是乃復近塞。有子十人，其四入漠南，子孫占內蒙四十九旗之大半。第八子格埒森札，留故土，號所部曰喀爾喀，析眾萬餘為七旗，授子七人領之，分左右翼。長子阿什海之後長右翼，所部尊之曰札薩克圖汗。第四子諾諾和長左翼，其後尊為土謝圖汗。又有第五子阿敏都喇勒後，尊為車臣汗，地在瀚海以北，漢唐兵力盛時所不能有，為元都和林所在，古北匈奴之王庭也。左翼復有諾諾和之第四子圖蒙肯，以尊奉黃教為西藏達賴喇嘛所喜，令所部奉之視三汗，是為中路賽因諾部。康熙時尚未定襲號，喀爾喀尚只有三汗，而實分為四部。太宗崇德初，以察哈爾平，漠南悉定，遣使宣捷於喀爾喀。喀爾喀來聘，厚資之。旋貢裘、馬等物來謝，詔定制歲獻白駝一，白馬八，曰九白之貢。此亦蒙古以土物邀賞於中國之慣例，不足言內向也。順治間，掠內蒙巴林部，中朝責之，令歸所掠人畜，不奉詔。歷十年始請盟，詔賜盟宗人府，羈縻而已。喀爾喀西鄰厄魯特蒙古，乃明之所謂瓦喇。瓦喇時稱衛拉特，分四部：曰準噶爾，曰杜爾伯特，曰土爾扈特，曰和碩特。準噶爾踞伊犁，勢張甚。康熙中，其酋長噶爾丹，自立為準噶爾汗，襲取青海和碩特部，兼有四衛拉特，復南摧回部城郭諸國盡之，轉而北，思並喀爾喀。會喀爾喀左翼土謝圖汗攻右翼札薩克圖汗，殺汗而奪其妾，三部內訌，中朝方遣使偕達賴喇嘛之使為之和解，而噶爾丹亦使其弟入喀爾喀，故激土謝圖汗之怒，汗

執殺之，噶爾丹遂藉詞報復，喀爾喀又不設備。二十七年夏，噶爾丹突襲土謝圖汗，汗名察琿多爾濟，拒戰大敗。時中朝遣使赴俄羅斯勘界，路經外蒙，喀爾喀乞援，因揚言中國有專使來助己。噶爾丹亦具書來，使臣以好語兩釋之。噶爾丹知中朝無干涉意也，進兵益急，遍躪三汗地，諸部皆奔潰，謀所向，請決於所奉大喇嘛。大喇嘛時為土謝圖汗察琿多爾濟之弟，其名號謂之哲布尊丹巴呼圖克圖。呼圖克圖者，活佛之弟子，亦崇拜為佛者也。諸部意將近投俄羅斯，呼圖克圖言：「俄不奉佛，俗尚言語服色皆相距遠，莫若全部內徙，可邀萬年之福。」眾從之，於是七旗舉族款塞內附，帝命尚書阿喇尼等，迭發歸化城及獨石、張家二口倉儲，並賜茶、布、牲畜十餘萬以贍之，使借牧科爾沁地。

是時外蒙內向，為清收撫藩屬之一大關鍵，若失之毫釐，折入俄國，北徼全域皆變，喀爾喀既去，必為俄國藉取厄魯特之先機，後來所定新疆天山南北兩路，恐亦盡改其形勢矣。故清於哲布尊丹巴呼圖克圖尊禮甚至，非宗教之關係，乃政治得其裨益甚大也。雍正元年正月丙申，上親吊哲布尊丹巴呼圖克圖，遣使護其喪歸。《東華錄》敘其事云：「先是理藩院奏：『澤卜尊丹巴胡土克圖，原系法教內之第一人，數世行善，垂九十年，當噶爾丹叛亂時，身率七旗之喀爾喀等來歸，最為有功。伊系喀爾喀汗之子，土謝圖汗之弟，遭逢聖朝，疊蒙殊遇，前年聖祖仁皇帝面諭之曰：「癸卯年朕壽七十，爾壽九十，大慶之年，爾必前來，斷勿食言。」胡土克圖領旨而回。今雖年邁衰病，遵旨來京，謁見梓宮，志願已遂，泊然示寂。請照達賴喇嘛、班禪額爾德尼之例，給賜名號印冊，以示優典。』得旨俞允，命給予名號印冊。既而上且臨吊，喀爾喀土謝圖汗等以停

止往吊奠謝，諭：『胡土克圖極蒙皇考軫念，禮遇加隆，皇考升遐係甲午日，今胡土克圖圓寂亦係甲午日，佛果聖因，證明不昧。胡土克圖非尋常僧人比，朕躬親往，懸帕供茶，以盡朕心，將此旨傳與喀爾喀汗王駙馬及胡土克圖徒屬知之。』至是理藩院以移送澤卜尊丹巴胡土克圖龕座，請派大臣官員護送前往，上特命敦郡王允祕、世子弘晟齎賜印冊奠儀，又命散秩大臣尚崇廙等護送胡土克圖龕座前行，所過蒙古地方，毋得任意需索。」

《蒙古遊牧記》引松筠《綏服紀略圖詩注》：「康熙二十七年，喀爾喀眾議就近投入俄羅斯，因請決於哲布尊丹巴呼圖克圖，呼圖克圖曰：『俄羅斯素不奉佛，俗尚不同我輩，異言異服，殊非久安之計，莫若全部內徙，投誠大皇帝，可邀萬年之福。』眾欣然羅拜，議遂決。余在庫倫時，有頭等台吉格齊多爾濟者，乃額駙敦多布多爾濟之孫，年近八十，廣記故實，此事乃其所述云。」

據以上所述，外蒙內向，由於哲布尊丹巴喇嘛。額駙敦多布多爾濟，即為噶爾丹所敗來歸之土謝圖汗察琿多爾濟之孫襲汗爵者，尚聖祖第六女固倫恪靖公主，以此由郡王進親王。格齊多爾濟當松筠辦事庫倫時，年近八十，松筠住庫倫，在乾隆五十年至五十五年，上距雍正元年約七十年，童時固猶及見大喇嘛，且為其近屬從高叔祖，所傳確也。又與世宗諭文吻合，足為清撫外蒙之實在緣起，然非有平三藩取臺灣之威信在前，及勤政安民之太平景象在目，固亦不足徠此遠人也。

　　帝既受喀爾喀降，噶爾丹亦遣使來貢，訴土謝圖汗殺其弟，釁由彼啟，上為責土謝圖汗而敕反其侵地。噶爾丹既兼有回部、青海、漠

北，驅蹇不奉命，要求執送土謝圖汗及哲布尊丹巴呼圖克圖，乃罷兵
西返，帝不許。達賴喇嘛以奉中朝命，遣使往諭噶爾丹，為喀爾喀講
好。達賴使來，亦傳達賴意，執送其仇土謝圖汗及哲布尊丹巴，可以
圖成，且由己保其安全，帝亦不允。往復甚久，至二十九年五月，噶
爾丹以追喀爾喀為名，選銳東犯，清廷所遣尚書阿喇尼以蒙古兵禦
之，令喀爾喀眾居前，又為所敗，遂乘勝入內蒙地。六月，帝下詔親
征，命兄裕親王福全為撫遠大將軍，皇長子胤禔副之，領左翼出古北
口；弟恭親王常寧領右翼，為安北大將軍，出喜峰口。右翼遇敵烏珠
穆沁部地，地在古北口東北九百餘里，戰不利，敵遂越烏珠穆沁而
南，至烏蘭布通，距京師止七百里，與左翼遇，敵以萬駝縛足臥地，
背負箱垛，蒙以濕氈為障，士卒於垛隙發火銃，謂之駝城。清軍隔河
以炮擊駝多斃，陣斷為二，步騎爭先陷陣，遂破其壘，敵遁而帝舅內
大臣佟國綱亦戰歿，帝於先數日亦因病回蹕。噶爾丹又遣西藏濟隆胡
土克圖來乞和，帝所遣康親王傑書出歸化城截敵歸路者，因其乞和，
奉裕親王檄不復邀擊。明年，帝出塞，至多倫泊，受喀爾喀各汗各台
吉朝，編審旗分，與內蒙四十九旗同列。親諭喀爾喀左右兩翼釋憾，
特封前被土謝圖汗所殺札薩克圖汗沙喇之親弟策旺札布為和碩親王，
代領部眾，仍襲汗號，以慰安之，即免土謝圖汗擅殺之罪，使歸於
好。三十一年，立火器營，以用兵征噶爾丹，惟大炮能制勝也。噶爾
丹又奏請不敢復乞致土謝圖汗，惟哲布尊丹巴為達賴喇嘛弟子，乞送
達賴所，達賴使人助之請，帝皆不許。時達賴第五世實已死，其第巴
喇嘛所置之行政官，名桑結者，秘不發喪，矯達賴之命行事，與噶爾丹相
比昵。噶爾丹陽恭順中朝，與達賴請上尊號，既卻之，又屢書索仇
人，陰遣使令內蒙各部叛歸己，內蒙以聞。帝以二十九年之役未得
志，密令內蒙諸部偽許內應以誘之。三十四年，噶爾丹果南掠，臨漠
南，久踞不去。三十五年正月，帝復下詔親征。二月啟行，帝率禁旅

由獨石口出中路，以黑龍江將軍薩布素率東三省兵出東路遏其衝，歸化城將軍費揚古即世祖董鄂妃之弟、甘肅提督孫思克明王化貞部下叛將孫得功之子。率陝、甘兵出寧夏西路邀其歸。噶爾丹畏中國火器，乞援於俄羅斯。俄新與中國定界約和，不許。中路軍逼敵境，東路軍未至，西路軍亦言敵盡焚草地，迂道秣馬，糧運又阻雨，士馬餒困，乞上援軍以待。大臣有請回鑾者，帝怒不從，疾趨克魯倫河，遣使告噶爾丹駕至。噶爾丹不信，登山望見黃幄龍纛，環以幔城，又外為網城，軍容山立，大驚拔營宵遁。翌日，大軍至河，北岸已無一帳，渡河追之，不及。命內大臣明珠盡運中路糧以濟西師，西師已入土謝圖汗部地，抵土拉河上之昭莫多。譯言謂多樹之地。噶爾丹謂精銳畢集御營，西師來者必較易與，費揚古亦以贏師誘之，設伏於林木中，孫思克先以綠旗兵據高阜與戰，敵仰攻甚久，伏兵起，敵敗潰，乘夜追之，至天明收軍，斬降數千，獲駝馬牛羊廬帳器械無算，噶爾丹妻阿努戰死，噶爾丹以數騎遁，帝親撰銘勒察罕拖諾山及昭莫多之山而還。

　　噶爾丹之為準噶爾汗也，繼其兄僧格之位。僧格子策妄阿喇布坦及索諾木喇布坦。噶爾丹奪策妄阿喇布坦之妻，又殺其弟索諾木喇布坦，從《東華錄》，與《聖武記》不同。策妄阿喇布坦因率兵五千而逃。後噶爾丹往烏蘭布通，策妄阿喇布坦盡收噶爾丹之妻子人民而去，遂居回部吐魯番地。康熙三十年，遣侍讀學士達虎齋敕由嘉峪關往吐魯番頒賞。明年九月，又奉旨差員外郎馬迪往，至哈密，為噶爾丹遣屬下戕殺。噶爾丹留外蒙久，日思內犯，策妄阿喇布坦潛收準噶爾故地。噶爾丹當襲殺馬迪之後，尚有具奏，言：「前為澤卜尊丹巴、土謝圖汗陳奏三言，乞以一言為定。初意即欲仰請宏仁，發回七旗於故土，因地方既遠，糧食不足，且未歸之前，凡所留輜重，俱被策妄阿喇布坦劫去，諸物無存。今惟恃達賴喇嘛之恩，得以安集。謹將從前遲久之處，遣使陳奏，請敕裁斷。」云云。當是時，噶爾丹尚以索界仇人為

言，而其故地為策妄阿喇布坦所劫，亦明知朝廷一再通使，無可隱諱，轉以此為所以不能遽離外蒙之故，要亦情見勢絀矣。達虎之往，據論文謂：「聞彼叔侄不睦，故遣達虎往問其故，策妄阿喇布坦請朕加恩，故遣馬迪復往頒賜。」蓋聖祖偵敵甚悉，早有仇噶爾丹之人，與清廷通使往來，因知準部之根本。又噶爾丹之伎倆，亦經嘗試，積年籌計，固知親征一舉，先聲即足以奪之。大臣猶以婦人女子之見，勸沮不前，其智固出人君下矣。噶爾丹既怯於禁旅，猶冀逞志於偏師，而費揚古、孫思克俱能不負閫寄，一戰而勝，此則命將之不謬，噶爾丹已無施展之餘地。嗣是回部迭來輸誠，欲復其被奪之地，請與策妄阿喇布坦合謀擒噶爾丹。噶爾丹亦遣使乞降，窺覘朝旨，帝限以七十日，過此即進兵。三十六年正月，已逾七十日，再詔親征，哈密已執噶爾丹之子來獻。二月啟行，啟行之日，哈密又擒戕害使臣馬迪之兇手來獻。噶爾丹所部厄魯特亦先後來降，益知噶爾丹困極，掘草根為食，雖然終不自歸，其倔強不屈如此。而帝之勝算在握，則固絕無疑義。四月，至狼居胥山，方命回鑾，費揚古奏：「厄魯特丹濟拉等來告，閏三月十九日，噶爾丹至阿察阿穆塔臺地方，飲藥自盡，以其屍及其女鐘齊海共率三百戶來歸。」帝復勒銘於狼居胥山而還，朔漠平。至京師，御門受賀，始用古太學告成禮，蓋有志於文治武功，並降三代，亦不自滿假之道也。而喀爾喀盡復其故牧地，且擯衛拉特於阿爾泰山之外，漸開唐努烏梁海及科布多之境，於三汗所部以外，於此時則為甌脫地焉。匈奴自古天驕，元時入居中國則有之，令其誠服內向，前無有也。策妄阿喇布坦絕噶爾丹之歸路，乘中國之兵力，而又自恃其險遠，盡占準噶爾故土，數十年後，再為中國之邊患。

《聖武記》謂準噶爾汗僧格死，其弟噶爾丹殺僧格長子而自立，其次子策妄那布坦與其父舊臣七人逃居吐魯番。其說微異。僧

格與異母兄車臣及卓特巴巴圖爾爭屬產被殺，噶爾丹乃僧格同母弟，已為僧，事達賴喇嘛於唐古特，奉達賴命歸轄其眾，執車臣戕之。後殺僧格次子，而策妄阿喇布坦居長，因所聘妻與噶爾丹妻阿努為女兄弟，噶爾丹奪之，乃率所部逃吐魯番。又《聖武記》言噶爾丹可敦妃也。阿奴被炮斃於昭莫多之戰，稱其「碩瞀敢戰，披銅甲，佩弓矢，騎異獸，似駝非駝，精銳悉隸麾下。」此亦附會小說《狼主家風》，未必事實。殷化行《西征紀略》敘昭莫多戰云，「噶爾丹及其妻阿努娘子等皆冒炮矢，舍騎而鬥，鋒甚銳」云云。則此戰阿努實偕，阿努前為策妄阿喇布坦所掠，康熙三十年，達虎之使吐魯番，正奉命通問於策妄阿喇布坦及阿努二人。後阿努歸噶爾丹而復死於陣。鐘齊海即阿努所生，阿努許嫁其女於其弟噶爾亶多爾濟，噶爾亶多爾濟自聞於清廷，《東華錄》具載之。要之噶爾丹內情，帝得厄魯特報告甚悉，三駕親征，乃知彼知己，戰必勝攻必克之事。聖祖留心邊事，過於朝士大夫，可謂明矣。當時記載，侈其若何靈異，若何神武，過甚其詞，或未可信。

第六節　定西藏

西藏本名唐古特，亦作土伯特，蓋即唐宋時所謂吐蕃，元明始謂之烏斯藏，距印度近，俗喜浮圖法，經教至多。元世祖封其高僧八思巴為帝師大寶法王，以領其地。後嗣世襲其號，西藏遂為佛教宗主。明承元舊，其始亦藉其教以化俗，尊中國，為行政之便宜而已。中葉以後，所授西天佛子、灌頂國師，錯居京師，頗亦亂政。然中國封號，為藏僧承襲，朝貢互市，保世職為土司，終明世不為邊患，則馭控之本意亦未為有失。其實藏中佛法，在明時已成末路，所持密宗，

為吞刀吐火以炫俗，彼土自行宗教改革早在明中葉以前。僧宗喀巴者，生永樂十五年丁酉，由西寧入藏，得道於甘丹寺，年六十二，成化十四年戊戌示寂。初亦紅衣習舊教法，既以改革師巫流弊為己任，即會眾自黃其衣冠，乃分別舊教為紅教，而新教稱黃教焉。死時遺囑二大弟子，世世轉生，稱「呼畢勒罕」，演大乘教。呼畢勒罕，華言化身也。二弟子：一曰達賴喇嘛，二曰班禪喇嘛。喇嘛華言「無上」。其以二喇嘛傳法者，易世互相為師，有所傳授也。呼畢勒罕，蓋皆死而自知其所往生，常在輪回，本性不昧，弟子輒迎而立之。觀清一代喇嘛之史實，則亦可知其為國家之作用矣。達賴一世敦根珠巴本為王子，受宗喀巴衣鉢，若如來之舍位出家，法名為羅倫嘉穆錯，既得道，仍以教主作人王，為藏眾所宗仰。二世以下，分設理事之佐曰「第巴」等，助教之弟子曰「胡土克圖」。時當明正德中，名聞中國，謂能知三生事，人稱活佛，帝慕願見之，命中官劉允乘傳往迎，閣部科道交諫不聽，珠琲為幡幢，黃金為供具，鑄金印，具犒賞，罄竭庫儲，攜鹽、茶數十萬石，行內江船舶亙二百餘里，沿途支官廩驛馬，供張將士千餘人，所過疲困，往返期以十年，為迎取供養之地。既至藏，達賴避不見，將士怒，脅以威，為其眾所敗，寶貨器械盡失，死傷狼藉。允奔還，戒部下勿言，以空函馳奏，而武宗則已崩矣。世宗既立，旋且奉道而毀佛，世又以喇嘛為有先見。三世鎖南嘉穆錯，《明史》作鎖南堅錯，由順義王俺答迎奉至青海，勸其自通中國，時當萬曆初，中國始知有活佛，於是紅教舊封諸法王皆俯首稱弟子，改從黃教。諸部數萬里，熬茶膜拜，視若天神，諸王徒擁虛位，號令不行，實權在宗門。而河套、青海、蒙古亦守其戒，不為鈔暴，西邊安枕五十餘年，亦佛教之效。清初太宗崇德間，由歸服之蒙古居間通使，烏斯藏東界連青海，亦唐古特同族，明為西番地。明末厄魯特蒙古和碩特部顧實汗以兵吞青海，並及烏斯藏之喀木地。喀木今稱西康。達賴居前藏曰

衛，而舊襲王位曰藏巴汗者居後藏。時為達賴四世云丹嘉穆錯，其第巴復乞兵於青海顧實汗，擊藏巴殺之，顧實汗遂以班禪居後藏，而遣長子達延居藏轄其眾，號鄂齊爾汗，第六子多爾濟佐之，號達賴巴圖爾台吉。世祖統一中國，二喇嘛迭來貢獻，順治九年來朝，奏請在歸化城或代噶覲見，蓋欲帝遠迎。下廷臣議，滿大臣請無失蒙古心，漢大臣爭以為不可，世祖從漢大臣議。十三年，西藏闡化王來貢，詢係第巴冒稱。闡化王自明初為唐古特國主，為藏巴所破，已隸於藏巴，藏巴又被戕，乃由顧實汗以闡化王給第巴。詔詰第巴罪，時主藏事者實為顧實汗之子鄂爾齊汗。康熙九年，鄂爾齊汗卒，子朋素克嗣，號達賴汗。十三年，吳三桂既叛，諭達賴喇嘛：「若三桂竄藏即擒獻。」喇嘛奏稱：「若欲徵兵，可召青海達賴巴圖台吉相援。」達賴巴圖台吉即達賴汗也。清廷為傳諭滇、蜀備青海兵到供應，而青海兵不赴，達賴反為三桂乞裂土罷兵，聖祖拒之，此達賴在日，政由第巴。自明末召青海兵入戕藏巴而握全藏實權，至是皆喇嘛昏庸，第巴專擅之時代也。二十二年而達賴示寂，以後遂為第巴諱不發喪，稱喇嘛名號行事，殘喀爾喀，袒噶爾丹，以至噶爾丹就滅。凡朔漠之役，清廷命達賴和解而益決裂，噶爾丹輒挾達賴以要索土謝圖汗及哲卜尊丹巴喇嘛，達賴有所奏請，皆不便於事，敕責之。達賴尋奏乞給第巴爵，詔封第巴為唐古特國王。三十五年親征噶爾丹，俘降眾，得第巴奸狀，敕責第巴，第巴疏稱，「達賴喇嘛尚存」，而別令其使尼麻唐呼圖克圖密奏：「達賴示寂，恐唐古特生變，故隱之，今第六世繼體已十五年，乞勿遽宣。」帝遣使往視新達賴喇嘛，嚴詰第巴罪，第巴具服。帝諭獎達賴汗，達賴汗遣使賀捷，並遣子拉藏內附。未幾，達賴汗卒，拉藏嗣。第巴惡拉藏，計毒之不死，拉藏執殺第巴。奏至，敕封拉藏輔教恭順汗，諭獻第巴所立達賴喇嘛。使至，策妄阿喇布坦亦遣人往迎。拉藏兩不遣，帝諭近臣：「蒙古奉佛，有達賴喇嘛名，皆皈向之，倘為

策妄迎歸，則蒙藏皆向彼矣，然拉藏必終執獻朝廷也。」既而果執獻，而此喇嘛道死。

策妄阿喇布坦自噶爾丹既死，盡收準噶爾故地，聖祖以其有絕噶爾丹後路功，劃阿爾泰山以西予之。策妄乃盡效噶爾丹所為，漸圖吞四衛拉特為一，先取土爾扈特阿玉奇汗女，而離間其父子，其子攜眾萬五千戶至，沒入之，復阻其貢道，禁其入藏熬茶，阿玉奇遂全部投俄羅斯而土爾扈特歸策妄矣。杜爾伯特本與準噶爾同族，皆明時也先之後，分牧而為所屬。復潛師入藏，襲殺拉藏汗，又並在藏之和碩特部，時在康熙五十六年，而西藏又為準部所據矣。是時乃有達賴喇嘛之真呼畢勒罕發見。當四十五年，拉藏汗之獻偽喇嘛而死於道也，藏中復立博克達山之阿旺伊什嘉穆錯為達賴喇嘛，而其時裏塘有名索諾木達爾札者，生子名羅卜藏噶勒藏嘉穆錯，幼而慧，唐古特眾及青海諸台吉敬事之。拉藏汗以已執獻一達賴，又扶立一達賴，不欲復有達賴出，將殺之，索諾木達爾札縋負走免。青海諸台吉爭言拉藏不辨真偽，拉藏挾班禪喇嘛共證其所立之達賴為真，且謂青海諸台吉所共信，請給冊印，詔即封之，事在四十九年三月。青海台吉白拉藏辭誣，爭不已，清廷乃諭徙羅卜藏噶勒藏嘉穆錯置內地，以其父護之，居西寧宗喀巴瘞胞衣地之黃教祖寺。及五十六年，策妄阿喇布坦襲殺拉藏，禁所立之達賴於札克布里廟。明年，事聞，詔西安將軍額倫特赴援，侍衛色棱宣諭青海蒙古以兵來會。甫入藏，為準噶爾兵潛出大軍之後，截餉道，師遂潰，盡覆焉。於是青海蒙古憚進藏，慫惠罷奉達賴羅卜藏噶勒藏嘉穆錯，奏言隨地可安禪榻，興大兵恐擾眾，王大臣皆懲前敗，不決進兵議。聖祖命皇十四子固山貝子允禵為撫遠大將軍，四川巡撫年羹堯為四川總督，仍管巡撫事，旋諭議政大臣等：「新胡必爾汗此從《東華錄》，即呼畢勒罕。奏稱：『各處俱有禪床，皆可安設，若為我興兵，實關係眾生。』此或是新胡必爾汗之意，或是青海台吉等

密屬具奏。儻新胡必爾汗與青海台吉同意，此胡必爾汗不可送往青海；若無此意，必將新胡必爾汗送往，安設禪床，廣施法教，令土伯特之眾誠心歸向，則策零敦多卜策妄所遣將兵入藏之台吉。自畏勢逃遁。我師進藏定立法教之後，或留兵一二千暫行看守，或久住，則藏眾即我兵，縱策妄策零發兵前來，彼勞我逸，即可剿滅。今若照眾大臣議，惟自守我邊，則自西寧至川滇邊內外，皆土番雜居，與藏番俱是一類，藏為彼據，則藏兵即彼兵，邊疆土番，亦不能保為我有。爾等所議不合，著另行周詳定議具奏。」又諭：「往年用兵三藩，用兵外蒙，皆有不主進兵之親貴大臣，隨時撤回，幸不失機會。茲眾喀爾喀及青海等俱服風化，而策妄霸占藏地，毀其寺廟，散其番僧，青海台吉理應奮勇致討，乃口稱維持黃教，卻無實心效力之人。策零敦多卜領兵在藏，我兵隔遠不能救，伊等步行一年，忍饑帶餒，尚能到藏，我兵獨不能赴乎？今滿漢大臣咸謂不必進兵。此時不進兵安藏，賊無忌憚，或煽惑沿邊番部，將作何處置耶？安藏大兵，決宜前進。」是時已在五十九年正月，既決策，由撫遠大將軍允禵遵旨傳集青海王、台吉等會議進兵安藏，及送新胡必爾汗往藏，皆無異言，覆奏並請封新胡必爾汗。以五十九年二月癸丑，封為「宏法覺眾第六世達賴喇嘛」，賜金冊印，定派滿漢官兵及青海兵送入藏，內、外蒙各部並澤卜尊丹巴胡土克圖等亦遣使會送。

斯時西藏於宗教之信仰則尚甚堅，聖祖以獨斷安邊，恰中肯綮，乘青海之有信心，又和碩特與準噶爾之有仇恨，藏眾則喇嘛被禁，法器被遷，亦望新胡畢勒罕如望歲。是時以大軍之聲威，鼓吹青海之信仰，號召內、外蒙及澤卜尊丹巴喇嘛之景從，冊印新頒，此真彼贗，情勢自定。又發兩路兵，以靖逆將軍富寧安出北路，由外蒙阿爾泰山；振武將軍傅爾丹、征西將軍祁里德等出南路，由甘肅邊外巴爾庫爾即巴里坤。分入準噶爾境。南路兵以本年七月初一日起程，北路兵以

六月十六日起程。以護軍統領噶爾弼為定西將軍，都統延信為平逆將軍，率青海及內外蒙、西套蒙古兵護達賴喇嘛行。阿勒泰及巴爾庫爾兵攻準部，前進迭有擒斬，策妄不暇救藏。而噶爾弼自四川進拉里，稍有戰事，所至第巴喇嘛紛紛迎降，拉藏遺臣康濟鼐從中起而相應。延信自青海進卜克河，策零敦多卜迎戰，累敗之。撫遠大將軍領大兵駐西寧邊外理入藏諸軍餉，奏言：「八月二十三日官兵進藏，探知策零敦多卜等已遁還準部，請撤駐防兵。」蓋清軍已平藏。執附準部喇嘛百餘，斬其渠五人。達賴喇嘛以九月壬申入拉薩聖地坐床，第五輩達賴示寂幾四十年，第六輩達賴始定。明年，敘藏入迎降功，封第巴康濟鼐、阿爾布隆固山貝子，隆布鼐輔國公，理前藏務，頗羅鼐札薩克一等台吉，理後藏務，皆拉藏時遺臣。藏安而西寧、青海、川、滇之邊舉安，以宗教為綱領而提挈之，初不甚費兵力，蓋處之得其道也。惟準部尚在，西域未平，尚在雍、乾兩朝之繼述。然在康熙時則為中國所拓之藩籬，較漢、唐盛時已駕而上之，更無論宋、明兩代矣。

第七節　移風俗

入關之初，以兵事為重，其於政務，但期規復明代紀綱，即不至凌亂無序，故以引用明代舊臣為急。舊臣之肯效用，皆後世所定為貳臣，其人風骨自不足言，用其明習故事，而以滿洲重臣驅策之，士大夫之風範，未有聞也。世祖朝所任宰相，初年則范文程、寧完我，稍知政體，亦不足開一朝風氣。至後來引援用者，若馮銓、金之俊、王永吉、謝升、劉正宗之徒，人材卑下；又如陳名夏、陳之遴輩，稍稍用事，恩禮不終，亦不足甚惜。至傅以漸、呂宮馬開國首兩科一甲一名進士，用為閣臣，不過以狀元宰相歆動漢人，爭恩入彀，其為公輔之器與否，非所計也。各部院大臣，順治五年以前，無漢尚書缺。四

年以前，都察院止有滿人為承政，後始以漢人為左都御史，所用亦多為貳臣。督撫在兵事時，任用亦未如法，皆所謂過渡時代。惟清廷自入關即痛抑苛斂，有獻聚斂之議者力斥之，若蘇撫土國寶之流是也。故根本不朘民生，不失為開國氣象。若云君明臣良，有師濟之風，則猶有待。

聖祖嗣位，初政屬在輔臣，未見起色，熊賜履以忤鼇拜意，屢欲譴之，帝即從中保全，至鼇拜敗，遂以傾害賜履為罪狀之一。賜履雖非醇儒，然知尊重儒術，為聖祖討論宋儒經說所自始。康熙初為弘文院侍讀，上萬言書：「請甄別督撫，以民生苦樂為守令之賢否，以守令貪廉為督撫之優劣，而本原之地在朝廷，尤在立綱陳紀用人行政之間。一曰參酌古今，勒為《會典》，則上有道揆，下有法守。一曰修舉職業，肅官箴而奮士氣。力指當時憂憤者謂之疏狂，任事者目為躁競，廉靜者斥為矯激，端方者詆為迂腐，聞有讀書窮理之士則群指為道學，誹笑詆排，欲禁錮其終身而後已。一曰庠序之教，在讀書講學，求聖賢理道之歸，不使高明者或氾濫於百家，沉淪於二氏；下之則惟揣摩舉業，為弋科名掇富貴之具。一曰明詔內外，一以儉約為尚，自王公以及士庶，凡宮室車馬衣服，規定經制，不許逾越。痛陳禮壞俗奢，為饑寒之本原，盜賊訟獄凶荒所由起。末言根本尤在皇上，生長深宮，春秋方富，宜慎選左右，薰陶德性，隆師傅之禮，選侍從之賢。講幄非事虛文，經筵非應故事。考六經之文，監歷代之跡，體諸身心，為敷政出治之本。佞幸不置於前，聲色不御於側。非聖之書不讀，無益之事不為。內而深宮燕閑，外而大廷廣眾，微而言動起居，維持此身，防閑此心。主德清明，君身強固，直接二帝三王之心法，自足措斯世於唐虞，又何吏治之不清，民生之不遂？」此疏即為鼇拜所惡，請以妄言罪之，而帝不許，轉遷侍讀學士。復疏言：「朝政積習未除，國計隱憂可慮。」鼇拜傳旨詰問積習隱憂實事，以無

據妄奏沽名議鐫級，帝又原之。以迄於黿拜逮問，復疏舉經筵，即擢國史院學士。未幾復設內閣，設翰林院，以為掌院學士。舉經筵，即用為講官。

侍聖祖講學最親且久者，莫如李光地。光地天資敏銳，讀書析理能入細，玉纂諸經皆光地居校理之名，當即光地主其事。故雖有偽道學之間為聖祖所覺，而恩眷仍隆。觀光地自撰《語錄》，詐億不信，是其所長，不似學道人渾厚之態。聖祖尊宋學，所纂集經說，乃欲集宋學之成，故徐乾學以藏宋經學家言之富，假手於權相明珠之子性德，刻《通志堂經解》，以供搜采。乾學與性德，溺於詞章，能刻經解，不能充道學；光地與熊賜履則顧以纂經解、治道學自任。熊、李有師生之誼，李入翰林，熊為教習庶起士官，且於上前力保之。然以爭寵相軋有隙，熊始倚修書，後移其事任於光地，熊甚憾李，李亦深謗熊，二人蓋以道學為得君之專業，故人品皆不純。然上有好者，下必甚焉，天下不敢以佻達之見菲薄道學，而真儒遂得用世，不以迂拙樸僿見擯，則熊、李猶金台之郭隗，當居招致之功，要為人君好尚之標幟耳。熊、李雖皆有偽道學之疵病，然官至極品，以清廉終，李稍任封疆，亦有政績，究尚自愛其鼎，未嘗敢盡逾道學之閑。提倡道學，究能養成士大夫風氣，此亦其徵驗也。今略敘熊、李偽道學之據。

賜履於康熙十四年，由內閣學士超授武英殿大學士，兼刑部尚書。十五年，陝西總督哈占疏報獲盜，開復疏防官，下內閣，賜履誤票三法司核擬，既檢舉得旨免究，賜履改草簽，欲諉咎同官杜立德，又取原草簽嚼而毀之。立德以語索額圖，事上聞，吏部議賜履票擬錯誤，欲諉咎同官杜立德，改寫草簽，復私取嚼毀，失大臣體，坐奪官歸。此為《清史稿・本傳》文。光地《語錄》述此事，窮形盡相，據言賜履既誤票，帝詰問，未辨為何人所票也，賜履回閣取誤票之本，插入他閣臣票本內，以同官中杜立德較粗疏，故插杜票本中，而易其

一本歸已，謄寫所票簽，取其原簽嚼毀之。立德審誤票之本，非已所曾閱，簽上字跡，問代寫之中書林麟焻，亦不認，檢用過之簽條，亦較本數少一條，立德向首相索額圖喧爭，一滿學士覺羅沙麻言：「今日來過早，在南炕倒著，見熊阿裡喀達即中堂。檢本，口內嚼一簽。」索遂與杜同啟奏，熊落職回。既回寓江寧，帝猶以經義與相通問，至二十九年再起，而光地已向用矣。

光地以康熙三十三年督順天學政，聞母喪，命在任守制，光地乞假九月，回里治喪，御史沈愷曾、楊敬儒交章論劾。上令遵初命，給事中彭鵬復疏論光地十不可留，目為貪位忘親，排詆尤力。乃下九卿議，命光地解任，在京守制。此亦《清史稿》光地〈本傳〉文。史館《舊傳》載鵬《疏》原文，足使光地置身無地。略言：以三年之通喪，請為九月之給假，於禮則悖，於情則乖，於詞則不順。又言：光地有不可留者十：一則上諭十六章，首敦孝弟。二則太皇太后之喪，聖躬哀瘠。皆斥光地不能體貼則效。三則聞光地哭母甚哀，勉強衡文，必多恍惚。四則閩變時以忠貞聞，今使人疑不孝未必能忠，並議其後而歎其先。五則談理講道於平日，為珪為璋，倏忽瓦裂。以上五端尚與他人言略同。其六謂九月大功服，人皆談言微刺。其七謂生童匿喪，褫革嚴處，萬一犯者詰侍郎衰絰何以在此，何辭以對？其八謂學校之堂曰明倫，以不祥之身儼然而登，奈橋門環視何？其九謂本年正月，上諭諸臣，申禮義廉恥難進易退之意，光地今日，禮乎義乎？進退難易之謂何？悖聖訓而失本心。其十謂光地必曰君命何敢辭。古人喪中辭起復，曰金革之變禮不可施於平世，綱目累書以予之。皇上教孝教忠，固辭必無不允，而光地不辭而請假九月。凡此十不可留，貪位忘親，司文喪行，宜重其罰。疏入，傳旨詢問，鵬又疏言：「皇上令光地在任守制，或以此試光地耳。光地深文厚貌，道仁道義，言忠言孝，一試諸此，而生平心術品行，若犀燃鏡照而無遁形。皇上所以留之之

意，臣鵬愚戇不能知，使光地而亦不知，貪戀苟且而姑為此給假九月
之請，外以欺人，則為喪心；使光地而早已自知，詭隨狡詐而姑為此
給假九月之請，內以欺己，則為挾術。夫為人子而甘於喪心，為人臣
而敢於挾術，兩者均罪，光地必居一焉。以此赴任不可，以此回籍尤
不可，蓋回籍則母死有知，恨其不誠，當必陰厄，而赴任則士生至
性，憤其銜恤，誰甘面從？嗟乎！光地當聞命而絕不一辭，則忍於留
矣，皇上即罰其忍，使之在京守制，以動其市朝若撻之羞。光地忘通
喪而假易以暫，則安於久矣，皇上即罰其安，使之離任終喪，以為道
學敗露之恥。臣與光地，家居各郡，然皆閩產也，今若此，人人切
齒，桑梓汗顏，伏乞皇上察光地患得患失之情，破光地若去若就之
局，不許赴任，不許回籍，《春秋》誅心，如臣所請。萬一光地依然督
學，則光地得信其術，故哀其辭曰：『九月且不獲命，況三年乎？』而
蚩蚩者亦曰：『是欲終之而不可得也。』下售其術，上受其名，臣鵬實
拊膺疾首。前疏光地十不可留，如稍有涉私，是責光地以不孝，而先
自蹈於不忠，所以跪聽傳旨，一一瀝鳴，以頭搶地，嗚咽而不能自已
也。」疏入，得前旨，此五月朔日事。至閏五月初四日試翰林官，乃以
理學真偽論命題，不可謂非為光地發矣。其後恩遇終始獨隆，自緣經
傳匯纂，深當帝指，非重其道學門面。彭鵬兩《疏》全文，蔣氏《東
華錄》載之，故《舊傳》亦載，而王《錄》刪之，未知其故？《史稿》
亦不載，或只憑王《錄》乎！

　　彭鵬第二疏謂上令光地在任守制或以此試光地，此實得聖祖之
情。光地子鐘倫於此時侍父在任，寄諸叔父書曰：「此月初一日，部覆
彭無山參本，奉旨：『李光地不准回籍，著解任在京守制。』彭前後共
兩疏。前疏著九卿會議，旨問彭鵬：『爾與李光地同鄉，意欲相為，適
所以害之，我留他在任，自有深意，不然，朕豈不曉得三年之喪古今
通禮。我所以留李光地之意，恐一說便難以保全。九卿如要我說，我

便說；不要我說，我便包容。彭鵬，爾參某欲令其回籍，此正合著他
意思，爾此言豈不是奉承他？」於是彭第二本乃有在京守制之語，中
間窮極醜詈矣！九卿聞旨有『要我說不要我說』之語，皆云：『皇上包
容臣子，臣子如何必要皇上洗髮出來，還求皇上包容為是。』今旨已
下，便只得在京行三月哭奠，朝夕鳴號，以暫泄哀情。杜門省罪，罅
隙漸消，乃可相時乞歸營葬。在今且當浮游隨分，小抗之則大創在
睫，所關非特平常也。阿爹此番攖此大故，慘折之餘，加以震動，晦
冥不測，氣體大局衰羸，脾胃不能消納，腹多痛。侄在此真百身難
分，翹首南望，心肝如焚！」此書報當日實狀，所謂包容，謂不說破
試出假道學耳。不准回籍，解任在京守制，悉如鵬《疏》所請，豈非
深惡此時之光地？後來光地孫重編《光地年譜》，並將此等家書載入，
未知何以不諱親惡竟至於此？全祖望以負友、奪情及外婦之子三事深
譏光地，此不能多及，略之。

　　熊、李以道學逢君，事未足訓，然清世士大夫之風，實自道學挽
之，只可云聖祖能尊道學，而世必以光地終始眷遇，奉為清代道學之
宗師，不但耳食者為此言，識《清儒學案》者亦盛推熊、李，則以其
著書立說，尊程、朱，崇正學，辨道統，致力甚勤耳。儒者在野，效
用不及在朝之大，明季講學之風不替，然偶一登朝，則廢死戮辱，身
罹其禍。清初朝士，若二魏蔚州魏象樞、柏鄉魏裔介。亦道學中人，而以
道事君，未成風氣。《史稿・魏象樞傳》：「康熙十一年，母喪終，用
大學士馮溥薦，授貴州道御史。入對，退而喜曰：『聖主在上，太平之
業方始，不當以姑且補苴之言進。』乃分疏言：『王道首教化，滿、漢
臣僚，宜敦家教。督撫任最重，有不容不盡之職分，有不容不去之因
循，宜責成互糾。制祿所以養廉，今罰俸例太嚴密，宜以記過示罰，
增秩示恩。治河方亟，宜蓄人才，備任使。戒淫侈宜正人心；勵風俗
宜修禮制。』聖祖多與褒納。」蓋帝之好善樂道，道學家有以察之。其

後以達宮而從祀文廟者，清世共三人，皆康熙朝名臣，則陸隴其、湯斌、張伯行是也。其講道學而未入兩廡，然治有奇績守有異操者，亦皆在康熙朝，若于成龍、陳鵬年、趙申喬諸公，皆入《清儒學案》。於公最不可及，趙則以刻核太過為累。年家子戴名世與趙子熊詔同為四十八年己丑科鼎甲，熊詔狀元，名世榜眼。五十年十月，趙忽舉發名世為諸生時，恃才放蕩，語多悖逆，今列巍科，猶不追悔前非，焚削書板；名世以此棄市。此世所謂《南山集》案者也。名世以時方修《明史》，對南明以為猶昭烈之於漢，應存紀、傳等文，《南山集》中有〈與餘生書〉一篇，論及此事。此何所謂大逆，在聖祖本為有道之君，然私天下之一念，深忌明後之尚繫人心，實為不免，蓋亦種族之顧忌所促成。時當朱三太子案甫結，而太子被廢，諸王競謀繼統，國本岌岌可危，趙所舉發，殆適中當時之忌，遂處以大辟。而趙之事不干己，逢君之惡，實可痛恨。道學家往往有此類不情之事，則亦不可諱言也。

　　道學決不負人國家，讀陸隴其、湯斌、張伯行諸人傳狀，其德量、操守、政事，皆足令人神往。其餘縱不如是純粹，而奇特或更過之，如于成龍諸人皆是。一時公卿，儒雅謹厚，布在朝列，不可數計，此皆所謂薰德而善良者。帝於道學之外，亦重文藝，公卿多以述作名世，其間若徐乾學、高士奇，則以招權納賄聞，此即不講學者之有才不免無行，帝亦明知之而不深究，使於文史得盡其長，但不令在朝久處禁近而已。康熙朝之達官，幾有北宋士大夫之風，而道學之一脈，歷雍、乾兩朝，名臣迭出，以《學案小識》所載，考其淵源，皆自康熙朝理學諸臣所傳播種子。蓋聖祖種其因，而後代收其果。及至季世，母后當權，宦官宮妾，敗壞綱紀，而後士大夫之風掃地以盡，至今以為服官即是奔競以得之，驅淫以享之，一入利祿之途，便為罪惡之首。移風易俗，必有好善樂道之人，居最高之位以倡之，清聖祖

所作養，後代享之而不盡，蓋風氣不易成，既成亦不易毀滅也。

　　理學專家，以程朱、陸王為門戶，而以程朱為正統，若能詆陸王，便足衛道。清儒亦然。但清之理學，實以帝王好尚，為有力之提倡。帝王為求有益於政俗，但得躬行實踐之儒，不問門戶。且聖祖雖尊道學，而於道學家故習，厭武備，斥邊功，皆不樂從，亦未嘗有失敗。三藩之變，魏象樞謂：「舞干羽而有苗格，不煩用兵，撫之自定。」則意在與三桂連和也。臺灣之平，李光地謂「隔海難守」，指以與紅毛為可，則何厚於異族而仇於本族之鄭氏也？聖祖雖不從迂腐之說，而所有武功，又皆因勢利導，非專塗人肝腦以自為功，屢奏大效，而終身不受尊號，不生侈心，勤勤講道談經，至老不輟，不改尊重道學面目，是聖祖之講學，高出於諸臣上也。文廟從祀之典，漢儒以外，為道學所專享，尤以程朱之學為正宗。清代增祀，則自康熙五十四年，增宋范仲淹。雍正二年增縣亶、牧皮、樂正子、公都子、萬章、公孫丑，及漢諸葛亮，宋尹焞、魏了翁、黃干、陳淳、何基、王柏，元趙復、金履祥、許謙、陳澔，明羅欽順、蔡清，本朝陸隴其。道光二年，增明劉宗周。三年，增本朝湯斌。五年，增明黃道周。六年，增唐陸贄、明呂坤。八年，增本朝孫奇逢；後又增宋文天祥、謝良佐。咸豐初，增公明儀及宋李綱、韓琦。七年，增公孫僑及宋陸秀夫、明曹端。同治二年增毛亨及明呂柟、方孝孺。七年，增宋袁燮及本朝張履祥。光緒初元，增本朝陸世儀；繼又增漢許慎、河間獻王劉德，宋輔廣、游酢、呂大臨，本朝張伯行。三十四年，增本朝王夫之、黃宗羲、顧炎武。較其所增，不限於道學，事功、氣節、學問、政事，其卓絕者每預焉，頗以用世為斬向，清之食報於理學名臣者正特厚，非顓顓為道學持門面也。至程朱、陸王門戶，識《學案》者謹守之，國家原不必局於此，陸九淵、王守仁、陳獻章，明代早從祀，特《學案小識》所擯不齒數之孫奇逢則從祀，所尊為翼道之李二曲，則道光九

年御史請祀，部已覆准，而特旨不從，此則好尚大異。夫唐氏之擯孫先生，謂其入清朝年已七十，不應講學，此於門戶之外，別加罪狀，理極不通，道學家之橫生意見往往如此。江藩《宋學淵源錄》，又去其有位於朝國史應立傳者不載，則似理學為隱逸者所專，而「天民」「大人」之說荒矣，漢學家言宋學，固自隔閡。

第八節　興文教

世祖朝已有御制敕纂諸書，如《人臣儆心錄》《資政要覽》《內則衍義》《孝經衍義》《易經通注》《孝經注》《道德經注》等書，具在《四庫》。世祖享年不永，雖雅意右文，未能大昌文化。聖祖親政以後，勤學好問，早歲已然。三藩作難，天下洶洶，而經筵日講，不懈益勤。大勢稍定，即開「鴻博」之科，網羅才俊，既修《明史》，並肄諸經。既而南方大定，益治益安，四部諸書，繁重不易整理者，悉詔儒臣因前代之舊審訂修補，以便承學之士。唐之貞觀，宋之太平興國，明之永樂，皆同此宏願，而享國之永，舉不及聖祖。又其用才各當，辨析心性，貫串古今，各有專學，如李光地、徐乾學輩，君臣師友，討論從容，萬幾之暇，日以心力注之，不但若前代開館承修，稱制勒定而已。經則成《易》《書》《詩》《春秋》四纂，字學則成《字典》及《音韻闡微》，輿地成《皇輿表》《皇輿全圖》。類纂之書，則以《朱子全書》及《性理精義》為最精粹。其供人搜討故實，百世承用不能廢之《佩文韻府》《淵鑒類函》《分類字錦》及《圖書集成》等巨大類書，下至時令、藝術、譜錄、志乘，《全唐詩》《古文淵鑒》《歷代賦匯》《唐宋元明四朝詩選》等總集。又有康熙間纂修未畢，刊行於雍乾兩朝者，若《明史》，若《通鑒輯覽》，若《子史精華》，若《駢字類編》皆是。下至詠物題畫諸詩，亦集其大成，選為巨帙，裨益學人，可謂美富

矣。古帝王於一代之中，成就學林沾溉之書，多至如此，雖文治極盛之朝，未易相匹。而從古帝王所未提倡之絕學，為聖祖之特長者，更有天文、算學一事。初，曆法在明末，用徐光啟言，引西洋人法改新曆，未及行而明亡。攝政王入京，修曆西人湯若望即上言：「所訂曆推得本年八月朔日日食圖像，乞屆期遣官測驗。」遂改用《時憲曆》名，頒行天下。既而回回科秋官正吳明炫攻訐新法，又有新安衛官生楊光先叩閽糾湯若望之謬，言《時憲書》面題「依西洋新法」五字，尤不合。時皇子榮親王即董鄂妃所生而殤，若望以官欽天監，選擇葬期，光先等糾其山向年月俱犯忌殺。曆與星命並為一談。廷臣不解曆法，惟知排外，於康熙四年，議若望罪至凌遲，科官斬決，敕若望免，餘依處斬。於是復用明《大統曆》舊術，以光先掌監務。光先初不甚解推步，康熙七年頒明年曆有閏，既又自知有誤檢舉，諭天下停止閏月。時若望已死，其徒南懷仁言所頒各法之謬，測驗皆合。於是斥光先，用懷仁為監副，卹若望。自九年始，復用新法。於是聖祖始逮治鼇拜，實行親政，於新舊曆法之糾紛，蓋有意究其故矣。聖祖習算學，今宮中尚往往得當時算草，而與梅文鼎之學最契。有楊文言者，亦精天算，為誠親王允祉撰《律曆淵源》，其中〈數理精蘊〉一種有借根方術，據文鼎孫玨成言，聖祖親以此術相授，而後悟金元時之天元一術。文鼎書中所未言，然則得諸〈數理精蘊〉，疑為文言所傳習也。借根方為西人算學，乃代數術之舊名，亦其初境，而當時以為西名「阿爾熱八達」乃東來法之意，然則由東方之天元一術，轉為西方之借根方。借根方者，借一根為未知數，與立天元一同，輾轉求之，恒得帶縱各乘方式，開方而後得數，故謂之借根方，始借根以入算，後借方以得數也。此與天元一術無異，與普通代數術亦無異，聖祖學算之所造如是。而步天測地，用經緯線以繪輿圖，皆自康熙朝創之。算術已溝通中西，帝王之學，儒者專門習之，僅與相副，此實好學深思之

效，若再假以年，更為國中學人鼓倡，或早與西人科學之進步相提攜矣。清一代算學，以梅氏為功力最深，亦與聖祖之學為最有聲氣，節錄梅氏祖孫《本傳》文證之如下：

《史稿‧梅文鼎傳》：「己巳，康熙二十八年。至京師，謁李光地，謂曰：『曆法至本朝大備矣，而經生家猶若望洋者，無快論以發其趣也。宜略仿元趙友欽《革象新書》體例，作簡要之書，俾人人得其門戶，則從事者多，此學庶將大顯。』因作《曆學疑問》三卷。光地扈駕南巡，駐蹕德州，有旨取所刻書籍回奏，光地匆遽未及攜帶，遂以所訂《曆學疑問》謹呈。求旨：求當作奉。『朕留心曆算多年，此事朕能決其是非，將書留覽將發。』二日後，召見光地，上云：『昨所呈書甚細心，且議論亦公平，此人用力深矣。朕帶回宮中，仔細看閱。』光地因求皇上親加御筆，批駁改定。上肯之。明年癸未春，駕復南巡，於行在發回原書，面諭光地：『朕已細細看過。』中間圈點塗抹及簽誤作龠。貼批語，皆上手筆也。光地復請此書疵繆所在，上云：『無疵病繆，病字當衍。但演算法未備。』蓋其書本未完成，故聖諭及之。未幾，聖祖西巡，問隱淪之士，光地以關中李永、河南張沐及文鼎三人對。上亦夙知永及文鼎。乙酉二月，南巡狩，光地以撫臣扈從，上問宣城處士梅文鼎焉在？光地以尚在臣署對，上曰：『朕歸時，汝與偕來，朕將面見。』四月十九日，光地與文鼎伏迎河干，清晨俱召對御舟中，從容垂問，至於移時，如是者三日。上謂光地曰：『曆象演算法，朕最留心，此學今鮮知者，如文鼎真僅見也。其人亦雅士，惜乎老矣。』連日賜御書扇幅，頒賜珍饌，臨辭，特賜『績學參微』四大字。越明年，又命其孫瑴成內廷學習。五十三年，瑴成奉上諭：『汝祖

留心律曆多年，可將《律呂正義》寄一部去令看，或有錯處，
指出甚好。夫古帝有「都俞吁咈」四字，後來遂止有都俞，即
朋友之間，亦不喜人規。觀此皆是私意，汝等須竭力克去，則
學問長進。可並將此言寫與汝祖知之。』恩寵為古所未有。」
文鼎孫〈轂成傳〉：「明代算家不解立天元術，轂成謂立天元一
即西法之借根方。其說曰：『嘗讀《授時曆草》，求弦矢之法，
先立天元一為天，而元學士李冶所著《測圓海鏡》亦用天元一
立算，傳寫魯魚，算式殊不易讀。明唐荊川、顧箬溪兩公，互
相推重，自謂得此中三昧。荊川之說曰：「藝士著書，往往以秘
其機為奇，所謂天元一系，如積求之云爾。」漫不省其為何
語。而箬溪則言：「細考《測圓海鏡》，如求城徑，即以
二百四十為天元半徑，即以一百二十為天元，即知其數，何用
算為？似不必立可也。」二公之言如此。余於顧說頗不謂然，
而無以解也。後供奉內廷，蒙聖祖仁皇帝授以借根之法，且諭
曰：「西人名此書為『阿爾熱八達，』譯言東來法也。敬受而讀
之，其法神妙，誠演算法之指南。竊疑天元一術之頗與相似，
復取《授時曆草》觀之，乃渙然冰釋，殆名異而實同，非徒似
之而已。夫元時學士著書，台官治曆，莫非此物，乃歷久失
傳，猶幸遠人慕化，復得故物。東來之名，彼尚不忘所自，而
明人視若贅疣而欲棄之。噫！好學深思如唐、顧二公，尚不能
知其意，而淺見寡聞者又何足道哉？』」

第九節　盛明之缺失

聖祖即位之年，明裔始亡，遺民無可歸向，乃移而屬諸隱遁之故
明皇子。其時朱三太子實在民間，雖莫能跡其確址，風聲自不可盡

泯。吳三桂起事之年，京師亦有朱三太子事開始。自是隱約出沒，恆掛人口。至康熙三十八年南巡，謁明太祖陵，敕訪明後，備古三恪之數，且舉元後蒙古之恩禮不替為證，天下未嘗不聞而義之，然決無人敢冒死希此榮寵。在朱三太子自身，或真有亡國之恨，光復之願，則雖屈於無力，亦決不欲出臣清朝；而其他故明疏屬，亦莫有入網羅者。則滿洲人之深忌華夏故主，誠中形外，人盡喻之，可想見矣。至四十七年乃卒洩漏朱三太子真相，審理既確，卒以假冒誅之，盡殺其子孫，此事餘別有述，不備載。夫歷代帝裔，得保全者原少，清以為明討伐叛亂入關，有國亦已六七十年，擬乎杞宋之封，或出由衷之語。夫曹魏代漢而山陽有國，其亡乃在晉永嘉之亂；司馬代魏，陳留就封，其卒亦在晉惠太安之初。曹馬世稱篡竊之凶，猶能容前代之君如此。聖祖不能容明裔，亦胸中自有種族之見，惟恐人望之有歸，此則後來排滿，亦自種之因也。

聖祖以儒學開一代風氣，儒家言：天子至於庶人，皆以修身為本，身修則家齊，然後可以治國平天下。聖祖過舉無多，不可謂身不修，然諸皇子之狠戾殘賊，太子旋廢旋立，既立復廢，臨朝痛哭，不能救正，至晏駕亦有疑義，復開兄弟相殺之端，此亦人倫之變矣。帝於諸王，縱之太過，教之太疏。始立太子，亦留心為擇師保，而為權幸所間，敬禮不終，後遂無正人敢為太子師者，太子亦不復擇師。觀應詔陳言之董漢臣，當太子有師保時，而以「諭教元良」為說，與「慎簡宰執」並舉，則太子必有不率教之徵象。而為太子師者即湯斌，斌亦言慚對董漢臣，蓋有不可顯言之故在。其「慎簡宰執」一言，侵及明珠、余國柱，閣臣合而仇言者，湯斌為眾矢之的，幾獲重譴。當是時，明珠權傾內外，正人悚息，以傾軋牽及太子之師，無從施教。太子如此，諸王可知。聖祖於訓子之事，不列於政治朋黨之外，旗下人家視教子之師為教書匠，此風在聖祖時已然，殆亦關外遺傳之弊習

也。錄其事證如下：

《史稿‧理密親王允礽傳》：「康熙十四年十二月乙丑，聖祖乙太皇太后、皇太后命，立為皇太子。太子方幼，上親教之讀書。六歲就傅，太子以十三年五月初三日生，於十八年為六歲。令張英、李光地為之師，又命大學士熊賜履授以性理諸書。二十五年，太子十三歲。上召江寧巡撫湯斌以禮部尚書領詹事，斌薦起原任直隸大名道耿介為少詹事，輔導太子，介旋以疾辭，逾年斌亦卒。」

蔣氏《東華錄》：康熙二十五年二月，敘湯斌奏永禁蘇州上方山五通淫祠後，即云：「先是廷臣有言：『輔導皇太子之任，非湯斌不可者。』至是上諭吏部曰：『自古帝王諭教太子，必簡和平謹恪之臣，統領宮僚，專資贊導。江寧巡撫湯斌，在講筵時，素行謹慎，朕所稔知，及簡任巡撫以來，潔己率屬，實心任事，久宜援擢大用，風示有位。』」

又：「五月不雨，詔臣工直言得失，靈臺郎董漢臣以『諭教元良，慎簡宰執』奏。御史陶式玉劾漢臣摭拾浮泛之事，誇大其詞，請逮系嚴鞫。下九卿議，有欲重罪漢臣者。尋奉特旨免議。大學士余國柱以湯斌當九卿會議時，有慚對董漢臣之語。傳旨詰問，斌奏：『董漢臣以諭教為言，而臣忝長官僚，動違典禮，負疚實多。』上以詞多含糊，令再回奏，斌言：『臣資性愚昧，前奉綸音，一時惶怖，罔知所措。年來衰病侵尋，愆過叢集，動違典禮，循省自慚，乞賜嚴加處分，以警溺職。』上因其遮飾，仍不明晰，嚴飭之。」

以上蔣《錄》所有，而王《錄》皆無之，殊為可異。有何可諱而

煩刪削？如《實錄》未削而王氏不錄，豈以此為無關政事耶？舊國史館〈湯斌傳〉又悉載入。要之當時宰執之非人，固大不理於人口，而與元良之教並舉，則太子失教，亦為一大事可知。明珠擅權，余國柱濟惡，閣員悉受指麾，廷臣多承意指，湯斌之由巡撫入為太子師，亦由明珠輩不得婪索於蘇省，懲愍內召，機械變詐，盛極一時。聖祖無尊重子師之誠意，清代名流，以湯為一代名臣之最，記其言行事實者極多，《史稿》略采眾說，得其大意，與舊史館《傳》統為官樣者有別，錄如下：

> 《史稿‧湯斌傳》：「方明珠用事，國柱附之，布政使龔其旋坐貪，為御史陸隴其所劾，因國柱賄明珠得緩。國柱更欲為斌言，以斌嚴正不得發。及蠲江南賦，國柱使人語斌，謂皆明珠力，江南人宜有以報之，索賕。斌不應。比大計，外吏輦金於明珠門者不絕，而斌屬吏獨無。二十五年，上為太子擇輔導臣，廷臣有舉斌者，詔曰：『自古帝王，論教太子，必簡和平謹恪之臣，統率宮僚，專資輔翼。湯斌在講筵時，素行謹慎，朕所稔知，及簡任巡撫，潔己率屬，實心任事，允宜拔擢，以風有位，授禮部尚書管詹事府事。』將行，吳民泣留不得，罷市三日，遮道焚香送之。初靳輔與按察使于成龍爭論下河事，久未決。廷臣阿明珠意，多右輔。命尚書薩穆哈、穆成額，會斌勘議。斌主浚下河，如成龍言。薩穆哈等還京師，不以斌語聞。斌至，上問斌，斌以實對，薩穆哈等坐罷去。二十六年，五月不雨，靈臺郎董漢臣上書指斥時事，語侵執政。下廷議，明珠惶懼，將引罪。大學士王熙獨曰：『市兒妄語，立斬之，事畢矣。』斌後至，國柱以告，斌曰：『漢臣應詔言事，無死法。大臣不言而小臣言之，吾輩當自省。』上卒免漢臣罪。明珠、

國柱愈忌。摘其語上聞,並摭斌在蘇時文告語曰:『愛民有心,救民無術。』以為謗訕。傳旨詰問,斌惟自陳資性愚昧,愆過叢集,乞賜嚴加處分。左都御史璟丹、王鴻緒等又連疏劾斌。會斌先薦候補道耿介為少詹事,同輔太子,介以老疾乞休,詹事尹泰等劾介僥倖求去,且及斌妄薦,議奪斌官。上獨留斌任。國柱宣言:『上將隸斌旗籍。』斌適扶病入朝,道路相傳,聞者皆泣下,江南人客都下者,將擊登聞鼓訟冤,繼知無其事乃散。九月改工部尚書,未幾疾作,遣太醫診視。十月自通州勘貢木歸,一夕卒,年六十一。斌既卒,上嘗語廷臣曰:『朕遇湯斌不薄,而怨訕不休何也?』明珠、國柱輩嫉斌甚,微上厚斌,斌禍且不測。」

耿介,登封人,與斌俱先以詞臣為監司,解官師事孫奇逢講學,為清道學名儒。斌薦與同輔太子,正是重視輔導太子之責,斌遭構忌,牽連及介,遂並休致。

《史稿·儒林·耿介傳》:「二十五年,斌疏薦介賦質剛方,踐履篤實,家居淡泊,潛心經傳,學有淵源。召為侍講學士,旋升詹事府少詹事,特命輔導皇太子。上嘗當命書字,介書『孔門言仁言孝,蓋仁孝一理,仁者孝之本體;孝者仁之發用。不言仁,無以見孝之廣大;不言孝,無以見仁之切實』四十三字以進。上悅,書『存誠』二大字賜之。會斌被劾,介引疾乞休。詹事尹泰劾介詐疾,並劾斌不當薦介。部議革職。奉旨免革職,依原道員品級休致。在朝凡五十三日,遂歸。」

又吏部尚書達哈塔,旗員中之賢者。康熙十八年,魏象樞保清廉

官，以達哈塔與陸隴其同薦。至是亦以尚書為太子講官，與湯、耿並獲咎。

> 史館〈達哈塔傳〉：「二十六年四月以雨澤愆期，詔同大學士勒得洪、余國柱等清理刑部獄囚。時尚書湯斌、少詹事耿介等為皇太子允礽講官，達哈塔奉命，與湯斌、耿介並輔導皇太子。六月，以講書失儀，三人俱罰俸。達哈塔奏言：『臣奉命輔導東宮，誠欲竭力自效，恪供厥職，奈賦性愚拙，動輒愆儀，數日之內，負罪實多。以湯斌、耿介尚不能當輔導之任，況庸陋如臣，敢不即請罷斥。』下部察議，以輔導東宮，為日未久，遽自請罷，規避圖安，應革職。得旨寬免。」

　　達哈塔以滿籍大臣，同輔導太子，即同獲咎，又不比耿介之為湯斌所薦，應與株連矣，然亦以講書失儀，與湯、耿同罰，而湯、耿之獲咎，則又不言講書失儀事，要是正人不能為太子師而已。是年八月，達哈塔亦以他事降級卒。嗣後更不聞有士大夫為太子師者，惟於諸家集中，見太子作字吟詩，由聖祖傳視諸臣，諸臣例為諛訟，或太子自以令旨賜諸臣詩字，諸臣紀恩等作。無親切輔導之人，設有之，則太子失愛時，必有士大夫遭其罪戮者矣。夫太子生在康熙十三年，明年立為太子，至二十六年只十四歲，於湯、耿諸臣被譴，未必有所關涉，要其不可受教之故，必自有在。太子母孝仁皇后，索尼之女，大學士索額圖之妹。聖祖諸子多為私親所昵比，其例甚多。聖祖平時似不過問，至釀禍乃咎之，則唆太子不率教者即此私親矣。

> 史館〈索額圖傳〉：「皇太子允礽以狂疾廢黜，上諭廷臣曰：『昔允礽立為皇太子時，索額圖懷私倡議，凡服御諸物，俱用黃

色，所定一切儀制，幾與朕相似，驕縱之漸，實由於此，索額圖誠本朝第一罪人也。』」

然則太子之不能率教，自有養成驕縱之人。明珠、余國柱欲排擠湯斌，引之於輔導之任，即是投之陷阱。聖祖諸子之禍，不能謂非無由致之。至世宗取得大位，於國事實能勝繼承之任，此亦清自得天之幸，非人事所能及也。撮書康熙晚年太子諸王之禍如左。

〈理密親王允礽傳〉，自湯斌卒後續敘云：「太子通滿、漢文字，嫻騎射，從上行幸，賡詠斐然。二十九年七月，上親征噶爾丹，駐蹕古魯富爾堅嘉渾噶山，遘疾，召太子及皇三子允祉至行宮。太子侍疾無憂色，上不懌，遣太子先還。三十三年，禮部奏祭奉先殿儀注，太子拜褥置檻內，上諭尚書沙穆哈移設檻外，沙穆哈請旨記檔，上命奪沙穆哈官。」

此事殊可怪，定一拜褥之位置，而禮臣張惶如此。檢《東華錄》，事在三月丁未，《錄》云：「諭大學士等：『禮部奏祭奉先殿儀注，將皇太子拜褥設置檻內。朕諭尚書沙穆哈曰：「皇太子拜褥應設檻外。」沙穆哈即奏請朕旨，記於檔案，是何意見？著交該部嚴加議處。』尋議，尚書沙穆哈應革職交刑部，侍郎席爾達、多奇均應革職。得旨：沙穆哈著革職，免交刑部；席爾達、多奇，俱從寬免革職。」禮部定祭先儀注，必過尊太子，雖有諭移太子拜褥向下，亦不敢從。請旨記檔，冀免後禍。太子之驕縱，及其左右如索額圖等之導以驕縱，聖祖之明，豈有不知？不思變化太子氣質，但嚴處禮臣，使之聞之，父子之間，過存形跡，亦失諭教之道，惟有坐待其禍發而已。

《傳》又云：「三十四年，冊石氏為太子妃。三十五年二月，上再親征噶爾丹，命太子代行郊祀禮，各部院奏章，聽太子處理，事重要，諸大臣議定啟太子。六月，上破噶爾丹還，太子迎於諾海河朔，命太子先還。上至京師，太子率群臣郊迎。明年，上行兵寧夏，仍命太子居守。有為蜚語聞上者，謂：『太子昵比匪人，素行遂變。』上還京師，錄太子左右用事者置於法，自此眷愛漸替。」

錄太子左右用事者置於法，其時為三十六年，太子年二十四。此節文證以《東華錄》，是年九月甲午，上還京師，而先二日壬辰，諭內務府，處分膳房人、茶房人、哈哈珠子等人。則所謂太子左右用事者，未有一外廷士大夫也。

《東華錄》：「康熙三十六年九月壬辰，上諭內務府總管海喇孫等：『膳房人花喇、額楚，哈哈珠子德住，茶房人雅頭，伊等私在皇太子處行走，甚屬悖亂，著將花喇、德住、雅頭處死，額楚交與伊父英赫紫圈禁家中。』」

膳房、茶房皆褻御小臣，哈哈珠子為王子親隨，此等人本可奔走宮府，而以行走為悖亂，其中必有悖亂事實。額楚一名，可交與其父圈禁，其父必系親切要人。太子既獲冊立，尚何所求，而樂與廝役小人交結如此，可見聖祖失教。十年前自湯斌、耿介等獲咎之後，東宮已無正人為左右，詹事府名為東宮官屬，與輔導之事絕不相關。太子方在英年，而不親師保如此，其亦異於前代盛明之主矣。

《傳》又云：「四十七年八月，上行圍，皇八子當作皇十八子，或排

印時誤脫。允礽疾作，留永安拜昂阿。上回鑾臨視，允礽病篤，上諭曰：『允礽病無濟，區區稚子，有何關係？至於朕躬，上恐貽高年皇太后之憂，下則系天下臣民之望，宜割愛就道。』因啟蹕。九月乙亥，次布林哈蘇台，召太子，集諸王大臣，諭曰：『允礽不法祖德，不遵朕訓，肆惡虐眾，暴戾淫亂，朕包容二十年矣，乃其惡愈張，戮辱廷臣，專擅威權，鳩聚黨與，窺伺朕躬起居動作。』」

聖祖於此時有包容二十年之說，是年太子方三十五歲，二十年前僅十五歲耳，是年為康熙四十七年，二十年前為二十七年，其前一年即湯斌、耿介獲咎，董漢臣以天旱陳言涉及太子之時，可知太子之不率教，其實舉國已知，雖不從明珠等閣員殺董漢臣，而太子師橫被責讓，並無約束太子之意，蓄意包容，遂歷二十年而決裂，豈非姑息之愛誤之？

《傳》又云：「平郡王訥爾素、貝勒海善、公普奇遭其毆撻，大臣官員亦罹其毒。朕巡幸陝西、江南、浙江，未嘗一事擾民，允礽與所屬恣行乖戾，無所不至，遣使邀截蒙古貢使，攘進御之馬，致蒙古俱不心服。朕以其賦性奢侈，用凌普為內務府總管，以為允礽乳母之夫，便徵索，凌普更為貪婪，包衣下人無不怨憾。」

不用正人輔導，而用太子乳母之夫總管內務府，以便其徵索。夫使太子徵索於內務府，內務府所轄者包衣，自然以貪婪取怨，豈非姑息縱惡之至。

《傳》又云：「『皇十八子抱病，諸臣以朕年高，無不為朕憂。
允礽乃親兄，絕無友愛之意。朕加以責讓，忿然發怒，每夜逼
近布城裂縫窺視。從前索額圖欲謀大事，朕知而誅之。今允礽
欲為復仇，朕不卜今日被鴆，明日遇害，晝夜戒慎不寧。似此
不孝不仁，太祖、太宗、世祖所締造，朕所治平之天下，斷不
可付此人。』上且諭且泣，至於仆地。」

「索額圖欲謀大事」句，《東華錄》作「助伊潛謀大事」，語更明
顯。則往時已有圖逆發覺之事，但或以為事出索額圖，未必太子本意
耳。考清《國史·索額圖傳》，事在四十二年四月，《傳》所敘與此不
同。索額圖已於四十年以老乞休允之。四十一年，復召侍太子德州養
病，以時方南巡，太子侍行，至德州而病，帝遂回鑾，而留太子德州
養病也。太子養病必召其私親侍，且為縱惡之私親，是時猶純為姑息
如此。索額圖先為家人訐告罪款，留中未宣，至四十二年仍傳諭：「家
人告爾，留內三年，有寬爾之意，而爾背後怨尤，議論國事，結黨妄
行；舉國俱係受朕深恩之人，若受恩者半，不受恩者半，即俱從爾
矣。去年皇太子在德州時，爾乘馬至皇太子中門方下，即此是爾應死
處，爾自視為何等人耶？朕欲遣人來爾家搜看，恐連累者多，所以中
止。若將爾行事指出一端，即可正法。念爾原係大臣，朕心不忍，令
爾閑住，又恐結黨生事，背後怨尤議論，著交宗人府拘禁。」尋死於禁
所。《傳》取敘諭辭，吞吐不明，訐告之款，未明何事，而結黨妄行，
若非舉國受恩，即可俱被誘惑而去。據此情罪，直是與帝互爭天下，
天下非索額圖所能有，其為代太子謀早取大位明矣。其下忽又掩過重
情，但責以德州侍疾時，乘馬失禮於太子，即是死罪，與上說大異。
又云若搜看其家，恐多連累，則又非失禮而有犯逆，且不可使有連
累，則顧忌甚切，自屬為太子地矣。然則索額圖助太子謀逆之案，早

發覺於五年之前，太子不悛，又日日在防範之內，廢太子之禍，固已
迫在眉睫矣。

《傳》又云：「即日執允礽，命直郡王允禔監之。誅索額圖二子
格爾芬、阿與吉善及允礽左右二格、蘇爾特、哈什太、薩爾邦
阿，其罪稍減者遣戍盛京。」

觀所誅者乃索額圖二子，餘亦旗下人員，大抵索等所援引同類。
此時有名之罪人，不過如此。十一年前所置於法之太子左右用事人，
更為旗下群小，並不必紀其名，則太子之隔絕士大夫，固已久矣。「諭
教元良」之語，初不足動聖祖之心。在二十餘年之前，早信從士大
夫，斥退私親，扶植正士，以坊培東宮，其時方十四五歲童子，少成
若性，熏德善良，何至異日之慘！

《傳》又云：「次日，上命宣諭諸臣及侍衛官兵，略謂：『允礽
為太子，有所使令，眾敢不從，即其中豈無奔走逢迎之人？今
事內干連，應誅者已誅，應遣者已遣，餘不更推求，毋危懼。』
上既廢太子，憤懣不已，六夕不安寢，召扈從諸臣涕泣言之，
諸臣皆鳴咽。既又諭諸臣，謂：『觀允礽行事，與人大不同，類
狂易之疾，似有鬼物憑之者。』及還京，設氈帳上駟院側，令
允礽居焉，更命皇四子與允禔同守之。尋以廢太子詔宣示天
下，上並親撰文，告天地太廟社稷曰：『臣祇承丕緒，四十七年
餘矣，於國計民生，夙夜兢業，無事不可質諸天地。稽古史
冊，興亡雖非一轍，而得眾心者未有不興，失眾心者未有不
亡。臣以是為鑒，深懼祖宗垂貽之大業，自臣而隳。故身雖不
德而親握朝綱，一切政務，不徇偏私，不謀群小，事無久稽，

悉由獨斷，亦惟鞠躬盡瘁，死而後已。在位一日，勤求治理，不取少懈。不知臣有何辜，生子如允礽者，不孝不義，暴虐悖淫，若非鬼物憑附，狂易成疾，有血氣者豈忍為之？允礽口不道忠信之言，身不履德義之行，咎戾多端，難以承祀。用是昭告昊天上帝，特行廢斥，勿致貽憂邦國，痛毒蒼生。抑臣更有哀吁者：臣自幼而孤，未得親承父母之訓，惟此心此念，對越上帝，不敢少懈。臣雖有罪子，遠不及臣，如大清歷數綿長，延臣壽命，臣當益加勤勉，謹保終始。如我國家無福，即殃及臣躬以全臣令名。臣不勝痛切，謹告。』」

此為第一次廢太子，其時已言似有鬼物憑之，遂開允祉首告允禔厭勝事。厭勝當亦不誣，但促其首告，或此疑為鬼附之說。要之聖祖之愛憎太子，初無成心，非有移愛他子而致此，則甚可信。祭告文不見《東華錄》，王《錄》惟云：「翰林院奉敕撰之文，不當帝意，自撰此文。翻清書時，又將『鞠躬盡瘁，死而後已』二語改譯。再諭以『不可改，不可以為此係人臣語，人君實更應鞠躬盡瘁』。」云云。據此則祭告文實是親筆，世疑宮中發見聖祖親筆文，文字俱甚劣，遂以為御筆盡出倩代者，前言清列帝作字，每對眾揮毫，不應盡假，文理亦於講讀談論中窺見程度。證以此文，及其論飭撰譯之人，決非不能作通順文字者也。

《傳》又云：「太子既廢，上諭：『諸皇子中，如有謀為皇太子者，即國之賊，法所不宥。』諸皇子中，皇八子允禩謀最力，上知之，命執付議政大臣議罪，削貝勒。十月，皇三子允祉發喇嘛巴漢格隆為皇長子允禔厭允礽事，上令侍衛發允礽所居室，得厭勝物十餘事。上幸南苑行圍，遘疾，還宮，召允礽入見，使居咸安宮。上諭諸近臣曰：『朕召見允礽，詢問前事，竟

有全不知者，是其諸惡，皆被魔魅而然。果蒙天佑，狂疾頓除，改而為善，朕自有裁奪。』廷臣希旨，有請復立允礽為太子者，上不許。左副都御史勞之辨奏上，上斥其奸詭，奪官予杖。既上召諸大臣，命於諸皇子中舉孰可繼立為太子者，諸大臣舉允禩。明日，上召諸大臣入見，諭乙太子因魔魅失本性狀。諸大臣奏：『上既灼知太子病源，治療就痊，請上頒旨宣示。』又明日，召允礽及諸大臣同入見，命釋之，且曰：『覽古史冊，太子既廢，常不得其死，人君靡不悔者。所執允礽，朕日不釋於懷，自今召見一次，胸中乃疏快一次。今事已明白，明日為始，朕當霍然矣。』又明日，諸大臣奏請復立允礽為太子，疏留中未下。上疾漸愈。四十八年正月，諸大臣復疏請，上許之。三月辛巳，復立允礽為皇太子，妃復為皇太子妃。」

此為太子廢後復立，聖祖顧念其子，疑為鬼物所憑，而又恰有謀太子者適為厭勝之事。太子之失德，自不緣厭勝而來，而其乘此疑團，遂認為被厭勝，以圖一時之復位。帝雖欲復立，終疑請復立為圖見好太子，作異日居功之地，則務譴臣下之言復立者。窺伺帝旨之徒，遂疑帝實不欲復太子，而別舉允禩以當之，又大失帝意。此善投機會者之弄巧反拙，成康熙間奪嫡案之一大反復。

自四十八年三月，復立太子。逾二年，至五十年十月，復以旗籍大臣多人為太子結黨會飲，所牽涉者有戶部書辦沈天生等，串通本部員外郎，包攬湖灘河朔事例，額外多索銀兩，諸大臣皆受賄，為數亦不過數千金。因謂：「允礽求此等人保奏，惟其不仁不孝，難於進益，徒以言語貨財，賣屬此輩，潛通信息，尤屬無恥之人。」此其痛斥太子，情節猥瑣，《東華錄》甚詳，而似亦不甚近情。以將傳帝位之太子，何求於群小而與為朋比？《史稿》撮敘，更不分明，疑其中有難

言之隱矣。諸大臣者，尚書耿額，又指為索額圖之家奴，欲為索額圖報復，牽連審訊，至明年五月始結，罪至絞監候以下有差，而太子尚未俱廢，使其覺悟改悔，未嘗不留與時機。而太子為人，眾臣既盛道其聰明，聖祖亦言其騎射、言詞、文學無不及人之處，何以甘入下流，為稍知自愛之子弟所不肯為？此則失教之至，而縱使習染於旗籍昏憒之索額圖家，少成若性，豈非溺愛不明於先，而又不能終於憒憒，盡失英主之本色，以致有一廢再廢之舉耶？太子過惡，前輩別無記載，故只有疑其冤抑，意為奪嫡之餘，世宗朝修聖祖實錄多未可信。然世宗於允礽初無圖奪之跡，後因不立太子，始生事在人為之志，乃別是一事。謂允禩輩奪嫡甚烈，適為世宗驅除，未始不幸獲漁翁之利則有之；至《聖祖實錄》謂盡出雍正朝偽撰，則於事理為不必然。而其證據，今尤有可舉者，錄之以存其真相。

> 《朝鮮實錄》：肅宗三十四年戊子，即康熙四十七年，十一月庚寅，是月癸酉朔，庚寅乃十八日。是日書：「皇曆齎咨官韓重琦齎來清國咨文，清國廢其太子胤礽，本朝方物之贈太子，勿令齎來。其廢黜詔制略曰：『荒淫無度，私用內外帑藏，捶撻大臣以下，欲為索額圖胤礽之外親名。傍伺朕躬，若不於今日被鴆，即明日遇害云。』」

據此則廢太子詔，實是當時原文。

> 又：三十五年己丑，即康熙四十八年，三月甲午，是月壬申朔，甲午為二十三日。是日書：「冬至使閔鎮厚、金致龍、金始煥等自清國還，引見勞慰，仍問虜中事，鎮厚對曰：『以下先言朱三太子事，略之。蓋聞虜中形止，漸不如前，胡人持皇帝陰事，

告外人無所隱，如乍廢太子，旋復其位；毆曳馬齊，仍官其
子。處事已極顛倒。而又貪愛財寶，國人皆稱愛銀皇帝。且太
子性本殘酷，百姓公傳道之曰：「不忠不孝，陰烝諸妹。」若其
諸子之暴虐，乃甚於太子云。胡命之不久，此可知矣。』」

　　朝鮮忠於明，始終對清視為胡虜，乾隆以後稍改，然終不忘明。
蓋其國見解，自命為箕子之後，而於女真持種族之見甚深，因種族之
見，其評清帝本不甚作美辭，自難盡信，但所傳清國百姓談太子王過
惡，及諸子之無佳譽，當是得諸聞見。

　　《史稿・允礽傳》：「五十一年十月，復廢太子，禁錮咸安宮。」
　　據《本紀》及《東華錄》，書廢太子在九月庚戌，即九月晦日，次
日十月辛亥朔，御筆朱書諭王大臣，故允礽再廢在五十一年十月，諭
中有云：「前次廢置，情實憤懣，此次毫不介意，談笑處之而已。」故
更無頒詔等事。

　　《傳》又云：「五十二年，趙申喬疏請立太子，上諭曰：『建儲
大事，未可輕言。允礽為太子時，服御俱用黃色，儀注上幾於
朕，實開驕縱之門。宋仁宗三十年未立太子，我太祖、太宗亦
未豫立。漢、唐已事，太子幼沖，尚保無事，若太子年長，左
右群小，結黨營私，鮮有能無過者。太子為國本，朕豈不知，
立非其人，關係匪輕。允礽儀錶、學問、才技，俱有可觀，而
行事乖謬，不仁不孝，非狂易而何？凡人幼時，猶可教訓，及
長而誘於黨類，便各有所為，不復能拘制矣。立皇太子事，未
可輕定。』自是上意不欲更立太子，雖諭大學士、九卿等裁定
太子儀仗，卒未用。終清世不復立太子。」

　　不立太子，為清一代特色。乾隆朝有端慧太子永璉，則由追贈。復作《儲貳金監》，集古來立太子之為禍事跡，垂訓後世，亦皆以康熙朝事為炯戒焉。證以《朝鮮實錄》，亦載太子之立而復廢，略如清《國史》所說。

　　　　朝鮮《肅宗實錄》：三十八年，即康熙五十一年壬辰，十二月癸酉：二十四日。「先是，李樞以彼中事情報備局曰：『皇帝在熱河時，部院重臣相繼下獄。回駕後，面諭大臣，放置太子，而姑無須詔之舉云。故詳探，則以為太子經變之後，皇帝操切甚嚴，使不得須臾離側，而諸弟皆在外般遊，故恨自己之拘檢，猜諸弟之閒逸，怨恨之言，及於帝躬。而皇帝出往熱河，則太子沉酗酒色，常習未悛，分遣私人於十三省富饒之處，勒徵貨賂，責納美妹，小不如意，訴讒遞罷。皇帝雖知其非，不得已勉從。而近則上自內閣，下至部院，隨事請托，必循其私而後已。皇帝自念年邁，而太子無良，其在熱河時，部院諸臣，曾受太子請托，屈意循私之人，鎖項拘囚，回駕後放置太子於別宮云。其後仍付其禮部咨文，而我國所獻太子方物，亦令停止矣。』」

　　《朝鮮實錄》所載，與《東華錄》約略相符。益知《聖祖實錄》非世宗以意修改。而世宗於太子之廢，實無所干預。但神器無所歸，乘機取得大位，康熙間極力營謀奪嫡者，至時反為他人拾取而去，因忿極而多不遜之言行，遂開世宗屠戮兄弟之端，余別有考，不具錄。

　　奪嫡之獄，允禩為主，度允禩籠絡人心，其術必有大過人者。諸兄弟皆為盡力，宗藩貴戚，滿漢大臣，亦多有預其謀者。老臣如佟國

維、馬齊，勳舊如遏必隆之子阿靈阿，佟國綱之子鄂倫岱，明珠之子
撥敘，漢文臣如王鴻緒，皆以舉允禩為太子被譴。兄弟中如允禔、允
禩、允禟、允䄉，皆甘推戴，允禔為皇長子，尤身犯大不韙以遂其
私，不知何以歸心允禩至此。世宗亦專以允禩為大敵。互見余所作《世
宗入承大統考》。

《史稿·允禔傳》：「四十七年九月，皇太子既廢，允禔奏曰：
『允礽所行卑污，失人心，術士張明德嘗相允禩必大貴，如誅允
礽，不必出皇父手。』上怒，詔斥允禔凶頑愚昧，並戒諸皇子
勿縱屬下人生事。允禔用喇嘛巴漢格隆魘術，厭廢太子，事
發，上命監守，尋奪爵幽於第。四月，上將巡塞外，諭：『允禔
鎮魘皇太子及諸皇子，不念父母兄弟，事無顧忌，萬一禍發，
朕在塞外，三日後始聞，何由制止。』下諸王大臣議。於八旗
遣護軍參領八、護軍校八、護軍八十，仍於允禔府中監守。上
復遣貝勒延壽、貝子蘇努、公鄂飛、都統辛泰、護軍統領圖爾
海、陳泰並八旗章京十七人，更番監守，仍嚴諭疏忽當族誅。
雍正十二年卒，世宗命以固山貝子禮殯葬。」
又〈允禩傳〉：「聖祖第八子，康熙三十七年三月，封貝勒。
四十七年九月，署內務府總管事。太子允礽既廢，允禩謀代
立，諸皇子允禟、允禩、允䄉，諸大臣阿靈阿、鄂倫岱、撥
敘、王鴻緒等，皆附允禩，允禔原作禩當誤。言於上，謂：『相士
張明德言允禩原作禔當誤。後必大貴。』上大怒。會內務府總管
凌普，以附太子得罪，籍其家，允禩原作禔當誤。頗庇之，上以
責允禩，諭曰：『凌普貪婪巨富，所籍未盡，允禩每妄博虛名，
凡朕所施恩澤，俱歸功於己，是又一太子矣。如有人譽允禩，
必殺無赦。』翌日，召諸皇子入諭曰：『當廢允礽時，朕即諭諸

皇子，有鑽營為太子者，即國之賊，法所不容。允禩柔奸性成，妄蓄大志，黨羽相結，謀害允礽。今其事皆敗露，即鎖繫交議政處審理。』允禟語允䄉，入為允禩營救，上怒，出佩刀將誅允䄉，允祺跪抱勸止，上怒少解，仍諭諸皇子議政大臣等，毋寬允禩罪。逮相士張明德會鞫，詞連順承郡王布穆巴，公賴士、普奇，順承郡王長史阿祿。張明德坐凌遲處死，普奇奪公爵，允禩亦奪貝勒為閒散宗室。上復諭諸皇子曰：『允禩庇其乳母夫雅齊布，雅齊布之叔廏長吳達理與御史雍泰同榷關稅，不相能，訴之允禩，允禩借事痛責雍泰。朕聞之，以雅齊布發翁牛特公主處，聖祖第十三女和碩溫恪公主，下嫁翁牛特杜棱郡王倉津。允禩因怨朕，與褚英孫蘇努相結，敗壞國事。允禩又受制於妻，妻為安郡王岳樂甥，嫉妒行惡，是以允禩尚未生子，此皆爾曹所知。爾曹當遵朕旨，方是為臣子之理。若不如此存心，日後朕考終，必將朕躬置乾清宮內，束甲相爭耳。』」

聖祖斥責允禩，深刻如此。縱論諸皇子語，或一時未達外廷，然會鞫張明德，詞連多人，又奪允禩貝勒，當已明白可共喻矣。然又有大臣會舉為太子一事，終疑太不近情，或斥責允禩之語，不無世宗朝添入。至其被舉而為聖祖所責，則固事實。允禩之奪貝勒，則但以聞張明德誕語而不奏聞耳。

《傳》又云：「上幸南苑，遘疾還宮，召允禩入見，並召太子使居咸安宮。未幾，上命諸大臣於諸皇子中，舉可為太子者。阿靈阿等私示意諸大臣舉允禩，上曰：『允禩未更事，且罹罪，其母亦微賤，宜別舉。』上釋允礽，亦復允禩貝勒。四十八年正月，上召諸大臣，問倡舉允禩為太子者，諸臣不敢質言，上以

大學士馬齊先言眾欲舉允禩，因譴馬齊，不復深詰。尋復立允礽為太子。」

以上為允禩奪嫡曲折。後世宗即位，引近允禩，首封親王，畀以重任，初不致憾於奪嫡，且舉允禩之大臣，亦多倚任。後來深罪允禩，不緣奪嫡前案，別見余《三案考實》中〈世宗入承大統案〉。太子復立後又廢，斯時允禩無可希冀，而允禵獨為撫遠大將軍，聖祖擬有付托意。允禵為世宗同母弟，後亦不容於世宗。當時人言藉藉，以為世宗乃奪允禵之位。允禵行十四，世宗行四，所謂親承末命時，以聖祖「傳十四皇子」之語，改「十」字為「于」字而奪之也。語見《大義覺迷錄》，世宗自述而自辟之。要之聖祖諸子，皆無豫教，惟世宗之治國，則天資獨高，好名圖治，於國有功，則天之佑清厚，而大業適落此人手，雖於繼統事有可疑，亦不失為唐宗之逆取順守也。

第三章

全盛

　　世宗、高宗兩朝，為清極盛之時，特世宗操勞，且戕賊諸兄弟，亦覺少暇豫之樂；高宗則享盡太平之榮，位祿名壽，直可侈擬舜之大德，然日中則昃，衰象亦自高宗兆之。分節如下。

第一節　世宗初政

　　康熙六十一年十一月十三日甲午戌刻，聖祖崩於暢春園，帝親為更衣訖，當夜即奉還大內，安於乾清宮。翌日以次，未即位已下諭稱朕。翌日即十四日乙未，戌刻始大殮。既殮，第一命令即允禩、允祥、馬齊、隆科多四人總理事務，第二諭即命撫遠大將軍奔喪來京，第三諭即封允禩、允祥為親王，允礽子弘晳為郡王。急用隆科多，以報其擁立之功；急召允禵，以防其在邊掌兵之患；急封允禩，以平其鷸蚌相爭為漁翁得利之氣，固非有為允礽報怨之意明也。《清史稿・允禩傳》，於雍正初插入數語云：「皇太子允礽之廢也，允禩謀繼立，世宗深憾之。允禩亦知世宗憾之深也，居常怏怏。」以此領起下文漸漸得罪。此實望文生義，未將《大義覺迷錄》等書世宗諭旨，細意尋繹，蓋雍正間之戮辱諸弟，與康熙間奪嫡案，事不相關，余已別有考。今專述世宗圖治之能事。

　　世宗即位，在康熙六十一年十一月二十日辛丑。十二月初七日戊午，停止直省將軍、督撫、提鎮等官貢獻方物。十三日甲子，詔直省倉庫虧空，限三年補足，逾限治罪，此事《史稿・食貨志》言：「聖祖

在位六十年，政事務為寬大，不肖官吏，恒恃包荒，任意虧欠，上官亦曲相容隱，勒限追補，視為故事。世宗在儲宮時，即深悉其弊，即位後，諭戶部、工部：嗣後奏銷錢糧米石，物價工料，必詳查核實，造冊具奏。以少作多，以賤作貴，數目不符，核估不實者，治罪。並令各督撫嚴行稽查所屬虧空錢糧，限三年補足，毋得藉端掩飾，苛派民間。限滿不完，從重治罪。」

《史稿·志》文，意在表明世宗初吏治財政整飭之狀，然繳繞不明，忽言補足虧空，忽言核實奏銷，殊難了解。檢《東華錄》則系同日兩諭，各為一事，一諭戶部，一諭戶、工二部。

　　論戶部：「自古惟正之供，所以儲軍國之需。當治平無事之日，必使倉庫充足，斯可有備無患。近日道府州縣，虧空錢糧者正復不少，揆厥所由，或系上司勒索，或系自己侵漁，豈皆因公挪用？皇考好生如天，不忍即置典刑，故伊等每恃寬容，毫無畏懼，恣意虧空，動輒盈千累萬。督撫明知其弊，曲相容隱，及至萬難掩飾，往往改侵欺為挪移，勒限追補，視為故事，而全完者絕少。遷延數載，但存追比虛名，究竟全無著落。新任之人，上司逼受前任交盤，彼既畏大吏之勢，雖有虧空，不得不受，又因以啟效尤之心，遂藉此挾制上司，不得不為之隱諱，任意侵蝕，輾轉相因，虧空愈甚。一旦地方或有急需，不能支應，關係匪淺。朕深悉此弊，本應即行徹底清查，重加懲治，但念已成積習，姑從寬典。除陝西省外，陝甘鄰青海，時為軍務省份。限以三年，各省督撫，將所屬錢糧，嚴行稽查，凡有虧空，無論已經參出、未經參出，三年內務期如數補足，毋得派累民間，毋得藉端遮飾。限滿不完，定行從重治罪。三年補足之後，再有虧空，決不寬貸。至於署印之官，始而百計鑽營，

既而視如傳舍，於前任虧空，視作泛常，接受交盤，復轉授新任。嗣後如察出此等情弊，必將委署之上司，與署印之員，一併嚴加治罪。爾部可即傳知各省督撫。」

諭戶、工二部：「財者利用之源，古帝足國裕民，務必制節謹度。朕初即位，每恐府庫金錢，中飽於胥吏之侵蝕。以後凡戶、工二部，一應奏銷錢糧米石，物價工料，必須詳查核實，開造清冊具奏，毋得虛開浮估。倘有以少作多，以賤作貴，數目不敷，核估不實者，事覺將堂司官從重治罪。」

世宗承聖祖寬大之後，綜核名實，一清積弊，亦未嘗立予懲治，自能洞見外省情偽，此政治一大刷新，應特敘列。而牽混不清，史官可謂以其昏昏使人昭昭矣。此等處皆《史稿》之應糾正者。

雍正元年元旦，頒諭旨訓飭督、撫、提鎮，文吏至守令，武將至參遊，凡十一道。每諭文各千言內外，各就其職掌而申儆之。國家設官，久而忘其應循之職，與者擅為恩私，受者冒其祿利，奔競無恥，用心皆在職掌之外。世宗在未即大位以前，必先有此提綱挈領之知識。百官職掌，近六百年來，皆自明太祖定之，後來因事損益而已。持以為督責之柄，則可以為君；奉以為率由之準，則可以為臣。世宗則知其故矣。然各諭空文太多，尚不如明祖之切實頒為格式，要其意則已蘄向乎是，文繁不具錄。

世宗於申儆各官，以吏治民生為首，嗣是有諭各部院及科道、翰林院各衙門，領侍衛內大臣、八旗大臣等，逐事申儆，皆盡情偽。雍正一朝，《朱批奏摺》《上諭八旗》《上諭內閣》，皆刻成巨帙，其未刻者不知凡幾，而已選刻者不下數十萬言，自古勤政之君，未有及世宗者。諭旨批答，皆非臣下所能代，曲折盡意，皆出親裁。有照例閣臣票擬者，略一含糊，輒被詰問。試舉一例。

雍正元年七月戊子，諭內閣：「前因年羹堯奏稱：趙之壇情願捐銀一萬兩，往布隆吉爾地方築城效力。朕念趙之壇係功臣之後，良棟之孫。若伊才具不勝知府之任，道員事簡易辦，捐銀敘用，似屬可行；若趙之壇才克勝任，即留知府用。見今趙弘燮虧空庫銀三四十萬兩，交與趙之壇料理，又何必另外捐銀？況年羹堯啟奏：築城已有張連登、王之樞等可以竣事。今復遣往效力議敘，似又開一捐例，斷不可行。若布隆吉爾築城，張連登等所捐之貲，不克完工，令年羹堯密折具奏，再將情願效力者發往，此朕從前諭旨也。爾等票簽，全不符合，將朕緊要語句，俱行遺漏。爾等俱系聖祖仁皇帝委任大臣，聖祖仁皇帝天縱生知，兼之臨御日久，諸事精熟，爾等舛錯之處，全賴聖祖仁皇帝改正，所以不至誤事。今朕臨御之初，內藉大學士，外藉督、撫、提鎮，理應諸事勤慎，盡心協辦。如前日本上脫落一字，事雖甚小，然不得謂小事便可輕忽。本章用心細閱，自無錯誤。又如前日蔡珽所奏之事，即系年羹堯奏過之事，爾等又票該部議奏，朕疑其或有異同，照簽批發，及觀部議，仍是一事，何至玩忽如此？朕若亦如爾等玩忽，督撫本章，概批依議，用人一途，聽之九卿隨意保舉，豈不省事？但爾等可以負朕，朕何忍負我皇考之深恩乎？況朕於爾等陳奏，虛心採納，並未有偏執之處。人非聖賢，孰能無過？爾等若能指摘朕過，朕心甚喜。改過是天下第一等善事，有何系吝？以箝結為老成，以退諉為謹慎，非朕所望於爾等之意也。」

世宗初政，精核如此，久而不衰，雍正朝事，又是一種氣象。雖多所責難，並不輕於戮辱，亦未視朝士皆出其下，予智自雄，較之高宗，尚為遠勝。至其刻深慘毒，惟對繼統一事，有所訐發，或有意居

功要脅之人，天資自非長厚，然正極力愛名。至其英明勤奮，實為人所難及，從初政可以概其十三年全量者也。

第二節　雍正朝特定之制

　　雍正朝有兩種創制，遂為一代所遵行，一曰並地丁，停編審。二曰定火耗，加養廉。今分述之：

　　一、地丁。古者布縷、粟米、力役三徵，徵一緩二。唐時租、庸、調猶沿之，至改兩稅而其目並矣。明行一條鞭，所並之目尤多。要其總數不重於什一，即為常賦之法。但一切負擔可並，庶人往役之義，則自清以前未改也。編審人丁，計丁徵費，以充百役。一條鞭雖已並古者丁鹽在內，然丁仍有役，鹽亦有課，故論者以為重複賦民。然總額苟不至病民，民亦安之。清承明舊，盡免明末之加派，已慶更生。聖祖康熙五十一年諭曰：「海宇承平日久，戶口日增，地未加廣，應以現在丁冊，定為常額。自後所生人丁，不徵收錢糧，編審時止將實數查明造報。」廷議：「五十年以後，謂之盛世滋生人丁，永不加賦，仍五歲一編審。」戶部議：「缺額人丁，以本戶新添者抵補；不足，以親戚丁多者補之；又不足，以同甲糧多之丁補之。」原聖祖之意，以承平久而戶口增，續續滋生，所能享國土之生產，只有此數，而丁賦則隨滋生而加，故限年截止，以為人丁定額，新生者不復納賦。此亦窮思極想，務欲惠及人民之意。然立法不徹底，人丁不盛之家，既不享其惠；且若丁少於前，反需向親戚同甲之家，商求補額，豈不反成周折？不有通變，此美意終將廢閣。會聖祖崩，世宗即位，雍正元年九月，直隸巡撫李維鈞奏：「請將丁銀攤入田糧。」部議：「應如所請，於雍正二年為始，造冊徵收。」得旨：「九卿詹事科道會同確議具奏。」九卿旋議覆：「應令該撫確查各州縣田土，因地制宜，作何

攤入田畝之處，分別定例，庶使無地窮民免輸納丁銀之苦；有地窮民
無迦納丁銀之累。」得旨：「九卿不據理詳議，依違瞻顧，皆由迎合上
意起見，即如本內『有地窮民』一語，既稱有地，何謂窮民？不與有
米餓莩之語相似乎？朕於諸事，本無成見，有何迎合之處。所發會議
事件，原欲與眾共商，當理即朕意。朕不自以為是，所議允當，朕即
不從，不妨面折廷諍，再三執奏，即不顯言，亦可密折敷陳。聖祖良
法美政，布在方策，朕與爾等，期共相黽勉，以臻至治。原本發還九
卿，著仍照戶部議行。」

以上為九月戊戌諭，原文極長，且勉且責，媿勵交至。茲節其成
事實之語。夫聖祖有此美意，世宗必不欲廢閣之，欲符「地有定限，
丁亦有定額」之意。惟有丁隨地起一法，李維鈞奏之，部議從之，以
其為古所未有之制，再令盈廷會議，以示鄭重。九卿則六部、都察院
及通政、大理之總名，加以詹事、科道，是為會議。乃以預議者多，
反疑上意或與戶部原議未合，遂作此延宕支節之詞，設或允行，即廢
閣之變相耳。其實世宗自有主宰，仍照戶部議行，何其簡捷！

惟丁隨地起以後，丁額與賦稅無關，編審自可不必，即行編審，
亦屬具文，乃一定之理。故後來論者，謂清之戶口無確數，實攤丁於
地之為弊。動稱四萬萬，究竟標準何在？亦不過據二百年來某一年之
隨意冊報耳。戶口無確數，一切無從統計，則意在利民而反以病國，
可以見定法之不易，然此非世宗本意也。初雖丁攤於地，編審之法未
改，停止不審，始於雍正四年行直隸總督李紱《改編審行保甲一疏》，
略云：「編審五年一舉，雖意在清戶口，不如保甲更為詳密，既可稽察
遊民，且不必另查戶口。請自後嚴飭編排，人丁自十六歲以上，無許
一名遺漏，歲底造冊，布政司匯齊，另造總冊進呈。冊內止開里戶、
人丁實數，免列花戶，則冊籍不煩，而丁數大備矣。」

清戶口之數，與編審相關者，從〈食貨志〉考之，明代喪亂之

後，至順治十八年，會計天下民數：千有九百二十萬三千二百三十三口。較之四萬萬之數，蓋二十分之一而不足也。康熙五十年為據定丁額之年，是年得二千四百六十二萬二千三百二十四口。亦不足四萬萬之十七分之一。其後丁數仍由編審移補，較定額時稍有增加，其餘滋生人丁則日多。停編審以後，則無所謂定額與滋生，人口激增，民無顧忌，直至道光二十九年，有四萬一千二百九十八萬六千六百四十九口。此即近世中國人口四萬萬之說所由來也。咸同軍興，人口自減，亦每無全國冊報。至光緒元年，有三萬二千二百六十五萬五千七百八十一口。三十三年釐定官制，有民政部，以調查戶口為職掌。旋諭直省造報民數，務須確查實數，以為庶政根本。宣統元年，復頒行填造戶口格式，令先查戶口數，限明年十月報齊，續查口數，限宣統四年十月報齊。至三年十月，據京師內外城、順天府、各直省、各旗營、各駐防、各蒙旗所報，除新疆、湖北、廣東、廣西各省，江寧、青州、西安、涼州、伊犁、貴州、西寧各駐防，泰寧鎮、熱河各蒙旗，川、滇邊務，均未冊報到部外，凡正戶五千四百六十六萬八千有四，附戶千四百五十七萬八千三百七十，共六千九百二十四萬六千三百七十四戶。凡口數：男一萬三千九百六十六萬二千四百一十，女九千九百九十三萬三千二百有八，共二萬三千九百五十九萬四千六百六十八口。時湖北已起事月餘，兩廣為革命起源，大吏累次遇刺，邊遠則功令之遵奉逾期，駐防亦然，合計當亦未足四萬萬。是為清最末一次調查戶口較確之數。

　　花戶之名，以田為主。田之多少，戶各不同，而均之於里甲。一甲中之戶，田多者自充一戶；少者合數戶為戶；尤少者附於甲尾。插花相間，故名花戶。後來俗稱戶為花戶，似非本旨。康熙元年，戶科給事中柯聳疏請均田均役，中有云：「查一縣田

額若干，應審裡長若干，每里十甲，每甲該田若干，田多者獨
充一名，田少者串充一名，其最零星者，附於甲尾，名曰花
戶，此定例也。」

　　當編審停止之時，頗整頓保甲，如果保甲法不弛，戶口何至無可
稽考。但閉關之世，盈虛消長，皆在國內，聽民自生自息，官吏以不
擾民為上理，鄉民出入相友，奸盜本不易收容。數十年前，餘糧棲
畝，不知設守，攜貲夜行，不畏路劫。惟城市人多雜處，則人家自謹
門戶，官亦有事稽查。命、盜重情，地方官勒限參處，滿四參離任，
以此維整治安。雖有保甲，不甚嚴密。通商以後，各國有統計，而我
國獨無，根本在戶口不了。乃知編審之廢，在地丁並徵，因咎康雍之
失計。其實因賦役而編審，則隱匿者必多。康雍戶口，較之嘉道時只
一二十分之一，所編審者亦非真相，不如屬行保甲之有實際。特自治
之事，當假手於願治之民人，古未深明此理，遂無徹底綜核之法。康
雍之不欲擾民，自是當時善政，不必異世而轉作不恕之詞也。丁銀攤
入地畝，以直隸李維鈞奏請為始，每地賦一兩，攤入丁銀二錢七釐。
嗣後各直省一體仿行，於地賦一兩，福建攤丁銀五分二釐七毫至三錢
一分二釐不等，山東攤一錢一分五釐，河南攤一分一釐七毫至二錢七
釐不等，甘肅河東攤一錢五分九釐三毫，河西攤一分六毫，江西一錢
五釐六毫，廣西攤一錢三分六釐，湖北攤一錢二分九釐六毫，江蘇、
安徽畝攤一釐一毫至二分二釐九毫不等，湖南地糧一石，徵一毫至八
錢六分一釐不等。自後丁徭與地賦合而為一，民納地丁之外，別無徭
役矣。惟奉天、貴州以戶籍未定，仍地丁分徵。又山西陽曲等四十二
州縣，亦另編丁銀。察其輕重之故，蓋賦重之地，攤丁較輕，因重賦
所加，每畝擔銀數錢，雖每兩加數分，已為一兩畝地所擔之加款，至
賦輕之地，數十畝而後擔銀一兩，加至二三錢，在一畝所加實更微也。

　　二、養廉。自古官只有俸，而俸恒不足以給用，不能無取盈之計。明俸尤薄，官吏取盈之道，自必於賦額加以浮收，公然認為官吏俸薄，此為應得之調劑。清初命其名曰火耗，火耗者，本色折銀，畸零散碎，經火熔銷成錠，不無折耗，稍取於正額之外，以補折耗之數，重者每兩數錢，輕者錢餘。行之既久，州縣重斂於民，上司苛索州縣，一遇公事，加派私徵，名色既多，又不止於重耗而已。清承明季加派之後，國庫嚴禁加派，而地方不免私徵，其端既開，遂無限制。康熙季年，陝西督撫以虧空無法填補，奏請以舊有火耗之名加徵少許，專為填虧空之用。此火耗明入奏案之由來也。

　　《東華錄》：「康熙六十一年九月戊子，諭扈從大學士、尚書、侍郎、學士等：『據陝西巡撫噶什圖奏稱「陝西虧空甚多，若止於參革官員名下追補，究竟不能速完。查秦省州縣火耗，每兩有加二三錢者，有加四五錢者，臣與督臣商議，量留本官用度外，其餘俱捐補合省虧空，如此則虧空即可全完」等語。朕謂此事大有關係，斷不可行。定例私派之罪甚重。火耗一項，特以州縣官用度不敷，故於正項之外，量加些微，原是私事。朕曾諭陳璸云：「加一火耗，似尚可寬容。」陳璸奏云：「此乃聖恩寬大，但不可明諭許其加添。」朕思其言深為有理。今陝西參出虧空甚多，不得已而為此舉，彼雖密奏，朕若批發，竟視為奏准之事，加派之名，朕豈受乎？特諭爾等滿漢諸臣共知之。』越六日甲午，又諭扈從大臣等：『總督年羹堯將虧空錢糧各官，奏參革職，其虧空錢糧，至今不能賠補。今又因辦理軍需，陝西巡撫噶什圖、總督年羹堯會商，將民間火耗加增墊補等情奏請。第民間火耗，止可議減，豈可加增？朕在位六十一年，從未加徵民間火耗，今安可照伊等所奏加增乎？』」

　　康熙末之提及火耗，為督撫計及挪用，而聖祖不肯允從，恐為盛德之累，然又明知故昧，留以贍官吏之私，此不徹底之治法，沿歷代故事而來。在聖祖為恤民艱，存政體，慮官困，多方兼顧，而非以自私，自是有道之象。然至世宗則有以成就之矣。

　　《東華錄》：「雍正二年六月乙酉，山西布政使高成齡折奏：『臣見內閣交出請禁提解火耗之條奏。臣伏思直省錢糧，正供之外，向有耗羨，雖多寡不同，皆係州縣入己。但百姓既已奉公，即屬朝廷之財賦。臣愚以為州縣耗羨銀兩，自當提解司庫，以憑大吏酌量分給，均得養廉。且通省遇有不得已之費，即可支應，而免分派州縣，藉端科索。至以羨餘賠補虧空，今撫臣諾岷，將每年存貯耗羨銀二十萬兩，留補無著虧空之處，先經奏明。臣請皇上敕下直省督撫，俱如山西撫臣諾岷所奏，將通省一年所得耗銀，約計數目，先行奏明。歲終將給發養廉，支應公費，留補虧空，若干之處，一一具折陳奏，則不肖之上司，不得借名提解，自便其私，如條奏所慮矣。』諭：『此事著總理事務王大臣、九卿詹事科道，平心靜氣，秉公持正會議，少有一毫挾私尚氣，阻撓不公者，國法具在，斷不寬宥，各出己見明白速議具奏。如不能畫一，不妨兩議三議皆可。』」

　　當時內閣條奏，係請禁提解火耗。禁提解非禁徵收，則州縣可取火耗於民間，上司不能提火耗於州縣，私收者永任其為私，監司不許過問而已。此為體恤州縣，而又不欲監司分肥，亦不徹底之見解。但較之前代，以進羨餘而得獎擢者，得體已多。高成齡辨正閣奏，以為火耗非提解不可，無所利於提解，仍以體恤州縣，明定為永久之公廉，及補一時之虧空，一舉而數善備。養廉之說始此。

是年七月丁未，總理王大臣、九卿科道等議覆高成齡疏，得旨：「所議見識淺小，與朕意未合。朕非不願天下州縣絲毫不取於民，而其勢有所不能。歷來火耗皆州縣經收，而加派橫徵，侵蝕國帑，虧空之數，不下數百餘萬。原其所由，州縣徵收火耗，分送上司；各上司日用之資，皆取給於州縣。以至耗羨之外，種種餽送，名色繁多，故州縣有所藉口而肆其貪婪，上司有所瞻徇而曲為容隱。與其存火耗以養上司，何如上司撥火耗以養州縣手？」

以上為俸薄不能無火耗，而火耗不可不使公開。不公開則為州縣存火耗以養上司，公開則為上司撥火耗以養州縣，二語最中的。世宗見解實出廷臣之上。

又云：「爾等請將火耗酌定分數。朕思州縣有大小，錢糧有輕重，地廣糧多之州縣，少加火耗，已足養廉，若行之地小糧少之州縣，則不能矣。惟不定分數，遇差多事煩，酌量可以濟用，或是年差少事簡，即可量減。又或遇不肖有司，一時加增，而遇清廉自好者自可減除。若竟為成額，必致有增無減。」

此時養廉制未定，世宗所慮者，仍是後來反對養廉制之理論。未幾仍為定額，見下。此駁定分數之議。

又云：「又奏稱提解火耗，將州縣應得之項，聽其扣存，不必解而復撥。今州縣徵收錢糧，皆百姓自封投櫃，其拆封起解時，同城官公同驗看，耗羨與正項同解，分毫不能入己。州縣皆知

重耗無益己，孰肯額外加徵？」

隨徵隨解，顯然有據，解時不能隱匿，解後不能重徵，惟解乃為正耗分明，此駁扣存之義。

又云：「應令諾岷、高成齡二人盡心商榷，先於山西一省內試行。此言尤非，天下事惟可行不可行兩途。以為可行，則可通行於天下；以為不可行，則不當試之於山西。以藥試病，鮮能愈者。以山西為試之之省，朕不忍也。」

世宗意在定制通行，此駁山西試行之議。

又云：「又奏稱提解火耗，非經常可久之道。凡立法行政，孰可歷久無弊，提解火耗，原一時權宜之計，將來虧空清楚，府庫充裕，有司皆知自好，則提解自不必行，火耗亦當漸減。今爾等所議，為國計乎？為民生乎？不過為州縣起見。獨不思州縣有州縣之苦，上司亦有上司之苦，持論必當公平，不可偏向。」

當時議者不反對火耗名色，而反對提解，故世宗謂為州縣起見。又養廉之制未定，提解火耗，仍兼顧見在之虧空，虧空完後，乃可專定養廉也。故下文又言朝廷與百姓一體，朝廷經費充足，歉收可以賑恤，百姓自無不足之虞。清補虧空，於國計民生均益。是提解仍注重清虧空。

又云：「爾等所奏，與朕意不合。若令再議，必遵議覆准，則朕

　　亦不能保其將來無弊。各省能行，聽其舉行；不行者，亦不必
　　勉強。可將此諭旨，並爾等所議之本，交存內閣。」

　　據此則本令詳議，卻仍以不議終結。本不欲獨令山西試行，卻又
不令他省必行。世宗亦慎重之至。《清史稿・食貨志》渾括此文，殊不
清晰。今從《東華錄》核之。當雍正二年六七月間，朝廷雖極力議論
此事，帝意不以廷臣之延宕為然，尤不以主張不提解為然，而卒留作
懸案。以後至何時勒定火耗改為養廉，《東華錄》不復見。〈食貨志〉
言於是定為官給養廉之制。此句著於渾括二年諭旨之後，實與諭旨原
文不貫。考之《會典事例》，則至五年始為各省定額。

　　　《會典事例・戶部俸餉門・外官養廉類》，首敘其緣起云：「雍
　　　正五年，山西巡撫奏裁汰州縣耗羨，酌中量留，分給各官養
　　　廉，以為日用之資。奉旨：『各省督撫，就該省情形酌議具奏。
　　　嗣據各省陸續奏到，節省增減，著為定額。』」

　　山西巡撫發端是二年事，奉各省酌議具奏之旨，當即七月乙未諭
後，所云交與內閣，內閣即更請旨飭下各省也。以非明發，亦無決
斷，遂不入《實錄》，故不見《東華錄》。各省陸續覆到，終成定制，
首冠以雍正五年，即其定制之年矣。不然，山西發端在二年，何云五
年耶？
　　要知清初沿明，官俸太薄，官無自給之道，不得不有所取資，制
定養廉，即是加俸。且俸因處分而可罰，廉則罰所不及。廉之數較之
俸，多至數十倍，如正從一品俸銀一百八十兩，米一百八十斛，正從
二品俸銀一百五十五兩，米一百五十五斛。總督兼尚書銜者為從一
品，不兼者為正二品。而總督養廉，多者若陝甘、雲貴，至二萬兩，

少者若浙閩、四川，亦一萬三千兩。其間一萬八千、一萬五千各有差。又如七品俸銀四十五兩，米四十五斛。而知縣七品，其養廉多者，首縣至二千兩，少者簡缺亦六百兩，其有四五百兩者，則簡不成體之縣，間有一二，蓋例外矣。其後京官亦有有養廉者，八旗官員，亦有有養廉者，皆別指款項，不在火耗之內。供各省官員養廉，地大糧多之縣，火耗甚微。以吾所知，吾鄉武進、陽湖等縣，正銀一兩，加耗僅三分耳。

　　清世制度，多沿明舊。清全盛時，極知補救，然不敢言制作，故歷帝皆傾佩明太祖，奉行惟謹，而不敢學其自我作古，此亦或有自知之明。如官員加俸一事，僅以養廉之名，補苴於俸之不足，仍不敢動額定之俸。惟加徵火耗，悉數用於外官之養廉，無絲毫流用，則可見清帝於財用之致慎。既與國人約永不加賦，終清世謹守之。惟以用銀錙銖不便，折價收錢，清末以二千二百文為一兩。當時銀賤，每兩有數百文之餘謂之平餘。漕米則每年由藩司約省城紳士公議，照時定價，本折兼收，聽民自便。惟每石徵腳費錢一千零五十二文，由官收兌運解。此清末綱紀未破裂時所永遵行者。吾鄉為賦重之區，每平原上則田一畝，徵銀兩忙共一錢三分有零，徵米六升三合有零，當時無所謂附加稅，完納此數，即所入皆民之生產矣。故清世之賦甚輕，其稅額後雖不可復用，然其制節謹度，不敢逾定制一步，清之歷朝遵行不替，其風亦可嘉也。

　　其尤可念者，清一代惟加徵火耗為跡近加賦，雍正朝之審慎出之，絕不流用，專用於外官之養廉，似已心安理得。乃至高宗初立，尚以為疑，復大徵廷臣意見。此亦清之家法，視加派為最不祥之事也。

　　〈食貨志〉：「自山西提解火耗後，各直省次第舉行。其後又酌
　　定分數，各省文職養廉二百八十餘萬兩，及各項公費，悉取諸

此。及帝即位，廷臣多言其不便，帝亦慮多取累民，臨軒試士
即以此發問，復令廷臣及督撫各抒所見。大學士鄂爾泰、刑部
侍郎錢陳群、湖廣總督孫嘉淦，皆言：『耗羨之制，行之已久，
徵收有定，官吏不敢多取，計已定之數與策定之前相較，尚不
逮其半，是跡近加賦，實減徵也。且火耗歸公，一切陋習，悉
皆革除，上官無勒索之弊，州縣無科派之端，小民無重徵之
累，法良意美，可以垂諸久遠。』御史趙青藜亦言：『耗羨歸
公，裒多益寡，寬一分則受一分之賜，且既存耗羨之名，自不
得求多於正額之外，請無庸輕議變更。』惟御史柴潮生，以為
耗羨乃今日大弊。詔從鄂爾泰諸臣議。」

輕徭薄賦，為清一代最美之政，而官俸太薄，有此提解火耗制定
養廉之舉。乾隆間尚恐其跡近加賦，而與內外諸臣共議之。〈食貨志〉
渾括甚略，今各舉其事實如下：

《東華錄》乾隆七年四月乙未諭下注云：「是月庚寅朔，策試天
下貢士金甡等，制曰：上略。務民之本，莫要於輕徭薄賦，重農
積穀。我國家從無力役之徵，斯固無徭之可輕矣，而賦猶有未
盡合於古者乎？賦之外有耗羨，此固古之所無也。抑亦古嘗有
之，不董之於官，則雖有若無，而今不可考耶？且康熙年間無
耗羨，雍正年間有耗羨。無耗羨之時，凡州縣蒞任，其親戚僕
從，仰給於一官者不下數百人，上司之苛索，京官之勒助，又
不在此限。而一遇公事，或強民以樂輸，或按畝而派捐，業田
之民，受其累矣。自雍正年間，耗羨歸公，所為諸弊，一切掃
除，而遊民之借官吏以謀生者，反無以糊其口。農民散處田
間，其富厚尚難於驟見；而遊民喧闐城市，其貧乏已立呈矣。

人之言曰：『康熙年間有清官，雍正年間無清官。』亦猶『燕趙無鎛』，非無鎛也，夫人而能為鎛也。語出〈考工記〉，作「粵之無鎛也」，不作「燕趙無鎛」。下又云：「燕之無函也，秦之無廬也，胡之無弓車也。」各自為文。則此句作「燕趙無鎛」有誤。而議者猶嘗徵耗羨為加賦。而不知昔之分項，皆出於此而有餘；今則日見其不足，且動正帑矣。是以徒被加賦之名，而公私交受其困而已矣。將天下之事，原不可以至清乎？抑為是言者，率出於官吏欲復公款者之口乎？多士起自田間，其必不出此，而於農民之果有無利弊，必知之詳矣。其毋以朕為不足告，而閟之隱之；其尚以朕為可告，而敷之陳之。悉言其志，毋有所諱。」

其乙未諭：「辦理耗羨一事，乃當今之切務。朕夙夜思維，總無善策，是以昨日臨軒試士，以此發問。意諸生濟濟，或有剴切敷陳，可備採擇，見諸施行者。乃諸貢士所對率皆敷衍成文，全無當於實事。想伊等草茅新進，未登仕籍，於事務不能曉徹，此亦無怪其然。今將此條策問發與九卿翰林科道閱看，伊等服官有年，非來自田間者可比，可悉心籌畫，各抒所見，具折陳奏，候朕裁度。若無所見，亦不必勉強塞責。至外省督撫，寄重封疆，諒已籌算有素，並著各據所見，具折奏聞。務期毋隱毋諱，以副朕集思廣益之意。」

此為臨軒發問，不得要領，再徵內外清要大僚意見之事實。是科一甲三人：金甡，狀元，浙之仁和人，榜眼楊達曾、探花湯大紳，皆蘇之陽湖人，一時羨科第之榮。其實廷對碌碌，無裨實用，此見科目之非必得才，而成才實資閱歷，未必閉戶讀書，真能知天下事也。既而言者紛然，又妄有揣摩，以為帝意求取民善法，除加賦而別計殖財，竟未信天子實有官民兼恤之心，只問火耗之當徵不當徵，非有他

意，遂復遭申飭，而清一代慎重於加賦之意愈見。

是月乙巳諭：「各省辦理火耗，朕恐有不便於民，是以於廷對時入於策問之內，乃諸生無所敷陳，甚且有不知耗羨為何事者。又降旨詢問九卿、翰林、科道並督撫等，庶幾合眾論以求一是，此朕集思廣益之意，諸臣如有所見即就事敷奏，待朕採擇。如無所見，亦不必勉強塞責，所降諭旨甚明。乃近見諸臣奏對，竟有於耗羨一事之外，旁牽側引，所答並非所問；即說到耗羨，亦究竟不知原委，萬難見諸施行。甚至潘乙震之請開捐，路斯道之請鑄幣，尤為荒謬之極。諸臣沾沾以國用為言，竟似國用實有不足，不得不從權計議者。此風一開，將見言利之徒接踵而起，其為害甚大，豈止有妨政體而已。不但諸臣不當揣摩及此，陳奏紛紜，即專司錢糧之臣，惟應通計出入，平準制用，亦不當托言國計，徒以綜核為盡職也。因係降旨詢問導之使言，故雖乖謬，特從寬宥。此後再有節外生枝悖理傷道者，必從重治罪以為妄言之戒。」

於是廷臣商榷甚久，又逾半年以上，至十一月乙丑，由大學士等歸納內外諸臣覆到各奏，統為一議，奏略如下：

奏略言：「耗羨歸公，法制盡善，不可復更，眾議僉同。其間有一二異議者，皆系不揣事勢不量出入之論。伏思耗羨由來已久，弊竇漸生，世宗憲皇帝允臣工所請，定火耗歸公，革除州縣一切陋習，各該省舊存火耗，提解司庫，為各官養廉及地方公事之用。從此上官無勒索，州縣無科派，小民無重耗，以天下之財，為天下之用，國家毫無所私，可以久遠遵行，弗庸輕

改。至總督高斌、孫嘉淦等請耗羨通貯藩庫，令督撫察核，仍復年終報部之例。查各省動用存公銀，款項繁多，若未悉情形，既行飭駁，勢必掣肘。若竟聽其任意費用，則侵濫之弊，無從剔除。惟送部查核，諸弊可釐，應如所請行。」

此為內外眾議，覆由大學士取為定論，請定永遠遵行。得旨略如下：

錢糧有耗羨，事勢必不得已。未歸公以前，賢者兢兢守法，不肖者視為應得，盡入私囊。一遇公事，或強民輸納，或按畝捐派，無所底止。州縣以上官員，養廉無出，收受屬員規禮節禮，以資日用。州縣有所藉口，恣其貪婪，上官瞻徇而不敢過問，甚至以饋遺之多寡，為黜陟之等差，吏治民生，均受其弊。我皇考定歸公之例，就該省舊收之數，歸於藩司，酌給大小官員養廉，有餘則為地方公事之用。小民止循舊有之章，有輕減無加益也。而辦公有資，捐派不行，賢者無用矯廉，不肖不能貪取，愛養黎元，整飭官方，並非為國用計而為此舉。以本地之出，供本地之用，國家並無所利於其間。然通天下計之，耗羨敷用之處，不過二三省，其餘不足之處，仍撥正供以補之，此則臣民未必盡知者。此十數年中辦理耗羨之梗概。朕御極以來，頗有言其不便者，是以留心體察，並於今年廷試，以此策問諸生，諸生敷衍成文，無當實事，於是降旨詢問九卿、翰林、科道並各省督撫。今據回奏，大抵以官民相安已久，不宜覆議更易，其中偶有條陳一二事者，不過旁枝末節，無關耗羨歸公本務。朕再四思維，州縣所入既豐，可以任意揮霍，上司養廉無出，可以收納饋遺。至於假公濟私，上行下

效，又不待言矣。向朕所聞，未必不出於願耗羨在下以濟其私者之口。朕日以廉潔訓勉臣工，今若輕更見行之例，不且導之使貪，重負我皇考惠民課吏之盛心乎？此事當從眾議，仍由舊章，特頒諭旨，俾中外臣民知之。餘著照大學士等所議行。」

於是火耗與正賦，並明載由單串票。養廉自督撫至雜職，皆有定額，因公辦有差務，作正開銷，火耗不敷，別支國庫，自前代以來，漫無稽考之贍官吏，辦差徭，作一結束。雖未能入預算決算財政公開軌道，而較之前代，則清之雍乾可謂盡心吏治矣。因此事利弊複雜，再舉當時贊否兩方議論之工者作一比較，俾是非可了然焉。

《史稿‧錢陳群傳》：「及敕詢州縣耗羨，疏言：康熙間，州縣官額錢糧，收耗羨一二錢不等，陸隴其知嘉定縣，止收四分，清如隴其，亦未聞全去耗羨也。議者以康熙間無耗羨，非無耗羨也，特無耗羨之名耳。世宗出自獨斷，通計外吏大小員數，酌定養廉，而以所入耗羨，按季支領，吏治肅清，民亦安業。特以有徵報收支之令，不知者或以為加賦。皇上詢及盈廷，臣請稍為變通，凡耗羨所入，仍歸藩庫，各官養廉及各州縣公項，如應支給，其續增公用名色，不能劃一，多寡亦有不同，應令直省督撫，明察某件應動正項，某件應入公用，分別報銷。各省州縣，自酌定養廉，榮悴不一，其有支給者，應令督撫確察量增，俾稍寬裕。仍飭勿得耗外加耗，以重累民。則既無加賦之名，並無全用耗羨辦公之事。州縣各有贏餘，益知鼓勵。」

據此知康熙間不歸公之耗羨，以陸清獻之清，只取每兩四分，是

為康熙朝有清官。至養廉既定，就吾所見清末之吾鄉武進、陽湖二縣，每兩不過三分，嘉定亦賦重糧多之縣，斷不亞於武、陽，而猶非每兩四分不能給，則有耗羨以後之州縣，其清有過於陸清獻，而決不得謂之清官，是為雍正朝無清官矣。不均者重行支配，公事多者並動正項報銷，辦公且不全仰耗羨。是即諭旨中申定之意。蓋即自錢文端發之。其極指耗羨歸公為大弊者則如下：

　　又〈柴潮生傳〉：「疏言：耗羨歸公，天下之大利，亦天下之大弊也。康熙間，法制寬略，州縣於地丁外私徵火耗，其陋規匿稅亦未盡釐別。自耗羨歸公，一切弊竇悉滌而清之，是為大利。然向者本出私徵，非同經費，其端介有司，不肯妄取，上司亦不敢強，賢且能者則以地方之財，治地方之事。故康熙循吏多實績可紀，而財用亦得流通。自耗羨歸公，輸納比於正供，出入操於內部，地丁公費，除養廉外無餘剩。官吏養廉，除分給幕客家丁修脯工資，及事上接下之應酬，與馬蔬薪之繁費，亦無餘剩。地方有應行之事，應興之役，一絲一忽，悉取公帑。有司上畏吏、兵二部之駁詰，下畏身家之賠累，但取其事之美觀而無實濟者，日奔走之以為勤，故曰天下之大弊也。夫生民之利有窮，故聖人之法必改。今耗羨歸公之法，勢無可改，惟有為地方別立一公項，俾任事者無財用窘乏之患，而後可課以治效之成。臣請將常平倉儲，仍照舊例辦理，捐監一項，留充各省公用，除官俸兵餉，動用正項，餘若災傷當拯恤，孤貧當養贍，河渠水利當興修，貧民開墾當借給工本，壇廟祠宇橋梁公廨當修治，採買倉穀價值不敷，皆於此動給，以地方之財治地方之事。如有大役大費，則督撫合全省而通融之，又有不足，則移鄰省而協濟之。稽察屬司道，核減屬督

撫，內部不必重加切核，則經費充裕，節目疏闊，而地方之實
政皆可舉行。設官分職，付以人民，只可立法以懲貪，不可因
噎而廢食。唐人減劉晏之船料而漕運不繼；明人以周忱之耗米
為正項，致遺負百出，路多餓殍。大國不可以小道治，善理財
者固不如此。此捐監之宜充公費也。」

　　潮生此疏，〈食貨志〉謂其獨指耗羨歸公之弊，並乾隆七年廷議耗
羨而言之。其實潮生奏在十年，所陳理財三策，此乃捐監宜充公費之
一策，故言耗羨歸公，法無可改。但有司無寬餘任用之資，治地方一
切之事，咎耗羨歸公之約束太嚴，其說絕不可行。必欲財政不為法
拘，仍當立活動之法。所謂國稅、地方稅之分款，預算、決算之逐年
制定，人民有權監督財政，尤為根本。既不當徒咎耗羨之歸公，更不
當指捐監為不竭之財源，成永久之裨販。捐監隨人所願，既無的數可
定，監生盡出捐納，太學之制已亡，盡人皆為監生，久久又誰甘捐此
濫品？其立想已非通論。故凡不願耗羨歸公者，皆非通達政體之言
也。清世最重民生，其蠲免賦稅，至不待凶歉，而以豐年留民餘力，
頗似漢之文景。康熙五十年以後，每用三年一周普免天下錢糧之法，
所謂「百姓足君孰與不足」，康、雍、乾三朝頗知其旨矣。

第三節　武功之繼續一——收青海及喀木

　　前於〈綏服蒙古篇〉，已言準噶爾之侵掠外蒙，適為清代效驅除之
力。準噶爾為四衛拉特之一，其強盛在噶爾丹為酋長之時。以前自明
末以來，則以和碩特為四衛拉特之首。四衛拉特本以天山之北，阿爾
泰山之南，為其聚牧之地。和碩特汗圖爾拜琥本元太祖弟哈布圖哈薩
爾十九世孫，哈布圖哈薩爾之八世孫烏嚕克特莫爾，始分為和碩特

部，又九傳至博貝密爾咱，始稱衛拉特汗。衛拉特明人謂之瓦喇，原
非元代帝室之裔，至和碩特入居之，則衛拉特中有元之帝裔矣。始居
烏魯木齊，即後設迪化府，為新疆省城地。圖爾拜琥為博貝密爾咱之
孫，又稱顧實汗，襲據青海，遂徙牧焉。青海本古西羌，唐以後為吐
蕃地。吐蕃亦分四部：一曰青海；二曰喀木，即今西康；三曰藏，亦
稱前藏；四曰後藏。顧實汗既襲青海，並取喀木。吐蕃後音轉為圖伯
特，又作唐古特。唐古特故有王，明末時為藏巴汗。其時黃教已盛，
而藏巴不尊信之。四世達賴喇嘛雲丹嘉穆錯之第巴，乞兵於顧實汗，
入藏攻殺藏巴汗，以達賴、班禪二喇嘛分主前後藏黃教，而以其長子
達延統藏地為汗。於是唐古特為和碩特蒙古所有。傳至達延之孫拉藏
汗，為準噶爾策妄阿喇布坦所襲殺。其時第六世達賴喇嘛真偽發生糾
紛，中朝順青海部人信仰，與其族拉藏汗被戕之仇，用青海為出兵根
據地，逐準噶爾據藏之將，納青海所奉之達賴喇嘛入藏地安禪，事在
康熙六十年，詳前〈定西藏篇〉。斯時中朝為青海伸其達賴喇嘛之信
仰，為和碩特復其拉藏汗被戕之仇，用拉藏遺臣仍理藏地政務，可謂
有惠於青海和碩特矣。乃至世宗嗣位，青海又叛。青海顧實汗卒於順
治十三年，其子在青海者為鄂齊圖汗，亦為噶爾丹所破。自此為準噶
爾稱強於四衛拉特之時，四衛拉特皆受其壓制。康熙三十六年，聖祖
既大勝準部，噶爾丹走死，和碩特台吉扎什巴圖爾等請覲，諭以「天
暑未便，至秋涼來朝」。扎什巴圖爾為顧實汗親子，特封以親王爵，餘
諸青海台吉授貝勒、貝子、公爵有差，又預定藏功、青海復振。準部
憚中朝，不敢蹂青海，止戕顧實汗後人拉藏汗於藏地。扎什巴圖爾之
子羅卜藏丹津，既襲親王爵，從大軍入藏歸，感覺唐古特本皆和碩特
部屬，己又顧實汗嫡孫，思復先世霸業，反結準噶爾策妄阿喇布坦為
助，於雍正元年夏，誘青海諸台吉盟於察罕托羅海。令去清廷所授
王、貝勒、貝子、公等爵，各用所部故號為台吉，自號達賴琿台吉以

統之。諸台吉中，察罕丹津為顧實汗曾孫，雍正元年，以補敘定藏功，由郡王晉和碩親王，與羅卜藏丹津埒。額爾德尼額爾克托克托鼐，亦顧實汗曾孫，由貝勒晉郡王。二人者，均不從叛謀，餘多附逆，或被脅從，遂以兵掠不附者。察罕丹津及額爾德尼及兩人所屬，先後來歸，處之蘭州甘州境內。署撫遠大將軍貝子延信以狀聞，詔遣駐西寧之侍郎常壽諭和羅卜藏丹津。常壽尋疏報抵青海，羅卜藏丹津不從詔。十月，敕授年羹堯撫遠大將軍，改延信為平逆將軍，而羅卜藏丹津亦執使臣常壽，筆帖式多爾濟死之，遂寇西寧，為守將所敗。年羹堯旋奏迭敗來犯之敵，亦奏青海台吉以下被脅者屢次率屬來歸，又奏羅卜藏丹津送侍郎常壽回營，詔拿解西安監禁。時青海有大喇嘛，曰察罕諾們汗者，自西藏分支，住持塔爾寺，為黃教宗。羅卜藏丹津誘使從己，於是遠近風靡，遊牧番子喇嘛等二十餘萬同時騷動。二年正月甲申諭：「逆賊羅卜藏丹津一事，喇嘛等理宜善言開導，令不致起事，戕害生命，是為維持佛教。如不能，亦應呈明該將軍等，閉戶安居，豈意反助背逆之人，糾合數千喇嘛，手持兵刃，公然抗拒官兵，及潰敗猶不降順，入廟固守，以致追殺覆滅，有玷佛教甚矣。欽惟太宗時，第五輩達賴喇嘛遣使入覲，極為恭順，世祖時又延至京師，蒙被殊禮。百年以來，法教興隆，皆我朝之恩賜。準噶爾寇犯招地，殺僧毀廟，聖祖遣師恢復，重安達賴喇嘛法座，佛教復興。如此隆恩，喇嘛並不感激，反助悖逆之人，兇惡已極，於佛門之教尚可謂信受奉行者乎？將朕此旨，遍諭各處寺廟喇嘛，並住居蒙古扎薩克處之大小喇嘛知之。」

觀清世之待遇喇嘛，純以宗教操縱蒙藏，非為佞佛。下此諭後越數日，年羹堯奏：「張家胡土克圖之胡必爾汗，原住西寧東北郭隆寺，屬下喇嘛甚多，又傳令東山一帶番人於正月十一日齊集拒戰。遣提督岳鍾琪進剿，轉戰數日，毀寨十七，焚屋七十餘所，前後殺傷賊眾

六千餘名，隨毀郭隆寺。張家胡土克圖之胡必爾汗，眾喇嘛預先攜往大通、河西、雜隆地方，將達克瑪胡土克圖正法。」凡此皆與元明以來崇信番僧之風大異。

是月以十二日丁亥，始命岳鍾琪為奮威將軍專征青海。蓋以郭隆寺之役，兵止三千，破敵萬餘，大將軍年羹堯喜謂鍾琪：「上知公勇，將命公領萬七千兵，直搗青海，約四月啟行何如？」鍾琪曰：「青海無慮十萬，我以萬七千當之，宜乘其不備，且塞外無畜牧所，不可久屯，願請精兵五千，馬倍之，二月即發。」羹堯以奏，帝壯之，故有此命。如期以二月八日出塞，中途見野獸群奔，知前有偵騎，急麾兵進，果擒百餘，又殲其守哈達河之敵二千。於是敵無哨探，蓐食銜枚，宵進百有六十里，二十日黎明抵烏蘭穆和兒敵帳，敵尚臥，馬未銜勒，聞官軍至，驚不知所為，則皆走，生擒羅卜藏丹津母阿爾太哈屯及其妹夫克勒克濟農藏巴吉查等，並男女牛羊無數。二十二日至柴旦木，羅卜藏丹津率二百餘人竄越戈壁，北投準噶爾。擒獲倡亂之黨吹喇克諾木齊、阿喇布坦鄂木布、藏巴札木等，八台吉之助亂者皆就擒，青海部落悉平。自出師至平定，僅十五日。三月初九日癸未奏至，次日即封年羹堯一等公，加一精奇尼哈番，即子爵。岳鍾琪三等公。

五月戊辰，二十六日。王大臣等遵旨議善後事宜，悉據年羹堯奏請十三條：（一）青海各部落人等，分別功罪，以加賞罰。拒逆投誠隨軍效力之王、台吉，均加封爵；俘獲後效力悔過後投誠之台吉，留原封爵；擾亂內地者革爵；助逆久而投誠者降爵。（二）青海部落，分別遊牧、居住，如內札薩克例，百戶置佐領一，不及百戶為半佐領。該管台吉俱為札薩克，揀選其弟兄內一人為協理台吉，下設協領、副協領、參領各一，每參領設佐領、驍騎校各一，領催四。一旗有十佐領以上，添副協領一。每兩佐領，酌添參領一。歲會盟，奏選盟長，不

准私推。（三）朝貢交易，按期定地。貢期自明年始，三年一班，分三班，九年而周，自備駝馬，由邊入京。市易以春秋二仲月，集西寧、四川邊外那拉薩拉地。官兵督視，有擅入邊堡者治罪。（四）羅卜藏丹津所屬吹宰桑，察罕丹津從子丹衷部下宰桑色布騰達什等率眾降，各授千、百戶等官，就地住牧。（五）喀爾喀及厄魯特四部之非和碩特者，不屬青海。諸部向錯居青海，為所屬。今乘兵威，將喀爾喀、土爾扈特、準噶爾、輝特各部人，照青海例編旗，分佐領，添設札薩克，分青海之勢，而益令各族台吉感恩。（六）西番宜屬內地管轄。陝西之甘州、涼州、莊浪、西寧、河州，四川之松潘、打箭爐、里塘、巴塘，雲南之中甸等處，自明以來，或為喇嘛耕地，或納租青海，惟知有蒙古，不知有廳、衛營伍官員。今西番歸化，應添設衛所，將番人心服頭目，給予土司千、百戶，土司巡檢等職分管，仍轄於附近道廳及添設衛所。（七）青海等處宜加約束。青海、巴爾喀木即康，今稱西康。藏、危即衛，即後藏。乃唐古特四大部。顧實汗據此，以青海地廣可牧畜，喀木糧富，令子孫遊牧青海，而喀木納其賦。藏、衛二處，原給達賴、班禪二喇嘛，今因青海叛逆，取其地交四川、雲南官員管理。達賴喇嘛向遣人赴市打箭爐，馱裝經察木多、乍雅、巴塘、里塘，向各處居住之喇嘛索銀有差，名曰鞍租，至打箭爐始納稅。應飭達賴喇嘛勿收鞍租，打箭爐亦免其稅，歲給達賴茶五千斤，班禪半之。（八）喇嘛廟宇定例稽察。西寧各廟，喇嘛多者數千，少者五六百，易藏奸。番民納租稅於喇嘛，無異納貢。喇嘛復畜盔甲器械，羅卜藏丹津叛，喇嘛率番眾為抗官兵。應於塔兒寺選老成喇嘛三百名，給予印照，令守清規。嗣後歲察二次，廟屋不得過二百間，喇嘛多止三百，少者十餘。令首領喇嘛具甘結存檔。番民糧賦，令地方官管理，量各廟歲用給之。（九）邊防宜嚴界限。陝西邊外河州、西寧、蘭州、中衛、寧夏、榆林、莊浪、甘州等處，水草豐美，林麓茂

密，棄此不守，蒙古遂占大草灘之地，將常寧湖為牧廠，各處相通，竟無阻礙。應於西寧北川邊外上下白塔等處，自巴爾扎海至扁都都口，修邊牆，築城堡，令西番據攘之區，悉成內地。又肅州之西洮賚河、常瑪律、鄂敦他拉等，俱膏腴地，應令民人耕種。布隆吉爾地方修城駐兵之後，即安西州。漸至富饒。至寧夏險地，無過賀蘭山。即阿拉善。顧實汗裔，舊遊牧山後，今竟移至山前，應令阿拉善札薩克郡王額駙阿寶，飭屬歸阿拉善後，其山前營盤水、長流等處，悉為內地。（十）甘州、西寧等處，添設官弁營汛。青海巴爾虎鹽池，自古原系內地，蒙古等至西藏噶斯等處，所必經過，應速取回。所設總兵、副將、參、游、都、守、千把等官，各有汛地及所管兵額。詳《東華錄》。西寧改設同知，移原設之通判駐鹽池，辦理稅務。（十一）打箭爐等處亦添設官弁。青海既平，應並收喀木。除羅隆宗之東察木多、乍雅地方，俱隸胡土克圖管轄外，諸番目悉給印照，與內地土司一體保障。打箭爐外各處添設總兵、副、參、游、守、千把，各定汛地兵額，統轄於新設總兵，詳《東華錄》。以為川、滇兩省聲援。青海屬左格諸番，急移內地。阿巴土司頭目墨丹住等，從剿有功，應給安撫司銜，不隸青海轄。又黃勝關外設副、游、都、守、汛地兵額，詳《東華錄》。隸松潘總兵轄。里塘添設同知，管理兵糧，收納番民貢賦。南至滇，北至陝，俱可援助。（十二）邊地弁兵歸併裁汰。西寧寧夏等處外有添設之兵，及川省內地，均可裁省兵弁。詳《東華錄》。（十三）開墾邊內地方。西寧邊牆內大通地方，俱屬可耕之田，可招西寧人民及駐大通兵丁之子弟親戚，願往種地者。布隆吉爾遠在邊外，願去者少，行文刑部，發直隸、山西、河南、山東、陝西五省僉妻軍犯，除賊盜外，即發往，令地方官動支正項錢糧，買給牛具籽種，三年後照例起科。又定禁約青海十二事，前六事即善後事宜中所有；其餘六事：（甲）背負恩澤，必行剿滅。（乙）內地差遣官員，不論品級大小，若捧諭旨，王公

等俱行跪接；其餘相見，俱行賓主禮。（丙）恪守分地，不許強占。
（丁）差員商賈往過，不許搶掠。（戊）父歿不許娶繼母，及強娶兄弟
之婦。（己）察罕諾們汗喇嘛廟內，不得妄聚議事。

雍正初，因康熙間西陲兵事餘勢，本備對準部，而適值青海和碩
特反結所仇之準部先動。世宗命將得人，以五千之眾，疾驅人數十萬
之蒙族及喇嘛勢力中，用十五日之期間決之，青海下而喀木與為一
家，盡收為設官置戌布政宣威之地，較之康熙間綏服外蒙，縝密過
之。又於其間盡復漢唐故疆，明代所陷於蒙古者西寧並邊玉門關內
外，悉為郡縣奧區。北則逼視伊犁，南則直接藏衛，遂開平定新疆治
理藏地之路。

第四節　武功之繼續二——再定西藏

羅卜藏丹津之奔準噶爾也，朝命準部歸之，不奉命。準噶爾自噶
爾丹之死，從子策妄阿喇布坦報宿憾傾噶爾丹，得收準部故地。漸有
貳志，襲西藏，戕和碩特裔，旋又勾通為變，事敗而納其亡。情態已
極反側，然未敢公然為寇。雍正朝雖亦命將征之，始失利而後獲勝，
卒亦未奏大功。延至乾隆二十年，而後結羅卜藏丹津之案。此當專述
於後篇。今先詳雍正中兵事之有結果者。

康熙末既定西藏，以和碩特拉藏汗舊臣第巴康濟鼐理前藏務，頗
羅鼐理後藏務。同時封康濟鼐及同為第巴之阿爾布巴，皆為固山貝
子，隆布鼐為輔國公，同理前藏。頗羅鼐則封為札薩克一等台吉，理
後藏務；各授噶卜倫。噶卜倫為唐古特高官，總理藏務者。定前藏設
四噶卜倫，謂之四相。蓋自拉藏被戕以後，藏無汗，以噶卜倫共理
之。雍正元年，詔給第六世達賴喇嘛冊印，別賜敕司噶卜倫務，則達
賴喇嘛亦兼一行政長官之職。既平青海，於喇嘛頗有淘汰。三年撤大

軍還,以康濟鼐總藏務,阿爾布巴副之。是時年羹堯失帝意,於羹堯所奏唐古特善後事宜,多有挑剔。阿拉善札薩克朝駙阿寶忽稱被羹堯蔑視,曲加慰諭。羹堯已請勅阿寶讓出山前,歸牧山後,於奏善後事宜中,已荷世宗獎允,忽又允阿寶請,以青海貝子丹忠所遺博羅充克牧地給之,並鈐青海族屬,且諭羹堯遣員齎餉助徙牧。博羅充克,即《漢書·地理志》稱湟水。又責羹堯不恤青海王公窮窘,給以萬金太薄。務損羹堯威信,以市恩於諸王公。既而以羹堯表文中「夕惕朝乾」語發難,奪大將軍,使為杭州將軍,旋賜死。此別有故,詳余《世宗入承大統考實》,不具錄。而諸王分邀一時之賞齎,原無足重輕,惟阿寶則於七年,以博羅充克牧地隘,擅請再徙烏蘭穆和兒及額濟內河界,議削爵,尋復其爵,而仍歸阿拉善牧地,不許復居青海,則仍用羹堯原定,固知羹堯規劃為有方,世宗指摘為別有用意。小小波折,去一羹堯而邊計非有出入也。而唐古特之喀木部,則於三年亦改羹堯原議,以察木多以東為內地,以西羅洛宗等部仍屬唐古特。此則緣準部方張,意在聲討,且將內徙達賴、班禪以避之。準部平而唐古特自在掌握,當時未至其會也。而其時所委以與唐古特者,則以康濟鼐及阿爾布巴為治理全藏及喀木半境之首長。未幾康濟鼐被戕,而藏地又擾。

　　第五世達賴喇嘛之昏憒,造成康熙間蒙古數十年之患。援立一青海所信之胡必勒罕為第六世達賴喇嘛。喇嘛年幼,以其父為保護人。康濟鼐總藏務,為噶卜倫之首。諸噶卜倫忌之,達賴之父索諾木達爾札,娶噶卜倫隆布鼐之二女,隆布鼐特與達賴喇嘛姻,益聳動阿爾布巴不服康濟鼐,其黨札爾鼐附之。後藏之阿里地,廷議令康濟鼐自擇人代為治理,康濟鼐遵旨議以其兄喀錫鼐色布登喇什為阿里總管。三年四月,既調年羹堯為杭州將軍,以岳鍾琪為川陝總督。鍾琪奏分喀木西境仍隸唐古特,轄於其噶卜倫,世宗允之。遣副都統鄂齊往諭達賴喇嘛。五年正月,鄂齊奏唐古特情狀,恐阿爾布巴以下陰險黨附,

構達賴與康濟鼐不睦，請罷隆布鼐、札爾鼐，翦阿爾布巴羽翼。諭但令達賴偕康濟鼐、阿爾布巴和衷。齎諭之臣，以副都統瑪拉、內閣學士僧格往，二臣遂駐藏，為駐藏設大臣之始。時康濟鼐與準噶爾構兵，阿爾布巴、隆布鼐、札爾鼐等結合前藏頭目，於是年六月，戕康濟鼐。後藏噶隆即噶卜倫。扎薩克台吉頗羅鼐奏聞，並稱阿爾布巴等發兵來侵，被臣殺傷無算，今率後藏軍民前往剿捕，乞援。帝命陝西各路及四川、雲南各派兵馬候調。既知康濟鼐被戕，由西藏噶布倫彼此不睦，準噶爾策妄阿勒布坦尚未有窺伺之意，命撤備。十月，諭遣學士班第傳示岳鍾琪，令擇員入藏，密告駐藏之瑪拉、僧格二臣，聽頗羅鼐征剿阿爾布巴，毋為阿爾布巴所惑，從中講和，轉致頗羅鼐受害。十一月，乃命四川、陝西、雲南各遣兵進藏，以左都御史查郎阿、副都統邁祿經理一應軍務。頗羅鼐知有援兵，藏中人心已震動厭亂，於六年五月，率部至前藏界，藏斥候兵皆從之，鼓行而前，駐藏大臣瑪拉、僧格，即往布達拉地守護達賴喇嘛。頗羅鼐兵圍布達拉。越日，各廟喇嘛自擒獻阿爾布巴、隆布鼐、札爾鼐等。查郎阿抵藏，會同瑪拉、僧格及頗羅鼐鞫阿爾布巴等罪俱實，誅之，藏地平。奏令頗羅鼐總理後藏事，其先康濟鼐所舉其兄喀錫鼐色布登喇什於阿爾布巴來侵後藏時，已戰歿，至是由頗羅鼐代，而令舉二人理前藏，暫由頗羅鼐兼轄前、後藏，俟達賴喇嘛移居里塘事畢，乃回後藏。達賴至里塘，建噶達寺居之。蓋將討準噶爾，防其襲殺篡取達賴為奇貨也。當是時，朝廷威德已足震懾西藏，達賴喇嘛私其父，於噶卜倫有所親疏，致相殘害而為亂，其實未敢叛中朝，駐藏大臣居其間亦無恙。帝先敕二臣勿居間妨頗羅鼐事，即足平亂，出兵乃助頗羅鼐聲勢便早集事耳。從此中朝設官常駐治藏，與元明時之敬仰番僧者大異矣。

第五節　武功之繼續三——取準噶爾

準部自康熙初代和碩特雄長四部厄魯特，旁掠諸部，東則喀爾喀外蒙，西則哈薩克及蔥嶺東西回部，南及唐古特，為最強悍之種族。自其酋長噶爾丹走死，策妄阿勒布坦旋即代興，既擾西藏，被逐回，入雍正朝陰結青海為變。世宗平青海，策妄阿勒布坦收納青海羅卜藏丹津，清廷詔索之，始終不奉命。雍正五年冬，策妄阿勒布坦死，子噶爾丹策零立，對清廷無賓服意，因謹防之。大軍再定藏地，噶爾丹策零使至，奏請入藏煎茶，清廷至徙達賴喇嘛入內地避之。七年二月，諭王大臣等議申討，諭文備詳本末，可明歷來史實。稍簡括其文如下：

《東華錄》：雍正七年二月癸巳，諭諸王、內閣、九卿、八旗大臣等：準噶爾噶爾丹、策妄阿勒布坦，世濟其惡。我朝定鼎，各處蒙古傾心歸順，已八十餘年。惟準噶爾一部落，逷居西北五千里外，擾亂離間眾蒙古。噶爾丹身為喇嘛，破戒還俗，娶青海鄂齊兒圖車臣汗顧實汗兄拜巴噶斯之子。之女為妻，即阿努。後又潛往青海，賊害妻父，擄其屬人。續因喀爾喀七旗內彼此稍有嫌隙，奏懇聖祖仁皇帝為之和解，因遣大臣同達賴喇嘛使者前往。噶爾丹遣人暗探消息，遂以喀爾喀卑視達賴喇嘛使人為辭，遣伊族內微末台吉多爾濟查布，將喀爾喀汗、台吉等肆辱。喀爾喀汗等怒彼狂悖，將彼殺害，遂稱殺害伊弟多爾濟查布，猝擊喀爾喀眾潰，紛紛來投，聖祖仁皇帝施恩養育。遣使往諭噶爾丹，與喀爾喀和好。拒噶爾丹借追襲喀爾喀之名，入犯邊汛。仁皇帝遣使責問，噶爾丹設誓撤兵，乃並不歸伊牧

所，潛居克爾倫圖拉，暗行窺伺。仁皇帝復降旨諭回原牧，佯稱遵旨，仍潛掠沿邊蒙古畜牧，蒙古不獲安居。我皇考遂親統大兵，聲罪致討，噶爾丹接戰大敗，妻子被擒，窘迫自殺。彼時恐有黷武之議，因而中止。噶爾丹之姪策妄阿喇布坦與伊叔不睦，帶領七人潛逃至吐魯番居住。聖祖以伊遁跡逃生，加以恩澤，伊當感激歸誠，將噶爾丹餘剩部落賞給策妄阿勒布坦，彼時策妄阿喇布坦甚為恭順。其後離間伊妻父圖爾古特即土爾扈特。之阿玉氣汗與其子三濟札布，誘三濟札布攜萬餘戶至伊牧處，因而強占入己。從此窺伺青海，被哈密駐兵擊敗遁回。又假黃教為名，潛兵入藏，殺伊妻弟拉藏汗，策妄後妻顧實汗曾孫女。毀寺廟，殺喇嘛，掠供器。是以特遣大臣往問，乃伊阻兵拒命，聖祖仍賜包容，令大兵緩進，遣使示以能悔過懇恩具奏，其時另降諭旨。朕紹登大寶，伊雖遣使求和。朕諭來使分析利害，又恐伊心懷疑貳，將兩路大兵盡撤。伊因此愈生驕傲，於定界一事妄欲侵占。朕又向來使降旨，令告知伊定界實於伊有益，如遵旨即遣使具奏，不遵亦必遣使前來，乃伊並不回奏。伊旋身故，伊長子噶爾丹策零使來，奏聞伊父已經成佛，又稱：「欲使眾生樂業，黃教振興。」此豈噶爾丹策零應出之語？伊欲求和，應代伊父謝罪懇恩，送回青海叛逃之羅卜藏丹津，乃敢以如許誕妄之詞見之陳奏。聞策零甚屬兇暴，西藏阿爾布巴等罪狀，皆因與伊處相近，而羅卜藏丹津原係姻戚，彼此相依，倉猝窘迫時，必有投奔準部之計，因頗羅鼐奮勇截其去路，未得前進，即被擒獲。今朕已將來使遣回，若伊遵旨陳奏，臨時裁奪降旨；儻仍前玩抗不恭，將來必生事妄為。西北兩三路大兵盡撤，如許安享太平之喀爾喀等，及安插妥帖之青海、西藏，必被擾害，甚屬可慮。此乃聖祖皇考注意未完之

事，仰賴天、祖福佑，帑充兵奮，可以舉行。遲疑不決，定貽後悔。此朕一人之見。用兵大事，不可輕率，著各抒所見，公同密議具奏。尋議乞命將興師。得旨：眾議僉同，即著辦理。

　　以上論旨中留其有關事實，而略其故示威德之空文。又其述準部先世源流與《明史》不合，與《蒙古源流》亦不合。《朔漠方略》具載論文，張穆《遊牧記》中已辨正之，謂準部未平，中朝傳聞未審。乾隆時撰《蒙古王公傳》所敘即不如此，故刪之。

　　三月丙辰，命領侍衛內大臣三等公傅爾丹為靖邊大將軍，北路出師，川陝總督三等公岳鍾琪為寧遠大將軍，西路出師，征討準噶爾。六月，上御太和殿，命大學士捧敕印授大將軍傅爾丹出征，官吏行禮畢，上率大將軍等詣堂子行禮，吹螺於兵部，大纛前行，禮畢，遂御長安門外黃幄，大將軍等佩弓矢跪辭，以次行跪抱禮，上親視大將軍等上馬啟行。其進兵攻戰之期，則猶定在明年也。十月十三日甲寅，岳鍾琪自巴爾庫後改巴里坤，又改鎮西府，復為廳。奏：「噶爾丹策零使臣特磊於十月初六日至軍營言，原解送羅卜藏丹津前來，聞總督有兵從哈密來，是以請示策零，將羅卜藏丹津仍回伊犁，輕騎齎折前來，語難憑信。」得旨：差員伴送至京。初六由巴里坤發折，十三日已奉旨，當時驛遞亦甚速。八年五月諭：「準噶爾藏匿羅卜藏丹津，發兵致討，期於今年直搗伊犁。今噶爾丹策零遣使特磊奉表陳奏，謂已解送羅卜藏丹津，聞兵信暫中止。若赦其已往，即行解送。朕欲將進兵之期，暫緩一年，遣回特磊，並差大員往諭準噶爾，受封定界，敦族睦鄰，送出逃匿。俟特磊起身後，著岳鍾琪、傅爾丹及參贊大臣等來京，應行事宜，著詳議具奏。」尋議：「由傅爾丹知會岳鍾琪先後到京，會同商酌。」

《聖武記》謂噶爾丹策零之將解送羅卜藏丹津，以羅卜藏丹津與其族羅卜藏舍楞謀殺噶爾丹策零，事覺被執，故使特磊表獻，聞師出而止。此說不確。羅卜藏丹津依準部三十餘年，至乾隆二十年伊犁平，乃就俘，高宗待以不死，且授其二子藍翎侍衛，則其久依準部，非有相謀之際。至羅卜藏策凌乃噶爾丹策零妹夫，其棄噶爾丹策零將內附，且敗噶爾丹策零之追兵，亦傅爾丹所得諜傳，不足信。解送之說，乃詭詞以玩中朝耳。傅爾丹所奏諜言，在九年六月，尤非此時事，乃其敗績前數日所奏也。

兩路大將軍方入覲，噶爾丹策零已令其宰桑褕木特以兵二萬至科舍圖汛，謀掠牛馬，總兵樊廷等禦卻之。九年四月，傅爾丹築城科布多，於五月初六日身至築城處，據侍衛巴爾善等所獲準部蘇爾海丹巴一名供稱：「噶爾丹策零遣其將大小策零敦多卜以兵三萬來犯，小策零敦多卜已至察罕哈達，大策零敦多卜兵未到，見到者止二萬餘名。而噶爾丹策零恐哈薩克聞訊乘虛來攻，分兵兩處各萬人防守，噶爾丹策零遊牧處，兵丁不過二千自保。」又供：「噶爾丹策零前令其妹夫羅卜藏策零率兵防哈薩克，羅卜藏策零自率其屬歸順中朝，噶爾丹策零又派兵追之，為所敗，續遣兵再追，因此大策零敦多卜延不得至。」傅爾丹信之，迭次具奏，並稱選兵萬人，輕裝由科布多河西路以六月初九疾進，途次復迭獲準卒，語符前供。至七月丁卯，初六。尚諭大學士等，據傅爾丹奏羅卜藏策零來投，曾降旨緣路查問安置，今情形可疑，著密諭加謹防範。而傅爾丹已於六月二十日遇賊二萬餘，連日交戰被圍，陣亡副將軍巴賽、查弼納，將校死者甚眾，索倫蒙古兵皆潰，惟滿兵四千衛輜重，退渡哈爾哈納河。七月朔得還科布多者二千人。岳鍾琪聞北路被圍，使紀成斌進攻烏魯木齊，以分敵勢，敵已委

城先徙，無所得。詔降傅爾丹為振武將軍，以順承郡王錫保代之，斬
先遁之參贊陳泰，移科布多營退至察罕廋爾。又以瑪律賽馬撫遠大將
軍，屯歸化城，為後路援應。是役也，世宗張惶大舉，命將之禮極
隆，蓋狃於青海之驟勝，實未嘗得準部要領，與康熙間朔漠之功大
異。康熙時，噶爾丹轉歐喀爾喀來投，而策妄阿喇布坦已絕噶爾丹之
歸路，聖祖皆先得其情而投其間。雍正時準部無間可投，彼之行詐，
將帥茫然。夫無間可用，雖有良將，勝敗亦在相持之數，況命將又為
蠢蠢之傅爾丹耶？

> 《史稿・傅爾丹傳》：「頎然岳立，面微頳，美鬚髯。其為大將
> 軍，廷玉，張。實薦之。鍾琪嘗過其帳，見壁上刀槊森然，問安
> 用此？傅爾丹曰：『此吾所素習者，懸以勵眾。』鍾琪出曰：『為
> 大將，不恃謀而恃勇，敗矣！』」此據《先正事略・岳鍾琪事
> 略》載入。

時青海部落以防準部設汛，亦乘間叛。雖由其本部未叛之王、台
吉，自相追捕，已頗紛擾。世宗撫論甚至，謂：「蒙古係元後，準部係
奴僕，投中朝則爵賞稠疊，投準部則徒受虐使。」前後封賞勸導，而準
部亦遣間誘煽，蒙古台吉頗有從叛者。西藏亦以防準部故，再內徙達
賴喇嘛至泰寧。九年八月，西藏貝勒頗羅鼎奏報：「準噶爾欲送回拉藏
之子蘇爾雜立為西藏汗。」諭以準夷殺害拉藏而擄其子，今稱送回，又
與往年噶夷遣策零敦多卜送回拉藏長子噶爾丹丹忠，遂襲藏而殺拉藏
如出一轍。令頗羅鼎以此宣諭唐古特眾。準部屢窺北路科布多，清廷
已命撫遠大將軍大學士瑪律賽由歸化城進扎圖拉等處會同喀爾喀王公
防守。九月，大策零敦多卜取道阿爾台迤東，略喀爾喀。土謝圖汗部
親王丹津多爾濟，三音諾顏部郡王額駙策凌，時皆以從征功授定邊副

將軍，迎擊準部，斬其驍將喀喇巴圖爾。大策零敦多卜退走，仍布文書誘厄魯特公、台吉等，多從叛者。清廷復諄諭未叛者省悟，賞丹津多爾濟銀萬兩，策凌晉和碩親王，亦賞銀萬兩。十年六月，小策零敦多卜率眾三萬犯北路。七月，傅爾丹接戰大敗，西路岳鍾琪之師亦久無功。論以鍾琪辦理軍務不妥，召還京。其先鍾琪奏軍十六條，諭謂：「一無可採。」又奏築城於巴里坤西北四百餘里之木壘，屯兵一二萬，與巴里坤大營犄角。城未成，敵眾已逼哈密，鍾琪遣總兵曹勷擊敗之於二堡，又遣將軍石雲倬等赴南山口、梯泉等處截敵歸路。云倬發兵遲一日，敵已竄越，鍾琪劾之。既治罪，而大學士鄂爾泰並劾鍾琪。得旨：削公爵及少保，降三等侯，戴罪立功。七月城成，大軍由巴里坤進駐木壘，而已奉召還之旨，以副將軍張廣泗護大將軍印。鍾琪奏木壘四面受敵，必不可駐大兵，詔速撤回巴里坤。廣泗並言鍾琪主用車戰敵準部馬力。論革鍾琪職，交兵部拘禁候議。越二年，大學士等覆訊擬斬決，得旨：改斬監候。

　　禮親王昭槤《嘯亭雜錄》：「岳威信公佩撫遠大將軍印。以入覲，命提督紀公成斌權其篆。會準夷入寇，擄馬駝萬餘，紀不時奏，乃為總督查郎阿所發，遂褫岳公爵，置紀於法。然嘗聞老卒有云：『岳既入朝也，紀以滿人強勁，因以駝馬命副參領查廩領卒萬人驅牧。廩性懦葸，畏邊地寒，因以馬駝付偏裨，以五十人放牧，而己率眾避寒山谷間，日置酒高會，挾娼妓以為樂。會準夷入寇，偏裨報廩，廩笑曰：「鼠盜之輩，不久自散。」因按兵不往。及馬駝被擄，廩聞信，乃先棄軍去，過曹總兵勷壘，呼曹救之。曹性卞急，因率兵往，為其所敗，單騎而奔，賴樊提督廷率本標卒追之，轉戰七晝夜始卻敵。廩見紀公，皆委罪於曹勷，紀笑曰：「滿人之勇固如是耶！」將收縛斬

之。會岳公至，紀告其故，岳公驚曰：「君今族矣！滿人為國舊
人，宗戚甚眾，吾儕漢臣，豈可與之相抗以干其怒耶？」因解
縲縛，以善言諭之，因皆委罪於曹，斬之以徇，而以捷聞。縲
乃恨公刺骨。會查郎阿巡邊，故縲戚也，縲因矯控岳公諸不法
事。以及紀公掩敗為功諸狀。查故怒岳公，因誣實其言以聞。
上大怒，斬紀公於營，置岳公於詔獄，而縲官固如故也。』嗚
呼！世宗之於岳公，君臣之際，可謂至矣，因忤一滿人卑職
者，乃使青蠅之讒，為禍若爾，持國柄者可不省歟！」

　　昭槤襲爵在嘉慶間，去雍正時七八十年，據一老卒言，未必極
確。但鍾琪為將有名，親貴猶崇拜之，覺世宗之譴責為太過，則公道
不可誣也。世宗以初即位時，平青海太易，時即收功於鍾琪。至此大
舉幸功，已屬驕兵，逮一再挫衄，以敵無釁可乘，雖鍾琪亦無必勝之
策，遂斥其所陳軍事一無可采。旋因小人之間，至怒而欲殺鍾琪，此
特泄忿於鍾琪耳。吐魯番產糧，鍾琪發馱馬往運，會準部入寇，世宗
謂為鍾琪炫視糧多之故，應給價令吐魯番自運云。以此歸罪，何至奪
爵下獄論斬。故雍正年之用兵準部，為失敗之兵事，特內度其帑藏充
盈，軍士用命，尚不至遽傷元氣，則雖不知彼，尚能知己，故不至甚
敗。且旋即與準部議和撤兵，泄忿於將帥而不敢泄忿於敵，故不以忿
兵致害，此尚為明主之事耳。然亦幸外蒙有一策凌，能拒強敵，若純
恃滿洲軍，外蒙不可保而青海西藏皆震動生變矣。

　　北路戰事，當十年七月，傅爾丹再失利，準部突至杭愛山掠哲卜
尊丹巴胡土克圖牧地。時哲卜尊丹巴已徙避至多倫泊，空無所得。八
月，探知策凌軍赴本博圖山，遂突襲其帳於塔密爾河，盡掠子女牲
畜，策凌還擊敵，並急報順承郡王請夾攻。賊方飽掠不設備，蒙古兵
夜半繞間道出山背，黎明突至，敵倉皇潰遁，追擊大戰二日，敵大

敗，而援師不至。策凌獨轉戰至額爾德尼昭，錫保及丹津多爾濟無能
為助。額爾德尼昭地右阻山，左逼水，道狹而喇嘛寺橫亙之。寺，即蒙
古語謂之昭也。蒙古兵乘暮薄險蹴準部，敵被擊斬及擠墜溺斃者甚眾，以
無兵夾攻，敵得突圍推河，盡棄輜重山谷間以阻追師。策凌急檄駐拜
達里克河馬爾賽之師邀其歸路。拜達里克有城，城中有兵萬三千，副
將軍達爾濟整兵待發，不許；副都統傅鼎至跪求，亦不應。敵騎過者
無復行列，翌日，將士皆不問將軍下令，自開城追斬尾敵千餘，敵酋
長則已先過矣。事聞，詔斬瑪律賽及附和阻撓之都統李枺以殉，旋並
罪順承親王錫保、土謝圖汗親王丹津多濟，獨獎額駙策凌，晉封和碩
超勇親王，據大札薩克。策凌在雍正三年，已奉詔於喀爾喀三部中自
襲祖稱三音諾顏號，別為三音諾顏部。喀爾喀於是始有四部。蓋分土
謝圖汗部為二，以土謝圖汗部已漸收西北境，拓至烏梁海科布多，由
十七旗滋息至三十八旗，以策凌功，分二十旗使之別自為部。至是更
以禦準部大捷受上賞。若非此捷，則漠北大擾，震及漠南，對準一役
為不可收拾矣。親貴無能，將帥失律，不審敵情，驕兵取敗，賴策凌
以蒙古兵累勝，佩定邊左副將軍印，屯科布多，總理進剿機宜，相持
逾年。於十二年五月，諭停止進兵，遣使宣示準部利害，退駐北路
兵，示和意。十三年三月，噶爾丹策凌亦報使請和，爭定地界，謂阿
勒泰原係厄魯特牧，杭愛乃喀爾喀牧，請由哲爾格西喇呼魯蘇至巴里
坤，畫界分守。詔下策凌議，策凌言：「喀爾喀牧地可如所請，惟設汛
已在哲爾格西喇呼魯蘇界外，應如故。準噶爾遊牧應以額爾齊斯及阿
勒泰為界。」帝韙之。諭噶爾丹策凌：「阿勒泰之屬厄魯特，乃噶爾丹
從前之事。今可以為界，不可以為牧地。」付準部使臣齎諭歸，並撤青
海駐防兵，達賴喇嘛回藏，哲卜尊丹巴胡土克圖亦回牧。此雍正之於
準噶爾以征討始，以約和終，是為西陲未竟之局。岳鍾琪至乾隆二年
方出獄，囚禁蓋已五年。家居逾十年。至乾隆十三年用兵金川，乃再

出立功，以十九年卒。明年，準部內釁已熟，發軍平定之，鍾琪不及
見矣。

　　終世宗之世，以與準部議和為歸結。乾隆元年，撤兩路大軍還。
北路於烏里雅蘇臺為前線，鄂爾坤為後路，西路以巴里帥為前線，哈
密為後路，各留兵戍守。嗣是噶爾丹策凌尚與策凌往返爭阿勒泰地，
亦遣使來請於朝，俱弗許。四年，界議始定。十年，噶爾丹策凌死，
次子策妄多爾濟納木札勒嗣。於時準部尚守約，清廷以其間平金川，
蓋自十一年瞻對土司之亂始，至十四年春乃定。十五年二月定邊左副
將軍超勇親王額駙策凌卒，特敕配享太廟，創蒙古諸藩未有之典，視
怡賢親王例，崇祀京師賢良祠，諡曰襄，建碑紀功烈，從其世子成袞
札布言，以遺意祔葬公主園寢。初策凌有二子陷準部中，與準部議界
時，準使至京師，語及之，策凌不為動，屬辭拒折，準使意沮，乃定
議。六月，授其子成袞札布嗣為定邊左副將軍。西藏郡王頗羅鼐卒於
十二年二月。頗羅鼐子珠爾默特那木札勒以頗羅鼐請，越其兄為長
子。郡王之應襲者稱長子。至十五年，陰通準部為外應。既請罷駐藏兵，
得允，又襲殺其兄，揚言準部兵至欲為變。駐藏大臣都統傅清、左都
御史拉布敦先發圖之，以無兵，乃誘珠爾默特那木札勒至寺中，登樓
手刃之，二人亦為其黨所害。帝命四川總督策楞、提督岳鍾琪引兵入
藏，達賴喇嘛已使公爵班第達擒叛者以聞，遂止所調大兵，封贈先事
靖變之二臣。自是藏中不復封汗王貝子，以四噶布倫分其權，而總於
達賴喇嘛。命副都統班第為駐藏大臣。班第達，頗羅鼐婿也，不附叛
者，先為珠爾默特納木札勒所惡，奪其孥，至是以達賴喇嘛令攝藏
事，遂平亂。詔以其未能救護二臣，僅使以輔國公爵管理噶卜倫事。

　　金川，內地土司也，用兵雖久，得人即藏事。藏亂則與準噶爾相
呼應，準部不平，西事終為患。至乾隆十五年間，準噶爾內釁生，而
開闢新疆之機乃成熟。是年正月壬子，準部使來，猶為策妄多爾濟納

木札勒所遣，蓋嗣汗位既第六年矣。九月壬戌，準部宰桑薩喇爾率眾來降，朝廷始知策妄多爾濟納木札勒已為其姊夫薩奇伯勒克所殺，而助其庶兄喇嘛達爾札篡汗位。準部有同族兩台吉，皆名策零敦多卜，冠大、小字為別，皆以謀勇輔策妄阿喇布坦父子，屢擾鄰境。及汗被弒，小策零敦多卜之子達什達瓦與輝特台吉阿睦爾撒納、和碩特台吉班竹，謀立噶爾丹策凌幼子策旺達什為汗，達什達瓦及策旺達什二人，皆為喇嘛達爾札所殺。時大策零敦多卜之孫達瓦齊遊牧額密爾領準噶爾二十一昂吉之一，與阿睦爾撒納等懼禍及，欲來降，定邊左副將軍成袞札布以聞。詔以準部與中國只定界約，未嘗定不納降人之約，許納之。而達瓦齊已變計走哈薩克，喇嘛達爾札索之，遂竄歸，與阿睦爾撒納等又弒喇嘛達爾札而襲其位。準噶爾與杜爾伯特部同姓綽羅斯，同為明時也先後，向與準部同牧，牧地在額爾齊斯河。其台吉有三車凌因部內亂，達瓦齊方篡，又與小策零敦多卜之孫訥默庫濟爾噶爾構兵，各召令為助，三車凌不知所可，遂謀內附以避之。三車凌，一名車凌，一名車凌烏巴什，一名車凌蒙克。內附之訊既達，詔定邊左副將軍納之，其部眾從者至五千餘戶，入邊令暫駐烏里雅蘇臺。達瓦齊遣宰桑碼木特追之。由博爾濟河入喀爾喀汛，不及，復逸出。上以守汛不謹，責駐防烏里雅蘇臺副都統達青阿。達青阿召碼木特至，誘擒之，解送京師。諭又責其召而輒至，何用誘擒，宥罪給冠服，就道中釋之歸，蓋用攻心之術矣。三車凌子弟亦有叛遁，詔厚撫其未叛以致之。準部日有離散，未幾內訌又起。

達瓦齊之篡也，恃阿睦爾撒納及班竹等羽翼之。既而小策零敦多卜之孫訥默庫濟爾噶爾與達瓦齊構兵不解，將與分轄準部。阿睦爾撒納復計誘訥默庫濟爾噶爾殺之，恃功益驕橫，達瓦齊不能堪，以兵擊之。阿睦爾撒納遂偕班竹內附，事在十九年七月。阿睦爾撒納者，策妄阿勒布坦之外孫，班竹則其同母兄也。其父為和碩特顧實汗之玄

孫，名噶爾丹丹衷。顧實汗曾孫拉藏，康熙末為西藏汗，其子丹衷，
贅於準部。時策妄阿勒布坦娶拉藏之姊，而以其女贅丹衷，假送婿女
歸藏名，襲殺拉藏，亦殺丹衷。丹衷妻先生子名班竹，丹衷死時復有
孕，生阿睦爾撒納，再嫁輝特部，阿睦爾撒納遂為輝特台吉，班竹則
仍為和碩特台吉，而居準部，至是來歸。準部中，杜爾伯特部訥默庫
以下，封郡王、貝勒、貝子、輔國公、台吉有差，輝特部阿睦爾撒納
封親王，和碩特部班竹以下，封郡王、輔國公。禢木特之歸也，為達
瓦齊掠阿睦爾撒納罪。阿睦爾撒納既內附，禢木特感不殺恩，亦有歸
志，詔授內大臣。二十年二月大舉討準噶爾，命班第為定北將軍，出
北路，阿睦爾撒納副之，科爾沁親王色布騰巴勒珠爾、郡王成袞札
布、內大臣禢木特參贊軍務；永常為定西將軍，出西路，薩喇爾十五年
來降之準部宰桑。副之，郡王班竹、貝勒札拉豐阿、內大臣鄂容安參贊軍
務。各攜兩月糧，分出烏里雅蘇臺及巴里坤，期會於博羅塔拉河，緣
途降者相繼。博羅塔拉河，距伊犁三百餘里，達瓦齊素縱酒不設備。
至是，倉卒遣親信兩宰桑出令箭徵兵，自率親兵萬人，走保伊犁西北
百八十里之格登山，阻淖為營。清軍遮獲其徵兵之宰桑，具悉其國中
解體狀，士爭奮渡伊黎河，追襲將及格登山，夜遣降人阿玉錫等率
二十餘騎覘路。阿玉錫即乘夜大呼突其營，其眾瓦解，達瓦齊逾冰嶺
南走回疆，官兵以二十餘騎收其眾七千餘。達瓦齊率餘眾半途逃散，
僅餘百騎，投所善烏什阿奇木伯克霍吉斯。大軍於伊犁獲羅卜藏丹
津。霍吉斯亦承將軍檄執達瓦齊獻之，準部不血刃而平。逮獻俘至京
師。帝以羅卜藏丹津在世宗曾有來歸不死之諭，亦赦之。既封功臣，
亦封阿睦爾撒納雙親王，食雙親王俸，薩喇爾一等超勇公。旋封達瓦
齊、霍吉斯皆為親王、郡王。分建四厄魯特汗，各部落設盟長及副將
軍一人。

　　十月，阿睦爾撒納復亂。時大軍已撤，班第、鄂容安留伊犁籌善

後，僅餘兵五百。初，四部厄魯特本各有汗。準部強盛，伊犁始為四部長，抗中國者數世。帝既命分建四部，阿睦爾撒納意不慊，陰使哈薩克、布魯特諸部縱流言，非己總四部，邊不得安。擅誅殺擄掠，擅調兵，不服賜衣翎頂，不用副將軍印，自用渾台吉菊形篆印。帝今九月至熱河行飲至禮，中道北逸，日出煽亂，伊犁諸喇嘛、宰桑蜂起相應，班第、鄂容安力戰走二百餘里，被圍死之。北路軍將既陷，西路永常有兵不相援，倉皇退回巴里坤。帝逮治永常，以策楞代，永常道死。又命玉保、富德、達爾黨阿為參贊。賜輕信縱逃之喀爾喀親王額林沁多爾濟自盡。二十一年二月，策楞等復伊犁，阿睦爾撒納遁入哈薩克。時追之將及，彼遣人�報有台吉諾爾布已擒阿來獻，玉保駐軍待之，先以紅旗報捷於策楞，策楞據以入奏。既知為敵所誤，將軍、參贊互相咎，謂馬力竭，頓師伊犁不進。帝命達爾黨阿、哈達哈代之，命兆惠自巴里坤赴援。二十二年二月，達爾黨阿由西路擊敗哈薩克二千人，阿睦爾撒納易服潛遁。又使哈薩克人來言：「需汗至即擒獻，乞暫緩師待。」達爾黨阿果下令駐軍。阿睦爾撒納揚去。哈達哈出北路，又遇哈薩克不擊。從征降人宰桑見兩將軍皆見賣無能，皆輕之，諸部並叛，都統和起被誘殲焉。策楞、玉保逮問，途次為厄魯特所殺。兆惠以兵千五百入伊犁，阿睦爾撒納聞諸部構亂，自哈薩克歸，會諸部於博羅塔拉河，欲自立為汗。準部大擾，兆惠聞變，自濟爾噶朗河轉戰而南，沿途殺敵數千，於二十二年正月至烏魯木齊，敵眾皆會，連日數十百戰，至特訥格，不復能衝擊，乃結營自固。會帝先命侍衛圖倫楚率巴里坤兵往迎，圍乃解，復往剿巴雅爾部落，屬杜爾伯特。始回巴里坤。四月，議大剿準部，定邊左副將軍成袞札布出北路，右副將軍兆惠出西路。會諸部落自相攻伐，且大疫，兆惠兵至，諸部落皆潰，阿睦爾撒納則投哈薩克。哈薩克汗阿布齎已與阿睦爾撒納積釁，且懼清軍，遣使入貢，阿睦爾撒納來投只率二十人，遂先收

其馬，阿睦爾撒納攜八人夜走俄羅斯界，旋患痘死。成袞札布以定邊左副將軍歸鎮烏里雅蘇臺，兆惠率兵四千彈壓厄魯特，未幾，而回疆兵事又起。

第六節　武功之繼續四——取回疆

回疆已服屬於準噶爾，準部既平，似已一併收功，不用再舉，高宗初志本然。乾隆二十年正月，甫動討準之兵，二月即傳諭西路參贊鄂容安：「漢時西陲，塞地極廣，烏魯木齊及回子諸部落皆曾屯戍，有為內屬者，唐初都護開府，擴地及西北邊。今遺地久湮，此次進兵，凡準噶爾所屬之地，回子部落內，伊所知有與漢唐史傳相合可援據者，並漢唐所未至處，一一詢之土人，細為記載，遇便奏聞，以資採輯。」此諭見《東華錄》，可見成功者自有意識，而事實正不如是之易也。數月內果平伊犁，而回部和卓木甫脫準部之羈絆，而準部則又有阿睦爾撒納之變，回部因有大、小和卓木之生心，鄂容安亦死於變中，回疆乃終用武力取之矣。

回疆在漢唐時，早為西域城郭之國，唐以前佛教流行，其變為伊斯蘭教，世系有不能詳。而《聖武記》特鑿鑿言之，雖未知其所根據，然與他官書多未盡合，則亦不敢盡信也。

《聖武記》：「隋、唐之際，其國王天方國。謨罕默德者，生而神靈，盡臣服西域諸國，始掃佛教。自立教，造經三十篇，敬天禮拜，持齋戒，蔥嶺以西，皆尊曰天使。回回語稱天使為別諸拔爾，亦曰派罕巴爾。傳二十有六世，曰瑪墨特者，當明之末年，與其兄弟分適各國，始自墨德逾蔥嶺，東遷喀什噶爾，是為新疆有回酋之始，即霍集占兄弟等之高祖也。其回部舊汗，本元太

祖次子哈薩岱之裔，世封回部。及瑪墨特自西方至，各回城靡然從之，旋值厄魯特強盛，盡執元裔諸汗，遷居天山以北。回部及哈薩克皆為其屬。哈薩克行國僅納馬，而回部各城則分隸諸昂吉，準部昂吉二十一。昂吉者，分支也，乃台吉所有之戶下。徵租稅，應徭役，並質回教酋於伊犁。康熙三十五年，噶爾丹敗後，其質伊犁之回酋阿布都實特自拔來投，聖祖優恤之，遣人護至哈密，歸諸葉爾羌，是為霍集占兄弟之祖。至其子瑪罕木特，噶爾丹策零復襲執而幽之，並羈其二子，使率回民數千，墾地輸賦，長曰布那敦亦曰博羅尼都，次曰霍集占，即所謂大、小和卓木也。」篇末又著論，略曰：「考霍集占高祖瑪墨特之初遷喀城也，當明之末季，距其始祖派罕巴爾已千餘年。徒以來自天方，回人神明奉之，生即所居為寺，沒即所墓為祠。其時回疆各城，尚皆有汗。皆元太祖之裔，非回國裔也。順治初，哈密有巴拜汗，葉爾羌有阿布都汗，吐魯番有蘇勒檀汗，皆以葉爾羌酋為大宗。每表貢皆葉爾羌汗署名。康熙二十五年，貢表稱臣成吉思汗裔，承蘇齎滿汗業，其時尚未為回酋所有。逮準噶爾強盛，攻破回子千餘城，自後無復表貢。而乾隆二十年，大軍蕩平準部時，惟有吐魯番舊頭目莽蘇來降，此外無蒙古遺種。吐魯舊頭目亦已遷居喀喇沙，失其故土久矣。然則回城各蒙古酋汗，蓋康熙中準夷滅之，非回教逐之。準夷既滅，元裔各汗，並執回教之長歸伊犁。是則霍集占祖宗，並未占有回疆，享一日之威福，且派罕巴爾子孫，分適各國，喀城和卓，特其一支，非其嫡裔大宗也。彼大、小和卓兄弟，又非有功德於回民也。王師出之拘幽，反之舊部，饑附飽揚，以怨報德。」

據魏氏言，蒙與回之遞代，亦由理想推之，事實固不可以理想為

定斷，但當存為一說耳，文已稍嫌武斷，證以史實，殊有非是。並因其推斷之不確，而其確舉之名字世系，亦大有疑問。

《明史・西域四衛傳》略言：「哈密，漢伊吾盧地，唐為伊州，宋入於回紇，元末以威武王納忽里鎮之，尋改為肅王，卒，弟安克帖木兒嗣。洪武中，太祖既定畏兀兒地，置安定等衛，漸逼哈密，安克帖木兒懼，將納款。成祖初，遣使來朝貢馬。永樂元年十一月至京。明年六月，封忠順王。八年，封兔力帖木兒為忠義王。嗣王脫脫從弟。宣德三年，以所命脫脫子卜答失理嗣忠順王、兔力帖木兒弟脫歡帖木兒嗣忠義王，二嗣王同理國政。自是二王並貢。成化三年，馬文升言：『番人重種類，且素服蒙古，哈密故有回回、畏兀兒、哈剌灰三種，北山又有小列禿乜克力相侵逼，非得蒙古後裔鎮之不可。今安定王族人陝巴，乃故忠義脫脫近屬從孫，可主哈密。』五年春，立陝巴為忠順王。六年春，吐魯番速檀阿黑麻襲哈密，執陝巴。廷臣議：陝巴即使復還，勢難復立，令都督奄克孛剌總理哈密事，與回回都督寫亦虎仙、哈剌灰都督拜迷力迷失等，分領三種番人以輔之。十年，阿黑麻送還陝巴，仍其舊封。十八年，陝巴卒，其子拜牙即自稱速檀，命封為忠順王。時吐魯番阿黑麻已卒，其子滿速兒嗣為速檀。正德六年，滿速兒甘言誘拜牙即叛。八年，拜牙即棄城叛入吐魯番。嘉靖初，刑部尚書胡世寧言：『拜牙即久歸吐魯番，回回一種，早已歸之，哈剌灰、畏兀兒二族逃附肅州已久，不可驅之出關，然則哈密將安興復哉？乞置哈密勿問。』後哈密服屬吐魯番，迄隆慶、萬曆朝，猶入貢不絕，然非忠順王苗裔矣。」

綜〈哈密傳〉文，明初其地已屬色目，而非蒙古。色目有三：曰畏兀兒，曰回回，曰哈剌灰。元以色目與蒙古為階級，自與蒙古為標異。《輟耕錄》載色目三十一種，畏兀兒作畏吾兒，回回同，哈剌灰當即阿兒渾。畏兀兒、哈剌灰所奉之教，未敢必為回教，回回則必係回教，非回紇或回鶻舊有之名。唐回紇亦佛教，後天方之摩訶末教漸風行各國。元初惟知回紇為西方大國，而奉摩訶末教，即名此教為回紇教，而奉此教者即名之為回紇，不暇深辨，音又訛為回回。蓋回回之名，即從奉回教而來，說詳屠氏寄《蒙兀兒史記》。哈密為回疆東界，元時已為回族所居，則謂明末始有謨罕默德二十六世裔孫瑪墨特東遷喀什噶爾，為新疆有回族首領之始。其意殆謂以前只有回民，而其中並無布教長耶？且瑪墨特與其兄弟分役各國，皆在同時，獨瑪墨特東逾蔥嶺，為新疆回族有首領之始，其他兄弟所適之國尚多，當蔥嶺以西回教之國，皆待此而始有耶？哈密忠順王為元代威武王之裔，非元太祖次子哈薩岱之裔，哈薩岱《元史》作察合台，官書敘回部之祖，亦作察哈岱，《聖武記》作哈薩岱，字已誤倒。威武王，《元史‧諸王表》作威武西寧王出伯，大德八年封。十一年，進封豳王。又：豳王出伯，大德十一年由威武西寧王進封。喃忽里，延祐七年襲封。喃忽里即納忽里，然在進封豳王之後始襲，所進王非肅王，《明史》微誤。此王駐西寧或豳州，兼經哈密，或元亡後退駐邊外而抵哈密。要為元在中國本部之藩王，非察合台藩國之分王。速檀系回部之長之稱，〈哈密傳〉中一見，下〈吐魯番傳〉中，累易其長皆稱嗣速檀位。蓋即今回教國中所稱蘇丹，清官書作蘇勒檀，順治中之吐魯番蘇勒檀名阿布勒阿哈默特。魏氏以蘇勒檀為吐魯番汗之名，亦殊不審。

　　《明史‧吐魯番傳》略言：「去哈密千餘里，漢車師前王地，隋高昌國。唐滅高昌，置西州及交河縣，此則交河縣安樂城也。

宋復名高昌，為回鶻所據，嘗入貢。元設萬戶府。永樂四年，其萬戶賽因帖木兒遣使貢玉璞。後其酋迭來朝貢，命為都督僉事，或指揮僉事，或都指揮僉事。正統間，其酋也密力火者，侵並火州、柳城，國日強，僭稱王。景泰、天順間一再來貢。成化五年，遣使來貢，其酋阿力，自稱速檀，迭有奏請，不可盡從。九年春，襲破哈密，執王母，奪金印，分兵守之而去，而修貢如故。諭獻還哈密王母及城印，屢不果。十四年，阿力死，其子阿黑麻嗣為速檀。而哈密都督罕慎於十八年潛師克哈密。弘治元年，罕慎後被誘殺，仍據哈密，後獻還，又奪又還，求通貢如常。十七年，阿黑麻死，長子滿速兒嗣為速檀，桀驁變詐逾於父，修貢如故。正德九年，誘哈密襲王拜牙即叛歸己，復據哈密。朝廷大臣張璁、桂萼等傾陷異己，陰庇滿速兒，起封疆之獄，譴逐楊廷和、彭澤諸人，滿速兒桀驁益甚。中朝許通貢，而哈密存亡置不復問，河西稍獲休息。嘉靖二十四年，滿速兒死，長子沙嗣為速檀，其弟馬黑麻亦稱速檀，分據哈密，而兄弟仇殺。嗣其弟瑣非等三人，亦各稱速檀，迄萬曆朝，奉貢不絕。」

　　吐魯番在元設萬戶府，則非有駐守之汗王，其為元裔與否，《明史》不著。正統間，阿力自稱王，成化間來貢亦稱為速檀，自阿力以下傳其嗣阿黑麻及滿速兒，二世稱雄。滿速兒尤能使哈密自投，明廷不能復問，享國尤長，為吐魯番之最強者，疑後世彼族自稱先業，侈言蘇齎滿汗，即此滿速兒譯音之歧出也。

　　《舊國史・吐魯番回部總傳》：「順治三年，吐魯番蘇勒檀阿布勒阿哈默特阿濟汗遣都督瑪薩朗琥伯峰等奉表貢，諭曰：『吐魯

番乃元青吉思汗次子察哈岱受封之地，前明立國，隔絕
二百八十餘載，今得幸而復合，豈非天乎？』蘇勒檀者，猶蒙
古稱汗，明成化時酋號如之。十年，貢表署蘇勒檀賽伊特汗。
十二年，回使克拜齋葉爾羌表至，表署阿布都喇汗，詰表異名
違例故，克拜告曰：『哈密、吐魯番、葉爾羌長皆昆弟，其父曰
阿都喇汗，居葉爾羌，卒已久，有子九：長即阿布都喇汗，居
葉爾羌；次即阿布勒阿哈默特汗，居吐魯番，先二年卒；次蘇
勒檀賽伊特汗嗣之；次巴拜汗，居哈密，以得罪天朝故，為葉
爾羌長所禁，阿布勒阿哈默特汗子代之；次瑪哈默特蘇勒檀，
居帖力；次沙汗，居庫車；次早死；次伊思瑪業勒，居阿克
蘇；次伊卜喇伊木，居和闐。前葉爾羌汗遣其弟自吐魯番請
貢，故表稱吐魯番罕名，今以葉爾羌汗為昆弟長，故表稱葉爾
羌汗名。』康熙十二年，吐魯番使烏魯和卓等至，貢表稱禍木
特賽伊特汗，署一千八十三年。二十年，吐魯番使伊思喇木和
等貢，表署阿布勒穆咱帕爾蘇勒檀瑪哈默特額敏巴圖爾哈什
汗。二十五年，復遣使烏魯和卓至，表稱：『臣青吉思汗裔，承
蘇齋滿汗業，謹守疆界，向風殊切，今特遣獻方物。』三十四
年，大軍議征噶勒丹即噶爾丹。先是噶勒丹強脅吐魯番為己
屬，兄僧格子策妄阿喇布坦與構怨，攜父僧格舊臣七人走吐魯
番，尋徙和博克薩里。吐魯番為策妄阿喇布坦屬。至是刑部尚
書圖納請檄吐魯番，令知罪只噶勒丹，勿驚懼，詔允之。
三十五年，噶勒丹敗遁，葉爾羌汗阿卜都斯伊特自軍所降，
告：『葉爾羌有兵二萬，吐魯番有兵五千，請攜孥赴吐魯番，宣
聖德，偕策妄阿喇布坦擒獻噶勒丹。』上憫其情，遣歸，噶爾
丹尋走死。」

　　順康間，回部來貢諸汗之為元裔，略如魏氏之說。惟稱吐魯番獨為蘇勒檀汗，稍未審。《傳》言噶爾丹強脅吐魯番為己屬，策妄阿喇布坦因與噶爾丹構怨，走吐魯番，吐魯番遂屬於策妄阿喇布坦，為弱小順服隨遇而安之常態。儕準部為上國，不獲自達於中朝。謂攻破千城，故無貢表，未必確。回雖屬於準，固未嘗滅絕。魏氏誤以蒙與回分為二，其實回疆之蒙古諸汗，即為其長。康熙十一年為回曆千八十三年，十二年始達京師，署表固在前一年也。葉爾羌汗阿卜都斯伊特即魏氏所謂阿布都實特，而又謂為即霍集占兄弟之祖，則自為出自派罕巴爾而非蒙古。此為官書所絕不言，不但此傳不言，其詳敘霍集占源流時亦不言，疑未必確。康熙時大軍未至伊犁，噶爾丹走死，伊犁已為策妄阿喇布坦所據，所云自軍所降，未必由伊犁自拔來歸，特為噶爾丹挾以從軍，軍敗出降耳。為質伊犁之說既不確，且亦當是蒙裔之回部長，非派罕巴爾裔也。

　　　　清《國史‧回部台吉哈什木傳》：「吐魯番人，姓博爾濟吉特，
　　　　為元太祖裔。初元太祖定西北諸部，分遣王駙馬等領之。次子
　　　　察哈岱居伊犁，兼轄吐魯番回眾。越十傳，至特木爾圖呼魯
　　　　克，棄蒙古俗習回教，子吉匣爾和卓布哈爾拜密爾徙居吐魯
　　　　番，不復有伊犁地。本朝康熙二十五年，有阿布勒穆咱帕爾蘇
　　　　勒檀瑪哈瑪特額敏巴圖爾哈什汗者，自吐魯番貢稱元裔，見
　　　　〈吐魯番回部總傳〉。五十九年，大軍討準噶爾，由吐魯番進擊
　　　　烏魯木齊，哈什木兄莽蘇爾迎獻駝馬。軍還，策妄阿喇布坦罪
　　　　之，禁諸喀喇沙爾。乾隆二十年，大軍定準噶爾，莽蘇爾聞之
　　　　乞降，定北將軍班第奏請，遣轄吐魯番舊屬。未定議而阿睦爾
　　　　撒納叛，莽蘇爾等不獲歸吐魯番。二十四年，葉爾羌諸回城
　　　　定，乃獲莽蘇爾及哈什木。二十五年入覲，上以其為元太祖

裔，詔並授一等台吉，留京師。」

　　此為吐魯番舊頭目莽蘇爾事之曲折。其遷喀喇沙，緣策妄阿喇布坦怒其迎清軍，獻駝馬。閱四十年而歸京師，受爵傳世，以終回疆、蒙古之局。魏氏恍忽言之，反滋疑竇矣。

　　清《國史・回部貝勒霍集斯傳》：「霍集斯，烏什人，父阿濟斯和卓，為吐魯番頭目，準噶爾脅徙喀喇沙爾，復自喀喇沙爾徙烏什。阿濟斯和卓死，葬阿克蘇，霍集斯嗣，居烏什。其兄曰阿卜都伯克，弟曰阿卜都里木，居阿克蘇。乾隆二十年，大軍征準噶爾，抵伊犁，達瓦齊竄逾庫魯克嶺，霍集斯偵達瓦齊將赴喀什噶爾，伏兵紿迎，擒以獻。阿卜都伯克告葉爾羌、喀什噶爾將偕色沁準部官名，專司炮者。希卜察克眾，襲庫車、阿克蘇、賽里木、多倫諸回城，請遣舊和卓子歸。舊和卓曰阿哈瑪特，為派罕帕爾裔，世居葉爾羌、喀什噶爾轄回族，準噶爾誘執之，禁諸阿巴噶斯，齎恨死。子二：長布拉呢敦，次霍集占，仍羈阿巴噶斯。大軍至，乃釋之。將軍班第遵旨，遣霍集斯偕布拉呢敦歸撫葉爾羌諸城。」

　　此為霍集占兄弟之緣起。其父為舊和卓，名阿哈瑪特，與魏氏作瑪罕木特者略異。舊和卓為世居葉爾羌、喀什噶爾轄回族者，不言其先世之名，魏氏以為即名阿布都實特者。據前〈吐魯番總傳〉，葉爾羌汗阿卜都斯伊特自即阿布都實特其人，稱汗而不稱和卓，是蒙而非回。和卓與汗同居一地，特和卓專轄回族，是為宗教之首領，與汗、王等長之稱不同，恐非舊和卓之父也。魏氏蓋粗閱官書，遽以理想推斷，出之太快，於事實有未盡合。蓋準、回兩部，經兵力蕩平，後又

以其地改設行省，不為藩屬，藩屬尚多有記其原委者。有《準噶爾全部紀略》，高宗所制，以矯正雍正間傳聞之誤，故尚有可據。回則無翔實之記載。魏氏約略敘之，不免失實，特為疏通證明之如此。

　　乾隆二十年平伊犁，大、小和卓木被羈於伊犁者，奉詔遣大和卓布拉呢敦先回，安撫葉爾羌等處，小和卓霍集占尚留伊犁。未幾阿睦爾撒納復變於伊犁，霍集占頗為阿用。二十一年三月清軍再入伊犁，阿睦爾撒納遁入哈薩克，霍集占亦遁歸葉爾羌，遂與其兄布拉呢敦共謀糾回眾據境自守。清廷方遣侍衛托倫泰赴葉爾羌、喀什噶爾撫諭大、小和卓，久未返。七月，定邊右副將軍兆惠自伊犁奏遣副都統阿敏道率兵往收阿克蘇、庫車、烏什各回部，且偵托倫泰信。是月，霍集占送托倫泰還，兆惠飭阿敏道馳往撫諭，霍集占驅率回眾，列城盡靡，庫車、拜城、阿克蘇等城阿奇木伯克統理地方諸務之回官。鄂對等不從亂，奔伊犁。十月，兆惠奏霍集占作亂狀，令鄂對等從阿敏道進兵。鄂對在道聞親族被殺，各城回應，小和卓心腹阿布都已守庫車，勸阿敏道急歸，待大軍偕進。阿敏道不從，率索倫兵百、厄魯特兵三千，至庫車。霍集占在焉，閉城拒師。且詭言：「厄魯特吾仇，慮為害，撤還即降。」阿敏道遂命厄魯特兵退，以百索倫兵入城，為霍集占所執。明年遇害，從者數將及兵百人皆從死。是時準噶爾餘眾，以清軍自哈薩克撤回，復煽亂。兆惠駐伊犁，後路盡梗。整師東旋，至鄂壘扎拉圖。巴里坤辦事大臣雅爾哈善以聞，詔趣赴援，甫得脫歸。阿睦爾撒納又回竄伊犁，北疆軍事亟，兆惠檄參贊大臣富德追阿睦爾撒納，自駐濟爾哈朗地防回變。諭飭其不知緩急，蓋高宗知回部無遠圖，先以靖準部為急。五月，阿敏道死事事聞。九月，乃命兆惠等籌攻回部，詔授兆惠定邊將軍。二十三年正月，兆惠奏言：「沙喇伯勒厄魯特眾尚萬戶，請先剿除。」詔以參贊大臣雅爾哈善為靖逆將軍，專辦回部。四月，兆惠奏準噶爾之事將竣，請由伊犁趨回部。七月，命與

雅爾哈善合兵以進。會雅爾哈善已圍庫車，霍集占來援，為清軍擊敗，入城拒守。城以柳枝、沙土密築甚堅，炮攻不能入。提督馬得勝穴地入城，已將及，雅爾哈善督之急，夜秉燧入穴開鑿，城上之敵見火光，於城內為橫溝，灌水入穴，清兵皆沒。鄂對告雅爾哈善：「庫車食且盡，霍集占必出走，城西鄂根河水淺可涉，北山通戈壁，走阿克蘇，分兵屯此二隘，霍集占可擒也。」不省。越八日，霍集占夜引四百騎，啟西門涉鄂根河遁。又數日，阿都卜克勒木復夜遁，餘頭人阿拉難爾等率老弱以城降。高宗聞失霍集占，怒，以納穆札爾代為靖逆將軍，三泰為參贊，命兆惠至軍，斬疏縱之副都統順德訥，逮雅爾哈善及得勝返京師。二十四年正月，亦以失機鞫實正法。順德訥者，當霍集占逃出時，侍衛噶布舒知之以報，順德訥聞報，以夜不肯往追，令敵得渡河，據橋斷後者也。未幾，參贊哈寧阿亦論斬。

　　回疆自古為城郭國，勢分力弱，弓馬無特長，慓悍非素習，故西域從無為中國患者，非勁敵也。惟中國之兵遠征，則主客異勢，一失呼應，後路可虞。統觀西師將帥，雅爾哈善等固為旗下紈綺，僨事有餘，易以兆惠，不過較勇敢不避艱險耳，其功成乃乘單準部之勢，取準部之所已脅服者而繼續之，其事至順。霍集占以其世為和卓木之資望，由伊犁脫歸，親見阿睦爾撒納未俘，準部已降者亦多反側，料中朝疲於奔命，無暇南來，故敢於僥倖一試。是時清廷實力甚厚，北路之軍未撤，別遣專征回部之師，若雅爾哈善等屬中材，大、小和卓木在庫車早已就擒。迨二人均逸，將帥駢誅，兆惠移伊犁得勝之師南下，逾天山，抵阿克蘇，回部頭目頗拉特等以城降。不數日，霍集斯亦自烏什迎降。霍集斯亦回部強族，前大軍初定伊犁，霍集斯因達瓦齊逃入回疆，誘擒以獻。又以布拉呢敦及霍集占為舊和卓子，請於大軍，得釋歸。故霍集斯以回部盛族，而又有德於霍集占兄弟，霍集占感且憚之。時阿睦爾撒納方為副將軍，預討達瓦齊有功，霍集斯陰乞

於阿，事平以己長回部，中朝密防之。既而阿睦爾撒納變，霍集占兄弟繼之，遂析霍集斯兄弟子姪各居一城為伯克。霍集斯父阿濟斯和卓，本吐魯番頭目，為準噶爾累徙至烏什。至是霍集占以霍集斯為和闐伯克，子漠咱帕爾為烏什伯克，兄阿卜都伯克為葉爾羌伯克，兄之子阿布薩塔爾為阿克蘇伯克，實挾之以從軍。至霍集占自庫車出走，霍集斯絀之，請入烏什召其眾從徙。既入烏什，遂以兵拒霍集占。兆惠檄至，霍集斯父子出降，並遣子弟赴葉爾羌招降其兄阿卜都伯克，時在二十四年九月，回部降者已相踵，無堅城可相抗矣。十月初三日，兆惠兵至距葉爾羌四十里之輝齊阿裡克訊擒獲回人供：「霍集占已入葉爾羌城，布拉呢敦駐當噶勒齊，離喀什噶爾一站地。」奏言：「葉爾羌城大，兵少不足合圍，且自烏什進兵，以三千餘人行戈壁千五百里，馬亦疲乏，南路通痕部斯坦、巴達克山、喀喇土伯特等處均擬駐兵堵截。又回人多窖粟，須分軍搜掘以窘之。令內自生變，以故兵馬皆需接濟。」十一月奏至，諭前命富德帥師自準部赴兆惠軍，著速進。又命阿里袞為參贊大臣，選馬二千匹，率兵六百，親送兆惠軍營，而是時兆惠已被圍於黑水矣。

　　黑水之圍，清記載侈其事，其原蓋出高宗〈御制十全武功詩〉而來。按之《東華錄》，當時奏報無此誇大也。神奇之說，本不足信，今兩相比較，以考其實。

《東華錄》：二十三年十一月丁酉，阿克蘇辦事頭等侍衛舒赫德奏：「十月二十日，將軍兆惠差人送到文書，並所派往截喀什噶爾賊援之副都統愛隆阿途中相遇，帶到移文，內稱：將軍問知霍集占牧群所在，領兵往攻，至葉爾羌城外，賊眾阻河為陣，因渡橋攻剿，過兵甫四百餘，橋斷，賊眾四合，將軍奮擊，兩易馬俱中槍斃，面及脛俱傷，幸不甚重，力戰浮水至營。賊馬

步萬餘來合圍，雖有剿殺，無馬不能衝突，遂掘濠結寨，賊亦結寨相持。計軍需馬駝，尚可供兩月食，惟軍器火藥不足。被圍後乘夜前行，遇愛隆阿之兵，令其先來通信」等語。數日間，兆惠奏迭至，略言：「臣等渡河向葉爾羌城南進兵，十月十三日，賊兵約四五千騎，步賊在後，並迎出，溝內排立。臣等衝突，賊敗走，又放槍拒敵。臣等正在奮擊，賊又從兩翼夾攻，因馬力不能馳驟，回保大營，賊四面合圍。我兵殺賊雖多，陣亡亦百餘，總兵高天喜、原任前鋒統領侍衛鄂實、原任副都統三格、侍衛特通額，俱歿於陣。騎賊數千，步賊亦多，與我兵接戰五晝夜。臣等固守大營，相機剿殺，口糧尚可支援一兩月。臣等以阿克蘇、烏什既定，機不可失，輕敵妄進，臣兆惠罪實難逭，然策應之兵，年內齊集，尚可合力攻剿。」又據愛隆阿奏：「靖逆將軍納穆紥爾、參贊大臣三泰於十月十二日，帶巴圖魯侍衛奎瑪岱並兵二百餘前赴兆惠大營。夜四鼓時，遇回兵三千餘，倉卒衝拒，三人均已陣亡。」既而舒赫德又奏：「十二月初三日，詢據葉爾羌來投回人言：布拉呢敦、霍集占馬步萬人，合圍大兵三十餘日，因聞布拉呢敦所轄之喀什噶爾屬城英吉沙爾忽被布魯特搶掠，二賊猝謀禦敵，是日薄暮，將軍領兵縱火奪賊營二，劫殺看守人眾過半，二賊謂將軍與布魯特有約，遣人議和，將軍射書傳諭，縛獻霍集占方允納款。往復未決，從此遂不交鋒。又軍營脫出之厄魯特人告稱：軍營掘得米一百六十窖，收馬千餘匹，駝千餘隻。布拉呢敦因喀什噶爾告急，撤回防禦，所留僅二百人。」二十四年二月，諭：「富德等奏報正月初六日，領兵至呼爾滿，霍集占等率騎五千抗拒，轉戰至初九日，馬匹遠行力乏，不能悉行斬獲。是夜月落後，阿里袞送馬已到，即與分為兩翼，陣戮賊眾甚夥。

初十日天曉收兵，計五日四夜，殺賊千餘，及中傷者無算。布拉呢敦於初六日戰時，脅間中槍甚劇，舁入城，旋回喀什噶爾。計陣戮賊巴圖爾十五名，大伯克數十名。兆惠聞槍炮聲，即遣人齎文通信」等語。又諭：「蘇赫得稱有烏什回人，告稱將軍掘得窖粟，及得馬駝各千，布拉呢敦已回喀什噶爾。今覽兆惠咨文，並未收穫馬駝，而富德又稱布拉呢敦臨陣負傷，舁入城中。是來投之回人托克托默特所言盡屬子虛，或係霍集占遣來懈我軍心。自應查明此人見在何處，嚴拿送軍營，交與兆惠審理。」越數日，富德又奏：「呼爾滿轉戰五日，得兆惠咨，於十三日至葉爾羌河岸偵探，相距二十里。十四日黎明，前進六七里，右翼阿里袞、愛隆阿以槍炮敗賊數次，餘賊仍依蘆葦放槍。臣富德、舒赫德領左翼兵急進，賊渡河而逃，計劃賊二三百人。又防城內突出，中軍與右翼以次進攻，令左隊努三等領馬兵堵截，尋至營盤。知將軍大臣官兵無恙，賊人屢敗，不敢來犯，見派努三等殿後，徐回阿克蘇。」

據上各奏報，兆惠被圍，自緣輕進，一時死高職旗員及漢總兵大員為數不少，實屬將軍失機。至被圍數月，回人奄奄如不欲戰，可見並非大敵，口糧早稱尚可支援，亦不待得窖粟，獲馬駝，盡邀天賜。回人隔歲之糧，本以窖藏為習慣，故兆惠未被圍前，已奉命遣兵搜掘，即得窖粟，非有神奇也。乃清《國史‧兆惠傳》及《聖武記》，則言之甚怪，《清史稿‧兆惠傳》又用《聖武記》文。魏氏文筆甚健，錄如下：

將軍兆惠移師而南，時兩和卓木奔阿克蘇，其伯克霍吉斯即前禽獻達瓦齊受封者也。閉城不納，給令赴烏什，烏什亦不納，

於是小和卓木奔葉爾羌，大和卓木奔喀什噶爾。兆惠使鄂對撫
和闐，而霍吉斯隨軍。時兵皆未集，惟領步騎四千先行，而留
副將軍富德剿餘賊，俟集大軍繼進。時小和卓木已堅壁清野，
刈田禾，斂民入城，使我軍無可掠，又於近城東北五里，掘壕
築臺，欲持久困我。而大和卓木據喀什噶爾相犄角。十月初六
日，師至葉爾羌，陣於城東，兩翼兵先奪據其臺，賊東西北三
門，各出精銳數百騎，來當我，三戰三北，入城固守不出。城
大十餘里，四面十二門，兆惠以兵少不能攻城，欲伺間出奇，
先營城東隔河有水草處，結營自固。蔥嶺北河經喀城外，蔥嶺
南河經葉爾羌城外，土人稱北河為赤水河，南河為黑水河，此
所謂黑水營也。回語稱赤曰烏蘭，黑曰哈喇。水皆曰烏蘇。兆惠既分
兵八百，使副都統愛隆阿扼喀什噶爾援路。又偵知賊牧群在城
南英奇盤山下，謀渡河取之，以充軍實。十三日，留兵守黑水
營，而率千餘騎自東而南。甫渡四百騎，橋忽斷，城中賊出
五千騎來截，我兵力奮突其陣，步賊萬餘繼之，騎賊復張兩
翼，圍攻我後。我隔河軍不能相救，又地沮淤難馳騁，且戰且
退，浮水退營，中途為賊截隔數隊，人自為戰，自旦至暮殺賊
千計，而馬多陷淖，亦陣亡將士百餘，傷者數百。兆惠左右衝
突，馬中槍，再斃再易，明瑞亦受傷，總兵高天喜等俱戰歿。
賊復逾河來攻五晝夜，我軍且戰且築壘，賊亦築長圍困我。
十七夜，兆惠遣五卒分路赴阿克蘇告急，舒赫德飛章入告。賊
於上游決水灌營，我師於下游溝而泄之，營依樹林，槍炮如
雨，我師伐樹，反得鉛丸數萬以擊賊。會布魯特掠喀什噶爾，
我軍縱火攻焚賊營，賊疑布魯特與我軍有約，大和卓乃使人議
和，兆惠執其使，射書諭以必先縛獻霍集占，方許納款，又掘
井得水，掘窖得粟，三月不困，賊駭為神。初上以兆惠、富德

兩軍，久暴露於外，將士皆勞頓，於兩月前即命靖逆將軍納木扎爾、參贊三格往代，又命增調索倫、察哈爾兵赴之。及是，兆惠檄愛隆阿率兵還阿克蘇催援軍，遇靖逆等以二百餘騎徑進，止之不可，復遇害。富德在北路，聞黑水圍急，即率新到之索倫、察哈爾兵二千餘及北路兵千餘，冒雪赴援。二十四年正月六日，次呼爾滿，遇賊五千騎，且鬥且前，轉戰四晝夜，沙磧乏水，齧冰救渴，又乏馬，兵半步行。九日，渡葉爾羌河，距黑水軍尚三百餘里，賊愈眾，不能進，適巴里坤大臣阿里袞奉命，以兵六百，解馬二千、駝一千，合愛隆阿之兵千餘夜至，遙望火光十餘里，知官軍與賊相持處也。又途遇我往劫營之卒，知望援孔急，即橫張兩翼，大呼馳薄，聲塵合遝，直壓賊壘，與富德軍二路奮蹴，賊黑夜不知官兵若干萬，自相格殺潰遁，我師遂長驅進，未至黑水營數十里，又擊敗之。兆惠見圍賊日少，又遙聞槍炮聲，塵大起，從東來，而營中所掘井忽智，知大軍已集，即勒兵潰圍，殺賊千餘，盡焚其壘，賊大敗入城，兩軍會合，振旅還阿克蘇。

兆惠於解圍後，還阿克蘇，高宗尚深責之。時和闐方被攻，不急救，乃共還阿克蘇。高宗謂前以一軍尚進至葉爾羌，今兩三軍會合，和闐近而阿克蘇遠，反奔還不顧。後和闐亦未失，回部實無能為。兆惠此時已因受圍封一等公，卒以功成加賞宗室公品級鞍轡，富德亦由伯封侯，視其方略則平平也。魏氏於兆惠入回疆時，不敘阿克蘇、烏什迎降，末言振旅還阿克蘇，圍中拔出，未能克一城，何言振旅？中間誇大之語，若聖天子自有神助，即可不用兵力者然。此出高宗不負責之詩歌，遂為官修諸書所承用，然《實錄》則無之。高宗當盈滿之日，好作粉飾之詞，正其日中則昃之象，更錄其詩如下：

《御制十全詩文集・黑水行》:「喀喇烏蘇者,唐言黑水河。去
年我軍薄回穴,強弩之末難稱雄。築壘黑水待圍解,拒人力也
天幓憭。明瑞馳驛逾月到,自注:毅勇承恩公明瑞,孝賢皇后侄也,
命以副都統行間,為前鋒,召回京,問以被圍情狀,自葉爾奇木抵京,路萬
五千里。疾馳逾月而至。面詢其故悚予衷。蜂蟻張甄數無萬,三千
餘人守從容,窖米濟軍軍氣壯,奚肯麥曲山鞠藭,引水灌我我
預備,自注:逆回導渠淹我營壘。將軍兆惠等預開溝引之入河,且轉資其
用。反資眾飲用益豐。銃不中人中營樹,何至析骸薪材充,著木
銃鐵獲萬億,自注:賊據高施銃,鉛丸全集營樹上,我軍斫木為薪,木中
得鉛丸萬億,即取以擊賊,斃賊無算。翻以擊賊賊計窮。先是營內所
穿井,圍將解乃智其中。聞言為之悵,諸臣實鞠躬,既復為之
感,天眷信深崇。敬讀皇祖《實錄》語,所載曾聞我太宗,時
明四總兵未戰,正值大霧彌霧霽。敵施火炮樹皆毀,都統艾塔
往視攻,回奏敵炮止傷樹,我兵曾無傷矢弓。匪今伊昔蒙帝
佑,覲揚前烈勵予衝,詎人力也天幓憭,大清寰海欽皇風。」

此詩明言所據為明瑞口語,非將帥奏報之文。奏報盡載《實錄》,
《東華錄》錄之。將帥於奏報,已不無張功掩敗之習。若詩歌遣興,原
無信史之責,而官私著述據之。自來帝制神權,合二為一,仗迷信以
服人者,皆作如是觀可矣。

當黑水解圍,已在二十四年正月十四日,而阿克蘇辦事侍郎永貴
奏:「正月十九日準前赴和闐之侍衛齊凌扎布等呈稱:『回黨鄂斯統眾
六百,犯和闐所屬額里齊、哈喇哈什兩回城,破克勒底雅一回城,請
兵救援。』即一面派兵,一面諮商由北路赴援黑水之參贊都統巴祿將所
領之兵協剿。」巴祿即奏以進援兆惠為要,未往和闐。至兆惠救出以
後,各軍會合,即遠道撤回阿克蘇,巴祿亦在撤回之列。兆惠乃於路

奏：「擬回阿克蘇後，更由阿克蘇、和闐兩路進兵，此時未便兵駐阿克蘇一處。已與阿里袞、巴祿、阿桂駐阿克蘇，候馬駝糧餉；分兵一半，令愛隆阿駐烏什就糧，兼防喀什噶爾一路。和闐應援，自不可緩，但馬力疲乏，先揀官兵數百，令瑚爾起、巴圖濟爾噶勒前往，沿途捉生詢問，若和闐守禦如舊，即會同夾擊，否則收兵來迎富德，俟糧餉馬匹到時領兵接濟。臣兆惠俟辦足五千兵糧馬，再策應富德，並從和闐往取葉爾羌，並堵截逆賊逃往巴達克山等處路徑。」奉諭：「兆惠、富德等遽行撤回，不知是何意見？和闐去葉爾羌頗近，阿克蘇則甚遠，富德救援將軍，自謂了事猶可恕；兆惠身為闐帥，待人救出即撤回，太不知愧奮，且不援和闐，豈不為霍集斯所笑？和闐之圍，齊凌扎布以寥寥之眾尚能相拒；兆惠到彼，即可敗賊，乃僅遣瑚爾起、巴圖濟爾噶勒往塞責。又巴祿本接永貴行知，赴和闐援剿，以援兆惠未往，今將軍已援出，何以不援和闐？」後又諭：「謂兵力不足，則兆惠一軍尚能相拒，況與富德兩隊會合，豈轉患其弱？謂馬力不足，則既可回至阿克蘇，何難就近赴和闐，因糧以守？」旋兆惠等奏：「瑚爾起等二月二十日至和闐、達哩雅河，知額里齊等二城未陷，餘為賊據，葉爾羌尚無賊眾前來。」諭：「所報和闐情形，霍集占兵力已窮蹙，兆惠等正月十四日解圍而出，至二月初二日，已逾半月，和闐回人尚云葉爾羌未有賊眾前來。是從前圍守軍營及侵犯和闐不過烏合之眾，兆惠等應就見在兵力加意奮勉，以冀大功速成。」既而哈喇哈什城被陷，齊凌扎布等脫出，仍隨同進兵，兆惠等由阿克蘇出兵，途次得和闐之克勒底雅及塔克等回城人等，聞清軍將至，擒獲敵方所用頭目來降。兆惠進兵喀什噶爾，於閏六月初三日至伊克斯哈喇。有喀什噶爾投誠回人稱布拉呢敦將伊等搶掠潛逃，伊等即來迎大兵。即派人馳往喀什噶爾安撫城堡，據所屬牌租阿巴特回城伯克呢雅斯呈稱：「六月間，霍集占遣人告知布拉呢敦，焚毀葉爾羌、喀什噶爾城堡，令回人

等遷往巴達克山。我即閉城拒守。聞霍集占兄弟約於色呼庫勒之齊裡衮巴蘇相會。」於是兆惠檄知布魯特納喇巴圖等截賊前往色呼庫勒投霍罕額爾德尼伯克之路，一面盡力尾追。富德亦奏：「由固薩納珠前進，霍集占已棄葉爾羌逃往英吉沙爾，大、小伯克等迎降，撫定其眾二萬餘。」兩和卓木走巴達克山，以怒巴達克山不恭，欲約鄰部擾之，於是戰於阿爾渾楚嶺，擒其兄弟，函首軍門以獻。八月庚午，捷奏至京。宣示中外，於是蔥嶺以西布魯特、愛烏罕、博羅爾、敖罕、安集延、巴達克山諸國皆遣使來。

　　高宗之取新疆，武功之盛逾於前代，雖元代西北土地而逾於此，然三大藩各自立國，乃蒙古族之龐大，幾與統治中國之元朝無涉。除元以外，清之武功為極盛矣。然考其終極，西北之氣運當亡，收其功者無若何名績可記，高宗廟謨獨運於上，指揮頗中肯綮，而元勳上將，若兆惠之儔，細核其功狀，實不足滿人意。高宗於此役，亦知取亂侮亡，事非艱巨，特予豐鎬舊臣，事前假以立功名，事後資以為湯沐。其昏惰甚不堪者乃誅之；即成功者亦何曾有殊績。納穆札爾、三泰以將軍、參贊之任，赴敵就死如偏裨，彌見朝廷命將之失。然且專征已非親貴，所用不過開國勳臣之裔，亦見八旗人才之日耗，與康熙時已大不侔矣。十全武功，鋪張極盛，而衰象早伏其中。清一代紀功之文，汗牛充棟，無有就《實錄》臚其平凡之狀者。總之準部自伐而人伐之？回部不能抗準而反欲抗中朝，亦惟兩和卓之妄耳。天之予清特厚，高宗無憂盛危明之意，侈十全之武功，是其福過災生之漸。又以此私厚旗人，於邊計益閉塞無遠慮，後來一開行省而氣象大變，則知高宗之設置新疆，規模不足取矣。

　　回疆既平，以採玉為一大役。和闐產玉聞天下，葉爾羌次之。定制春、秋採玉二次。葉爾羌玉山曰密爾岱山，距城四百餘里，崇削萬仞。山三成，上下皆石，惟中成玉，極望瑩然，人跡所不至。採者乘

犛牛乃及其犡,鑿而隕之,重或千萬斤。色黝質青,聲清越中宮懸,先後貢重華宮玉磬材、特磬、編磬各如幹事,又貢玉冊、玉寶各八十具;白微黃者供宗廟;白微紅者備慶典。然此任土作貢,未為病民。高宗朝,大功既成,侈心莫遏。遂思以奇寶炫世,屢有採運大玉之事,今寧壽宮有重寶,乃玉一座,周圍鑿夏禹治水圖,是其遺跡之一。阮元《石渠隨筆》記:「乾隆四十年間和闐貢玉,大至高七八尺,圍丈許,敕依大禹治水圖雕琢,發在揚州建隆寺治之,元時曾往敬觀。」阮文達之言如此。此玉入大內以後,外人不復見,無由證文達之說,清亡後乃得之於寧壽宮,具如所說。而又讀張澍《養素堂文集》,則知大玉之採,不止一次,勞費之巨,於開闢之土為病已甚。《聖武記》言:「嘉慶四年,葉爾羌獲大玉三,青者重萬餘斤,蔥白者八千餘斤,白者三千餘斤。邊臣侈其祥以聞,上以沙磧輦運勞人,急捐罷之。至今歸然存哈喇沙。」讀張澍文,乃知其詳。所云嘉慶四年,乃太上皇崩後棄玉之年,非採獲之歲也。

　　張澍《昭武將軍桂亭何公傳》:「余外舅何公,諱守林,字昆峰,又字桂亭,西寧人也。由行伍積功,洊升湖北興國營參將。以足疾引退,後緣事褫職,論戍武威,遂家焉。澍,武威人,因此得為其子婿。其官巴里坤游擊也,時方運大玉至,大如屋,製大車凡二十四輪,駕騾馬百餘匹,百人鳴鉦擊鼓,千夫揮鞭呼喝從之,騾馬奔騰,躁壓夫役多死者。輪數轉即止,稍憩復鞭之行。軸或一日數折,則鳩匠修作。或值雨雪,人畜困泥中,官役苦之。大府以上用不敢奏聞。公慨然曰:『是役不已,為害甚大。』乃稟於欽差吳某、將軍杜某,言:『此役日斃騾馬數十,士卒數十,日費金錢若干,萬不能運。即運至口,而中原地狹,路窄不可容,且舟船難載,橋梁難勝,亦斷不能運至京

師。宜奏聞停止，以省民力而節財用。或奏明此玉應作何器，招集玉工，斫成坯段，則運之尚易。』吳使者，和相之舅父也。以此意致書和相，和相不聽，督運倍急，公浩歎而已。曾仁宗睿皇帝即位，和以罪誅籍沒，時於其家得吳書，有以上聞者，即詔停止勿運。公之知大體也如此。」

高宗於新疆定後，志得意滿，晚更髦荒。和珅以容悅得寵，務極其玩好之娛，不恤邊遠疾苦，此皆盛極之所由衰也。自此以前，可言武功；自此以後，或起內亂，或有外釁，幸而戡定，皆救敗而非取勝矣。乾隆前後金川兩役，以大軍與土司相角，勝之不足為武。而初定金川時，以失機誅總督張廣泗、經略訥親。再定金川時，定邊將軍溫福敗死，損耗亦甚大，而亦預於十全武功之列，皆高宗之侈也。十全武功者，除準噶爾兩役、回部一役外，為兩定金川，為土司，一定臺灣，為內地，緬甸、安南各一役，廓爾喀兩役，為徼外。

第七節　世宗兄弟間之慘禍

康熙間奪嫡之案，前已敘述。至雍正間，復於諸王多所戕殺，舊時因避時忌，不暇細考其曲折，鮮不以為即奪嫡之餘波，頌世宗者且以為能代故太子報怨矣。不知奪嫡之魁為允禩，雍正初尊以親王，任以總理，極意聯絡，事實昭然。後來變計，在《實錄》情節不備，論者益無所征信。惟事結於曾靜勸岳鍾琪反清，與呂留良著書排滿。諸王同為聖祖之子，豈有黨附於反清排滿之理，何以並為一談，此必有故。昔時《大義覺迷錄》為禁書，細閱者少，改革後大事研討，則真相出矣。允禩之得罪於雍正朝，必以不服世宗之嗣位，而世宗之嗣位，自有瑕疵，供人指摘。指摘之根由，出於諸王；指摘之文字，則

在曾靜筆錄。呂留良乃其學派之牽涉，因治及反清排滿之罪，非世宗本意所重視也。此事余別有《世宗入承大統考實》，不具述。惟允禵輩前尚身預奪嫡，罪狀允禵者猶為有說。至世宗兄皇三子誠親王允祉，前以保護太子聞，則有功於嫡；後義不入允禵等案內，則無嫌於世宗。只以甘心閒散，不欲預聞政務為罪，至奪爵禁錮以死。此事可作一補敘，知世宗有難言之隱在也。

《東華錄》：康熙六十一年十一月十三日甲午，聖祖崩。十六日丁酉，頒遺詔。二十日辛丑，世宗登基。十二月初九日庚申，上釋服，移居養心殿。十二日癸亥，諭：「陳夢雷原係叛附耿精忠之人，皇考寬仁免戮，發往關東。後東巡時，以其平日稍知學問，帶回京師，交誠親王處行走。累年以來，招搖無忌，不法甚多，京師斷不可留，著將陳夢雷父子發遣邊外。或有陳夢雷之門生，平日在外生事者，亦即指明陳奏。楊文言乃耿逆偽相，一時漏網，公然潛匿京師，著書立說。今雖已服冥刑，如有子弟在京者，亦即奏明驅遣。爾等毋得徇私隱蔽。陳夢雷處所存《古今圖書集成》一書，皆皇考指示訓誨，欽定條例，費數十年聖心，故能貫穿今古，匯合經史，天文地理，皆有圖記，下至山川草木，百工製造，海西秘法，靡不備具，洵為典籍之大觀。此書工猶未竣，著九卿公舉一二學問淵通之人，令其編輯竣事，原稿間有訛錯未當者，即加潤色增刪，仰副皇考稽古博覽至意。」此為加罪諸王府官屬賓友之始，而適以誠親王開端。惟未明言兄弟相戕，用耿精忠牽涉立說。陳、楊與耿藩舊事，久已消釋，今忽重提，其實追憾誠王之得聖祖歡心，由於陳、楊之以學問為輔佐。

世宗當時相形見絀，甫即大位，即修此怨。其證如下：

清宮《文獻叢編》第三冊載戴鐸清折十件，其康熙五十七年第
九件云：「奴才戴鐸謹啟：主子萬福萬安！奴才素受隆恩，闔家
時時焚禱，日夜思維，愧無仰報。近因大學士李光地告假回
閩，今又奉特旨，帶病進京，關係為立儲之事，詔彼密議。奴
才聞知驚心，特於彼處相探，彼云『目下諸王，八王最賢』等
語。奴才密向彼云：『八王柔懦無為，不及我四王爺，聰明天
縱，才德兼全，且恩威並濟，大有作為，大人如肯相為，將來
富貴共之。』彼亦首肯。但奴才看，目下諸王各個生心。前奴
才路過江南時，曾為密訪，聞常州府武進縣一人名楊道升者，
此人頗有才學，兼通天文，此乃從前耿王之人也。被三王爺差
人請去，養在府中，其意何為？又聞十四王爺，虛賢下士，頗
有所圖，即如李光地之門人程萬策者，聞十四王爺見彼，待以
高坐，呼以先生。諸王如此，則奴才受恩之人愈覺代主子畏懼
矣。求主子刻刻留心，此要緊之時，誠難容懈怠也。謹啟。」
件後記云：蒙批：「楊道升在三府已有數年，此乃人人皆知。」
又蒙批程萬策之旁：「我輩豈有把屁當香焚之理。」又蒙批：「我
在京時，如此等言語，我何曾向你說過一句。你在外如此小
任，驟敢如此大膽。你之死生，輕若鴻毛；我之名節，關乎千
古。我作你的主子，正是前世了。」等諭。

戴鐸十啟，自康熙五十二年至六十年間之事。世宗即位以後，令
鐸匯錄原文並所蒙批諭，成折存檔，不過明鐸時時望己作帝，而己則
時時斥絕之，以見其並不與鐸同此奢望也。然其批諭語氣，豈是實行
斥絕，所謂「其辭若有憾焉，其實乃深喜之」。證以十啟中前後各件，

可以味其意旨。

　　第一啟，五十二年，略言：「主子有堯舜之德，奴才受格外之
知。當此君臣利害之關，終身榮辱之際，雖一言而死，亦可少
報知遇於萬一。皇上有天縱之資，誠為不世出之主，諸王當未
定之日，各有不並立之心。處英明之父子，不露其長，恐其見
棄；過露其長，恐其見疑。處眾多之手足，此有好竽，彼有好
瑟；此有所爭，彼有所勝，此皆其所以為難。孝以事之，誠以
格之，和以結之，忍以容之，而父子兄弟之間，無不相得。我
主子天性仁孝，皇上前毫無所疵。其諸王阿哥，俱當以大度包
容，使有才者不為忌，無才者以為靠。昔東宮未事之秋，側目
者有云：『此人為君，皇族無噍類矣！』此雖草野之諺，未必不
受二語之大害也。奈何以一時之小忿，而忘終身之大害乎？一
段。至於左右近御之人，俱求主子破格優禮也，一言之譽，未必
得福之速；一言之譖，即可伏禍之根。主子敬老尊賢，聲名久
著，更求刻刻留心，逢人加意。素為皇上親信者不必論，即漢
宮宦侍之流，似應見而俱加溫獎，在主子不用金帛之賜，而彼
已感激無地矣。賢日久日盛，日盛日彰，臣民之公論，誰得而
逾之？二段。至於各部各處之閒事，似不必多與聞也。本門之
人，受主人隆恩難報，尋事出力者甚多。興言及此，奴才亦覺
自愧。不知天下事有一利必有一害，有一益必有一損，受利受
益者未必以為恩，受害受損者則以為怨矣。古人云：『不貪子女
玉帛，天下可反掌而定。』況主子以四海為家，豈在些須之為
利乎？三段。至於本門之人，豈無一二才智之士，但玉在櫝中，
珠沉海底，即有微長，何由表見？頃聞奉主子金論，許令本門
人借銀捐納。仰見主子提拔人才至意。更求加意作養，使本門

人由微而顯，由小而大，俾在外為督、撫、提、鎮，在內為閣部、九卿，雖未必人人得效，而或得二三人，未嘗非東南半臂也。四段。以上數條，萬祈採納。奴才今奉差湖廣，來往似需歲月，當此緊要之時，誠不容一刻放鬆，稍為懈怠。倘高才捷足者先主子而得之，我主子之才智德學，素俱高人萬倍，人之妒念一起，毒念即生，至勢難中立之秋，悔無及矣。」蒙批：「語言雖則金石，與我分中無用。我若有此心，斷不如此行履也，況亦大苦之事，避之不能，尚有希圖之舉乎？至於君臣利害之關，終身榮辱之際，全不在此。無禍無福，至終保任，故但為我放心。凡此等居心語言，切不可動，慎之慎之！」

世宗獎鐸語為金石之言，又自明其無此意，不但無此意，且視為大苦之事，避之不能。其餘事實俱不辨，則言行不相符，已顯然矣。蓋所謂金石之言，惟第一段，世宗後來所持態度，頗與相合，故知其最為心賞。惟所言英明之父，不露長則恐見棄；過露長則恐見疑。此種心理，豈是視為苦事而欲避之；苦欲避之則不露長而聽其見棄足矣。即其處兄弟之間，欲不以氣焰使人生畏，蹈廢太子之覆轍，亦非避事之語，而獎之為金石之言，皆言行之矛盾也。第二段要結名譽，是當時諸王所爭趨之路。世宗手法獨高，所不屑為，若循鐸意，以此博臣民之共贊，是即過露長而使英主生疑也。此段必非所謂金石之言也。第三段見世宗在當時干預各部各省閒事，以招聲色貨利之奉，與諸王相等。以取賂而有所左右，右者以賄得之，自不以為恩；左者以不納賄失之，則必抱怨。此亦未嘗非金石之言。但可知世宗未正位以前，招權納賄，是康熙諸王積習。後來亦自言在藩邸時舉動，乃別有故，以後不許諸王藉口仿行，亦可與鐸說參證。第四段可知世宗於門下人，借與貲財，令其捐納得官，廣樹黨羽，豈非事實。黨世宗者有

年羹堯、隆科多兩人已足，而年、隆兩人各不相知，戴鐸又何從而知。故雍正元年，鐸尚言恐年羹堯與十四王西邊有事，己願以死自誓，倒借給兵丁錢糧，冀用其力，則固不知羹堯專為世宗防制十四王也。

> 第三啟，五十五年，略言：「奴才路過武彝山，見一道人，行蹤甚怪，與之談論，語言甚奇。俟奴才另行細細啟知。」蒙批有云：「所遇道人，所說之話，你可細細寫來，做閒中往來遊戲。」
>
> 第四啟，五十五年，略言：「所遇道人，奴才暗暗默祝，將主子問他，以卜主子。他說乃是一個『萬』字。奴才聞知，不勝欣悅。其餘一切，另容回京見主子時，再為細啟知也。福建到京甚遠，代字甚覺干係，所以奴才進土產微物數種，內有田石圖書一匣，匣子是雙層夾底，將啟放於其內，以便主子拆看。謹啟。」蒙批有云：「你如此做事方是，具見謹慎。所遇道人，所說之話，不妨細細寫來。你得遇如此等人，你好造化。」

道人談禍福，為陰謀儲位明證。圖書匣雙層夾底，中藏啟本，又極稱其謹慎。此其曖昧妖惑，在史書皆作不道論。當時允禵之於相士張明德，與此何殊？聖祖方議允禵之罪，而世宗以大欲所在，效其尤而加甚焉。「視為大苦，避之不能。」此等口頭禪，固亦示戴鐸輩不必拘泥矣。

> 第七啟，五十六年，略言：「奴才數年來受主子高厚之恩，惟有日夜焚祀，時為默禱，靜聽好音，不意近聞都門頗有傳言。奴才查臺灣一處，遠處海洋之外，另各一方，沃野千里。臺灣道

一缺，兼管兵馬錢糧。若將奴才調補彼處，替主子屯聚訓練，
亦可為將來之退計。即奴才受主子國士之知，亦誓不再事他人
也。」蒙批：「你在京若如此作人，我斷不如此待你也。你這樣
人，我以國士待你，比罵我的還屬害。你若如此存心，不有非
災，必遭天譴。我勸你好好做你的道罷。」等諭。

此啟可見戴鐸之無知識。當五十六年，十一月間正十四王子允禵
受命為撫遠大將軍之日。故謂正在靜聽好音。而都門頗有傳言，即傳
言允禵之已默承儲眷耳。因此請世宗代謀臺灣道缺，在海外屯聚訓
練，冀作一島反抗嗣君之計，且表明不事他人，賴此一著。此豈知世
宗之心。世宗於西陲早置一年羹堯，允禵此去，正落其度內。此固非
戴鐸所知，但戴鐸輩此時已心索氣絕直思據臺灣以作雍邸孤忠，直可
笑可鄙之至。以上各啟，世宗若真無幸心，每啟皆可斥絕，或竟舉發
之，安有此迭次批諭乎？

世宗於允禩諸人，從奪嫡案中，已相形取得勝利，知前此力圖奪
嫡者，更無再得儲位之望。而允祉則前以保護太子，為聖祖所心重，
又以踴躍修書，合聖祖尚文好學之意。其實效修書之力者，乃陳夢
雷、楊文言二人。楊尤身負天算、律呂絕學，為聖祖自命獨有心得而
舉世罕及之事。此實世宗所最忌而無如之何，甫即位遽修怨於陳、
楊。其原委撮敘於下：

據陳夢雷《松鶴山房集》，夢雷與李光地均中康熙九年進士，均入
翰林，同省同年，通家相得，同以請假回籍。而十二年撤藩之變，耿
精忠以福建叛，既逼夢雷從逆，又召外郡縉紳。光地自泉州安溪本籍
至，以年家子先謁夢雷尊人。陳氏父子均勸光地勿受叛藩職，光地意
未決。時楊文言在耿幕，與夢雷交密，夢雷約文言與光地相見，告以
耿必無成，急歸謀間道通疏京師，請兵由贛州徑指汀州，精忠方以全

力備仙霞關，大兵可由汀州直入閩腹地。朝廷得光地蠟丸書，致前敵行之有效，光地受上賞。十五年，精忠勢蹙乞降，文言遂歸。夢雷以十九年入都自陳，而朝議方以精忠為所屬首告，降後仍通逆，召精忠對質治罪，而夢雷以職官從逆論死。光地為明其非得已，然不言其上疏請兵時夢雷亦預謀也。故僅得減死戍遼東，時為二十一年。至三十七年聖祖東巡，夢雷獻詩稱旨，召還京，命侍誠親王邸。王命輯《彙編》一書，分類排纂群籍至二千餘卷，校刊未竣而聖祖崩。世宗諭旨中改其名為《古今圖書集成》。追論夢雷罪再遣戍，時夢雷年已七十一。所云藩變時之罪，聖祖早雪免之，且頗蒙恩賚，獎其文學，御書聯語賜之，有「松高枝葉茂，鶴老羽毛新」之句。故夢雷以松鶴山房名其集。因怨光地，作〈絕交書〉行於世，世謂之安溪負友，成一公案。世宗於即位後追理夢雷前罪，實為與允祉為難，非聖祖憐才宥過意也。至楊文言以布衣入藩幕，在三藩未變以前，本不為罪。既變被羈，精忠降而脫歸，所至不諱其在閩時事。十八年夢雷入都，文言與偕行。夢雷得罪無究及文言者。旋以天算絕學，應徵入明史館預修〈曆志〉。清《國史‧梅文鼎傳》：「康熙間，《明史》開局，〈曆志〉為檢討吳任臣所修，嘉興徐善、宛平劉獻廷、常州楊文言各有增定，最後以屬黃宗羲，又以屬文鼎。」蓋文言之預修〈曆志〉，尚在黃藜洲以前。當康熙二十六年丁卯，李光地自記其〈陛辭問對〉，尚言：「文言為耿精忠幕賓，閩亂起，被留為天文生。」聖祖但問：「渠曉《幾何原本》否？」李奏：「似乎通曉。」上曰「西洋書文理不通者多，用渠理法，改成通順，則盡善矣」云云。此見文言之依耿，聖祖時大廷公言不諱。而帝欲以中國文字改述《幾何原本》理法，即今《數理精蘊》中之《幾何原本》。而《精蘊》為《曆律淵源》之一種，《淵源》為誠邸屬文言所修，其宗旨蓋定於是也。是時文言似尚未入史館。後既預史事，又為徐乾學引參洞庭山書局。至四十年左右，乃由夢雷引入誠

邸，修《曆律淵源》。據光地《榕村語錄》：「四十一年壬午，南巡至
德州，東宮病，駐蹕，語光地古尺及天上一度當地上二百五十里等
事，云已叫三阿哥自京師細細量來，三阿哥演算法極精等語。其時文
言入邸未久，而誠邸之精算學，已為聖祖所誇，則亦非初無所解，盡
倚辦於文言，但或得文言指授而益可稱許耳。」

文言，字道聲，《松鶴山房集》中皆稱道聲，而光地《集》中雖亦
稱道聲，亦或作道生，惟戴鐸啟本及雍邸批辭作道升。當康熙季年，
世宗已極注意道升之歸誠邸。道聲在閩，原無為耿丞相之說，世宗追
誣之，以歸罪於誠邸。此康熙六十一年世宗諭旨，不惜以天子誣罔匹
夫，知其怨毒之鐘於誠邸，不過忌陳、楊修書之能為誠邸博聖祖之歡
心而已。自此誠邸若口無間言，當亦可保其軀命，以其究無擠其儲位
之實跡也。然卒不能免者，則必以誠邸知世宗嗣位真相，辭色之間，
既不竭誠輸服，將有發其隱覆之嫌。觀其坐罪之詞，多不成罪狀，由
世宗自行宣布，而諸王大臣加以描畫，歸結於父子革爵正法，由特旨
改為拘禁終身，何其酷也！世宗所宣布誠邸罪名，惟見《上諭旗務議
覆》中。《東華錄》無之，想已為《實錄》所削。茲錄如下：

> 雍正八年五月上諭：「誠親王允祉，自幼即為皇考之所厭賤，養
> 育於外，年至六歲，尚不能言，每見皇考，輒驚怖啼哭。」

誠邸為世宗兄，誠幼時事，豈世宗所能置議？且此事豈論罪所當
牽涉？

> 「及年歲漸長，則性情乖張，行事殘刻。於皇考之前，則不義不
> 孝；於其母妃，則肆行忤逆。是以皇考屢降諭旨，將其心術不
> 端之處宣示於眾。此舉朝所共知者。」

誠邸生母榮妃，忤逆之說無考。惟於怡邸母敏妃之喪，在康熙三十八年，不滿百日薙髮，為聖祖所責，允祉自怨自艾，作《責躬集》。陳夢雷《集》中有〈責躬集序文〉：

「其接待諸兄弟，皆刻薄寡恩，諸兄弟皆深知其人而鄙棄之。」

誠邸擁護廢太子，明見聖祖諭旨褒美之，其他刻薄，惟見本諭旨中怡邸喪事。誠邸有二兄，大阿哥以鎮魘太子，為誠邸所發；二阿哥即太子，諸兄弟中惟誠邸救護之，為聖祖所賞。其餘仇太子者自不慊於誠邸。若謂誠邸刻薄，誠邸無權，只有情誼之不浹，並無危害之相加。諸弟若果鄙棄其兄，即諸弟亦負不恭之罪，與不友等耳。此亦非論罪所當及。

「其待朝臣，則倨傲無禮；其待所屬，則需索無厭。此亦中外所共知者。」

此為諸皇子所同然，世宗在潛邸時亦然。觀戴鐸啟本即可見。

「從前二阿哥廢黜之後，允祉居然以儲君自命，私謂莊親王曰：『東宮一位，非我即爾。』其狂誕怪妄如此。」

在儲位未定前，有此私語，但儲位定後即不復覬覦，亦不當論罪。至獨與莊親王語此，則知世宗所深忌者楊文言代修《律曆淵源》一書，當時必深契聖祖之意。莊邸在諸皇子中，亦習天算之學，聖祖甚重此學，故有此揣度。當世宗發此論之先，莊邸正彈劾誠邸，以引起種種罪狀，則前此私語，亦莊邸媚帝而舉發之耳。

「皇考聖躬違和之時，朕侍奉湯藥，五內焦勞，而允禩不但無憂
戚之容，而且有欣幸冀望之意，為子臣所不忍言者。其天良盡
泯，一至於此！」

自誇其孝，責兄不孝，並無違忤實跡，只想像於辭意之間，此不
足以罪人，徒見己之不悌而已。

「皇考以東宮儀仗禮服，從前定制太過，特命廷臣糾正。允禩見
廷臣所議，忿然詬罵，且云：『如此則何樂乎為皇本子耶？』」

此本是為太子不平，不過心眼拙直，狃於前此之尊貴太子，後覺
貶損太過，亦有何罪？然宗人府王大臣議罪，則描畫之云：「當二阿哥
廢黜之後，允禩居然以儲君自命，見廷臣更正東宮儀仗，輒忿然詬
罵，此其妄亂之罪一也。」更引申於世宗諭旨之外，可謂善承意旨矣。

「康熙六十一年，皇考龍馭上賓，方有大事之夜，朕命允禩管理
內事，阿其那管理外務。乃允禩私自出外，與阿其那密語多
時，不知所商何事。此天奪允禩之魄，自行陳奏於朕前者。及
朕令阿其那總理事務，阿其那則在朕前保奏允禩可以大用。此
阿其那欲引允禩為黨助，共圖擾亂國政之明驗也。」

大事之夜，兄弟間何以竟不可通一語。既自行陳奏，可知原無避
忌。阿其那方任為總理，何能禁其有所保奏？若以當時被保奏為罪，
則當時任彼為總理者，罪名豈不更重？

「允禩在皇考時，侵帑婪贓，逋欠累累。朕恐其完公之後，家計

未能充裕，兩次共賜銀十五萬兩，俾其饒足。而允祉每以該旗
該部催追數百兩數千兩之處，瑣屑瀆奏，怨忿不平。朕皆寬宥
之。」

通欠是康熙間諸王常態。及世宗令該旗該部催追，特自發內帑贍
給其乏，此是世宗限制諸王之能事。誠邸不知風色，尚忿催追而訴於
帝前，此實長厚太過。既稱寬宥之，即不當論罪。而王大臣論之曰：
「貪黷負恩之罪，法所難宥者一也。」則前之寬宥，乃為之並計加罪地
也。

「舉朝滿漢文武大臣，皆受皇考教養深恩，而朕藉以辦理庶政
者。允祉屢奏朕云：『此輩皆欺罔之徒，無一人可信。』總之凡
為國家抒誠宣力之人，允祉則視之如仇敵；而邪不軌之流，則
引之為腹心。如允禩當日與允祉仇怨最深，及允禩逆節顯著，
朕令允祉搜其筆札，檢得塞思黑與允禩書，有『機會已失，悔
之無及』之語。允祉竟欲藏匿，瑪律薩力持不可，始呈朕覽。
又如允禩強悍羼凌，顧私黨而忘大義，朕革伊郡王，並伊子弘
春貝子之爵，以教導之。而允祉於乾清門之所，為之歎息流
涕：其比溺匪類，肆無忌憚如此！」

據此段論文，正見誠邸於外廷無交結，而於諸弟則有恩私。與刻
薄之說相反。罪之曰：「比溺匪類，肆無忌憚。」則亦所謂何患無辭者
矣。

「又伊子弘晟，冥頑放縱，舉動非法，乃不可容於人世之人。朕
寬恩但令禁錮，而允祉以此銜恨於心。蓋允祉溺此下愚之子，

至尊君親上之義，亦所不顧也。」

弘晟之不可容於人世，亦無事實。惟二年十一月庚戌，宗人府議奏：「世子弘晟，屢次獲罪，俱蒙恩宥。今又訛詐銀兩，請革世子為閑散宗室，令伊父誠親王允祉嚴加約束。」從之。六年六月己亥，又議奏拿交宗人府嚴行鎖錮。如此而已。至衝恨於心，又無事實，特未能大義滅親耳。

> 「又從前遣塞思黑往西大同時，朕將阿其那等黨惡種種，面論允
> 祉。允祉奏以此等人能成何事。後又密折奏稱『阿其那、塞思
> 黑等不忠不孝，罪惡滔天，若交與我，我即可以置之死地』等
> 語。朕諭之曰：『阿其那等罪惡當誅，自有國法，生死之柄，豈
> 爾可操？爾此奏不知何心。蓋允祉之意，欲暗置阿其那等於
> 死，而不明正其罪，使天下後世議朕之非。比時曾向廷臣言
> 之。』」

此在誠邸為希意太過，實非令舉，但在世宗則亦無罪可論。

> 「數年以來，允祉進見，朕必賜坐，以朕勤政憂民之心告之，伊
> 從未許朕一是字，且並未嘗一點首也，但以閒居散適之樂，娓
> 娓陳述，欲以歆動朕怠逸之心，荒廢政事，以遂其私願。」

弟為天子，勤政愛民；己為天子之兄，閒居自樂，正是各行其是。怠逸豈以此而歆動？古來中主，能以此諒其諸弟者多矣。世宗方侃侃而談，使天倫之樂漸盡，豈不可愧？

「前年八阿哥之事，諸王大臣無不為朕痛惜，而允祉欣喜之色侵
於平時。」

此或為太子舊怨，但既為世宗所罪，則對罪人無甚哀戚，亦不當
論罪。

「至於怡親王，公忠體國，夙夜勤勞，朕每向允祉稱道其善，冀
以感悟之。而允祉置若罔聞，總未一答。今怡親王仙逝，因允
祉素與諸兄弟不睦，果親王體素羸弱，不能耐暑，是以未令成
服，而果親王再三懇請，允祉則淡漠置之。且數日以來，並未
請朕之安，朕心甚為疑訝。今據莊親王等參奏，不料允祉之狂
悖凶逆，至於此極。以怡親王忠孝性成，謨猷顯著，為皇考之
令子，為列祖之功臣。今一旦仙逝，不但朕心悲痛感傷，中外
臣工，同深悽愴，即草野小民，亦莫不以國家失此賢王，朕躬
失此良佐，為之欷歔歎息。況允祉以兄弟手足之情，乃幸災樂
禍，以怡親王之薨逝為慶倖，尚得謂有人心者手？又朕將褒獎
表揚怡親王之諭旨頒示在王府人等，眾人宣讀傳示之際，允祉
並不觀覽，傲然而去，尚得謂有君上者手？」

兄弟之間，意志不同，乃道義之品評，非刑法所裁制。此固不當
論罪。文中以莊親王等參奏，定為狂悖凶逆，已至其極，則參奏中是
否尚有別情。今檢《東華錄》「本月己卯，莊親王允祿、內大臣佛倫等
參奏：臣等奉命辦理怡親王喪事，所見齊集人員，無不銜恩垂泣。獨
誠親王允祉，當皇上視臨回宮之後，遲久始至。逮宣讀皇上諭旨之
時，眾皆嗚咽悲泣，而誠親王早已回家。且每日於舉哀之時，全無傷
悼之情，視同隔膜。請交與該衙門嚴加議處」云云。參奏語不過如

此。謂兄臨弟喪不哀，何得加以狂悖凶逆之目？且兄不哀此一弟之喪，本非他一弟所能參論。又其不令成服，乃由帝旨，不成服之弟兩人：果親王則以懇請成服，為逆探言外之隱衷；誠邸則以遵令不成服，為拘守言中之明示。逆探者或有逢迎之能；拘守者何來狂悖凶逆之咎？

> 「允祉從前過惡多端，不可枚舉，但因其心膽尚小，未必敢為大奸大惡之事。從前陳夢雷之案敗露，朕若據事根究，允祉之罪甚大，朕心不忍，姑令寢息。及後為諸王大臣等參劾，宗人府議令拘禁，朕仍復寬恩，將伊降為郡王，薄示懲儆，而伊毫不知畏懼。今年又特加恩，復伊親王之爵，而伊毫不知感激。茲當怡親王仙逝，眾心悲戚之時，而允祉喪心蔑理若此。是法不知畏，恩不知感，以下愚之人，而又肆其狂誕，勢必為國家之患。朕承列祖之洪基，受皇考之付託，不能再為陷忍姑息，貽患於將來也。其作何治罪之處，著宗人府、諸王、貝勒、貝子、公、八旗大臣、九卿、詹事、科道會同定議具奏。特諭。」

陳夢雷案已見前。謂陳為耿藩從逆，則戍所召回，命入誠邸，乃由聖祖，非誠邸罪也。謂陳為招搖不法，則當時並無招搖害政事實。刑部滿漢尚書陶賴、張廷樞皆不知所坐何等罪名，至均以輕縱降調，又何至罪及府主。乃諭中既涉及陳夢雷，王大臣議覆，遂於陳夢雷一款添出事實。文云「允祉素日包藏禍心，希冀儲位，與逆亂邪偽之陳夢雷親昵密謀，遂將陳夢雷逆黨周昌言私藏家內，妄造邪術，拜斗祈禳，陰為鎮魘。及事蹟敗露，允祉罪在不赦，我皇上法外施仁，不忍加誅」云云。周昌言前未見過，此時忽添邪術鎮魘等說，果有此事，

縱對誠邸法外施仁，何以對陳夢雷僅止遣戍。且未究周昌言其人，意議覆之王大臣直以意為之，且以楊文言含混為周昌言耳。此種議覆，本無真偽可辨，且今年已復親王爵，前事本不當復論。今所謂喪心蔑理，無過怡王之喪臨哭不哀一款，其餘皆任意誣衊之辭。其實則陳夢雷、楊文言為所忌之人；《古今圖書集成》《曆律淵源》二書為所忌之物。是為清皇室之文字獄。較之允禵諸人，以傳播世宗得位之不正而被罪者，更為得已而不已。既為《東華錄》所不詳，想為《實錄》之所已諱。臚舉之以見世宗之忍。至允禵、允禟、允䄉、允禵之事，則《東華錄》之外，已詳余《世宗入承大統考實》中。

第八節　雍乾之學術文化（上）──禪學

聖祖以宋儒性理之學為宗，用以培養士大夫風氣，其於致用，則提倡科學，實為中國帝王前所未有，後亦莫之能及。故康熙間學術，德性與學問並重，而稽古右文，公卿風雅，天下翕然，知所嚮往，其氣象已略述於前矣。至世宗而獨以禪學鳴。雍正八年以前，於兄弟間意所不慊者，排除已盡。十年以後，多刻佛經，又自操語錄選政，自稱圓明居士，亦隨諸大師之後，列為語錄之一家。其傳播語錄，自是禪宗派別，然挾萬乘之尊，自我作古。所選語錄，首為姚秦之肇法師，在達摩未到禪未成宗之日，其下共選十餘家，似皆禪宗，而又雜出一佛門以外之紫陽真人，禪門以外之淨土宗蓮池大師，己則以居士廁禪宗諸師之後。又認章嘉胡土克圖為恩師，則又錯入西藏密宗喇嘛教。所記章嘉口語，亦有似乎禪和；己之頓悟禪機，亦有似乎夜半傳衣之秘。喇嘛何知，此必世宗之作用耳。世宗選歷代禪師語錄，分前後集，後集又分上下。其後集下序云：

朕少年時，喜閱內典，惟慕有為佛事。於諸公案，總以解路推求，心輕禪宗。謂如來正教，不應如是。聖祖勅封灌頂普慧廣慈大國師章嘉呼土克圖喇嘛，乃真再來人，實大善知識也。梵行精純，圓通無礙。西藏、蒙古中外之所皈依，僧俗萬眾之所欽仰。藩邸清閒，時接茶話者十餘載，得其善權方便，因知究竟此事。壬辰春正月，延僧坐七，二十、二十一隨喜同坐兩日，共五枝香，即洞達本來。方知惟此一事實之理。然自知未造究竟，而迦陵音乃踴躍讚歎，遂謂已徹元微，儱侗稱許。叩問章嘉，乃曰：『若王所見，如針破窗紙，從隙窺天，雖云見天，然天體廣大，針隙中之見，敢謂偏見乎？佛法無邊，當勉進步。』朕聞斯語，深洽朕意。二月中，復結制於集云堂，著力參求。十四日晚，經行次，出得一身透汗，桶底當下脫落，始知實有重關之理。乃復問證章嘉，章嘉國師云「王今見處雖進一步，譬猶出在庭院中觀天矣，然天體無盡，究未悉見。法體無量，當更加勇猛精進」云云。朕將章嘉示語，問之迦陵音，則茫然不解其意，但支吾云：「此不過喇嘛教回途工夫之論，更有何事？」而朕諦信章嘉之垂示，而不然性音之妄可，仍勤提撕。恰至明年癸巳之正月二十一日，復堂中靜坐。無意中忽踏末後一關，方達三身四智合一之理，物我一如本空之道，慶快平生。詣章嘉所禮謝，國師望見即曰：「王得大自在矣。」朕進問更有事也無？國師乃笑，展手云：「更有何事耶？」復用手從外向身揮云：「不過尚有恁麼之理，然易事耳。」此朕平生參究因緣。章嘉呼土克圖國師喇嘛，實為朕證明恩師也。其他禪侶輩，不過曾在朕藩邸往來，壬辰、癸巳間坐七時曾與法會耳。

　　據世宗自言其得道，在禪門，為已得正果；在喇嘛門下，亦為已成呼土克圖。其得道在壬辰、癸巳間，是為康熙五十一二年間，正太子復廢之會。世宗在其時親近沙門，當是表明其無意逐鹿。及後屠戮兄弟既盡，又追述其事，並重張其焰，以自身直接歷代高僧，著書立說，自成一人王兼作法王宗派，居之不疑。此當是掩蓋平生之殘忍，故托慈悲。觀其佞佛，絕無為釋子眩惑之弊，英明固自天賦，要亦其對於宗教實非迷信，讀史者可得而推考之也。

　　世宗不認禪宗名德為本師，而認章嘉佛。清廷之尊黃教，本以馭藩，喇嘛在所必尊，則即用以為學佛之標幟，亦一客不煩二主之意。緇流攀附，無所影響，至其不倫不類，則王者自有大權。《大藏》中於世宗選輯之書，及其自著語錄，皆赫然著錄，萬世宗門，引為榮幸，孰議其宗派之歧？其嚴絕禪鑽之路，時時見於佞佛說中，如《歷代禪師後集》下序中，深抑性音，防其以蒙召之故，高自位置。又於世祖時敬禮之二僧，以玉林屏絕虛榮，木陳稍參世法，一則揚之升天，一則抑之入地，以示其防杜攀緣之峻。在序文中即云：

> 朕身居帝王之位，口宣佛祖之言。天下後世理障深重者，必以教外別傳之旨，未經周公、孔子評定，懷疑而不肯信。然此其為害猶淺。若夫外托禪宗，心希榮利之輩，必有千般誑惑，百種聲訛。或曾在藩邸望見顏色；或曾於法侶傳述緒言。便如骨岩、木陳之流，捏飾妄詞，私相記載，以無為有，恣意矜誇，刊刻流行，煽惑視聽。此等之人，既為佛法所不容，更為國法所宜禁，發覺之日，即以詐為制書律論。

　　世宗既談禪，又拒絕釋子，則恐語言文字無所附麗，徒恃刊刻二十八經，選輯歷代語錄，尚覺乏味，乃又開堂授徒，以天子為一山

之祖。集其徒眾，自相倡和，命曰《當今法會》。其所擇之人，必取其不敢禪鑽者，而又以旨意嚴示之。觀所撰〈當今法會序〉，可想其防禁之密。序云：

朕自去臘閱宗乘之書，因選輯從上古德語錄，聽政餘閒，嘗與在廷之王大臣等言之。自春入夏，未及半載，而王大臣之能徹底洞明者，遂得八人。夫古今禪侶，或息影雲林，棲遲泉石，或諸方行腳，到處參堂。乃談空說妙者似粟如麻，而了悟自心者鳳毛麟角。今王大臣於半載之間，略經朕之提示，遂得如許人，一時大徹，豈非法會盛事？選刻語錄既竣，因取王大臣所著述，曾進呈朕覽者，擇其合作，編為一集，錫名《當今法會》，附刊於後。朕惟如來正法眼藏，涅槃妙心，如杲日在空，有目共睹。迷者自迷，悟者自悟。誠於此一直超入，則經綸萬有，實為行所無事。朕一日二日萬幾，諸臣朝夕不懈於位，莫非平治天下之為。而即於此深嘗圓頓甘露之味，可知此事之為實際理地，而非狂參及解路所可得而托也。朕居帝王之位，行帝王之事，於通曉宗乘之虛名何有，況此數大臣皆學問淵博公忠方正之君子，一言一行，從無欺妄，又豈肯假此迎合為諂諛小人之事？朕又豈肯默傳口授作塗汙慧命之端？誠以人果於心性之地，直透根源，則其為利益自他，至大而至普，朕之惓惓於此，固非無謂而然也。卷中言句，所謂「獅子只三歲，便能大哮吼」，可以啟人弘信，廣布正燈。是選之傳，或於宗風不無小補。至在內焚修之沙門羽士，亦有同時證入者六人，其所作亦附刊焉。是為序。

法會中又有羽士在內，而歷代禪師語錄內亦有紫陽真人，竟無宗

教門戶。《四庫書目》亦有〈釋家〉，而世宗御選御制之書竟不收入。尤異者，《宮史》御刻御制之書亦不涉及。外間傳刻轉惟〈釋藏〉。清之尊用佛教，絕非本心，視宗教為一種作用，不足與大經大法相混。

《四庫》定自高宗，《宮史》亦乾隆間所修。世宗之舞弄佛教、箝制佛教如彼，高宗之拒外佛教如此。更證以乾隆末年《御制喇嘛說》，則於清代之約束西藏活佛，更可知以政馭教，決不以教妨政之真相矣。《喇嘛說》作於廓爾喀既平之後。廓爾喀與西藏糾葛，引兵侵藏，中國討之，並聲西藏構煽廓爾喀各喇嘛之罪，事定後作此說以諭眾也。其說云：

> 佛法始自天竺，東流而至西番，其番僧又相傳稱為喇嘛。予細思其義，蓋西番語謂上曰喇，謂無曰嘛。喇嘛者謂無上，即漢語稱僧為上人之意耳。喇嘛又稱黃教，蓋自西番高僧帕克巴舊作八思巴。始，盛於元，沿及於明，封帝師、國師者皆有之。

自注：元世祖初封派克巴為國師，後復封為大寶法王，並尊之曰帝師。同時又有丹巴者，亦封帝師。其封國師者不一而足。明洪武初，封國師、大國師者不過四五人。至永樂中，封法王、西天佛子者各二，此外灌頂大國師者九、灌頂國師者十有八。及景泰、成化間，益不可勝紀。

我朝惟康熙年間只封一章嘉國師，相襲至今。

自注：我朝雖興黃教，而並無加崇帝師封號者。惟康熙四十五年，敕封章嘉呼土克圖為灌頂國師。示寂後，雍正十二年，仍照前襲，號為國師。

其達賴喇嘛、班禪額爾德尼之號，不過沿元明之舊，換其襲敕耳。

自注：黃教之興，始於明番僧宗喀巴。生於永樂十五年丁酉，至成化十四年戊戌示寂。其二大弟子：曰達賴喇嘛，曰班禪喇嘛。達喇賴嘛位居首，其名曰羅倫嘉穆錯。世以化身掌黃教，一世曰根敦珠巴，二世曰根敦嘉穆錯，三世曰索諾木嘉穆錯，即明時所稱活佛鎖南堅錯也，四世曰雲丹嘉穆錯，五世曰阿旺羅卜藏嘉穆錯。我朝崇德七年，達賴喇嘛、班禪喇嘛遣貢方物。八年，賜書達賴喇嘛及班禪呼土克圖，蓋仍沿元明舊號。及定鼎後，始頒給敕印，命統領中外黃教焉。

蓋中外黃教，總司以此二人，各部蒙古一心歸之。興黃教即所以安眾蒙古，所繫非小，故不可不保護之，而非若元朝之曲庇諂敬番僧也。

自注：元朝尊重喇嘛有妨政事之弊，至不可問，如帝師之命與詔敕並行，正衙朝會，百官班列，而帝師亦專席於坐隅。其弟子之號司空、司徒、國公，佩金玉印章者，前後相望。怙勢恣睢，氣焰熏灼，為害四方，不可勝言。甚至強市民物，捽搋留守，與王妃爭道，拉毆墮車，皆釋不問。並有「民毆西僧者截手，詈之者斷舌」之律。若我朝之興黃教，則大不然。蓋以蒙古奉佛，最信喇嘛，不可不保護之，以為懷柔之道而已。

其呼土克圖之相襲，乃以僧家無子，授之徒與子何異，故必覓一聰慧有福相者，俾為呼必勒罕，即漢語轉世化生人之義。幼而習之，長成乃稱呼土克圖。此亦無可如何中之權巧方便耳。其來

己久，不可殫述。孰意近世，其風日下，所生之呼必勒罕，率出一族，斯則與世襲爵祿何異。予意以為大不然，蓋佛本無生，豈有轉世？但使今無轉世之呼土克圖，則數萬番僧無所皈依，不得不如此耳。

自注：從前達賴喇嘛示寂後，轉生為呼必勒罕。一世在後藏之沙卜多特地方，二世在後藏大那特多爾濟丹地方，三世在前藏對隴地方，四世在蒙古阿勒坦汗家，五世在前藏崇寨地方，六世在里塘地方，現在之七世達賴喇嘛，在後藏托卜札勒拉里岡地方。其出世且非一地，何況一族乎？自前輩班禪額爾德尼示寂後，現在之達賴喇嘛與班禪額爾德尼之呼必勒罕，及喀爾喀四部落供奉之哲卜尊呼土克圖，皆以兄弟叔侄姻婭，遞相傳襲。似此掌教之大喇嘛，呼必勒罕皆出一家親族，幾與封爵世職無異。即蒙古內外各札薩克供奉之大呼必勒罕，近亦有各就王公家子弟內轉世化生者，即如錫呼圖呼土克圖，即系喀爾喀親王固倫額駙拉旺多爾濟之叔，達克巴呼土克圖，即係阿拉善親王羅卜藏多爾濟之子，諾尹綽爾濟呼土克圖，即係四子部落郡王拉什燕丕勒之子，堪卜諾們汗札木巴勒多爾濟之呼必勒罕，即係圖舍圖汗車登多爾濟之子。似此者難以枚舉。又從前哲卜尊丹巴呼土克圖圓寂後，因圖舍圖汗之福晉有娠，眾即指以為哲卜尊丹巴呼土克圖之呼必勒罕。及彌月竟生一女，更屬可笑。蒙古資為談柄，以致物議沸騰，不能誠心皈信。甚至紅帽喇嘛沙瑪爾巴垂涎札什倫布財產，自謂與前輩班禪額爾德尼及仲巴呼土克圖同係弟兄，皆屬有分。唆使廓爾喀滋擾邊界，搶掠後藏。今雖大振兵威，廓爾喀畏懼降順，匍匐請命。若不為之剔除積弊，將來私相授受，必致黃教不能振興，蒙古番眾猜疑輕視，或致生事。是以降旨藏中，如有大喇嘛出呼必勒罕之事，仍隨其俗，令拉穆吹忠四人降神誦經，將各行指出呼必勒罕之

名，書籤貯於由京發去之金奔巴瓶內，對佛念經，令達賴喇嘛或班禪額爾德尼同駐藏大臣公同簽掣一人，定為呼必勒罕。雖不能盡除其弊，而較之從前各任私意指定者，大有間矣。又各蒙古之大呼必勒罕，亦令理藩院行文，如新定藏中之例，將所報呼必勒罕之名，貯於雍和宮佛前安供之金奔巴瓶內，理藩院堂官會同掌印之札薩克達喇嘛等，公同簽掣，或得其真傳，以息紛競。

> 去歲廓爾喀之聽沙瑪爾巴之語，劫掠藏地，已其明驗。雖興兵進剿，彼即畏罪請降，藏地以安。然轉生之呼必勒罕，出於一族，是乃為私。佛豈有私，故不可不禁。茲予制一金瓶，送往西藏。於凡轉世之呼必勒罕，眾所舉數人，各書其名置瓶中，掣籤以定。雖不能盡去其弊，較之從前一人之授意者，或略公矣。夫定其事之是非者，必習其事而又明其理，然後可。子若不習番經，不能為此言。始習之時，或有議為過興黃教者。使予徒泥沙汰之虛譽，則今之新舊蒙古，畏威懷德，太平數十年可得乎？且後藏煽亂之喇嘛，即正以法。

自注：上年廓爾喀侵掠後藏時，仲巴呼土克圖既先期逃避，而大喇嘛濟仲、札蒼等遂托占詞，為不可守，以致眾喇嘛紛紛逃散。於是賊匪始敢肆行搶掠。因即令將為首之濟仲拏至前藏，對眾剝黃正法，其餘札蒼及仲巴呼土克圖等俱拿解至京，治罪安插。較元朝之於喇嘛，方且崇奉之不暇，致使妨害國政，況敢執之以法乎？若我朝，雖護衛黃教，正合於王制所謂「修其教不易其俗，齊其政不易其宜」。而惑眾亂法者，仍以王法治之，與內地齊民無異。試問自派克巴創教以來，歷元明至今五百年，幾見有將大喇嘛剝黃正法及治罪者。天下後世，豈能以予過興黃教為譏議乎？

元朝曾有是乎？蓋舉大事者必有其時與其會，而更在乎公與
明。時會至而無公與明以斷之，不能也；有公明之斷，而非其
時與會，亦望洋而不能成。茲之降廓爾克，定呼必勒罕，適逢
時會，不動聲色以成之。去轉生一族之私，合內，外蒙古之
願。當耄期歸政之年，復成此事，安藏輯藩，定國家清平之基
於永久，予幸在茲，予敬益在茲矣。

自順治初，達賴喇嘛來京，要帝出迎，滿臣贊之，漢臣諫阻，卒
從漢臣，時已絕非蒙古信喇嘛之故習矣。世祖學佛乃學流行中國之
佛，視喇嘛純為作用。世宗學佛，意更在語錄等書，明明學中國佛
學，而偏戴章嘉佛為師，宗派不同，強合為一。舍雍邸故宅為雍和
宮，為章嘉佛誦經之所。己稱居士，自謂得教外別傳，廁身於諸禪師
之列。己則立地成佛，而不許天下攀附宗門，其為別有取義，顯然可
見。高宗嗣位，視世宗掩飾之行為，皆知其無益有損，故於雍正一朝
之佛學，絕不表章。此與殺曾靜、張熙，毀《大義覺迷錄》，同一干蠱
之事。《大義覺迷錄》一案，別見余《世宗入承大統考實》，不贅。至
乾隆末作《喇嘛說》，更不為世宗得道於喇嘛稍留餘地。蓋世宗之英
明，又猶欲以口舌勝人，術數馭世；高宗之英明，則知無所事此，其
見解為更進矣。

第九節　雍乾之學術文化（下）──儒學

世宗於吏治民生，極盡心力，講事功，實不講心性。晚乃遁入於
禪，亦與世祖之學佛不同。自命為已經成佛作祖，無所於讓。其對儒
宗，則敬仰備至，不敢予聖，蓋知機鋒可以襲取，理道不能偽為也。
然所收純儒之效，遠遜康熙朝，即有數理學名臣，亦不過守先朝作養

之餘緒耳。清一代尊孔之事，莫虔於雍正一朝。後惟末學欲以孔聖救亡復有過量之崇敬，則又非世宗時規模矣。前乎此者，世祖因前代之故，祀大成至聖文宣先師孔子，四配、十哲、兩廡及啟聖公祠，祀位皆仍其舊。惟順治十四年，去「大成文宣」四字，改題「至聖先師」。康熙末，躋朱子於十哲，位卜子之次，而從祀增一范仲淹。蓋未嘗於文廟祀典多所改定也。雍正元年，詔追封孔子五代王爵，於是錫木金父公曰肇聖、祈父公曰裕聖、防叔公曰詒聖、伯夏公曰昌聖、叔梁公曰啟聖。孔子父自元以來已封啟聖王，明嘉靖時改封公，此為先有之故事。以上四世，則封於自此始。舊稱啟聖祠，今以啟聖王為祠中之一世，改稱崇聖祠。清世俗人則稱「五王祠」焉。二年，復以祔饗廟庭諸賢，有先罷宜復，或舊闕宜增，與孰應附祀崇聖祠者，議一再上，於是復祀者六人：曰林放、蘧瑗、秦冉、顏何、鄭康成、范寧；增祀者二十人，曰孔子弟子二人——縣亶、牧皮，曰孟子弟子四人——樂正子、公都子、萬章、公孫丑，曰漢一人——諸葛亮，曰宋六人——尹焞、魏了翁、黃干、陳淳、何基、王柏，曰元四人——趙復、金履祥、許謙、陳澔，曰明二人——羅欽順、蔡清，曰清本朝一人——陸隴其。入崇聖祠者一人，宋張迪。陸隴其仕康熙朝，卒於康熙三十一年，距今不過三十二年。隴其篤守程朱，身歿未久，而公論早定，可見聖祖所倡學風之純一。以立朝事實論，同寮間頗有異同，如李光地亦以講學名世，然於隴其之以爭捐納當罷奪官，即以其不諒時艱為罪。光地固以講學為投時之具者。不數年間，隴其之大名已定，非時論所能遊移，則執德固而通道篤者獲伸於世。即清全盛時之學術，由此可觀其趨向矣。歷乾隆至嘉慶朝不改，於從祀不生異議。惟於乾隆二年，復元儒吳澄祀。三年，升有子若為十二哲，次卜子商，移朱子次顓孫子師，不過取其相配平均耳，餘無他異。

　　雍乾間之儒學，天子不自講學，惟以從祀示好尚，於學術亦有影

響。湯斌之人品未必下於陸隴其，然以其學尚陸王，在道光以前，竟不能言從祀。清之中世，理學守門戶甚謹，於此可知。若李光地，不免曲學阿世，亦自謂從事程朱，正投時好耳，其語錄謂湯斌以不好朱學，故不甚讀朱子書。光地指朱子上時君言事之書，謂龍逢、比干不是過，斌乃折服。斯言故作雌黃，絕非事實。湯何嘗不服朱子，惟受學於孫夏峰，宗為陸王，得力有自，非待他人指出朱子有直諫之長，而後服之。朱子處仁弱之世，寬大之朝，縱獻直言，絕無殺身滅族之禍，正誼明道之君子皆能為之。指以示斌，有何可以折服之處。凡光地所言，皆令人不敢置信，而要其揣摩時尚，與乾、嘉以前理學宗傳相合，即知清中世之儒，篤信謹守，自是學術趨於一途，雖豪傑各有信仰，然使程朱能為厲世摩鈍之用，則專為學的亦已足矣。湯斌等自信陸王，初不與程朱相詆毀，此即太平氣象。人品不足企陸隴其、湯斌，而朱、陸異同，爭辯不息。「天下無道，辭有枝葉」，此其驗矣。

　　雍乾間儒學無爭辯，而餘事則昌明文學。清沿前代用科舉制，又沿明代以八股為科舉取士之用。聖祖以身自向學，使天下承風。世宗以政事留心，不足言學問。其振興文教之事，則於雍正十一年正月，諭各省建立書院，各賜帑銀一千兩為倡，餘令各該省督撫豫籌膏火，以垂永久，不足者在存公銀內支用。擇一省文行兼優之士，讀書其中，使之朝夕講誦，整躬勵行，有所成就，俾遠近士子觀感奮發，亦興賢育才之一道，云云。諭中又言：「各省學校之外，每設書院。臨御以來，未敕令各省通行，蓋欲徐徐有待，而後頒降諭旨。」此為省會遍設書院之始。自明初遍立郡縣學，是為學校制。學官本為課士而設，後不能舉其職，乃移其事任於書院。夫使回復學校初制，士以學官為師，似不必盡待書院之山長。然延師之道，不可以資格拘，就舊日任用翠官之法，求為士子得師，事必無濟。又為士人求學而不出鄉，聲氣雖通，見聞不廣，終有隘陋之患。清一代學人之成就，多在書院中

得之，此固發展文教之一事也。是年四月，詔在京二品以上，及外省督撫會同學政，薦舉博學鴻詞，一循康熙年間故事。是詔未定試期，應詔薦舉者人數寥寥。至十三年八月，世宗崩，高宗即位。十一月申諭速行保薦，乃於乾隆丙辰九月己未御試。十月，引見考取博學鴻詞劉綸等十五員，授翰林院編修、檢討、庶起士有差。二年七月，復試續到博學鴻詞，授萬松齡等四人為檢討、庶起士。是科取才之意，頗與康熙己未不同，得人亦不及己未之盛。然承平之世，天子右文，海內不但以入轂者為榮，即應試報罷之人，亦享高名於世。科目有靈，即國家無故，此亦世運隆替之徵也。

　　清一代有功文化，無過於收輯《四庫全書》，撰定各書提要，流布藝林一事。自古明盛之時，訪求遺書，校讎中秘，其事往往有之。然以學術門徑，就目錄中詔示學人，如高宗時之四庫館成績，為亙古所未有。蓋其搜羅之富，評騭之詳，為私家所不能逮，亦前古帝王所未及為也。《四庫全書》之起源，以安徽學政侍讀學士朱筠於乾隆三十七年，奉購訪遺書之詔，奏陳四事：一、舊本抄本，尤當急搜。二、中秘書籍，當標舉現有者以補其餘。三、著錄校讎當並重。四、金石之刻，圖譜之學，在所必錄。其第二款中有云：「臣在翰林，常翻閱前明《永樂大典》，其書編次少倫，或分割諸書，以從其類，然占書之全而世不恒覯者，輒具在焉。臣請敕擇取其中古書完者若干部，分別繕寫，各自為書，以備著錄。書亡復存，藝林幸甚。」內閣議覆內稱「《永樂大典》一書，係永樂初年所輯，凡二萬二千九百餘卷，共一萬一千九十五冊。舊存皇史宬，復經移置翰林院典籍庫，局貯既久，卷冊又多。派員前往庫內逐一檢查，據此書移貯之初，本多缺失，現在存庫者共九千餘本，較原目數已懸殊」等語。又奏：「校核《大典》，就翰林院設辦事之所，並擬定條例進呈。」奉旨：「依議，將來辦理成編時，著名《四庫全書》。」是《四庫全書》之取名，本為輯《大典》

中軼書而起。事在三十八年二月二十一日。至三月間，辦理《四庫全書》處又奏「遵旨排纂《四庫全書》，仰蒙皇上指示，令將《永樂大典》內原載舊本，酌錄付刊，仍將內府所儲，外省取採，以及武英殿官刻諸書，一併匯齊繕寫，編成四庫，垂示無窮」等語。是知前此奉旨，定名《四庫全書》，帝早有編定群籍之意，方使《四庫全書》名實相稱。是為今存《四庫全書》辦理之原委。又其必為提要，最為四庫館中裨益藝林之偉舉，其端亦自朱筠發之。其奏陳四事中第三款云：「前代校書之官，如漢之白虎觀、天祿閣集諸儒校論異同及殺青，唐、宋集賢校理，官選其人，以是劉向、劉知幾、曾鞏等並著專門之業。歷代若《七略》《集賢書目》，其書具有師法。臣請皇上詔下儒臣，分任校書之選，或依《七略》，或準《四部》，每一書上，必校其得失，撮舉大旨，敘於本書首卷，並以進呈，恭俟乙夜之披覽。臣伏查武英殿原設總裁、纂修、校對諸員，即擇其尤專長者，俾充斯選，則日有課，月有程，而著錄集事矣。」後來提要規程，實定於此。朱筠與弟大學士朱珪齊名，性情品行，學問文章，具載清《國史・儒林傳》。私家屬作傳記尤多，清史不應無傳。他且不論，即此《四庫》開館、《大典》輯軼兩事，皆自筠發其端，為一代文化述其源流，亦不應不有傳載，而《清史稿》竟遺之，此為遺漏之最難解者。

　　乾隆朝武英殿刊版之書，及御纂、御定、御制之書，較之康熙朝更多，具在《宮史》，不備列。其搜采各書，兼有自挾種族之慚，不願人以「胡」字、「虜」字、「夷」字加諸漢族以外族人，觸其忌諱，於是毀棄滅跡者有之，刊削篇幅者有之。至明代野史、明代雜史，防禁尤力，海內有收藏者，坐以大逆，誅戮累累。以發揚文化之美舉，構成無數文字之獄，此為滿、漢仇嫉之惡因。統觀前史，暴君虐民，事所常有，清多令主，最下亦不失為中主，宜可少得罪於吾民，而卒有此涂毒士大夫之失德。今文字獄已有專輯，其不出於檔案者，餘亦稍

有搜輯，當別成專著，不能列入本篇。惟乾隆以來多樸學，知人論世之文，易觸時忌，一概不敢從事，移其心力，畢注於經學，畢注於名物訓詁之考訂，所成就亦超出前儒之上。此則為清世種族之禍所驅迫，而使聰明才智出於一途，其弊至於不敢論占，不敢論人，不敢論前人之氣節，不敢涉前朝亡國時之正義。此止養成莫談國事之風氣，不知廉恥之士夫，為亡國種其遠因者也。

　　文字獄不暇細數，果屬觸犯而成獄，雖暴猶為罪有可加，謂其為違梗也。即無意中得違梗之罪，而遽戮辱，猶謂使人知有犯必懲，不以無意而解免之，所以深懲違梗之嫌疑也。雍乾間文字之獄，有最難解者三事。謝濟世注《大學》，從《禮記》本，不從朱子《四書集注》本，不用程子所補《格致傳》。順承郡王錫保參奏濟世謗毀程朱。此因濟世以參世宗所倚任之田文鏡得罪，希意摭拾其過。然《禮記》亦頒定之經書，既與《四書》並行，信此信彼，必無大罪。乃世宗則云「朕觀濟世所注之書，意不止謗毀程朱，乃用《大學》內『見賢而不能舉』兩節，言人君用人之道，藉以抒寫其怨望誹謗之私也。其注有『拒諫飾非，必至拂人之性，驕泰甚矣』等語。觀此則謝濟世之存心，昭然可見」云云。遂深辯田文鏡之不當參，己之非拒諫，令議濟世罪。九卿等議斬立決，後得旨免死，交錫保令當苦差，效力贖罪。此謝濟世之幸而不死，後卒釋回而以名臣傳於世者也。夫濟世既注經文，經文自是如此意義，而竟議斬。則如宋儒之說經，多涉事理者，聖經賢傳，孰非警戒人君之語，一涉筆即得死罪，程朱皆寸磔而有餘矣。乾嘉間天下貶抑宋學，不談義理，專尚考據，其亦不得已而然耳。故清一代漢學之極盛，正士氣之極衰，士氣衰而國運焉能不替。此雍、乾之盛而敗象生焉者一也。陸生枏作《通鑑論》今已不見其書。生枏與濟世，均廣西人，得罪亦同時，同在錫保軍前，為錫保所奏。世宗逐條論駁，所引原文，具在《東華錄》。可見生枏就《鑑》論《鑑》，所

見與世各有異同，要是作論本色，絕無桀驁不馴聾聽激變之語。一曰論封建，則云：「封建之制，古聖人萬世無弊之良規，廢之為害，不循其制亦為害，至於害深禍烈，不可勝言。」又云「聖人之世，以同寅協恭為治。後世天下至大，事繁人多，奸邪不能盡滌，詐偽不能盡燭。大抵封建廢而天下統於一，相既勞而不能深謀，君亦煩而不能無缺失。始皇一片私心，流毒萬世」等語。二曰論建儲，則云：「儲貳不宜干預外事，且必更使通曉此等危機。」又云「有天下者不可以無本之治治之」等語。三曰論兵制，則云：「李泌為德宗歷敘府兵興廢之由，府兵既廢，禍亂遂生，至今為梗，上陵下替。」又云「府兵之制，國無養兵之費，臣無專兵之患」等語。四曰論隋煬帝，則云「後之君臣，儻非天幸，其不為隋之君臣者幾希！」等語。五曰論人主，則云：「人愈尊，權愈重，則身愈危，禍愈烈。蓋可以生人殺人賞人罰人，則我志必疏，而人之畏之者必愈甚。人雖怒之而不敢泄，欲報之而不敢輕。故其蓄必深，其發必毒」等語。六曰論相臣，則云：「當用首相一人，首相奸諂誤國，許凡欲效忠者，皆得密奏，即或不當，亦不得使相臣知之。」又云：「因言固可知人，輕聽亦有失人。聽言不厭其廣，廣則庶幾無壅；擇言不厭其審，審則庶幾無誤。」又云「為君為臣，莫要於知人而立大本，不徒在政跡，然亦不可無術相防」等語。七曰論王安石，則云：「賢才盡屏，謀謨盡廢，而己不以為非，人君亦不知人之非，則並聖賢之作用氣象而不知。」又云「篤恭而天下平之言，彼固未之見；知天知人之言，彼似未之聞也。人無聖學，能文章，不安平庸，鮮不為安石者」等語。八曰論無為之治，則云：「雖有憂勤，不離身心；雖有國事，亦第存乎綱領。不人人而察，但察銓選之任；不事事而理，止理付託之人。察言動，謹幾微，防讒間，慮疏虞，憂盛危明，防微杜漸而已。至若籩豆之事，則有司在。」又云「絳度數諫，異鑄順從，是以陷於朋比而不知。蓋有聖功即有王道，使徒明而不學，

則人欲盛而天理微，固不能有三代之事功。至力衰而志竭，未有能如其初」等語。

以上皆世宗所舉《通鑑論》之原文，駁其是非可也，竟曰「罪大惡極，情無可逭，將陸生枵軍前正法，以為人臣懷怨誣訕者之戒」云云。夫《通鑑論》原文必甚多，世宗特挑出此八端，必以其為罪惡所在無過於此數語。今試由讀《史》讀《鑑》者平心論之，有一語可致殺身否？即其論人君而作危詞，古所云「城高池深，兵甲堅利，不得人和，委而去之」，此乃「寡助之至，親戚畔之」之定理。溫公作《通鑑》本以為法為戒之故，分別詔人。學者能加以發揮，正是忠君愛國之真意。以此掇殺身之禍，復誰樂致力於史實，以與國家社會相維繫乎？乾、嘉學者，寧遁而治經，不敢治史，略有治史者，亦以漢學家治經之法治之，務與政治理論相隔絕。故清一代經學大昌，而政治之學盡廢，政治學廢而世變誰復支持，此雍、乾之盛而敗象生焉者二也。

尹嘉銓為故父會一請諡。又請將湯斌、范文程、李光地、顧八代、張伯行及其父會一，從祀文廟。事在乾隆四十六年。奉旨拿交刑部治罪，並查伊家有無狂悖不法字跡。此為因冒昧瀆奏而引入文字之獄。有司查得嘉銓所著書籍，嘉銓主聚徒講學，其文有云：「朋黨之說起而父師之教衰，君亦安能獨尊於上哉？」諭旨則云：「顯悖世宗《御制朋黨論》。」又有「為帝者師」之句，則云：「無論君臣大義，不應妄語，即以學問而論，內外臣工各有公論，尹嘉銓能為朕師傅否？」又著有《名臣言行錄》，臚列本朝大臣。則云：「朱子當宋式微，又在下位。今尹嘉銓欲於國家全盛之時，妄生議論，實為莠言亂政。」又自稱古稀老人。則云「朕御制《古稀說》，頒示中外，而伊竟以自號」云云。嘉銓不以朋黨為非，又襲講學家自重之習，學孟子「為王者師」之說，纂集當代大臣言行，乃留心文獻之要務。七十曰古稀，自杜工部有此詩句，人盡習稱，豈可以帝王專其利？高宗於上年剛及七十，

自稱「古稀天子」。嘉銓之稱古稀，是否在其後，今尚未明，姑不論。
此外日記中家庭瑣屑語，即有迂腐可笑，豈有殺身之罪？乃大學士等
竟定擬凌遲處死，家屬緣坐。滿廷無救正之言，惟以逢迎為宰相之
責，是何氣象！特旨改絞立決，免其凌遲及緣坐，謂之加恩，是此案
歸結。而諭旨又特提嘉銓二罪：因日記中記有任大理卿時，與刑部簽
商緩決事，謂之「市恩」。又稱大學士、協辦大學士作「相國」。則云
「明洪武時已廢宰相，我朝相沿不改。祖宗至朕，臨御自以敬天、愛
民、勤政為念，復於何事，藉大學士之襄贊？昔程子云『天下治亂繫
宰相』，止可就彼時闒冗而言。我國家世世子孫，能以朕心為心，整綱
維而勤宵旰，庶幾永凝庥命，垂裕萬年」云云。此則視大學士為贅
疣。謂清沿明制，不設宰相，則不知明大學士五品，後來兼尚書宮
保，其位乃尊，何云大學士非宰相？清則大學士正一品，禮絕百僚，
何得云非宰相？有宰相便是闒冗，並誡世世子孫，不許倚任大臣襄
贊，此真亡國之言。是以當時之大學士，只能希意議尹嘉銓之凌遲緣
坐矣。孟子所謂「訑訑之聲音顏色，拒人於千里之外。士止於千里之
外，則讒諂面諛之人至矣，與讒諂面諛之人居，國欲治可得乎？」當
時自大學士以下，孰非讒諂面諛。又是何氣象！天之厚清，實異尋
常。康熙六十一年，享國之久，古已僅有。高宗二十五歲始即位，自
稱在位六十年必退休，居然滿六十年，以八十六歲之年，內禪仁宗，
稱太上皇訓政逾三年，於嘉慶四年正月始崩，享壽至八十九歲。西陲
拓地萬里，臣屬至蔥嶺以西，衛藏以外。國內太平，文治自然興起。
而順、康、雍、乾四朝，人主聰明，實在中人以上，修文偃武，制作
可觀。自三代以來，帝王之尊榮安富，享國久長，未有盛於此時者
也。而乃盈滿驕侈，斬刈士夫，造就奴虜，至亡國無死節之臣，嗚
呼！

第四章
嘉道守文

第一節　內禪

　　乾隆間，高宗常自言：踐阼之初，即以周甲歸政告天。至六十年九月初三日辛亥，帝御勤政殿，召皇子、皇孫、王公、大臣入見，宣示立皇十五子嘉親王顒琰為皇太子，以明年丙辰為嗣皇帝嘉慶元年。

　　高宗遵世宗家法，不立太子，惟密定皇儲，緘名於乾清宮正大光明匾額後。始於乾隆元年，密定元後孝賢皇后所生皇二子永璉為太子。三年殤，追贈為皇太子，諡端慧；時仁宗未生。至三十八年，仁宗生十四歲，被密建為太子。至六十年九月辛亥，集王公、百官御勤政殿啟密緘，立為太子，並命太子名上一字改書顒字，是為嘉、道兩朝帝諱目避慣用字之始。

　　丙辰元旦，舉行授受大典。帝侍太上皇帝詣奉先殿、堂子行禮，遣官祭太廟後殿，太上御太和殿，親授帝寶，帝跪受寶，太上受賀畢還宮，帝即位受賀。奉太上傳位詔書，頒行天下，覃恩有差。太上以寧壽宮為頤養之所。太上有所行幸，帝必從。帝聽政，必御乾清門；在圓明園，則御勤政殿。三年之中，太上訓政。當乾隆之季，高宗倦勤，和珅用事，帝之得立與否，和珅頗有關係。既受內禪，高宗已稱太上，耄而健忘，和珅頗能左右其意旨。清世所傳如是，然無正大之記載。及閱《朝鮮實錄》，頗足徵實，節錄如下：

朝鮮〈正宗實錄〉：二十年，即清嘉慶元年，三月十二日戊午，
召見回還進賀使李秉模等，上曰：「太上皇筋力康寧乎？」秉模
曰：「然矣。」上曰：「新皇帝仁孝誠勤，譽聞遠播云。然否？」
秉模曰：「狀貌和平灑落，終日宴戲，初不游目，侍坐太上皇，
太上皇喜則亦喜，笑則亦笑。於此亦有可知者矣。」李秉模於
二月十九日乙未，先有馳啟言：「正月十九日平明，因禮部知
會，詣圓明園。午後，與冬至正、副使入山高水長閣。太上皇
帝出御閣內後，入參內班，禮部尚書德明引臣等及冬至正、副
使，至御榻前跪叩，太上皇帝使閣老和珅宣旨曰：「朕雖然歸
政，大事還是我辦。你們回國問國王平安，道路遙遠，不必差
人來謝恩。」中略黃昏時，太上皇帝從山高水長閣後御小舫，嗣
皇帝亦御小舟隨之，又令臣等乘舟隨後，行數里許下船，入慶
豐圖。太上皇帝御樓下榻上，嗣皇帝侍坐，設雜戲賜茶。使內
侍引臣等乘雪馬行，一裡許下岸，仍為引出退歸。中略臣等使任
譯問：「從今以後，小邦凡有進奏進表之事，太上皇帝前及嗣皇
帝前，各進一度耶？」答云：「現今軍機姑未定例，當自有文書
出去云。」申後，禮部又送上馬宴桌於館所。二十六日，禮部
知會有傳諭事件，年貢、慶賀各該正、副使明日赴部。故
二十七日巳時，臣等及冬至正、副使與任譯詣禮部，則員外郎
富森阿謄示傳諭事件，以為賀使帶來三起方物，業經欽奉敕
旨：移准於下次正貢。再現奉敕旨『此後外藩各國，惟須查照
年例，具表齎貢，毋庸添備貢物於太上皇帝、皇帝前作兩份呈
進』」云云。

據此則內禪以後，依然政由太上，而和珅為出納帝命之人，對外
使且然，一切政務可想。但多一已顯明之嗣皇帝，到處侍遊侍宴，以

全神貫注太上、和珅喜怒而已。此為仁宗動心忍性之日。

又：二十一年，即嘉慶二年，二月十七日戊子，冬至正使金思穆、副使柳在燕馳啟曰：「臣思穆去年十二月二十七日，追到燕郊堡，與副使臣，書狀臣翊模會竣使事間，於皇帝宴戲，輒進參，太上皇召至榻前，親酌御酒，凡三賜之，又頻賜食物，命撰進觀燈詩，臣等各制七言律詩一首以進，賜緞匹、筆、墨。圓明園宴時，太上皇使和珅傳言：『爾還以平安以過，傳於國王。』又問曰：『世子年紀幾何？』臣等對曰：『八歲矣。』又問：『已經痘乎？』臣等對曰：『未也。』」

又：二十二年，即嘉慶三年，二月十九日癸丑，冬至正使金文淳、副使申耆馳啟：「臣耆與書狀官洪樂遊十二月十八日入北京，陪表咨文詣禮部。清侍郎多永武率諸郎官依例領受後，臣等退歸南小館。二十一日，太上皇帝觀冰戲，禮部知會，詣西華門外祗迎。太上皇帝乘黃屋小轎，到臣等祗迎處，使閣老和珅傳旨曰：『國王平安乎？』對曰：『平安。』又問：『一國安乎？』對曰：『安。』太上皇帝入西苑門，仍令臣等隨來，伺候於瀛臺近處。有旨賜食，引臣等一行坐於殿門簷階上，俱賜飯桌，又賜臣等御桌上克食。少頃，太上皇帝出御兩龍雪馬，設冰戲，臣等亦隨後觀戲。二十三日，賜臣耆及書狀官鱘鰉魚各一尾。臣文淳一行，則十二月二十五日追到燕京。二十六日，賜臣等書狀官回回葡萄各一小袋。二十九日，皇帝行太廟歲暮祫祭，因禮部知會臣等，等待於午門外。皇帝乘黃屋小轎，侍衛甚簡，出自午門，臣等祗迎。黎明，皇帝還宮。良久，自內賜臣等克食及鹿肉、鹿尾，仍令退歸。三十日，設年終宴於保和殿，臣等兩人共一桌。少頃，皇帝先出御殿，候太上皇帝升

殿御榻，皇帝別設小榻，西向侍坐。樂作進爵，文武官亦皆陪
食。又饋臣等酪茶一巡。禮部尚書德明引臣等進御座前跪，太
上皇帝手舉御桌上酒盞，使近侍賜臣等，宴罷退歸。又賜臣等
及書狀官榴、柑各一桶，又自內務府頒送宴桌二坐，此則朝宴
所受之桌云。又自光祿寺輸送歲饌桌於臣等及書狀官。今年正
月初一日，因禮部知會臣等與書狀官及正官等，詣午門前伺
候。皇帝乘黃屋小轎幸堂子，少頃回鑾，鳴鞭動樂。太上皇帝
御太和殿，皇帝在殿內西向侍坐，文武官循序趨入，臣等隨入
殿庭，立於西班末、琉球使臣之右，行三跪九叩禮，太上皇帝
旋即還內，又鳴鞭動樂。皇帝御太和殿，文武官及臣等行禮，
一如初儀，禮畢退出。初五日，皇帝幸天壇，行祈穀大祭，臣
等詣午門前祗送。初六日回鑾時當為祗迎，而是日太上皇帝與
皇帝幸圓明園，兩處迎送，謂難兼行，禮部只以太上皇帝動駕
時祗迎之意知會，故臣等與書狀官俱詣三座門外伺候。日出
後，太上皇帝乘黃屋小轎，到臣等祗候處，顧盼而過。須臾，
皇帝坐馬而出，御乘鞍具，皆用黃色，左右若干官，騎馬侍
衛。初十日，臣與副使同往圓明園，住接閣舍，則聞已前期設
蒙古帳幕於山高水長之前云。十一日，通官引臣等入就班次，
太上皇帝乘黃屋小轎而出，臣等祗迎後，太上皇帝入御蒙古大
幕，皇帝西向侍坐，動樂設雜戲，親王及蒙古王以下，俱賜宴
桌。臣等兩人共一桌，饋酪茶一巡。禮部尚書德明引臣等詣御
坐前跪，太上皇帝手舉御桌上酒盞，使近侍賜臣等。宴訖，太
上皇帝乘轎還內，皇帝跟後步還。內務府預設賞賜桌於帳前左
右，頒賜親王以下及各國使臣。臣文淳錦三匹，漳絨三匹，大
卷八絲緞四匹，大卷五絲緞四匹，大荷包一對，小荷包四個。
臣耆錦二匹，漳絨二匹，大卷八絲綢三匹，大卷五絲綢三匹，

大荷包一對，小荷包四個。歲初設宴於紫光閣，例有此賞賜。
今年不設紫光閣宴，故移給於蒙古幕宴，而琉球使臣賞賜亦如
臣等。通官以太上皇帝特旨，引臣等進詣正大光明殿內，俾觀
左右鼇山，行中譯員之黑團領者，俱為隨入，琉球使臣亦許觀
光，此則近年未有之事。自殿內至檻外，皆鋪花紋玉石，鼇山
制樣，則正大光明殿內，東西壁俱有層桌，桌上作五彩蓬萊山
之形，岩壑高闊，樓閣層疊，珍禽奇獸，琪樹瑤花，雜遝焜
煌，不可名狀。內設機關而外牽繩索，則仙官姹女，自谷而
出，繡幢寶蓋，從天而降，扃戶自開，人在其中，急灘如瀉，
帆檣齊動。桌下圍以小帳，帳內設樂器，機括乍搖，止作如
法，其聲俱是笙管絲鐘。臣等退出後，由禮部知會，撰進觀燈
詩，以『上元賜宴觀燈』為題，臣等各制七律一以進。十二日
朝，禮部還給前詩，又送他題，而以『承恩宴齎觀燈恭紀』為
題。此則昨進詩未登徹，旋更出題云。故臣等又制七律一以
進。琉球使臣亦應制。十四日，擬設燈戲於山高水長，以風緊
姑停。十五日朝，先設放生戲，又賜宴於正大光明，通官引臣
等入詣殿檻外，太上皇帝升殿，皇帝西向侍坐，動樂設戲，各
賜饌桌及酪茶一巡。禮部尚書德明引臣等至御座前，太上皇帝
手舉御桌上酒盞，使近侍賜臣等本班，又賜御棹一器，印花長
餅及一盤豬羊。須臾，太上皇帝還內，皇帝隨入。罷宴，通官
來傳禮部言：『進詩使臣今當受賞，可留待。』退待正大光明外
門，臣等在東，琉球使臣在西，禮部侍郎多永武傳授御前加賞
幱緞一匹，大小絹紙四卷，福字方箋一百幅，筆四匣，墨四
匣，硯二方，玻璃器四件，雕漆器四件。臣等處各賞大緞一
匹，絹紙二卷，筆二匣，墨二匣。琉球國王及使臣賞亦如之。
亦設燈戲於山高水長，皇帝於前侍坐，設角抵戲，賜酪茶一

巡，饋果盒及豬羊肉鹿尾盤，又以元宵各一器，遍及臣等及從
人。次第設燈火雜戲，西洋秋千，炮燀埋火謂焰火。尤轟烈如
雷響，煙焰漲空。十六日歸館。十九日更詣圓明園，飯後，通
官引臣等山高水長亭下，太上皇帝出座，皇帝侍坐，德明以特
旨引臣等至御座前，太上皇帝使和珅傳言曰：『你們還歸，以平
安以過之意傳於國王。』臣等叩頭退出班次，各賜酪茶一巡，
果盒餅肉之饋，燈戲炮具之設，一如上元宴。幾畢，皇帝先
入，宴畢後，太上皇帝入內，禮部官皆退。宦侍手招通官，引
臣等隨入山高水長閣內，從後門出，逶迤數十步，太上皇帝所
乘黃屋小轎，載於小船，船上從官不過四五人，時已昏黑而無
燭炬，但有一人以火筒從岸前導，明照左右。筒製以土，外施
繪彩，內裝火藥，節次沖火，光焰燭地，似因火禁嚴，不用燃
燭之故。臣等乘小舟從行，琉球使臣亦隨入。其地極深嚴，兩
岸皆造山，間有石假山，山亭水閣分六所。舟行幾一里，始泊
岸而下，即慶豐園也。皇帝先候於此，侍坐如儀。御屏則紙塗
而黃其中，每層安架，燃燭晃朗，前設燈架，如屏而高廣倍
蓰。燈架左右俱設燈棚，如白塔形，下廣上尖，面面燈影，不
可數計。仍賜閣老以下及臣等酪茶一巡。設雜戲於庭前，少項
罷宴，隨入朝官不過數十人。臣等退出，又乘小舟順流下，登
岸步行一帳場，所謂一箭之地。此是正大光明之後也。仍為出
來。當即由此而出。二十四日，因禮部知會，臣等與書狀官及
正官等詣午門前領賞御前年例。回送禮單外，萬壽聖節表緞四
匹，里紬四匹，妝緞三匹，雲緞三匹，豹皮七十張，馬一匹，
玲瓏鞍韂全部，一體祗受。逢授於上通事處，使於臣等覆命
日，同時呈納。琉球使臣二十五日另領賞。」

　　乾隆末荒於遊宴，具見《朝鮮實錄》。至授受禮成，太上既自命倦勤，又率帝般樂怠傲，稀御幾務。時禁旅苦戰苗疆，白蓮教橫行川、楚，天下不謂太平，而視為癬疥，戲愉之態，不為貶損。國史所不詳，屬國陪臣目擊之記載，足盡當日訓政時情事。

　　又：三月二十二日丙戌，冬至書狀官洪樂遊進聞見別單，中有兩款，關太上皇帝及皇帝情狀：一、太上皇帝容貌氣力，不甚衰耄，而但善忘比劇。昨日之事，今日輒忘，早間所行，晚或不省。故侍御左右，眩於舉行，而和珅之專擅，甚於前日，人皆側目，莫敢誰何云。二、皇帝平居與臨朝，沉默持重，喜怒不形。及開經筵，引接不倦，虛己聽受。故筵臣之敷奏文義者，俱得盡意。閣老劉墉之言最多採納，皇上眷注，異於諸臣，蓋墉夙負朝野之望，為人正直，獨不阿附於和珅云。

　　和珅之權加重，乃由太上之記憶力益衰，和珅不過為傳太上意旨之人，所傳之真不真，無從質證，不得不畏而奉之，則其對嗣君不暇計自全之道，假借一時而已。嗣君於政事雖沉默，然講筵猶可擇人自近，其韜晦之程度，不過至不敢預政而止，未嘗至自飾為清狂也。附帝而不附和珅之人，和珅亦未盡傾陷，則亦非大奸慝，惟乘太上之耆昏而專擅，亦未嘗顧及後禍矣。

　　又：二十三年，即嘉慶四年，正月二十二日辛巳，冬至使李祖源、副使金勉柱以清太上皇帝崩逝事及儀注一度，同封馳啟：上略十二月十九日到北京，直詣禮部呈表咨文，住南小館。二十八日，禮部知會，臣等一行詣鴻臚寺，演元朝朝參禮。暹羅使臣同演。二十九日，皇帝幸太廟，禮部知會接駕，五更進

午門前祗迎，暹羅使臣亦祗迎，在臣等下。禮部尚書紀昀押班。待皇帝還宮，臣等仍祗迎。少頃，乙太上皇旨，引臣等入重華宮，太上皇御漱芳齋，引臣等進前，傳諭曰：「國王平安乎？」臣等謹對：「平安。」仍命臣等退就班次。暹羅使田亦參班。設宴觀雜戲。二十日設年終宴於保和殿。禮部知會曉詣保和殿，坐東陛上。平明，皇帝出御殿內，舉樂設戲，進饌獻爵，賜臣等饌二人共桌。禮部尚書德明引臣等進御榻前跪，皇帝手賜御桌上酒，臣等受領。少頃，皇帝入內。本年正月初一日五更，臣等詣乾清門外等候。天明，皇帝率三品以上行賀禮於太上皇帝。殿庭狹窄，諸王、貝勒門內行禮，三品官及外國使臣門外行禮。禮畢，臣等由右上門至太和殿庭。少頃，皇帝出御太和殿受賀，三品以上官至外國使臣，行三拜九叩禮，一如太上皇帝前賀儀。蓋太上自昨冬有時昏眩，不能如前臨朝云。初三日卯時，太上皇帝崩逝於乾清宮。戌時儀注來到，主客司移付，以朝鮮、暹羅使臣等處各頒大布一匹，隨時成服。初四日昏後，禮部知會朝鮮、暹羅使臣等，每日辰、午、申三時，赴景運閣隨班舉哀。初五日，黎明，臣等詣景運門外，參辰時哭班。留待午時，禮部以皇旨，引臣等及正官一人，入乾清宮魂殿門外，暹羅使臣亦同入。午時參內哭班。仍退待景運門外。申時又參內哭班。退歸。初六日黎明，又入乾清宮，參三時哭班。三辰時前，以皇旨頒鹿肉三斤，似是解素之意。初七日，傳訃敕使始差出，上敕散秩大臣侯漢軍張承勳，副使則內閣學士滿人恒傑，通官一大倭克精額，二大太平保，別大倭升額，一次繼文，二次保德，自禮部派定。起程日尚未的定。儀注一度，同封馳啟。

　　太上崩在正月初三，前數日歲杪時猶及見太上臨御問對。其使臣歲幣事宜及成服禮節，不關當日事狀者從略。朝鮮國中猶稱中國敕使為北使，且以成服禮隆重為恥，對故明久而猶慕戀不已；對清則終以夷狄視之，此則直到朝鮮亡國猶然。特乾隆時累記宮庭之富盛，稍異以前詛咒菲薄之口吻耳。

　　太上有遺誥，朝鮮於敕使到日，敕中即遺誥之文，然不見於《東華錄》。《東華錄》決不肯遺此冠冕文字，其不載，當是《實錄》所本無。遺誥中自述功德，《東華錄》於上諭中述之，即緣以奉上尊諡，而於當日未蕆之軍事，遺誥中作鋪張粉飾之語，上尊諡諭中不之及，別一諭則直發其欺蔽皇考高年之罪，以歸責於將帥，是與遺誥不侔。可見太上初崩，在廷之舉措，旋即有所改正。此與和珅之得罪，皆朝局之小小翻覆也。

　　　　《朝鮮實錄》：三月初二日庚申，幸慕華館迎敕，還御慶熙宮，宣敕於崇政殿，勅書曰：「奉天承運太上皇帝誥曰：朕惟帝王誕膺天命，享祚久長，必有小心昭事之誠，與天無間，然後厥德不回，永綏多福。是以兢兢業業，無怠無荒，一日履乎帝位，即思一日享於天心。誠知夫持盈保泰之難，而慎終如始之不易易也。朕仰荷上蒼鴻佑，列聖貽謨，爰自沖齡，即蒙皇祖鍾愛非常，皇考慎選元良，付畀神器。即位以來，日慎一日，當重熙累洽之期，不敢存豫大豐亨之見。敬思人主之德，惟在敬天法祖，勤政愛民。而此數事者，非知之艱，行之惟艱。數十年來，嚴恭寅畏，不懈益虔，每遇郊壇大事，躬親展愨，備極精禋，不以年齒自高，稍自暇豫。中間四詣盛京，恭謁祖陵，永惟創業之艱，益切守成之懼。萬幾躬攬，宵旰忘疲，引對臣僚，批對章奏，從無虛日。各省雨陽豐歉，刻縈懷抱。凡六巡

江、浙，相度河工、海塘，軫念民依，如保赤子。普免天下錢糧者五，漕糧者三，積欠者再，間遇水旱偏災，蠲賑頻施，不下億萬萬。惟期藏富小民，治臻上理。仰賴天祖眷佑，海宇升平，版圖式擴，平定伊犁、回部、大、小金川，緬甸來賓，安南臣服，以及底定廓爾喀，梯航所至，稽首輸忱。其自作不靖者，悉就殄滅。凡此膚功之疊奏，皆不得已而用兵。而在位日久，經事日多，只懼之心因以日切，初不敢謂已治已安稍涉滿假也。回憶踐阼之初，曾默禱上帝，若能仰邀眷命，在位六十年，即當傳位嗣子，不敢有逾皇祖紀年之數。其時朕春秋方二十有五，預料六十年時日方長，若在可知不可知之數。乃荷昊慈篤祜，康強逢吉，年躋望九，親見五代玄孫，周甲紀元，竟符初願。撫衷循省，欣感交加。爰於丙辰正朝，親授璽皇帝，自稱太上皇，以遂初元告天之本志。初非欲自暇自逸，深居高拱，為頤養高年計也。是以傳位之後，朕日親訓政，蓋自揣精力未至倦勤，若事優遊頤養，則非所以仰答天祖深恩，不惟不忍，實所不敢。訓政以來，猶日孜孜，於茲又逾三年。近因剿捕川省教匪，籌筆勤勞，日殷盼捷，已將起事首逆，緊要各犯，駢連就獲。其奔竄夥黨，亦可計日成擒，蕆功在即。比歲寰宇屢豐，祥和協吉，衷懷若可稍紓，而思艱圖易之心，實未嘗一日弛也。越歲庚申，為朕九旬萬壽。昨冬皇帝率同王公內外大臣等，預請舉行慶典，情詞懇切，實出至誠，業降敕旨俞允。夫以朕年躋上臺，諸福備膺，皇帝合萬國之歡，申億齡之祝，因為人子為人臣者無窮之願，然朕之本衷，實不欲侈陳隆軌，過滋勞費。每思〈洪範〉以考終列五福之終，古帝王躬享遐齡，史冊相望，終歸有盡，且人生上壽百年，今朕已登八十有九，即滿許期頤，亦瞬息間事。朕惟莊敬日強，修身以

俟，豈尚有所不足而奢望無已。朕體氣素強，從無疾病，上年冬臘，偶感風寒，調理就愈，精力稍不如前。新歲正朝，猶御乾清宮受賀，日來飲食漸減，視聽不能如常，老態頓增。皇帝孝養盡誠，百方調護，以冀痊可。第朕年壽已高，恐非醫藥所能奏效。茲殆將大漸，特舉朕在位數十年翼翼小心，承受天祖恩佑之由，永貽來葉。皇帝聰明仁孝，能深體朕之心，必能如朕之福，付託得人，實所深慰。內外大小臣工等，其各勤思厥職，精白乃心，用輔皇帝郅隆之治，俾億兆黎庶，咸樂升平。朕追隨列祖在天之靈，庶無遺憾矣。其喪制悉遵舊典，二十七日而除。天地宗廟社稷之祭，不可久疏，百神群祀，亦不可輟。特茲誥誡，其各宜遵行。」

此遺詔於嗣君初無抵觸，而官書竟不載。細繹仁宗諭旨，於川、楚軍事，詞氣與此迥殊。時戰鬥方張，距藏事之期正遠，遺詔先作自欺欺人之語，仁宗殆覺其可愧，故於《實錄》去之。檢太上崩日諭旨，欲行三年之喪，諭有云：「服制一節，欽奉皇考遺詔，持服二十七日而除。」此三句即根據遺誥而來，是必有一遺詔也。此詔頒之屬國，而卒不入《實錄》。其於應述功德，改用上諭，即在太上崩逝之日，諭云：

自古帝王，功德顯著，並有隆稱懿號，昭垂萬世，典至巨也。我皇考大行太上皇帝，御極六十年，撫御萬邦，法天行健，遇郊廟大祀，必親必敬。崇奉皇祖妣孝聖憲皇后四十二年，大孝彌隆，尊養備至。綜覽萬幾，愛民勤政，普免天下錢糧者五、漕糧者三、積欠者再。偶遇水旱偏災，蠲貸兼施，以及築塘捍海，底續河防，所發帑金，不下億萬萬。至於披覽章奏，引對臣工，董戒激揚，共知廉法。禮勛舊而敦宗族，廣登進而育人

才。征討不庭，則平定準部、回部，辟地二萬餘里，土爾扈特
舉部內附，征剿大、小金川，擒渠獻馘，餘若緬甸、安南、廓
爾喀，僻在荒服，戈鋌所指，獻贐投誠，其臺灣等處偶作不
靖，莫不立即殄除。此十全紀績，武功之極於無外也。

　　自此以下，言其詩文全集之富，開四庫，刊石經，集石鼓文，復
辟雍制，研六律，纂群編。乃言文德為遺誥中所未見。其以上則皆遺
誥語而渾括之。遂以此代遺誥。而於川、楚軍事則於次日癸亥，別發
一論，正是不以遺誥為然之意。論云：

　　我皇考臨御六十年，天威遠震，武功十全。凡出師征討，即荒
徼部落，無不立奏蕩平。若內地亂民王倫、田五等，偶作不
靖，不過數月之間，即就殄滅，從未有經歷數年之久，糜餉至
數千萬兩之多而尚未蕆功者。總由帶兵大臣及將領等全不以軍
務為事，惟思玩兵養寇，藉以冒功升賞，寡廉鮮恥，營私肥
橐。即如在京諳達、侍衛、章京等，遇有軍務，無不營求前
往。其自軍營回京者，即平日窮乏之員，家計頓臻饒裕，往往
托詞請假，並非實有祭祖省墓之事，不過以所蓄之資，回籍置
產。此皆朕所深知。可見各路帶兵大員等有意稽延，皆蹈此藉
端牟利之積弊。試思肥橐之資，皆婪索地方所得，而地方官
吏，又必取之百姓，小民脂膏有幾，豈能供無厭之求？此等教
匪滋事，皆由地方官激成。即屢次奏報所擒戮者，皆朕之赤
子，出於無奈，為賊所脅者。若再加之朘削，勢必去而從賊，
是原有之賊未平，轉驅民以益其黨，無怪乎賊匪日多，輾轉追
捕，迄無蕆事之期也。自用兵以來，皇考焦勞軍務，寢膳靡
寧。即大漸之前，猶頻問捷報；迨至彌留，並未別奉遺訓。仰

窺聖意，自以國家付託有人，他無可論。惟軍務未竣，不免深留遺憾。朕躬膺宗社之重，若軍務一日不竣，朕一日負不孝之疚，內而軍機大臣，外而領兵諸臣，同為不忠之輩，何以仰對皇考在天之靈？伊等即不顧身家，寧忍陷朕於不孝，自列於不忠耶？況國家經費有常，豈可任意虛糜坐耗，日復一日，何以為繼？又豈有加賦病民之理耶？近年皇考聖壽日高，諸事多從寬厚，凡軍中奏報，小有勝仗，即優加賞賜；其或貽誤軍務，亦不過革翎申飭，一有微勞，旋經賞復。雖屢次飭催，奉有革職治罪嚴旨，亦未懲辦一人。即如數年中，惟永保曾經交部治罪，逾年仍行釋放。其實各路縱賊竄逸者，何止永保一人，亦何止一次乎？且伊等每次奏報打仗情形，小有斬獲，即鋪敘戰功；縱有挫衄，亦皆粉飾其辭，並不據實陳奏。伊等之意，自以皇考高年，惟將吉祥之語入告。但軍務關係緊要，不容稍有隱飾。伊等節次奏報，殺賊數千名至數百名不等，有何證驗？亦不過任意虛捏。若稍有失利，尤當據實奏明，以便指示機宜。似此掩敗為勝，豈不貽誤重事？軍營積弊，已非一日。朕總理庶務，諸期核實，止以時和年豐，平賊安民為上瑞。而於軍旅之事，信賞必罰，尤不肯稍從假借。特此明白宣諭：各路帶兵大小各員，均當滌慮洗心，力圖振奮，期於春令，一律剿辦完竣，綏靖地方。若仍蹈欺飾，怠玩故轍，再逾此次定限，惟按軍律從事。言出法隨，勿謂幼主可欺也。

初四日既有此諭，而遣使頒發遺誥自遠在其後。是在當時並不隱藏遺誥，雖與諭文抵觸，未計及也。惟可知遺誥乃寧壽宮所出，和珅等所定。又證以諭中言「大漸之前，猶頻問捷報；迨至彌留，並未別奉遺訓」之說，則遺誥本非實有太上親筆，與歷來遺詔，出於顧命大

臣等之手者一轍。本非仁宗所預知，後遂刪去亦不為嫌也。所云：「伊等以皇考高年，惟將吉祥語入告。」明揭前日欺飾之源。又云：「朕止以時和歲豐，平賊安民為上瑞。」明不以捏報吉祥語為瑞，言外可知太上之耄荒，與昔日處分張廣泗、訥親等時作用大異。一和珅得窺其旨，將帥皆從而附和之。仁宗時年已四十，猶自稱幼主，蓋憤於和珅、福長安輩乙太上舊臣相臨也。

　　《朝鮮實錄》：「三月三十日戊子，書狀官徐有聞進聞見別單，中有云：（一）正月初四日，既褫和珅軍機大臣、九門提督等銜，仍命與福長安晝夜守直殯殿，不得任自出入。又召入大學士劉墉、吏部尚書朱珪。珪則為珅中傷，方巡撫江南。乃於初八日，下珅於刑部獄，數珅二十大罪，布示中外。」

　　初四日為太上崩之明日，《東華錄》不書免和珅兩職事。至初八日丁卯乃書以科道列款糾劾，奪大學士和珅、戶部尚書福長安職，下於獄。《史稿・本紀》從之。下獄時乃奪和珅大學士職。初四日先奪兩兼職，不相抵觸，但可補史之略。至數珅二十大罪，《東華錄》所紀，非初八日一日之事。先之以十一日庚午諭：「苫塊之中，每思三年無改之義，皇考簡用重臣，斷不輕為更易，獲罪者亦思保全。今和珅情罪重大，經科道列款參奏，實難刻貸。是以於恭頒遺詔日，即將和珅革職拿問，臚列罪狀，特諭眾知之」云云。是初八日拿問和珅，亦即於是日頒遺詔，是明明有遺誥也。所云「臚列罪狀，特諭眾知之」，即在初八日。科道糾參，由王念孫為倡，見念孫《本傳》，原疏未見。蓋罪狀經上諭乃明，並非言官所盡知也。先以糾參而拏問，繼由王大臣鞫訊，和珅供認，乃有十一日之諭。諭中已言鞫訊供認情事，著通諭各省督撫，今將已指出各款，如何議罪，並此外有何款跡，各據實復

奏。至十五日，直隸總督胡季堂復到，再奉諭始定為二十款。和珅〈本傳〉遂以宣布罪狀為在十五日，其實初八日已宣布矣。第一款為：乾隆六十年九月初三日，蒙皇考冊封皇太子，尚未宣布諭旨，而和珅於初二日，即在朕前先遞如意，漏泄機密，居然以擁戴為功。可見和珅能得太上之意，而仁宗以此為大罪，不受和珅之籠絡。和珅以仁宗韜晦，疑為庸碌無能，故以擁戴為功，冀邀傾注，帝亦默然若承受之，使和珅安心，乃得相安至四年親政之日。此見帝之尚有作用。二十罪《國史》具詳，今可不贅。十八日賜和珅自盡，史文遂以諭宣罪狀為在其日，官書蓋未若《朝鮮實錄》能詳現狀矣。

> 徐有聞聞見別單又云：「其子之尚公主者，其婿之為郡王者，及婢妾奴僕，並時囚繫，封門拏籍，而使第八王按其事。珅之別業又在西山之海甸，亦令皇孫一人按而籍之。珅之京第，寶玩山積，過於王府。皇帝初欲剮殺之，皇妹之為珅子婦者，涕泣請全其肢體，屢懇不止，大臣董誥、劉墉亦乘間言曾任先朝大臣，請從次律。正月十八日，賜帛自盡，珅臨絕作詩曰：『五十年來夢幻真，今朝撒手謝紅塵；他時水泛含龍日，認取香煙是後身。』遂縊而死。」

和珅有婿為郡王，必是宗室，而未詳其人，雖經囚繫，亦必旋釋。和珅之獄，概未株連。仁宗初年，亦由操心慮患而來，故頗有意識，不甚為過當之舉也。和珅姓鈕祜祿氏，正紅旗籍文生員。由其高祖尼牙哈那軍功襲三等輕車都尉。乾隆三十七年，始授三等侍衛。四十年冬，始遷乾清門侍衛。四十一年正月，已授戶部右侍郎。三月，已命在軍機大臣上行走。四月，已授總管內務府大臣。自此遍歷重職，且為翰林院掌院，四庫館正總裁，教習庶起士，殿試讀卷累

次。蓋不待高宗耄及，已邀特眷。當充乾清門侍衛，即一見相得，此
亦佞幸之遭逢，不可思議者也。臨絕作詩，似偈似謠，不甚可解。或
謂水泛含龍，似用夏后龍漦故事，為孝欽禍清之兆。香煙後身，孝欽
或有煙癮，而和珅於嘉慶初已染此癖，亦未可知。當時能吸洋煙者為
絕少，至咸、同、光則不足奇。但以此為讖，直謂再生作亡清之禍
首，以報身仇耳。此無稽之談，姑存軼聞。其解說則朋輩酒間拈《朝
鮮實錄》此則而推測之詞也。和珅籍沒清冊成專案，今已印行，詳故
宮《文獻叢編》。

> 別單又云：「新皇帝自丙辰即位以來，不欲事事，和珅或以政令
> 奏請皇旨，則輒不省，曰：『惟皇爺處分，朕何敢與焉。』是以
> 珅亦恣行胸臆。至是處置明決，眾心悅服。又下一諭，以為重
> 治珅罪，實為貽誤軍國重務，而種種貪黷營私，猶其罪之小
> 者，是以刻不容貸。初不肯別有株連，惟儆將來，不咎既往。
> 凡大小臣工，無庸心存疑懼。自有此詔，平日之趨附和珅者，
> 始無疑懼之心云。」

　　清代兩權相，和珅以前有明珠，皆以得君之故，造成貪黷亂政之
罪。和珅之貽誤軍國，正為貪黷所必致，此外更有何因？仁宗分別言
之，不過不欲株連，以此開脫行賄者耳。聖祖之於明珠，一經發覺其
罪，即授權言官，使振綱紀，去明珠如土芥。且又不至養成大患，免
其閣職，仍獲以內大臣效用。於所寵愛，保全實多。高宗自謂英明，
方之聖祖，有愧多矣。有制裁之臣民，享高年或可言福；無制裁之帝
王，享高年恒足為禍。梁武、唐明，其晚節頹唐之尤甚者耳。

　　郭琇參明珠直聲振天下，實由高士奇受聖祖意旨，令琇具奏。先
以疏稿密呈，帝為定稿乃上。見李光地《語錄》。且云：「這樣龍、比，

很容易做。」然則聖祖之不欲自示聰明，而以風節成就臺諫，尤不可及也。

第二節　嘉慶間兵事一——三省苗

乾隆末葉，以十全武功自誇大，吏治不飭，滋生變端，得清強長吏可了者，必用帝室私親，旗下貴介，藉以侈其專徵之績。輕調重兵，但張聲勢，不求其肯綮所在，費繁役困，迭殞重臣，草草告蕆事，而患且百出。卒之得賢有司，而後真有措手之道，歷十餘年乃大定。絕非高宗所信賴之武力，克有成功。此亦見人君驕侈偏私，雖富強無益於事。嘉慶初三省苗事，官書侈福康安之功，於事實正相反。此亦盛極而衰之一徵象。守文之主，尚能補救於用人之際，盡反先朝耀兵而不察吏之弊，久乃敉平。此為清代應付內亂中最有意義之一事。

乾隆間國威遠震，視邊裔之民，較腹地編氓，尤為魚肉。苗民介湘、黔山中，環以鳳凰、永綏、松桃、保靖、乾州各城。官兵營汛相望，其馭苗也，隸尊如官，官尊如神。漢民與苗民相接，亦存凌侮之意。官弁軍民，各肆其虐，苗民無所控，鋌而走險。高宗未嘗不知，而不解苗民之倒懸，卻急謀私親之封拜。清《國史》載福文襄王破竹之功，百餘年來，讀史者亦從而尊信之，今不能不發其覆，以為後世之遇變者警也。

乾隆六十年二月初四日丙辰，湖廣提督劉君輔奏：「正月二十二日，准鎮篁鎮總兵明安圖咨：黔省松桃廳屬大塘苗人石柳鄧，聚眾不法，恐竄入楚境，見帶兵堵截。旋於二十五日，據鎮篁游擊田起龍等稟稱：偵聞永綏廳屬黃瓜寨苗人石三保，糾眾搶劫，由永綏之黃土坡及鳳凰廳之栗林，燒毀民房，殺斃客民，見在竭力保護城池等語。臣恐石三保等，或與大塘苗人勾結，檄派永靖、辰沅、常德兵千四百

名，速赴鳳凰、栗林等處聽用，臣帶本標將弁及戰兵六百名，前往辦
理。」是為苗事之始。

　　是日諭軍機大臣等：「貴州、湖南等處苗民，數十年來，甚為安靜
守法，與民人分別居住。向來原有民人不准擅入苗寨之例。今日久懈
弛，往來無禁，地方官吏暨該處土著及客民等見其柔弱易欺，恣行魚
肉，以致苗民不堪其虐，劫殺滋事。迨至釀成事端，又復張惶稟報。
看來石柳鄧、石三保等，不過糾眾仇殺，止當訊明起釁緣由，將為首
之犯獲嚴辦，安撫餘眾，苗民自然帖服，何必帶領多兵前往，轉致啟
其疑懼，甚或激成事端。是因一二不法苗民，累及苗眾，成何事體？」
云云。此諭深悉苗變原由，則整頓政治，不必倚恃兵威，應有定見。
乃甫閱兩日，戊午，湖廣總督福寧奏「正月二十九日，據辰州府稟報：
乾州城已被圍，倉庫被劫，並聞署乾州同知宋如椿、巡檢汪瑤俱已殉
難。各路苗人約有數千，鎮筸鎮臣明安圖在永綏、鴨西地方被阻」等
語。奉諭「逆苗聚眾不法，必須痛加剿除。福康安迅速到彼，相機剿
捕」云云。剿捕而煩此大勛貴，則封拜之欲起矣。再閱八日，丙寅，
又諭「和琳自西藏暫緩來京，接受四川督篆，帶印速赴西陽駐扎。並
諭孫士毅交卸督篆，仍暫留四川。設和琳有需要帶兵策應剿捕事宜，
孫士毅兼辦軍需，期多一人多得一人之益」云云。和琳者，和珅之
弟。權貴群集，封拜之欲更熾矣。至二十二日乙亥，又諭：「福寧奏，
查詢起釁根由，據百戶楊國安供『苗人生計本薄，客民等交易不公，
與苗人爭執，以致生變』等語。客民與苗人爭利，固事之所有，但地
方胥吏、兵役藉端滋事，良民尚被擾累，何況苗民，豈有不恣行凌虐
之理？而地方微末員弁，任意侵欺，亦所不免，何得以客民交易爭
執，即為起釁之由。此事著福康安於事定後，必須切實查詢，究明嚴
辦，以示懲創。」高宗既知苗民激變之有由，其查究應在用兵之先，待
事定後，則屠戮已暢，封拜已遂，乃始理激變之失，其何能及？

　　自是福康安、和琳迭次奏捷邀賞。和琳旋命專任軍事，川督仍由孫士毅署理。福康安一賞三眼翎；再賞由公爵進封貝子；三賞貂尾褂；四賞官其子德麟副都統，在御前侍衛上行走；五賜御服黃裡元狐端罩，皆在六十年年內。明年嘉慶元年，更命贈其父傅恒貝子。至五月染瘴卒於軍，加郡王銜，從傅恒配太廟，諡文襄，子德麟襲貝勒，遞降至未入八分公，世襲罔替。和琳則一賞雙眼翎；再賞封一等宣勇伯；三賞上服貂褂；四賞黃帶；五賞加太子太保，賞元狐端罩；入嘉慶元年，賞用紫繮。福康安卒，命督辦軍務，再賞三眼翎。八月卒於軍，晉贈一等公，諡忠壯，賜祭葬，命配饗太廟，祀昭忠、賢良等祠。准其家建專祠，此苗事尚未結束，權貴所已邀之封拜也。其奏捷之詞，則攻破苗寨數十百計，擒獲首領吳八月，據稱八月自詭為吳三桂後，自稱吳王，是為福康安督辦時之功。福康安督七省官兵，計兩廣、兩湖、雲、貴、四川之兵皆集，與苗相持一年餘。始既奏么麼不足數，及老師曠日，則頻以暴雨山潦阻漲為詞，而餉道崎嶇，先後益兵數萬，降苗受官弁百餘人，月給鹽銀者數萬人，旋撫旋離，軍士中暑毒死甚眾，敷省轉輸，費巨萬計。及和琳代將，擒石三保，此為和琳督辦時之功。八月和琳又卒，額勒登保代將，又斬石柳鄧父子及吳八月之子吳廷義。此數苗族首領皆倡亂以來所指目。其實苗之為亂，不與此數人相終始，撤兵以後，苗中為數首領所為者何限。當時以著名苗族首領俱獲，平隴寨亦克，而白蓮教日益蔓延於川、楚，急於移師應之，遂告苗事已畢定，又封明亮襄勇伯，額勒登保威勇侯，德楞泰子爵，鄂輝男爵，時嘉慶元年十二月十七日戊子也。至奏報中，大帥之運籌，將士之用命，起勢之兇猛，苗寨之險阻，自是封拜應有之資。而以腹地蕞爾數百里間，勞師七省，用眾數萬，亂事未平，指目之首領亦未盡獲，而二貴迭封，與開疆拓土之功無異，官文書所載如是。

　　《聖武記》一書，各篇亦多以官書為本，間采私家著述，或轉有失實者。惟湖、貴苗事，獨不據官書，極得事實。蓋自事定宣捷、爵賞既沛之後，苗變復起，經營十年，而後化苗為民，易兵為屯，純得力於政治。魏氏生長湘南，耳目相接，其鄉先輩嚴如熤號樂園者，躬預其事，又專著為書，有《苗防備覽》《三省邊防備覽》等作。平苗興屯之傅鼐，大功成於一手，魏氏熟嫻其事，又由傅鼐後任姚興潔招修《屯防志》《鳳凰廳志》，考訂公私文據極詳。故此篇之首即云：「嗚呼！以臣所聞，乾隆六十年湖苗之役，蓋與當時頗殊云。」此蓋深悉鄉里近事，無庸作考訂類似語矣。所敘大帥之失機，奏保之不實，誘擒石三保出於效順之土蠻而由紳士嚴如熤力白其被誣之頭目張廷仲，始屢收其效。征苗之師，以嘉慶二年三月撤移，應湖北教亂之急，留官兵二萬分防，而降苗受撫，月給鹽糧銀者三萬七千人，劫掠四出，邊無寧日。撫事由總督畢沅、巡撫姜晟主之。及四年，黑苗吳陳受又起，於是詔問：「久奏勘定，何復有糾眾數千連犯邊卡之事？」是前此福康安、和琳奏報不實，及草率蕆事之咎。自是湖、貴大吏不敢諱用兵，始奏以鳳凰廳同知傅鼐總理邊務，乃有募勇修碉，興屯充餉，苗疆乃安。清《國史》亦載鼐《傳》，其安苗之功未嘗不記。則元年之「蕩平封拜」，二年之「奏凱移兵」，其為粉飾何如？《聖武記》載鼐復總督百齡書，稍見真相。魏氏集中有〈傅鼐傳〉一首，讀此乃知苗事真相。俱錄如下：

　　　　鼐復總督百齡書曰：「三苗自古叛服靡常，治之惟剿、撫兩端，
　　　　叛則先剿後撫，威克厥愛乃濟。邇者楚苗之役，福、和二大帥
　　　　以七省官兵，撻伐二載，而未底定，何哉？論者謂始則恃搏象
　　　　之力搏兔，以為功成指顧，而無暇總全域以商定算。繼則孤軍
　　　　深入，苗巢前堅後險，實有羝羊觸藩之勢。兵頓烏草河、牛練

塘、九龍溝者俱累月，不得已廣行招納，歸咎於客民爭占之滋釁，盡撤苗巢汛四十八處，以期苗釋怨罷兵。如豢貪狼，養驕子。大功未就，相繼齎志而歿。踵其後者，承士卒之疲勞，國帑之糜費，又值川、楚事急，倉皇移師北去。是以苗志得氣盈，鴟張魚爛，不可收拾。而大兵既罷，勢難再議興戎。猻思民弱則苗強，民強則苗弱。因而衛民以壯其氣，練勇以摧其鋒，駕馭以伸其信，進剿以威其凶。碉堡既成，我壙斯固。堅壁清野，無可覬覦。而後入其穴，扼其吭，奪其恃，殲其強，稚荐漸除，良善乃康。此又嘉慶二載來善後之情形也。」

據此書則事尚未藏，而既報平定撤兵，不能復言兵事，於是所有真實安苗之舉，反作非兵事論。使以前張皇諱飾之軍功，獨專封拜，豈不可笑！

清《國史·傅鼐傳》：「嘉慶元年八月，調湖南鳳凰直隸廳同知。四年，隨巡撫姜晟截擊苗匪，設法生擒首逆吳陳受。上以傅鼐將首犯擒獲，尤為出力，賞給知府銜，即行補用，仍交部議敘。五年正月，姜晟保薦堪勝知府人員，奏：『直隸鳳凰廳同知傅鼐，於嘉慶元年到任，時值軍務甫經告藏，該員清理苗占民田，安置歸業難民，苗民畏服。該員才長耐勞，能勝艱巨，而不急功近利，為丞牧中僅見之員，堪勝保薦。見在辦理鎮筸右營一帶荒棄民田均給長壯丁勇抽撤鹽糧一事，未便遽令離任，俟其妥善竣事，再行給咨送部。』奏入報聞。八月，曬金塘砦黑苗因乏食出擾民村，鼐隨總兵富志那截擊之，殲斃首逆吳尚保。得旨獎勵，交部議敘。又論曰：『鳳凰廳同知傅鼐前經賞給知府銜，著加恩即照知府食俸，俟有苗疆道員缺出，再予升

補。』六年正月，湖南巡撫祖之望奏：『苗疆建碉置卡，屯勇均
田，頭緒紛繁。鳳凰廳同知傅鼐，克勝巨任，不避勞怨，能得
兵民心力，應責成該員，幫同道員，往來督率，獨總其成。』
奉旨：『傅鼐實好！朕亦知其官聲，俟奏到時再降恩旨。』十一
月，兩湖總督吳熊光奏：『苗疆一應邊務，必得專員親身周歷，
隨時督辦，尤須文武員弁同心共濟，方能妥速完善。見任道員
鄭人慶，統轄苗疆，鎮篁地處緊要，應令常駐鎮城，坐鎮辦
理，勢不能分身督查。鳳凰廳同知傅鼐官聲、辦事，均蒙聖明
鑒察，自應仍令往來督率，以專責成。惟該員究系見任同知，
與各廳營不相統轄，未免呼應不靈，即恐不無掣肘。查該員係
蒙恩照知府食俸、遇有苗疆道缺准予升補之員，合無仰懇賞給
道銜，令其總理邊務。』諭曰：『傅鼐平日官聲甚好，在苗疆一
年，一切築卡、均田等事，俱能妥速完善。著加恩賞給道銜，
即令其總理邊務，遇有苗疆道員缺出，准予升補。』七年丁父
憂，湖南巡撫高杞奏留原任。諭曰：『傅鼐自嘉慶元年以來，辦
理該處邊防妥協，素為民、苗悅服。即見在所辦建城、築堡、
設卡、均田，仍繫軍務善後事宜，此時未便驟易生手。著准其
署理鳳凰直隸廳同知，不必開缺。』八年，永綏九里癲苗隴六
生等糾眾滋釁，傅鼐等先期得信，設法擒捕。上嘉其辦理妥
速，交部議敘。十年四月，永綏逆苗石崇四與積匪石貴銀糾集
附近苗人，攻擾邊汛，鼐派員弁分調兵勇馳擊，復督率官兵，
奮勇圍剿，迭次追捕，經官兵拏獲石崇四、石貴銀，先後擒斬
逆黨三百餘名，眾苗震懾，自行投首，呈繳器械，良苗安堵，
地方寧謐。上以所辦殊屬可嘉，交部從優議敘。尋湖南巡撫阿
林保奏：『據傅鼐稟稱：嘉慶元年平苗善後案內，奏將查出逆苗
叛產，並客民插花地畝分給無業窮苗耕種。當日並未查明分

給，所有田土，悉為強苗侵霸。此次剿辦逆苗石崇四名下，已有侵占他砦田地一千餘畝，其餘各犯亦多有侵占之田。見在分別清查，即照叛產歸公，另佃良苗耕種。正查辦間，遠近砦苗，聞風震懾，各願將從前侵占田地全行繳出，請收作良田，分佃良苗，每年納租，以充公用。見在永綏七八九十等里，業已繳出一萬餘畝，其餘乾州、鳳凰、保靖等處，亦紛紛呈繳，懇求一律辦理。鼐又請將邊防撤後，仍挑苗兵分交帶管，即將此項官糧，賞給苗民支食。』疏入，得旨允行。五月，補授辰永沅靖道。十三年二月，來京引見，奏對詳晰，諭曰：『傅鼐由佐貳出身，薦升道員，歷任苗疆十有餘年，剿除頑梗，安撫善良，前後修建碉卡哨臺一千餘座，均屯田土十二萬餘畝，收恤難民十萬餘戶，挑留屯練八千名，收繳苗砦器械四萬餘件。又復多方化導，將苗民妄信巫師椎牛聚眾惡習，禁止革除，設立書院六處、義學一百處，近日苗民已知向學，籲求分額考試。所有鳳凰、乾州一帶邊界苗眾，實已革面洗心，輯寧安堵。凡該省歷任大員，及在廷諸臣，多稱系傅鼐一人任勞任怨，不顧身家，盡心籌畫，克臻完善。朕久有所聞，特因未識其人，尚未特沛恩施。本日召見傅鼐，見其人安詳諳練，明白誠實，洵屬傑出之才，堪為苗疆保障。著加恩賞給按察使銜，令其先換頂戴，以示獎勵。』十四年，補授湖南按察使。十六年六月卒。」此下恤典，照巡撫例賜恤，諭文從略。

　　清《國史傳》最不明了，蓋緣嘉慶元年之苗疆平定案不撤銷，封拜不追奪，則苗疆不得為軍事地方，所敘傅鼐之功，竟不知建碉置卡，屯勇均田，一切所為何事。嘉慶四年之擒獲吳陳受，五年之擊斃吳尚保，明系戰績，而隱約有似尋常捕盜。既云獨總其成，又云幫同

道員，因總理邊務一年，而其官僅同知，不足呼應各廳營，乃賞道銜。丁憂不開同知缺，改為署任，是大吏統軍奪情辦法，亦不敘明軍中墨絰之義。元年善後案，既定清查叛產收繳苗寨器械，乃十年不辦，即是亂事未畢，無後可善。至此由鼐舉行，乃真藏苗疆兵事。敘述全不明晰。諭中言苗眾革面洗心，輯寧安堵，中外大臣，多稱係傅鼐一人籌畫。則前此封拜多人，舉不及此一人矣。而持其出身佐貳，以示資格不及親貴。雖成永久之功，不及塗飾一時之計也。在鼐樂以才器自鳴，功名自奮，原不問區區官賞，但從此知漢人中有人才，非若旗員挾從龍之閥，椒房之親，賴專制之積威，腋舉國之物力，重賞嚴罰，驅策效死之士，僅成焦頭爛額之短計，不顧其後，兵撤即亂事如故。且苗本不出其鄉，出入不過數州縣，若有意塗飾，盡可糜爛三省，而自謂太平，雖數十年間，亦或不至竄擾天下，震驚宮闕也。故自以為平定即平定也。知此則七省大兵本不當用，既用而撤移，官書有所牽掣，不言嘉慶元年以後尚有苗民之變。其實清一代能定內亂者，莫善於苗疆之役，而實在虛報平定不許動兵以後。魏氏於《聖武記》之外，作〈傅鼐傳〉，此則既傳苗事之真相，所謂用武力之成分少於用政治者甚遠，惟傅鼐足當之矣。錄魏氏〈鼐傳〉如下：

「嘉慶初，湖北、四川教匪方棘，諸將移征苗之師而北，草草奏勘定，月給降苗鹽糧銀羈縻之。而苗氛愈惡，藉口前宣勇伯和琳苗地歸苗之約，遂蔓延三廳地。巡撫姜晟至，倡以苗為民之議，議盡應其求。時鳳凰廳治鎮筸，當苗衝，同知傅鼐有文武才，知苗民愈撫且愈驕，而兵罷難再動，且方民弱苗強也，乃日招流亡，附郭樓之，團其丁壯，而碉其要害。十餘碉則堡之，年餘犄角漸密。苗妨出沒，遂死力攻阻，鼐以鄉勇東西援救，且戰且修。其修之之法，近以防閑，遙其聲勢，邊牆以限

疆界，哨臺以守望，炮臺以堵敵，堡以聚家室，碉卡以守以
戰，以遏出，以截歸。邊牆互山澗，哨臺中邊牆，炮臺橫其
衝，碉堡相其宜。凡修此數者，近石以石，遠石以土，外石中
土，留孔以槍，掘濠以防。又日申戒其民曰：『勉為之不可失
也。是有三利：矢不入，火不焚，盜不逾；有三便：族聚故心
固，扼要故數數，犄角故勢強。』民競以勸，百堵皆作。而三
年苗大出，焚掠下五峒，大吏將中鼏開邊釁罪，又兵備道田灝
者，阿大吏意，吝出納以旁掣之，事且敗。會四年，鎮筸黑苗
吳陳受眾數千犯邊，於是有『苗疆何嘗底定』之詔。責巡撫姜
晟嚴獲首賊。鼏為禽之，始奏加知府銜俸。是年碉堡成，明
年，邊牆百餘里亦竣，苗並不能乘晦霧潛出沒。每哨臺舉銃角
則知有警，婦女牲畜立歸堡，環數十里戒嚴，於是守固矣，可
以戰。時鎮筸左右營黑苗最患邊，適諜曬金塘驍苗悉出掠瀘
溪，即夜三路搗毀其巢，復回要伏苟琶岩，大殲之，苗氣始
奪。六年而貴州變起。蓋湖南環苗東、南、北三面七百餘里，
其西南二百餘里之貴州邊，尚未修備。故石峴苗復思狡逞，煽
十四砦並附近湖南苗以叛。鼏以鄉勇千五百馳赴銅仁，而貴州
巡撫伊桑阿至，叱其越境要功，鼏還楚界。伊桑阿遂以招撫勘
定奏，回貴陽。時首逆槍械皆未繳，各砦方沸然，邊民赴愬雲
貴總督琅玕。琅玕至，急檄鼏會剿，三日盡破諸砦。中略琅玕奏
楚勇功最，並仿湖南法建碉堡守之。而伊桑阿冒功誤邊罪，為
新巡撫初彭齡所劾，伏法。鼏遂奉旨總理邊務。鼏以永綏孤懸
苗巢，形如釜底，自元年盡撤營汛後，城以外即苗地，有三難
二可慮，議遷城花園，而貴州方藉永綏聲援，難其移。鼏乃請
於貴州邊設螺蛳堡，移湖南守備戍之，助彈壓。於是總督琅玕
亦奏移駐是。七年九月，廳既移出，群苗爭占舊城，彌月槍炮

聞黔境，鼐以鄉勇數百，深入彈壓，忽遠近苗大集，鼐急據吉
多岊，苗數重環之，銃如雨驟，鼐按兵不動，徐以奇計穿圍
去。苗疑不敢逼。然自此遂議繳槍械，以絕其牙距。其抗命
者，則復有永綏生苗、鳳凰黑苗之剿矣。初永綏以廳城孤懸掣
肘，從未深搗其巢，及是果抗繳械，阻丈田。於是石崇四等糾
數千苗，復大猖獗。而是時廳已移出，且分駐形勢地，又得貴
州螺蜊堡可駐兵，遂立以鄉勇千餘，苗兵二千往，首敗之奮都
河，連燒六岊，乘勝窮追，宿陽孟岡。五鼓，萬苗突至，四面
噪攻，我兵時火藥少，後路已絕，勢岌岌。會雨霰雜下，苗繩
硝皆濕，槍凍。比曉，我兵刀槊並前，人自為戰，鏖至山後，
斬墮溺死二千餘，生擒石崇四。明春正月，移兵螺蜊堡，連剿
破口、漏魚、補抽等寨，皆焚巢破卵。是役也，賊起事即戕良
苗，故鼐得以驅策苗兵深入，轉戰月餘，破岊十六，獲槍炮刀
矛三千有奇，餘岊乞命降，永綏苗一舉平。由是師行所至，萬
苗讋服，納兵恐後，羅拜犒迎。貴州吏未能行令於黔苗，鼐並
檄黔岊勒繳槍械，震疊罔抗，邊境銷兵，時嘉慶十一年也。」

　　以上為平苗之真實兵事。前此七省大兵，乃兵至苗去，兵過苗
集，治標不治本之策。《聖武記》謂：嘉慶元年六月，和琳復乾州，使
額勒登保等進攻平隴，而自與畢沅、福寧及巡撫姜晟等^{畢沅新任兩湖總督。福寧舊任，調督兩江。}遂奏善後章程六事，大抵民地歸民，苗地歸
苗，盡罷舊設營汛，分授降苗官弁羈縻之。惟購收槍械一事，頗關係
而議旋寢。及嘉慶十年，兵備道傅鼐始按察勒繳四萬餘件云。《東華
錄》不載和琳善後六事疏，殆以善後之說為虛飾，以後十年事實具
在，故《實錄》刪之歟？清《國史・和琳傳》則曰：「七月，疏陳苗疆
善後六事：清釐田畝，歸併營汛，酌改土弁，修復城垣，收繳鳥槍，

安插被難民人。上以收繳鳥槍一條，尚須斟酌，仍敕和琳籌辦妥善。」
然則繳械事反由上意寢之，此亦太上耄昏，和珅用事，知其弟所必不
能辦而故緩之也。夫不繳械則何謂善後，此固給鹽糧以養持械之苗
民，使遇機而逞。和琳於給銀、繳械二事，尚不敢不並言，中旨成就
其封拜之盛，亦由白蓮教日熾，急欲移師，樂得置苗為後圖也。

　　《傳》又言：「初乾隆乙卯，嘉勇貝子征苗時，川、湖、貴、廣
重兵環境，湖南提督劉君輔進五路平苗策，不用，故苗得並力
拒大軍。鼐則偵諜闃然，聲東擊西，倏然其去，忽然其來。苗
各自守則黨日離，不測則情益絀。從來備西北邊，莫善於李牧
一大創之法，禦流寇莫如堅壁清野法，而懲苗則莫如沈希儀雕
剿法，鼐專用之。大小百戰，殲苗萬計，追出良民五千口，良
苗千餘口，而所用不過鄉兵數千。則又其訓練有過人者，大都
苗兵有三長：奧窔重巘，足仄目悸，獸蹴猱騰，如鶩平地，此
一長也；地不可容大眾，其進無部伍行列，退則鳥獸竄，同回
菁邃，賊忽中發，內暗外明，猝不及防，此二長也；銃銳以
長，隨山起伏，命中莫失，惟腰繩藥，無重衣裝，耐饑渴寒
暑，此三長也。鼐因苗地用苗技，先囊沙輕走以習步，仿造苗
槍，立上中下三的，以習俯擊仰攻，臨敵亦不方陣進，呼聚嘯
散，無異以苗攻苗，又苗兼挾利刀，乘火器甫發，冒煙豕突，
因兼習藤牌刀法，狹路相逢，則短兵接戰，復以趨捷勝。每戰
還必嚴汰，不但趦趄者去，貪掠者去，即徒勇而昧機宜昧號令
者亦去，數年始得精兵千，號飛隊。優養勤練而嚴節制之，行
山澗風雨而行列不亂，遺貲貨載道無反顧者，共甘苦若妻孥，
哭陣亡若子弟，報公憤如私仇。而鄉兵既明地利，習苗情，又
多被禍同仇之家，故致死如一。十年，剿永綏苗事聞，詔各省

督撫提鎮，以羆練鄉勇法練官兵。《宋史》稱辰州土官秦再雄練
土兵三千，皆披甲渡水，歷山飛塹，遂一方無邊患。故詳著
之，庶後籌邊君子有考焉。」

以上為與苗民戰之兵來歷及編練。就地發自愛身家之人，以地方
官為帥，不用勛貴之重，七省調發之煩，批卻導窾，不用泰山壓卵大
而無當之力。此因兵事而詳其兵制者。以下乃可言善後。非元年平隴
未下，和琳等遽奏善後六條，後悉作廢之比也。

《傳》又言：「至其屯田一事，與修邊禦苗錯舉，皆於十年蕆
事。其始不無廣占民田，以權利害輕重。及事定民爭復業，屢
有訟言，於是議者人異詞。今獨載羆上巡撫高杞書曰：『防邊之
道，兵民相輔。兵衛民，民實屯。有村堡以資生聚，必有碉卡
以固防維，邇者貴州巡撫初公，奏商均田一事，請陳利害情形
而效其說。湖南苗疆，環以鳳凰、永綏、乾州、古丈坪、保靖
五廳縣，犬牙相錯。其營汛相距，或三四里，或五六七八里。
故元年班師後，苗雲擾波潰如故。維時羆竭心籌之，無出碉堡
為上，遂募丁壯子弟數千，以與匪苗從事。來痛擊，去修邊，
前戈矛，後邪許，得險即守，寸步而前。而後苗銳挫望絕，薪
爐焰熄，堤塞水止。然湖南寅、卯二載乾隆五十九及六十二年。用
兵以來，苗亂奏報以六十年正月為始，湖南本省用兵乃先一年已起。已糜
帑金七百餘萬。國家經費有常，而頑苗叛服無定。募勇不得不
散，則碉堡不得不虛；後患不得不虞，則目圖不得不亟。通力
合作，且耕且戰，所以招亡拯患於始也。均田屯丁，自養自
衛，所以一勞永逸於終也。相其距苗遠近，碉堡疏密，為田畝
多少。鳳凰廳堡八百，需丁四千輪守，並留千人備戰，共需田

三萬餘畝。乾州廳碉堡九十餘，守丁八百，屯田三千餘畝。保
靖縣碉堡四千餘，守丁三百，屯田千五百餘畝。古丈坪廳苗
馴，止設碉堡十餘，守丁百，屯田五百餘畝。永綏廳新建碉堡
百餘，留勇丁二千，亦屯田萬餘畝。而後邊無餘隙，各環苗境
以成圈圍之勢，峻國防，省國計也。異族逼處，非碉堡無以
固，碉堡非勇兵無以守，勇丁非田畝無以贍。在邊民瀕近鋒
鏑，固願割世業而保身家；即後路同資屏藩，亦樂損有餘以補
不足。此所以謂之均田，始本民願，後有訟言，不為主者罪。況所募土
丁，非其子弟，則其親族，而距邊稍遠者，則仍佃本戶輸租，
視古來屯戍，以客卒土民雜處者，勢燕、越矣。與其一旦散數
千驍健無業子弟，流為盜賊，為無賴，何如收駕輕就熟之用，
而不費大帑一錢。稽之古效則如彼，籌之今勢則如此，惟執事
裁之。』其堅持定議者大指蓋如此也。」

以上為善後之根本。高杞任湖南巡撫，在嘉慶七年至八年，時辦
屯已有效。以丁禦苗，以屯養丁，興屯之田，視需丁之數而定，均之
於民戶，而計其所養之丁，仍為各戶子弟親族。又有但輸屯租，不以
田別授者。後來首禍已弭，民思故業，不免興訟，遂於鼎有間言。當
其初不費國家給養，而得節制精勁之兵，功成之後，民有缺望，國家
當設法代彌之，而反為任事者之謗議，較之福康安之泥沙帑項，師亦
無功，徒得封拜，何可比也。

《傳》又言：「積久制益密，田益辟，則又有出前議外者。於是
墾沿邊隙地二萬畝，曰官墾田。又贖苗質民田萬餘畝，曰官贖
田。以補助折耗，以廩賞，以葺繕，以賙恤，百務並舉。而苗
占田三萬五千餘畝，亦以兵勒田，別屯苗兵五千。其苗弁復自

呈七千餘畝為經費。以苗養苗，即以苗制苗。於五年陳屯政
三十四事，十年陳經久八事，十二年復陳未盡七事。大抵其經
費田，皆佃租變價者，其屯丁田，則附碉躬耕者。其訓練與農
隙講武，則屯守備掌之，以轄於兵備道者。使兵、農為一以相
衛；民、苗為二以相安。故約官與兵民曰：『無擅入苗砦，毋擅
役苗夫。』約苗曰：『毋巫鬼椎牛群飲以靡財，毋挾槍矛尋睚眥
以釀釁。』則永永不窮且變，遂同學校同考試，嗚呼，其亦善
深長思矣。」

以上為真善後。《先正事略》又詳之云：「又以詩書禮樂，化其獉
狉之氣，請將乾、鳳、永、保四廳縣，編立邊字型大小，廣鄉試中額
一名，苗生編立苗字型大小，外加中額一名。苗民益感奮。」李元度亦
湘人，故《事略》亦得其詳，然大致用魏氏說，稍補苴耳。當時收拾
人心，以科舉為最有力，新疆於清末行科舉數次，遂與滿、蒙、藏情
態迥殊，苗疆善後，至此而攻其心矣。

《傳》又言：「雍正間，張尚書廣泗改黔、粵苗歸流，設九衛軍
屯法，蓋以經略督撫之權行之，故帖帖無異議。鼐區區守土
吏，未領縣官鬥糧尺兵，所事大府，不掣肘即已幸，徒自奮於
齟齬拮据中，蓋獨為其難。即其始欲不借屯以養丁，繼不長屯
以安烏合數千眾，其可得乎？後之君子設身以處之。綜其始
末，揆其利害，而知其用心苦矣。十三年，屯務竣，入覲，詔
加按察使銜。明年，授湖南按察使司按察使，以苗弁兵民籲
留，命每秋一赴苗疆，慰邊人思。鼐之在苗疆也，日不暇給，
門一木匭，訴者投滿其中，夜歸倒出閱之，黎明升堂剖決盡。
兵民以專至，直至榻前，及為按察使，一如同知時，下無壅

情，故事無不舉。十五年，兼權湖南布政使司布政使。十六年，復入覲，天子方將擢鼎巡撫湖南，而六月卒於官。事聞震悼，贈巡撫，賜祭葬，敕祀名宦祠，並許苗疆專祠。嗚呼！捍大災，禦大患，有大功德於民者矣。鼎年五十有四，嗣子端弼幼，故未有碑狀。嗣兵備道者桐城姚興潔，招源纂《屯防志》《鳳凰廳志》。志例當有傳，乃傳。」

以上略舉興屯之與所憑藉，為三省安邊，民得蘇息。不當以事後之浮議為據。以平苗之人，而留苗疆去思，苗人德之如此。立苗疆專祠，較之配享太廟，入祀京師賢良等祠，純出於君主恩私者，其榮辱何如也！嗣子端弼幼，清《國史》作四歲。四歲嗣子主鼎後，故無碑狀，則本無諛墓之文。魏源修《屯防志》及《鳳凰廳志》，皆鼎立功所在，而屯防尤由鼎而成，《志》當有傳故為傳，更非有傅氏後人請托之，此誠地方人士之公論矣。

《嘯亭雜錄》謂：「福文襄王惑於幕客言，欲養賊自重，以邀封拜，乃頓兵不進，與川督和公琳日夜飲酒聽樂。苗匪因玩視王師，煽惑勾連者日眾，加以山巖險阻，我兵不能寸進。又有不肖將士興言以價贖地，苗益肆無忌憚，日相焚掠。二公受瘴相繼死。傅厚庵鼎，浙江人，以吏掾仕湖南，習知苗中情形，文襄王倚重之，明參政亮因薦公為鳳凰廳同知。公受命時，乾州、鳳凰各廳苗民出沒，居民逃竄，公劚荊棘，招逃亡，團練鄉勇數月，曰可以用命，因率兵攻苗寨。苗目笑曰：『往時宿將如福王者，尚不敢攖吾鋒，蕞爾微員，何足汙吾刃！』轉戰數旬，苗大敗奔還其寨，公圍之，苗民請降，公與之約曰：『嗣後有闌入漢界者，檄誅不貸。』苗稽首惟命。公乃撫之曰：『叛吾

仇，降即吾子，忍不撫育耶？」苗民益感激。公在任十年，苗民無敢出寨滋事者。天子喜，擢公按察使。」

昭槤以宗室親王，於福康安亦作此語，然其曰「養賊自重邀封拜」，則無是理。封拜則已封拜矣，又何用養苗民自重為？若不死，則久頓兵，必且無以見天下，其不進乃計無復之耳。

乾隆間辟新疆二萬里，自是事實，然純由天予，將帥無足稱。余所謂「十全武功」，亦自乘富強之勢耳。至征苗而亦於太上訓政時告蕆，務與十全之語相配。其後十年，傅鼐成功，然後知平苗有表裡二役。鼐之真實事蹟為清代武事之足訓於後世者，不可不知其詳也。

第三節　嘉慶間兵事二──三省白蓮教

三省白蓮教之役，為清代第一次長期之內亂，旗軍之不得力，亦顯露於此。其亂象與明代末年相仿佛。眾股迭發，不相統率，殘破各處，不據城池。出沒三省，大股人數動輒數萬。事亦起於乾隆中葉以後，而大發作於內禪告成太上訓政之日。蓋吏治至乾隆朝而壞，內亂之原，無不出於吏虐。康熙間崇獎清廉，大吏中有若湯斌、余成龍、張伯行、陳擯諸人為尤著。風聲所樹，為大吏者大率端謹。雍正時亦勤於察吏。至高宗則總督多用旗人，風氣大壞。時方自謂極盛，亂機已遍伏矣。乾隆三十九年，山東壽張清水教民王倫，以治病練拳，號召徒黨。於八月間起事，襲城戕吏，連陷旁邑，方據臨清舊城奪新城，援軍大集，擒倫於城中，凡一月而平。明年而白蓮教事發河南鹿邑，遂為川、楚巨亂之嚆矢。

《聖武記》曰：「白蓮教者，奸民假治病持齋為名，偽造經咒，

惑眾斂財，而安徽劉松為之首。乾隆四十年，劉松以河南鹿邑
邪教事發被捕，遣戍甘肅，復分遣其黨劉之協、宋之清授徒傳
教，遍川、陝、湖北。日久黨益眾，遂謀不靖，倡言劫運將
至，以同教鹿邑王氏子曰發生者，詭明裔朱姓以煽動流偽。乾
隆五十八年，事覺復捕獲，各伏辜。王發生以童幼免死，戍新
疆，惟劉之協遠揚。是年，復跡於河南之扶溝，不獲。

於是有旨大索。州縣吏逐戶搜緝，胥役乘虐，武昌府同知常丹
葵奉檄荊州宜昌，株連羅織數千人，富破家、貧陷死無算。時
川、湖、粵、貴民，方以苗事困軍興，而無賴之徒，亦以嚴禁
私鹽、私鑄失業。至是益仇官思亂，奸民乘機煽惑，於是發難
於荊、襄、達州，駸淫於陝西而亂作。」

以上為白蓮教緣起。《東華錄》不載，當出方略。《東華錄》於嘉
慶元年正月戊申朔，鋪張內禪盛典。二十五日壬申，枝江、宜都白蓮
教聶傑人、劉鳴盛等糾眾滋事，命惠齡剿之。惠齡，時湖北巡撫也。
二月，擒聶傑人，而當陽白蓮教林之華陷城戕官，命西安將軍恒瑞率
滿兵二千往剿。三月初三日己酉，命烏魯木齊都統永保往會剿。三
月，襄陽白蓮教姚之富與教首齊林妻王氏陷竹山、保康，施南之來鳳
亦陷，擾及四川酉陽。而恒瑞復竹山。四月丙子朔，命將鄖縣鄖西責
成陝甘督宜綿督屬辦理。竹溪至保康，責成永保、恒瑞。當陽、遠
安、東湖責成湖廣總督畢沅。枝江、宜都責成惠齡、富志那。襄陽、
穀城、均州、光化責成侍衛鄂輝等。來鳳責成四川總督孫士毅。於是
白蓮教遍三省之交，三省大吏又益以北來禁旅盡赴軍，聲勢浩然矣。
未幾，孫士毅且以剿來鳳白蓮教功晉男爵。又命直隸提督慶成、山西
總兵德齡各以兵會。又散蒙古竊犯之在湖廣、河南者，從軍助騎隊。
六月，永保復請調湖南苗疆兵二萬移剿。前督湖廣之福寧，已調任督

川留辦兵事，與荊州將軍觀成破白蓮教於旗鼓寨，投出者二千餘，誘坑之，而以陣斬報，加宮保，益堅附從頑抗計。大帥麇集，各頓兵避戰，久無功。賞復頭等侍衛明亮追襄陽白蓮教，教眾走河南唐縣，官軍勞頓，復請增調山東、直隸兵四千，簡健銳火器營兵各一千。九月，以和琳卒苗疆，詔明亮馳往湖南，遂受平苗封爵而返。十月，四川達州徐天德等激於胥役，與太平東鄉王三槐、冷天祿等並起。四川故有嘓民，蓋金川之役，永保之父溫福以大學士督師，於乾隆三十八年，敗歿於木果木，逃卒無歸，與悍民以剽掠為生計，散處於川東北者也。官捕之急，遂合於教。又襄陽白蓮教亦多入川，皆戰鬥如素習。孫士毅已卒，新川督英善、成都將軍勒禮善、陝西巡撫秦承恩，皆無敢掩之者。畢沅惟力請罷苗疆兵移剿。白蓮教愈蔓延，所過則官軍報捷蒙獎，實則白蓮教本不堅留一地也。總兵大員，累有戰死者。

二年正月，苗事報大定，額勒登保奏移荊州將軍興肇兵回襄陽，總兵張廷彥兵二千餘赴長陽，都統德楞泰、將軍明亮率兵六千赴達州。白蓮教又有王廷詔、李全諸股出沒豫西。河南巡撫景安尤怯敵，其人和珅族孫，任用別有徑竇，仁宗親政後乃發之。在鄂境之姚之富、齊王氏亦入河南南陽，其眾不整隊，不迎戰，不走平原，惟數百為群，忽分忽合，忽南忽北。而豫西之教眾則被清軍追，又入陝，齊、姚各股又與合，清軍尾追每後數日程，所突至無迎阻者，去則謂之撲滅，來則謂之滋擾，謂之蹂躪。四月，詔言：「明代流寇橫行，緣其時紀綱不整，朋黨為奸，文恬武嬉，置民瘼於不問，以致壞事；方今吏治肅清，勤求民隱，每遇水旱偏災，不惜多費帑金，蠲賑兼施。百姓具有天良，均應知感。邪匪不過烏合亂民，國家威棱遠播，荒徼無不賓服。若內地亂民，糾眾滋擾，不能立時殄滅，其何以奠九寓而服四夷耶？」云云。勤求民隱，實有此意；蠲賑兼施，實有此事，其不至為明之繼者在此。至云吏治肅清，根本即為欺謾。白蓮教之亂數

年不能已，豈得與吏治並存。時太上訓政，和珅當事，錮蔽聰明，矛盾不自覺也。同日即免受擾應山等五縣額賦。後七日，又予達縣等三州縣難民三月口糧及修屋銀。此皆恤民之可證者。後復常有其事，然未知實惠及民否也？

　　軍事在嘉慶初中制之最謬者，為嚴斥明亮、德楞泰奏請築堡守禦事，事在二年九月，《東華錄》竟不載，清《國史・明亮》、〈德楞泰傳〉亦無之。《聖武記》：「明亮、德楞泰奏言：臣等自楚入陝，所經村莊皆已焚燬，蓋藏皆已搜劫，男婦皆已虜掠，目不忍見。已擾者固宜安恤，未擾者尤宜堤防。查各州縣在城之民，有城池以保障，是以賊匪皆不攻城。其村落市鎮，僅恃一二隘口，鄉勇或遠不及防，或間道失守，倉皇逃避，不但衣糧盡為賊有，且備衛之火藥器械，反以藉寇而資盜。而各賊所至之處，有屋舍以棲止，有衣食火藥以接濟，有騾馬芻草以奪騎更換，有逼脅之人為之鄉導負運。是以自用兵來，所殺無慮千萬，而賊不加少。且兵力以保城為急，則村市已被虜劉；以保荊、襄為急，則房、竹、安、康已難兼顧。為今之計，欲困賊必須衛民，莫若飭近賊州縣，於大鎮市勸民修築土堡，環以深溝，其餘因地制宜，或十餘村為一堡，或數十村為一堡，賊近則更番守禦，賊遠則乘暇耕作。如此以逸待勞，賊匪所至，野無可掠，夜無可棲，敗無可脅，加以大兵乘壓其後，殺一賊即少一賊，滅一路即清一路。近日襄陽紳士梁有谷等，築堡團守，賊屢攻不能犯，此保障之成效。至川東各屬，多有險峻山寨，只須令鄉民臨時移守其中，一如守堡之法，於以禦賊安民，必可克期撲滅。」奏上，雖奉旨以「築堡煩民，不如專禽首逆」，而堅壁清野之議實始此。魏氏不指當時之失計，而以後卒築堡收功，謂實始於此。《史稿・本紀》：「十月戊戌，初二日。明亮、德楞泰請廣修民堡，以削賊勢，詔斥其迂緩。」而列傳不見此事，可知《實錄》本無，而《東華錄》自無可錄矣。

　　是時情況，據九月癸巳諭：「聞近日匪至一村，先將年壯平民逼令入夥，遇官兵輒令當先，賊匪隨後接應。當先者被剿敗，匪即先竄。官兵殺掠報功，節次折稱殺賊無數者，皆逼脅平民，而真匪早遠揚，所以日久不能成功。而新起入夥之賊，未必不由官兵驅迫所致。」至十二月癸亥，勒保奏言「賊匪隨處焚掠，即隨處勾脅，是以日久愈多。川、陜、楚三省犬牙相錯，數千里崇山峻嶺，處處有險可恃，有路可逃。及官兵擇隘堵禦，賊又向無兵處滋擾，致有賊之地無兵，有兵之地無賊，並有賊過而兵未來，兵到而賊已去者。東剿西竄，南擊北馳。以言兜剿，即數十路難以圈圍；以言堵禦，雖數十萬兵亦不敷分布」等語。其為清野之法不行，清軍以備多而見少，教眾以所向隨意而見多。徒以朝旨急於滅白蓮教，不許先為滅之之備，雖亦真有奏捷之時，清軍亦屢喪敢戰之提鎮大員，得失略相當耳。三年正月，以明亮、德楞泰追剿高均德，責其不先殲齊王氏、姚之富等，盡奪世職及優賞，止留本職戴罪圖功。二月，並將明亮革職，拿交刑部治罪。而是時，明亮、德楞泰已破齊、姚於郿西，齊王氏及姚之富皆隕崖死。諭尚以未能生擒為不滿，且言：「此時陜省首逆系高均德、李全，其次即張天文、阮正通，不可再令自斃逃戮。」

　　教之熾也，由於吏虐，僅憑教徒鼓眾之口，實未可為信，教眾之擾則有反證焉。四川南充縣知縣劉清，以貴州廣順拔貢官蜀，適當擾，清數以鄉兵破之，所撫兵民，皆以兒子畜之，人樂為死。教眾自為民時知清名，戰莫為用，故遇清輒逃。教眾分青、黃、藍、白為號，白號首領王三槐橫於蜀，總督宜綿命清親入三槐營，三槐跪謁清，隨至謁督，約率所部出降。清知降非誠意，設備以待。三槐於所約納降之日，詭來投，所伏教眾沿途接應，將為掩襲計，清大敗之。此二年四月事也。三年，總督勒保受命專責剿辦三槐，委清署廣元縣事，再議撫三槐，令清迭赴三槐營宣諭。三槐詣軍門，勒保擒以奏

捷，符詔書「生致首逆」之旨，勒保由侯晉公，晉和珅由伯為公，封珅黨福長安爵侯。時距平亂尚遠，只得教中首領之一耳，賞亦不及劉清。清既為總督所賣，然有所招徠輒遣清，清仍累至白蓮教營，教眾懲三槐事不敢出，以清廉吏，不忍加害。其非著名頭目信清者仍夥，前後招降川東教眾二萬，皆遣散歸農。清所練鄉勇尤敢死，嘗破羅其清、冉文儔於方山坪，破三槐於巴州江口，轉戰川東數載，大小百十戰，斬馘萬計，見奏牘者十僅二三。三槐被絟俘至京，廷訊時供：「官逼民反。」帝問：「四川一省官皆不善耶？」對曰：「惟有劉青天一人。」於是劉青天之名聞天下，以軍功累進官至建昌道。嘉慶十年教亂已平，清入覲，仁宗賜詩，首有「循吏清名遠邇傳，蜀民何幸見青天」之句。丁艱起復，授按察使，升布政使。自陳才力不勝藩司任，懇開缺，斥其冒昧陳奏，降補員外郎。十八年，清已補山東鹽運使，天理教李文成起河南，煽及山東，清再從戎，以破崮家集功最，諭以布政使缺與伊不甚相宜，以二品頂戴留運使任。二十一年，因病請開缺，令來京醫治，旋授山東登州總兵，調曹州總兵。年老休致回籍，奉旨入祀貴州賢良祠、山東名宦祠，給子孫蔭。

　　川、楚之役，以劉清事為最奇特。尤奇者教眾皆頌劉青天，被斬馘而不仇，被招撫失信而不怨。非一二教目之特性，蓋凡教眾皆戴青天，然則良民之盡禮於賢長官，能過是乎？且能及是乎？以如此有性情之教眾，而卒不樂為良民，是可知官逼民反之非藉口矣。當三槐供及劉青天時，太上尚訓政。明年正月太上崩，和珅獲罪，仁宗諭「教匪滋事，以官逼民反為詞。昨冬賊首王三槐解到，訊供亦有此語，聞之惻然，是以暫停正法。我國家百數十年厚澤深仁，皇考臨御六十年，痌瘝在抱，普免錢糧漕糧，以及蠲緩賑貸，不啻億萬萬，百姓安土樂業，焉肯鋌而走險？緣親民之吏，不能奉宣朝廷德意，激變至此。然州縣剝削小民，不盡自肥己橐，半奉上司；而督撫之勒索屬

員，不盡安心貪黷，無非交結和珅。是層層朘削，皆為和珅一人，而無窮之苦累，百姓當之。見在大憝已去，各省官吏，自當大法小廉，澌除積習，民無擾累，可遂其生」等語。蓋已認「官逼民反」之語為真，而一委其禍本於和珅，或未可盡其事理。以廉吏僅得劉清，而不用以整率百僚，乃使浮沉吏議，至不欲為藩司之官，改武職而後守職數載，仍以老休致，一以尋常禮數待之，視康熙時之激濁揚清，使成風俗，度量之相越，何其遠也！故知去和珅為積年隱忍之憾，非真為去吏治之蠹也。國家愛惜廉吏之心，尚不如三省普遍之白蓮教眾。以吾輩今日計之，若以異等之禮待劉清，以能識劉青天之良心獎教眾，直使清主兵號召之，大甄汰地方長官，大籌措歸農生計，或不至更閱五六年，而後仍以武力靖亂。不數年，絡續教亂，兵及宮廷，知守文之主，果不足與大有為也。

　　二月辛卯初四日。又諭：「自川、楚邪教逆匪滋事以來，所過劫掠焚燒，迫脅煽惑，良民不得已從賊日多。奔驅三載，不能自拔者數逾十萬，室廬焚蕩，田畝拋荒，欲返無所歸，即歸無所食，勢不得不托賊巢棲身，借盜糧糊口。此非徒作招撫空談，能收解散實效者也。前經降旨，剿撫兼施。大約謂自古惟聞用兵於敵國，不聞用兵於吾民，自相攻擊，屠戮生靈。朕日夜哀憐，幾廢寢食。百姓極困思安，久勞思息，諒必一見恩旨，翕然來歸。第思既歸之後，目前何以食？將來何以居？務使此番安集，即成永遠規模。設非慮及，他時恐倍難於今日。凡從各股賊匪中受撫來歸者，應如何綏輯安插之處，令勒保就近傳喚同知劉清及川省素有清名之州縣，俾其悉心妥議具奏。劉清既素諧民望，必能深識民情。他鄉流落者，如何資送還農；失所無依者，如何編丁占籍。朕幾餘檢閱《明史》，成化中，項忠、原傑先後辦理荊襄流民一案，具有章程，或可採取其法，施之當今。或因事異時移，不宜泥古，可一一詳細奏聞。至陝省撫輯情形，馬慧裕新授藩司，正

伊職分中事，亦著詳議具奏。」此論亦知從官逼民反之後，求其症結而理之。顧首稱「邪教逆匪」，意少矜憐，既不重視劉清，僅與他州縣同被勒保傳喚，即非有清勇於任事之地。在受撫者意中，見傳喚者為旗下紈綺之勒保，被傳喚者有靦然與劉青天並列之多員，固已索然意盡矣。項忠與原傑並稱，前例已未能確辨性質，固知其知識在明昧之間。既知貪污害民，不向百姓告罪，而作此是非蒙混之語，知亂事之不能豁然立解也。清居官廉，逢陋規必裁，為大吏所不便。任州縣所礙大吏者僅一州縣，若任藩司則礙一省矣。清後為藩司，勒保即劾以「民社有餘，方面不足」，改降運使。清知若任財賦，終不見容，致改武職去，帝竟聽之。編修洪亮吉於四年上書，即云：「進賢退不肖，似尚游移。劉清尚為州牧，僅從司道之後辦事，似不足盡其長。」亮吉幾殺身，特宥猶獲遣戍，劉清則終不大用，此足以見仁宗之持國是矣。

築堡禦守之策，二年已被斥不行。及仁宗親政，有蘭州知府留川督宜綿軍中充左翼長之龔景瀚，復上堅壁清野之議，備陳調兵、增兵、募勇三害，征剿四難。謂：「先安民然後能殺賊，民志固，賊勢衰，使之無所裹脅；多一民即少一賊，民居奠則賊食絕，使之無所擄掠。民有一日之糧，即賊少一日之食。用堅壁清野之法，令百姓自相保聚，賊未至則力農貿易，各安其生；賊既至則閉柵登陴，相與為守。民有恃無恐，自不至於逃亡。其要先慎簡良吏，次相度形勢，次選擇頭人，次清查保甲，次訓練壯丁，次積貯糧穀，次籌畫經費，如是行之有十利。」反復數千言，切中事理。嗣是被兵各省，舉仿其法，民獲自保，教無所逞，成效大著。論者謂三省教眾之平，以此為要領。以上《史稿・循吏・景瀚傳》。《史稿・循吏・景瀚傳》略具全文，不備錄。四年六月，庚寅，初三日。詔曰：「朕聞湖北隨州，未被賊擾，因民人掘溝壘山，足資捍禦，民間村堡，盡可照辦。勒保、松筠、吳熊光，即曉諭百姓知之。」時勒保為經略，松筠督陝甘，熊光撫河南，

四川則勒保兼督，湖北則勒保經略所在也。十一年，續修《皇清文穎》，仁宗出此議付館臣載入，蓋深賞之，而明亮、德楞泰前所奏為始行矣。

　　先是諭斥清野策為迂緩，嚴敕諸將力戰。三年正月，擒覃加耀，以藏事緩，奪額勒登保爵職。六月，破齊王氏、姚之宣，逼令隕崖死。七月，擒羅其清，又斬冉文儔，又誘擒王三槐，遂封拜勒保、和珅、福長安等，並釋勒保弟永保於獄，而教亂仍如故。四年，仁宗親政以後，三月，斬蕭占國、張長更，又勝冷天祿一股，額勒登保迭進爵至一等男。七月，斬包正洪。八月擒龔文玉，又擒卜三聘。九月，斃汪正瀋。十月，德楞泰擒高均德，封二等男，授參贊大臣。德楞泰前亦奪爵職。十二月，擒王登廷。五年二月，斃王金桂。三月，擒冉天元，晉德楞泰三等子。四月，殲教首雷士玉、孫嗣鳳。五月，以殲淨陝西教首劉允恭、劉開玉，擒獲頭目王洪儒，晉額勒登保三等子。七月，教首劉之協就擒於湖南寶豐，訊明正法。八月，殲斃教首伍金柱、宋麻子。九月，斃教首唐大信。十月，獲張子聰。十二月，殲教首楊開第、齊國謨。六年正月，斃教首張世龍等，又斃徐萬富等。二月，射死王士虎，生擒王廷詔。四月，擒教首高三、馬五及馬五之子，餘眾悉平，並前擒王廷詔功，晉額勒登保二等子，予提督楊遇春騎都尉世職。德楞泰又擊斃教首張允壽。六月，德楞泰等追剿青號教眾，淹斃首領徐天德。額勒登保等擒張天倫、伍懷志。七月，吳熊光等斃白蓮教首王鎮賢。勒保奏擒徐天壽、王登高等。八月，勒保擒冉學勝等，賞還一品頂戴，本年四月，革勒保翎頂。封三等男。是月，以三省大功將藏，撤盛京兵歸伍。十月，額勒登保擒辛斗及總兵蘇啟志。德楞泰擊斃龍紹周。十一月，額勒登保奏督剿通江一帶，擒獲元帥冉添璜、頭目龐思宇等，又擒高見奇、周萬友等。十二月，額勒登保擊斃頭目苟朝獻。七年正月，額勒登保擒辛聰。吳熊光等擒青號教首張

允壽之子德貴。二月，額勒登保奏道員劉清擒李彬及辛聰之弟辛文。三月，勒保擊斃張天倫、魏學盛及其元帥陳國珠等。德楞泰截擊線號教眾，斃其首領龔其堯，擒老教師李世漢、李國珍等。五月，勒保擒庹向瑤並老教掌櫃徐天培、張思從及頭目多名。慶成擒元帥康二麻子、總兵張昌元等。六月，德楞泰擊斃樊人傑等並其妻子弟侄，晉三等侯。勒保擊斃楊步青。七月，勒保又殲除黃、白、青、藍四號教眾，擒劉朝選，晉一等男。額勒登保擊斃苟文明，晉一等伯。勒保擊斃楚省教首賴先鋒，撲滅全股，並兜截張長吉一股。十二月，額勒登保、德楞泰、勒保、惠齡、吳熊光等奏報川陝楚一律肅清。自成親王、儀親王以下，論功行賞有差。額勒登保、德楞泰俱晉一等侯，勒保、明亮俱一等男，賽沖阿、楊遇春俱輕車都尉世職。八年，詔四川、湖北、陝西、甘肅、河南被擾各州縣，自元年至七年，帶征緩徵逋欠錢糧，普予豁免。

是時三省之靖也，不過著名教首絡續擒斬，大股教眾無復縱橫，山林藪逋逃，未可核也。詔經略、參贊毋遽來京，諸帥分扼三省要衝，窮搜遁伏之教眾。其眾皆百戰之餘，出沒為變，誘官軍入林，突出格殺，翼長穆克登布中矛死。穆克登布與楊遇春同為經略翼長，俱以敢戰名。清諸師擁勝兵，分多路會哨排搜，並予招撫，先後降青、黃、藍及有名號之教眾多起。八年五月，額勒登保奏陝境已清，川、楚各有零股數百，散竄延喘，已成從前之噶，別籌搜捕之策。乃與勒保、德楞泰督諸將分二十餘路排搜老林。七月，三人再報三省肅清，官兵凱旋，鄉勇遣撤，每人以銀五錢繳刀矛，二兩資回籍。各勇多驍桀習戰，無家可歸，復入山澤與所匿教眾合。教首苟文潤者領其眾，勢復張，戕副將朱槐。此眾具悉官軍號令，及老林徑路，騰趨如猱，忽陝忽川，忽聚忽散，分軍遇之則不利，大隊趨之則兔脫，三省不得解嚴。十一月，德楞泰進擊山中，前隊鄉勇忽與白蓮教隊中鄉勇舊識

相訴苦，官軍大敗，陣亡副將以下數十人。鄉勇中以功曾得翎頂者，遣往招諭，苟文潤殺之。詔懸賞購捕苟文潤與向購苟文明等重。大帥統重兵，與畸零之教眾角逐，時圍逼一隘，輒復逸走，將士且久役思歸，額勒登保時已改任欽差大臣督師，乃先汰遣疲病兵勇，又下令四卒擒一教者，即優遣回籍。而教眾反糾散遣鄉勇以益數，牽綴甚久。至九年夏，詔書切責，而暑雨時行，額勒登保、德楞泰、楊遇春皆病，時尚無欺飾報竣之弊，則諸帥尚得人也。八月，教中趙洪周乃應購斬苟文潤出降，教眾乃渙散，官軍又奮起搜捕數著名頭目，於是重報肅清。以九年九月班師。其不為明季之續者，以全盛博一隅，勢不同耳。

用兵易，撤兵難。兵歸原額則易，撤無歸之兵大難。白蓮教之役，用鄉勇無幾，撤時尚綴大兵經年而後定。其不先籌消納之生計，仍是國無吏治也。

清自國初用兵，皆以八旗為主軍，始命將皆親貴。至乾、嘉時，已醰豢不足臨敵，而猶用旗籍庶姓勳爵之裔，最疏遠亦必為滿洲世僕，時尚能得人，若額勒登保、德楞泰為將，為有方略及忠實可任使。《清史稿》言仁宗親政，以三省久未定，卜宮中，繇曰：「三人同心，乃奏膚功。」遂常以勒保參兩帥，功非其比也。而敘勞以清野策由勒保首行之，膺上賞，封伯爵，加宮保，正揆席，領軍機，卒贈一等侯，諡文襄。殆亦自應其兆歟？漢人立功，楊遇春後由武轉文，為總督，亦為異數。滿人文武不分，漢人當時則僅有。與遇春起稍晚而齊名者為楊芳，時稱二楊，三省平時為提督。道光初回疆有變，乃以功封侯，以宿將屢平川滇邊亂，至鴉片案起對英吉利兵乃頗怯，為粵人所笑，則國防將轉變矣。未幾亦卒，幸以功名終焉。

第四節　嘉慶間兵事三——海患

　　海盜之為患，自明而始大且久，統名之曰倭。與萬曆間之出兵朝鮮禦倭，截然非一事也。嘉靖平倭之說，亦不過殲其名酋，稍殺一時盜敵耳。至明末乃歸結於鄭氏。鄭芝龍受撫而併殲他盜劉香，鄭成功用其遺眾而開臺灣，則為明之遺忠。清用綠旗各營，舉不足以與之爭長技，則於漳泉習海之人中物色其能勝大任者，要亦皆鄭氏舊部，有內釁而離鄭自歸，且亦視清為可與共功名者耳。臺灣平後，經營海疆，習海者既開功名之路，亦遂暫分盜業，而倚海為巢，盜故時有。海上言剿捕之事，日有所聞，至乾隆末而大熾。蓋盜以安南為外援，得大肆於粵、閩海濱也。安南黎氏，自明宣德間有國，入清累世臣服。其強臣阮氏，世逼其君。至乾隆五十四年，阮光平終逐其君黎維祁而代之。清廷先救黎氏，維祁已一次復國。及阮氏復逞，清師大敗，總督孫士毅退入鎮南關，帝撤士毅歸，以福康安代將，光平乞降，而請主其國，懇賜封號，福康安遽受之，帝亦俞允，而轉以福康安不能於此役受王封為惜。是為高宗之昵於所私，而猶以安南已降，張大武功，為十全之一。此高宗之汰侈，而亦清室之衰徵也。

　　阮光平之發難，由佛蘭西教士阿蘭特為介，乞得佛國兵船為助，又仿造船械，訓練其兵，頗師西人海上餘技。既以兵篡國，國用不足，乃遣烏槽船百餘，總兵官十二，以採辦軍餉為名，多招中國海盜為向導，為寇海疆。當乾隆五十七年，光平死，子光纘嗣。嘉慶初，各省奏擒海賊屢有安南兵將及總兵封爵敕印，詔移咨安南，尚不謂國王預知。安南黎氏甥阮福映以暹羅兵馬黎氏復仇，號舊阮，而以篡黎氏者為新阮。光纘既與舊阮構兵，益苦費絀，其總督陳寶玉招集粵艇，肆掠海中。浙定海總兵李長庚禦盜，獲安南艇隊大統兵進祿侯倫

貴利。又有安南總兵黃文海，與盜目伍存七有隙，以二艇投於閩，閩乃用其式以造艇。蓋是時盜有較堅巨之艇，清軍弗及也。浙撫阮元訊倫貴利供，備得安南夥盜為患狀。光纘謝罪，委之舊阮，而以倫貴利為罪首。時貴利已於取供後磔死。清廷又以川楚白蓮教事日棘，未暇深問，以國王不知赦之。嘉慶二年，光纘解盜犯六十餘名至廣東，降敕褒賜，而盜不止。七年，舊阮克新阮，光纘被擒。八月，福映縛光纘所招中國盜犯莫觀扶等三名，皆受光纘封東海王及總兵職者。十二月，福映滅安南，遣使入貢，並陳復仇始末。又言其國本古越裳，乞以南越名國，帝以南越古兩廣地，不可予此名。八年，改為越南，封福映為越南王。越南不復通盜，而盜已得船械，駕官軍之上，為海疆巨患矣。盜以同安人蔡牽為魁，有鳳尾、水澳諸幫，皆附牽。商船出洋，勒稅番銀四百圓，時銀圓乃外國幣，謂之番銀。回船倍之。結陸地會黨濟其糧械。官無艦，有艦亦不可用，雇商船載兵任戰。既而粵仿商船造艇有效。浙撫阮元先奏，以李長庚總統浙定海、黃岩、溫州三鎮水師，旋升提督。阮元率官商捐金付長庚，造大艦三十，名「霆船」，鑄配大炮四百餘。而粵撫孫玉庭尚奏言：「古有海防，不聞海戰。」蓋入海搏賊，固非時議之所擬及也，而詔特行之。六年艇成，兵威大振，迭獲盜中著目。八年正月，迫盜首蔡牽於閩，牽窘，乞撫於閩督玉德，納之。牽請勿令浙師由上風來逼我，玉德調長庚兵居下風，牽遂繕器備物揚帆去。以畏霆船故，厚賂閩商，更造大於霆之船，載貨出海濟牽，而以被劫報。牽得大船復振，橫渡臺灣，劫米數千石，分濟閩粵溫盜米，遂與合。大船至八十餘，勢甚熾。長庚建議禁商造大船，免資盜。海上馳逐累年，牽未就獲。十一年二月，扼之於鹿耳門，復脫去。詔奪長庚翎頂。長庚奏言：「船不得力，臣坐船尚較蔡牽船低五六尺，諸鎮船更下於此。曾與諸鎮議，願預支廉造大船三十號，督臣以為需時費財，不肯具奏。」詔褫玉德職逮治，升湖南巡撫阿

林保代之。阿林保至，連疏密劾長庚，請革職治罪。帝疑之，密詢浙撫。時阮元以憂歸，代者為清安泰，頗能與元同意倚長庚，為疏辯。帝意解，切責阿林保。疏言當時海軍狀甚悉，《東華錄》不載，清安泰《本傳》亦無之。諭旨中稍述數語，其原文詳《聖武記》，而《先正事略》採之入《長庚事略》。今錄之，以見中國前所無之技術，官與盜皆習海者，而後爭此奇勝。後則為歐洲尤習海而兼科學先進，海上技術，更非此比，則非徒不習海者不足言海事，中國之習海者亦相去甚遠。此世運之不同，而善事之必先利器則一也。

清安泰奏言：「長庚熟悉海島形勢，風雲沙線，每戰自持柁，老於操舟者不能及。且忘身殉國，兩載在外，過門不入。以捐造船械，傾其家貲，所俘獲盡以賞功，故士爭效死。且身先士卒，屢冒危險。八月中剿賊漁山，圍攻蔡逆，火器瓦石雨下，身受多創，將士亦傷百有四十人，鏖戰不退，故賊中有『不畏千萬兵，只畏李長庚』之語，實水師諸將冠。惟海艘越兩三旬，若不燂洗，則苔粘螺結，駕駛不靈。其收港並非逗留，長庚函署督溫承惠，言以七月十日收港燂洗。阿林保抵任得其書。疑為私自回署，為具劾之首。且海中剿賊，全憑風力，風勢不順，雖隔數十裡，猶數千里，旬日尚不能到也。是故海上之兵，無風不戰，大風不戰，大雨不戰，逆風逆潮不戰，陰雲蒙霧不戰，日晚夜黑不戰，颶期將至，沙路不熟，賊眾我寡，前無泊地，皆不戰。及其戰也，勇力無所施，全以大炮相轟擊，船身簸蕩，中者幾何。我順風而逐，賊亦順風而逃，無伏可設，無險可扼，必以鈎鐮去其皮網，以大炮壞其柁牙篷胎，使船傷行遲，我師環而攻之，賊窮投海，然後獲其一二船，而餘船已飄然遠矣。賊往來三省數千里，皆沿海內洋，其外洋浩瀚，則無船可掠，

無壘可依，從不敢往。惟遇剿急時，始間以為逋逃之地，倘日色西沉，賊直竄外洋，我師冒險無益，勢必回帆收港，而賊又逭誅矣。且船在大海之中，浪起如升天，落如墜地，一物不固，即有覆溺之憂。每遇大風，一舟折桅，全軍失色，雖賊在垂獲，亦必舍而收泊。易桅竣工，賊已遠遁，數日追及，桅壞復然。故常屢月不獲一賊。夫船者，官兵之城郭、營壘、車馬也。船誠得力，以戰則勇，以守則固，以追則速，以衝則堅。今浙省兵船皆長庚督造，頗能如式。惟兵船有定制，而閩省商船無定制，一報被劫，則商船即為賊船。船愈高大，多炮多糧，則愈足資寇。近日長庚剿賊，使諸鎮之兵，隔斷賊黨之船，但以隔斷為功，不以禽獲為功。而長庚自以己兵專注蔡逆坐船圍攻，賊行與行，賊止與止。無如賊船愈大炮愈多，是以兵士明知盜船貨財充積，而不能為禽賊禽王之計。且水陸兵餉例止發三月，海洋路速，往反稽時，而事機之來，間不容髮，遲之一日，雖勞費經年，不足追其前效。此皆已往之積弊也。非盡矯從前之失，不能收將來之效；非使賊盡失所長，亦無由攻其所短。則岸奸濟賊之禁，尤宜兩省合力，乃可期效。」

帝責阿林保，謂：「到任不過旬月，地方公事、海洋情形，素不熟悉，於李長庚更從未謀面，輒連次參奏，殊屬冒昧。朕又不昏瞶糊塗，豈受汝蠱惑，自失良將。朕已降旨，將剿辦蔡逆，責成該提督。若阿林保因參奏不遂，遇事掣肘，致蔡逆通誅，海疆貽誤，朕惟執法懲辦。浙省既無高大商船，阿林保等速在閩省雇募，迅即解交李長庚，口糧火藥，亦須源源接濟。」事在十一年八月。疏內「皮網鉤鐮」云者，蔡牽船用牛皮網紗多層，淋海水使濕，以禦炮火，必用長柄鉤鐮拉去之，炮始有效也。嗣是長庚迭出擊，至十二年十二月，率閩水

師提督張見升追牽，窮所向，至黑水外洋，當粵潮陽縣地，牽僅存三舟，長庚擊破牽舨篷，自以火攻船，維其船後，敵急發一炮，適中長庚喉而殞。時閩、粵水師合剿，船械數十倍於敵，而張見升見總統船亂，即麾舟師退，牽乃遁，未就獲於此役。

《嘯亭雜錄》：「上罷玉德，以阿林保代之。阿林保見賊勢難結局，置酒款長庚曰：『大海捕魚，何時入網？然海外事無佐證，公但斬一假蔡牽首至，余即飛章報捷，而以餘賊歸善後辦理，則不惟公受上賞，余亦當邀次功，孰與窮年冒鯨波僥倖萬一哉？』長庚慨然曰：『石三保、聶人傑之事，長庚不能為。且久視海舶如廬舍，不畏其險也。誓與賊同死，不與賊同生。』閩督不懌。丁卯十二月，賊以三舟艤某島，去官軍半里，長庚以舟師圍港口，計日就禽，閩督飛檄促戰，動以逗橈為詞。長庚斫舷怒，下令誓一日禽賊。賊決死戰，有卒跳上賊船，幾禽牽者再，牽奴林阿小素識長庚，暗中由篷窗出火槍，中長庚胸而薨。」

親貴紀事，不滿於旗員，而悼惜名將如此。其時滿人之信望已墜矣。然核其言，殊未可信。玉德以五月革，阿林保由湘撫升閩督，奉命在五月十九日丙寅。七月間連劾長庚，諭旨明謂其到任不過旬月，於長庚更未謀面，但據稱拆閱長庚致代督溫承惠書，有「七月初十將兵船進港燂洗」，疑其私行回署。又於七月二十一日盜首李按一事，尚未知悉，遽迭參其玩誤縱賊，力請革職治罪。疑忌參劾，自是實情。長庚在浙逐敵不暇，安有暇赴閩督置酒宴？新督亦知舊督以不得於長庚而奪職，因此謂非去長庚，督威不立，則有之；若敢於以大不韙之語，要長庚同意，必無是理。長庚本海中搏戰，並非困敵於一島，

浙、閩會剿，何能飛檄專促長庚？長庚與阮元交最密，剿海盜事互助
為功。元撰《長庚傳》，於長庚中炮時事，則云：「見升本庸懦，又窺
總督意，頗不受提挈。及是，遠見總帥船亂，遽率舟師退，牽乃遁入
安南夷海中。」則閩督與長庚自有芥蒂，亦屬事實，但未必如禮邸所錄
之甚也。

　　長庚死事聞，帝諭有「覽奏心搖手戰，震悼之至」等語。追封伯
爵，諡忠毅。命以所部王得祿、邱良功嗣任。軍無總統，命阿林保擇
駐廈門、漳州一帶調度。海盜巨酋，自蔡牽外有粵朱濆，與牽時合時
分，互寇海疆。十三年，濆為金門鎮總兵許松年轟斃，弟朱渥復領其
眾。浙洋復有土盜張阿治、駱亞盧等，為邱良功等所殲。十四年，朱
渥以眾三千餘，船四十二，炮八百餘，降於閩。旋邱良功為浙江提
督，王得祿為福建提督。浙、閩將帥無間，以是年九月，合剿蔡牽於
定海之漁山，乘上風逼之，轉戰至黑水深洋，逾一夜至明日午，良功
見水已綠，近內洋，懼日暮敵更遁外洋，大呼，以己舟駢敵舟，閩舟
又駢浙舟，敵死戰，毀浙舟蓬，扎傷良功腓，浙舟脫出，閩舟又駢敵
舟，敵餘舟皆為諸鎮所隔，不能救牽，牽船中創，斃餘三十人，鉛丸
亦罄，以番餅作炮子，得祿亦受傷，揮兵火其尾樓，復以坐船衝斷其
柁，牽乃首尾舉炮，自裂其船沉於海。封王得祿二等子，邱良功二等
男。粵洋尚有安南餘艇之眾，百齡代吳熊光督粵，嚴斷接濟，糧及硝
磺不得漏出洋，其眾以外洋無可掠，乃冒死入掠內河，官兵守待捕
斬，有以制之，而尚有總兵許廷桂敗死，敵突圍遁走一事。敵終以窮
蹙，各幫先後降，百齡所降至二萬餘眾，船三百餘，炮千數百。粵事
平，賞百齡輕車都尉世職。蔡牽餘黨亦降於閩，尚有千餘人。時澳門
葡萄牙人備兵舶二，英吉利備兵舶四，各願助戰，朝議不許。見《聖
武記》。自後海上外國船械日精，官與盜舊法皆見絀，遂開新海防時
代。

第五節　嘉慶間兵事四——畿輔天理教

　　嘉慶兵事，有何可紀？紀兵事，見吏治之敗也。乾隆以前，非開闢疆外之兵不紀。乾隆中葉以後，臺灣已為內屬後之兵事，亦略之。臨清一役，乃嘉慶教亂之先見者，以為時甚暫，亦不專述。而內亂之萌孽，實始乾隆朝之驕泰，為種敗亡之因。嘉慶間，苗、教、海，皆內地子民，所以暴動者，皆緣官吏之非人，縱不盡由迫壓，而寸土皆官治之地，一民皆受治之人，豈有省道郡縣層層統攝，而為變之民，能久久部勒不散，醸成大亂之理？海事甫靖，教亂又興，此事前接川、楚，後接金田，秘密黨會之無法解散，於劉清之不見用驗之。

　　嘉慶十六年春，有星孛見紫微垣，教眾指為惑眾之具，謂應在二年後之九月十五日。十八年七月十八日壬午，帝東巡啟蹕，秋獮並謁東陵。九月甲子朔，命隨扈之皇次子綿寧、皇三子綿愷先還京。綿寧即宣宗諱，以先還，故得以宮中禦寇立功，封智親王者也。初十日癸酉，帝自避暑山莊回蹕，而是時教眾已事露先發。蓋距九月十五之期已近，一則伏戎於道，要回蹕之駕；再則竄跡入宮，起事即在禁中，皆其所預謀，以應期會。其主名則為天理教，又名八卦教，以卦名八字為分股之目。《聖武記》謂：「天理教聚眾斂財，愚民苦胥吏者爭與焉。」可知民之從教，亦由官迫也。從教則何以減胥吏之苦，今不知其詳。意當時胥吏多奉教，入教則可共一家，藉保身家，冀少受魚肉耳。教首在河南者為滑縣李文成，在直隸者為大興林清。教眾謀久，自必外泄。會知滑縣者為強克捷，亦不似他上官及同僚之憒憒。有退吏訟系，感克捷白其誣，告以教眾謀。克捷密封白巡撫高杞，申衛輝知府郎錦騏，請兵掩捕，皆不應。克捷知事急，於九月初六日，突執文成，先刑斷其脛，及其黨二十四人，鏤之獄。夜半，其黨牛亮臣劫

獄出文成等，屠告發之退吏家，踞城叛，克捷及家屬均死之。時高杞
已調任熱河都統，新任方受疇未到，旋仍命高杞留署。台斐音署巡撫
而滑縣失陷事，由直隸總督溫承惠奏聞行在。十二日乙亥諭：「溫承惠
奏河南滑縣老岸鎮地方，有匪徒黃興宰、黃興相並宋姓為首，興天理
會。於本月初七日聚眾滋事，滑縣已失，縣官被戕。長垣縣亦有習教
之人。高杞若尚未離豫，著督同河北鎮總兵色克通阿防堵，勿令匪渡
河滋蔓。」又「以溫承惠為欽差大臣，偕古北口提督馬瑜馳往長垣、滑
縣剿賊」。又「命陝西提督楊遇春來直隸協剿」。又「命山東巡撫同興
巡防山東邊境，剿捕賊黨」。十三日丙子，又諭：「據素納_{當是正定鎮總}
_{兵。}奏：東明縣朱煒稟報：縣屬齊五集鐵匠張文典，首稱有長垣縣南樂
集人姜復興，托打鋼刀十把。該縣盤獲姜復興，究出伊與滑縣白家道
口宋義升、長垣縣馬塞村馬文隴夥同習教。當將姜復興收禁。又於初
十日，長垣縣典史劉世治稟報：民人王白小，向都司陳夢熊首告，知
縣被害，都司領兵搶出該縣屍骸，遍身有傷，身首異處。又知開州於
曉稟報：東明縣城被圍危迫。恤長垣知縣趙綸，量賞鐵匠張文典。」
十四日丁丑諭：「色克通阿奏：滑縣匪徒牛亮臣等，殺入縣署，劫放獄
囚。著添兵並力殲除。」十五日戊寅，駐蹕髩髻山行宮。山東巡撫同興
前奏：「拏獲金鄉縣編造歌詞斂錢惑眾之匪徒李允魁、崔士俊、張文明
等十八人。」至是又奏：「崔士俊供：『先從城武縣劉燕習八卦離字教，
又從直隸長垣縣徐安國習震卦教。徐安國告以今歲九月交白洋劫，屆
時老教首給白布小旗插門首，可免殺戮。』」又據奏：「定陶縣城於初
十黎明被陷，文武官存亡未保。」又遞到十三日由五百里馳奏摺。十一
日，曹縣續陷被據，救溫承惠與東省並力夾擊。此皆九月十五日以前
各日事。由強克捷先破教眾之謀，刑傷其首，致三省交界地帶，不及
期盡發，而行在無警矣。十六日己卯諭：「綿寧、綿愷奏：本月十五日
午刻，突有賊入蒼震門，經總管太監擒獲。未刻，內右門西又有賊越

牆入，綿寧倉促取進鳥槍，擊墜牆上一賊，又擊斃手執白旗在牆上指揮之賊。」又諭：「儀親王等遞到折，稱勦辦事已大定，訊取活賊供詞，賊進禁城二百名，殲斃及活拏者三十一名。又供地安門外尚有賊五百名。此項餘賊如何辦法，著回奏。」旋知已為留守京師王大臣入衛官兵所擒捕。此為九月十五克期直攻內廷之教眾拒退情狀。十六日，詔停謁陵回京。十七日，下詔罪己。是日，步軍統領英和等選派番役，於近京之宋家莊拏獲林清，蓋由前同興奏首犯劉真空潛匿離京二十八里之沙河，即諭英和派弁兵巡察，至是擒獲。供稱：「前生姓劉，所有十五日禁城賊匪，由伊派撥屬實。」又據所供太監劉得財等夥同入教。引入東華門者，劉得財、劉金；引入西華門者張太、高廣福；又王福祿、閻進喜在內接應。又究出楊進喜，亦由西華門引路。復嚴詰林清，堅供太監在內同謀者止此七人。凌遲處死完案。此辦理禁城之情形也。

　　直、東、豫三省失守各州縣，以李文成為首，既戕官據滑縣城，脛斷不能遠出，遂不能與京畿教眾相應。林清竟不知外地消息，坐待所定期日行事，無援而敗。滑城教眾萃精銳於距縣十八里之道口鎮。鎮臨運河，有積糧，據以號召諸所據州縣，而出兵圍浚。時溫承惠督兵大名，巡撫高杞軍浚，皆按兵不動。同興亦聞報逾旬不發兵。劉清於川楚軍罷，仁宗從其志辭布政使，改任山東運使，力爭於同興始發，身先士卒以攻，總兵陳某反隨其後作策應，而奏報中以同興在山東戰績獨佳。帝不滿於溫承惠，詔以陝甘督那彥成代為欽差大臣，節制三省兵進勦。那彥成以阿桂孫蒙倚任，又調禁軍及西安、徐州兵益之。至衛輝，聞滑勢盛，請俟調山西、甘肅、吉林索倫兵五千而後進。詔以「遠道徵兵，非數月不達，任賊蹂躪，束手坐視，停留長智，或奔突四出」，嚴旨斥之。賴楊遇春能戰，在東省又有劉清，亦尚因以有恃。至十一月，各縣皆復，惟滑堅厚而多糧，教眾以守，無敢忤。

官軍圍之久，教眾擁李文成出收外屬眾，作西入太行之計。文成脛創，以車載乃行，招眾四千，入輝縣山，據司寨。總兵楊芳追之，累戰，奪司寨。李文成自焚死，獲其屍，然後並攻滑。滑城外官軍已屢隧地謀轟城，輒為城中覺阻之。楊芳來，乃成掘隧計。十二月十日，藥發城崩，官軍奪城，巷戰自晡至夜，俘教首牛亮臣、徐安國等。事平，那彥成加宮保，封三等子；楊遇春三等男；楊芳、劉清賞賚有差。是役敢戰者惟平川、楚舊將，而那彥成居功首，劉清則徑改武職，名從其志，抑可謂失人矣。時用人之柄，滿洲固例居人上，漢人以科目為重，若劉清起拔貢，與苗役之傅鼐起吏員，皆不易自顯。視雍正時之用田文鏡、李衛，不受翰林出身者排擠，雖未必盡當，然帝王自有魄力，非仁宗之所能及矣。

　　強克捷以先發，刑李文成斷脛，功大，事後賜諡忠烈，世襲輕車都尉，官其二子，於原籍韓城及滑縣各建專祠，並加韓城學額。所擾各縣中，惟金鄉知縣吳階守禦有法，得不破，事平，超升曹州知府。沈寶麟撰階《傳》，詳其城守功，乃頗得義和團之力。此知義和團由來已久，與天理會向仇敵，故官收其助。寶麟，嘉慶三年舉人，官湯溪教諭，所紀自當時事。近言秘密會黨者，謂白蓮教在北變義和團，又言諸教會皆明遺忠，此持種族見，皆迎合潮流語。今滿族去矣，各省紅槍、黑槍、大刀、小刀之會如故，此又何說？在理會彌漫全國，亦不聞有他變。說者又附會呂留良之孫女呂四娘曾刺雍正帝至死。呂四娘之說，余親見吾鄉許國英偽造，當時責其紊亂史實，為失紀載之道德，許唯唯。今許君歿矣，而其說為淺薄好事者所樂述。又以《聊齋・俠女篇》為證，夫《聊齋》多脫胎《廣記》，以筆墨自娛，原不負紀事之責，且蒲松齡卒於康熙五十四年，何以能知雍正十三年以後事。以好奇之故而不顧常識，願談歷史者自重，勿蹈此陋習。

　　宣宗守禦有功，相傳因此而得大位。然據《東華錄》，《宣宗錄》

首云「嘉慶四年四月初十日，仁宗遵密建家法，親書上名，緘藏鐍匣，默體先志，慎簡元良。由是壽皇展拜，則命隨行；裕陵敷土，則命恭代。隱然以神器攸歸，面稽列聖，寅承對越，胥寓深心。」云云。則建儲不待立功後矣。云「緘藏鐍匣」，不云「緘名於乾清宮正大光明匾額後」。其鐍匣究藏何所？緘名之制，定自世宗，高宗承之，皆在正大光明匾後。但高宗兩緘儲名，一則先夭，一則親行內禪，俱不待受遺詔而後啟鐍。仁宗則緘鐍而不書正大光明匾。文宗以後，穆宗係獨子，德宗、宣統係西后援立，以便其私，無所用其緘鐍。高宗作《儲貳金鑒》，發明從古立儲之害，若千聖百王，早定太子，皆為不智。此實因噎廢食之拙計。父子兄弟，一片機心，天倫薄，人道乖，真夷狄之俗也。正大光明匾，不過在乾清宮內，苟欲竊視，有何阻難？仁宗以後，更不置匾後，據當時記載，乃托之於內侍之身畔，以內侍之身，當正大光明之匾，此一內侍，懷此重器，在宮中給事歷數十年，以小人挾此神秘，其變幻何所不有。其未肇清室之大變者，別有天幸，謂為可作家法，可傲千聖百王，則真無知之見矣。宣宗已名在鐍匣二十餘年，宮中更有禦寇大功，又仁宗元后所生惟此一子，依歷代立儲法，亦為天定無可改移之事。乃仁宗崩後，遍覓鐍匣不得，大臣搜索御篋，最後於內侍之身得之，不知彼內侍於帝崩後，猶不自陳明者何故！若搜而不得，是否遂不立嗣君？以此言之，尤為出於情理之外，誠荒誕之甚也。《清史稿》於戴均元、托津兩〈傳〉，俱載其事。尤詳者包世臣所撰《戴均元墓碑》。世臣童試時即受均元知，均元歷官中外，世臣從遊數十年，得之口授，不應無據。且墓碑傳拓行世，方當宣宗在御之事，豈能以無據之言，誣衊宮寢，將不為戴及己身家計乎？然則語必可信，錄如下：

　　《戴均元墓碑》：「庚辰嘉慶二十五年。春，拜文淵閣大學士，晉太

　　子太保，管理刑部。七月，公偕滿相托文恪公名托津。扈灤陽
圍。甫駐蹕，聖躬驟有疾不豫，變出倉猝，從官多皇遽失措。
公與文恪督內臣檢御篋十數，最後近侍於身間出小金盒，鎖固
無鑰，文恪擊金鎖發盒得寶書，公即偕文恪奉今上即大位，率
文武隨瑞邸成禮，乃發喪，中外晏然。」

　　所云「鎖固無鑰」以為慎密，而盒在近侍之身已二十一年，謂無
鑰為不可開，是何異俚俗語謂箱篋被盜取去，主人自慶云：「鑰尚未
失，盜無如此篋何也。」

第六節　道光朝士習之轉移

　　嘉慶朝，承雍、乾壓制，思想言論俱不自由之後，士大夫已自屏
於政治之外，著書立說，多不涉當世之務。達官自刻奏議者，往往得
罪。紀清代名臣言行者，亦犯大不韙。士氣消沉已極。仁宗天資長
厚，盡失兩朝箝制之意，歷二十餘年之久，後生新進，顧忌漸忘，稍
稍有所撰述。雖未必即時刊行，然能動撰述之興，即其生機已露也。
若趙翼之《皇朝武功紀盛》，嚴如熤之《苗防備覽》《三省邊防備覽》，
皆有涉世務之作。但在嘉慶朝為極少數。至道光時則時事之接觸，切
身之患，不得不言有三端：曰鹽，曰河，曰漕。議論蜂起。當時亦竟
有匯而刻之以傳世者，賀長齡之《經世文編》是也。未幾海警漸動，
士大夫急欲周知外事，疆臣為倡，林則徐之譯各國圖志，徐繼畬之譯
《瀛寰志略》，皆為篳路藍縷之功，而紀蒙古之《遊牧》，作藩部之《要
略》，皆在於此時。道光間學士大夫之著作，非雍、乾之所有，亦可謂
非嘉慶朝所有矣。鹽、漕、河三事，能文績學之士皆有論述，而當事
之臣採用之，朝廷聽納之，頗有改革。惟河患迄未能以人力挽回，至

咸豐初天然潰決，不可收拾而後改道，乃得苟安數十年。此道光朝之
國事，亦即道光朝士習所由成也。分述如下。

　　鹽務之壞，壞於高宗之侈心。清代家法，以不加賦為永制。不加
賦云者，固念民生，尤杜子孫之以侈得禍也。聖祖六次南巡，東巡、
西巡及親征漠北，累巡塞外，俱不聞所過病其勞費。高宗亦六次南
巡，則昭示太平，蹕路所過，皆有點景，尤以揚州為極盛，高宗所謂
「商人捐辦，不礙務本之民」，此即取之鹽業為一時自謂得計。實則節
次內亂用兵，平教亂者三，平海患者一，何一非由私鹽利厚而成？然
事非直接，上下相蒙，不發其覆。至道光間國課積虧，乃始譁然鹽法
之弊。此士論以鹽為集中之點者一也。

　　考唐以前榷鹽之法，偶行輒罷，不為經制。劉晏以善理鹽策著
名，置十三巡院以捕私，「私」之名始見於史。繼晏者更累加鹽賦，而
私之利益厚，積私販為梟盜。有厚利以歆之，而趨附日眾；有拒捕以
習之，而獷悍日增，捕以公戰怯，梟以私鬥勇，既常苦於不相敵。而
為他劫掠之盜，民必仇之，助官縱跡除患；為梟盜則與國爭利，無累
於民，民反得廉價購鹽之益，故不加嫉視或反陰庇之。至秕政更多，
善良失業，倚盜為生者益多，則大亂成矣。黃巢之亡唐，張士誠、方
國珍之亡元，皆最著之鹽梟。明之倭寇，清之海盜，倚海為家，即依
鹽為活。其餘凡持久不散之秘密社黨，無資糧不能團結，資糧莫如私
鹽。此必然之事無待疑議者也。官鹽價平，至私鹽無利而梟自散，無
所用其捕也。以捕勝私，則為盜練抵抗之力，使由小盜為大盜而已矣。

　　《清史稿‧食貨志》：「垂輿屢次游巡，天津為首駐蹕地，蘆商供
億浩繁，兩淮無論矣。」此說蓋指高宗之南巡。夫謂長蘆、兩淮因供億
乘輿而致困商耶？則正不然。虧帑許其病國，加價許其病民，商挾帝
眷以揮霍於其間，正是最得意之日。蘆商海寧查氏，聲氣之廣，交結
之豪，世稱天津水西莊。至所謂查三臁子，歷見諸家筆記，至今流為

戲劇。淮商則《揚州畫舫錄》所載，園林櫛比，盡態極妍，備一日之臨幸，即為諸商家豪侈娛樂之所。河道稍寬，則就鑿為湖，所鑿之土，壘於湖中，名小金山。岩石嵌空，樓臺曲折，經營於其上，導御舟至其地登岸。蒙允則一夕造成御碼頭，白石廣平，翼以欄盾。登岸即天寧門外上下街，諸商所造園林盛處。今雖一片荒涼，遺址猶人人能指點也。〈食貨志〉又言：「鹽商時邀眷顧，或召對，或賜宴，賞賚渥厚，擬於大僚，而奢侈之習，亦由此而深。」此商倚國而為豪舉，帝自以為不累民，而鹽貴私盛，養成梟盜不知凡幾。國取潤於商資，商轉嫁於民食，國取其什一，商耗其百千，謂民食貴鹽而即有礙生理，其說為主張加價者所笑，謂斤加數文，人食鹽多不過三錢，斤鹽可供兩月之食，一人一月多負擔數文，何至告病。不知商品賤則銷，貴則滯，所爭在毫釐之間。官鹽價貴，即為梟販驅除。內亂之萌，起於梟販，梟販必有結合，則所謂祕密社會皆發生於是，長養於是。近時人留意祕密社會史料，吾以一言蔽之：官鹽價不敵私鹽有以造成之耳。

　　乾隆間，帝王與鹽商之自生繆轕，尤可怪歎。〈食貨志〉言：「或有緩急，內府亦嘗貸出數百萬，以資周轉。帑本外更取息銀，謂之帑利，年或百數十萬，數十萬，十數萬，不等。自三十三年，因商人未繳提引餘息銀，數逾千萬，命江蘇巡撫彰寶查辦，鹽政高恒、普福、盧見曾皆置重典，其款勒商追賠。至四十七、四十九兩年，乃先後豁免三百六十三萬二千七百兩有奇。」

　　　清國史館〈彰寶傳〉：「乾隆三十三年二月，調江蘇。六月，兩淮鹽政尤拔世奏繳本年提引徵銀，諭曰：『此項銀兩，歷來鹽政並不奏明，顯有朦混侵蝕情弊。且自乾隆十一年提引之後，每年二十萬至四十萬不等，以每引三兩計，應有千餘萬兩。著彰寶會同尤拔世詳查。』尋查得前任鹽政高恒、普福，運使盧見

　　曾藉端侵肥狀，俱伏法。」

　　此一案，各書敘述不明。《東華錄》雖論斥之文甚繁，而提引之來源未著。清世《三通》述鹽法，皆不及此事。各記載中，以盧見曾之牽涉多為一代文學名流，往往道及盧之得罪，所謂「盧雅雨都轉獄事」，王昶、紀昀、趙文哲等皆得罪，高恒、普福定斬候，盧定絞候。時盧已七十八歲，未伏法死於獄。合〈食貨志〉與〈彰寶傳〉觀之，知高宗借帑給商，規取利息，本利齊拔，年數十萬。前後套搭，永無清日。其實則商人按引提銀備繳，所提之數甚巨，而繳者則年止二十萬至四十萬而止，其餘商又中飽。鹽政運使則坐享其饋送，代為蒙混，不報提引確數。事歷二十餘年，忽於尤拔世為鹽政時，題明所提為每引三兩，則至少以年銷五十萬引計，亦應有三千萬兩。以故興此大獄。夫鹽引所提，皆鹽價所出，孟子所謂「上下交征利，而國危矣」。財貨不自天降，不自地出，必有自來。理財者以為取於鹽為最輕微而易成大數，是誠然矣；殊不知有私鹽以擬其後。此則國危之真諦，聖賢所垂戒，斷非揣測過甚之詞也。

　　乾隆中葉以後，教亂海患，迭起不止，民生之糜爛，軍餉之耗費，不可數計。而養成之源，尚無人指陳鹽弊者。商人營求鹽政，定為封輪之制，輪到售鹽，不准爭先搶售，致有跌價。把持愈甚，鹽價愈堅，私銷愈暢。道光元年，兩江總督孫玉庭奏請楚岸開輪。二年，鹽政曾燠奏稱：「輪規散後，有虧商本。」玉庭奏駁之。湖廣總督陳若霖亦言：「本年較前實溢銷二十六萬餘引。」既而楚督易李鴻賓，又徇商求，言「搶售難免」。八年復封輪。時兩淮私梟日眾，鹽務亦日壞。淮鹽歲應行綱額百六十餘萬引，及十年，淮南僅銷五十萬引，虧歷年課銀五千七百萬；淮北銷二萬引，虧銀六百萬。於是朝廷始認為切己之事，召江督蔣攸銛還京，以江蘇巡撫陶澍代之。澍，湖南安化人。

嘉、道以後，留心時政之士大夫，以湖南為最盛，政治學說亦宣導於湖南。所謂首倡《經世文編》之賀長齡，亦善化人。而澍以學問為實行，尤為當時湖南政治家之巨擘。澍之治鹽務，先見於其嘉慶末為川東道時。川東道駐重慶，私鹽橫行，沿江千百成群，當事議令營汛開銃擊遏，澍謂是必激變，請減價敵私，計減四分之一，居民盡食官鹽，私販遂絕，數郡安堵，而商銷亦倍額。此川鹽事。川鹽之減價，有司尚能主持，遂有此效。淮鹽則積重更難返，而減價敵私為根本之計，則天下所同也。

道光十年，澍既為兩江總督，朝命戶部尚書王鼎、侍郎寶興赴江寧，與澍會商改革鹽法。京朝官所陳變法有二：一、就場定稅，二、立廠抽稅。皆主一稅後聽其所之。澍用運使俞德淵議，皆以為未可遽行，主申明舊章，以除弊為興利，奏定章程十一條。欽差亦密請裁鹽政歸總督管理，以一事權。於是先行票鹽法於淮北，廢淮北綱商，以裁陋規為輕本敵私之根本辦法。陋規悉在杠壩，起杠過壩，歷五壩十杠，再改捆大包赴岸，官吏胥役，層層需索。每引成本至十餘兩。今立法在改道不改捆，不由杠壩淮所舊道，而改從王營減壩渡河入湖，且每包百斤，出場更不改捆，直抵口岸，除鹽價錢糧外止加運費一兩，河湖船價一兩。每引五兩有奇，減於綱鹽大半。民販由州縣給照，赴場買鹽，分司給以三連票之一連，立限運岸，不准票鹽相離及侵越到岸。始則官胥吏舉囂然議其不便。澍委員領運宣導，使人灼知其利，遠近輻輳，鹽船銜尾到岸，未及四月，請運已逾三十萬引，無改捆之攙雜，鹽質純淨，而本輕價賤，私販無利，改領票鹽乃有利，販私皆販官矣。非特完課有贏無絀，兼疏場河，捐義廠，修考院，本為鹽引附納之項，以銷暢收旺，百廢俱興，蓋以輕課敵私，以暢銷溢額，故一綱行兩綱之鹽，即一綱行兩綱之課也。又是歲海州大災，饑民賴輸運之多，轉移傭值，全活無算。此淮北徹底變法之效也。

　　淮南則釐除積弊，大端有三：一曰裁浮費。淮鹽自正課外，揚商大費，謂之公費；岸商有費，謂之匭費。公費舊定七十萬兩外，總商復浮用數十萬兩。蓋存留普濟、育嬰、書院、義學等項，而裁其御書樓、務本堂、孝廉堂等處掛名董事歲支二十餘萬兩。又各衙門公費，及鹽政、運司書役辛工紙飯，並乏商月折等項，歲需銀八十餘萬兩，則加刪除。於本身所管鹽政衙門，即裁十六萬餘兩。揚州每年正開支三十萬，匭費則湖廣漢岸，每引徵至一兩二錢，已有百餘萬兩，乃奏定公費、匭費兩共每引正徵四錢，永不加增，各費共減銀百十餘萬兩。至綱商並不自運，沿自前明，即得國家特許，謂之窩家，亦名根窩。其運鹽之商，先向有窩之家買單，然後赴場納課，以一紙虛根，先正課而享厚利，致商本加重，昂價病民。但既未革綱商之名，定為每綱每引給一錢二分，亦省費百四十餘萬兩。領運舊例，名目過多，致運司衙門書吏多至十九房，商人辦運請引，文書輾轉至十一次。鹽務大小衙門，節節稽查，為需索陋規之具，交運司查明刪並。二曰慎出納。鹽課入庫，向來不分正雜，遇有緊解，百計挪應，始則以帑本抵額課；迨帑本罄，則令商豫納減納，而以豫給印本抵課；迨商墊復窮，則又令其以印本帖息質貸，而以減帖額數攤於後數綱，輾轉葛藤，莫可究詰。又有總商管庫，不行鹽而專領費，甚至名為報效，實出庫墊冒支，從無報銷。乃奏分二庫，以正項貯內庫，專候部撥；以雜項貯外庫，不許以正項挪墊。革去總商管庫以杜侵漁，永禁印本減帖以截虛抵，俾勿貽後患。三曰嚴糧私船私。向日糧艘回空，夾帶蘆私，每占正綱三月額銷。澍派弁力查，令行禁止。至十三年，漕督貴慶奏請漕舟許帶蘆鹽，仍完淮課，以劑家丁。御史亦以為言。澍三奏駁之，謂不但病鹾，亦且誤漕，蓋漕船回空帶私，即有隨幫風客，除本分利，此出貲附和者即是梟犯，坐占淮南數十萬引綱額，隨路停泊賣私，尤誤回空歸次之期，即誤下年趲運。丁情苦累，止可准帶土宜

免稅津貼。若以矗綱為丁舵沾潤之計，則以天庚正供之船，為聚集匪黨之藪，所賣盡長蘆之私，所缺盡淮南之課。澍力爭絕之。此嚴於糧私也。鹽船遭險，例予津貼，並許批補沉失之鹽，免其輸課。自准封輪，守輪待售，遷延時日，船戶盜賣後，鑿沉空船，運商例有津貼批補，且可分裝多船，越輪先售，是為淹消之名，盡出賣私虛報。又重斤夾帶，一船所裝不止報運之數。鹽船由埠頭串通商夥，勒扣水腳，甚且由船戶出錢買裝，倒賠水腳，共圖販私之利。澍定水腳按例價照實核發，各船擬次統號，連環保結，蹈故習者，船戶埠保一併治罪。漢岸派員會鹽道辦理散輪，永不許再有整輪，以杜延滯。如實有淹消，准其補運，不准免課，並停津貼。又從前淮鹽必由儀徵全數運漢，驗實後折回下游各口岸行銷。糧船、江船販私則隨路售鹽，官鹽水腳加重，益不敵私。澍請查明各口岸額銷，豫發防杜越運之水程，照例匯繳，以省周折。又挑浚儀徵內河，利運道而輕商本。此嚴於船私也。三大端既定，綱商自乾隆間所積弊混，固不容復試，然恤商亦無所不至，尤恤實在運鹽之商，而坐享根窩之利者，則予以限制。此淮南雖不徹底變法，而亦收化私為官之效者也。

　　澍未受任以前之十年中，淮南只行六綱，淮北尤只行三綱。每年奏銷報解，恃有二途：一則全虧帑本七百餘萬，而以帑利貽患後來納課之商。一則設豫納、減納、貼息名色，寅支卯糧，以數十年後之課，豫虧之於數十年之前，以致舊商累倒，新商裹足。至道光八年、十年間，已無可挪墊，無可借貸，遇報解則庫如懸罄，遇開綱則只收空本。澍改章以後，年清年款，又帶徵還未銷印本積欠殘課三百數十萬。所不得志者，游食於淮矗之士紳官吏，揚州人家，至有以紙牌繪桃樹，另繪一伐樹之人，以寓詛咒者。十二年九月，澍奏：「蠹商被革，乾俸全裁，從前之每年坐食數千金、數百金者俱多怨恨，兼聞揚人相鬥紙牌，繪一桃樹，另繪一人為伐樹狀，以寓詛咒，其切齒若

此。恐誤全局，請易專管為兼管，以順物情。」宣宗不許。只有避讓之語，初無根究之心，足國利民，內省不疚，得行所學，固已幸矣。

黃河奪淮數百年，淤墊已甚，至道光間岌岌不可終日，士大夫以籌河為急務。河底已高於平地逾丈，賴堤以夾之，行全河於人家屋脊之上，斷無可以安心之理。於是議者爭言改河。或謂堤外築堤，再成一河身，而以原有之河身為堤之一面。或謂引入六塘河，使改道入海。事皆窒礙難行，徒有議論駁辯而已。至咸豐五年，河決蘭陽銅瓦廂，奪大清河入海，始聽其自然改道。當道光間，所爭議而得行者，惟築壩改用石為用磚，事易實驗，然且勘駁停廢，爭而後復。其實用石擁堤，亦起於嘉慶之末，而行於道光之初。初用石時，亦多異議，既用石十餘年，議者亦以石為便，而反對磚。總之，胥儈既成之窟穴，把持者多，工程之學不明，有精心任事之河臣，則以經驗而得善法，中樞無定識，往往易於動搖。略志之，以見科學未明時河工之程度。

禹之治水，水由地中行，地面高於水，以地域水，所謂堤工，不過使地不刷入水中致有淤墊而已。其時即有護堤之法，大約堤內隔若幹距離，置一當水之物，使水不直沖堤土，蓋視水之流向，而定其有可當之沖，則為之布置當沖之物也。舊法束柴秸為之，其形如掃，遂名之曰埽。嘉慶末，黎世序督江南河道，以柴秸值昂費靡，於長河埽工挺險處所兼以碎石填護，埽遂無失，秸值亦平，遂奏減值十之一。又奏御黃、束清兩壩，址過深，請積石基之，俱有效。而胥儈側目，異議蜂起。世序言：「昔賈讓策言：『為石堤五。』師古云：『聚石堤旁沖要之處，激去其水。』《水經注》載王誨言：『大河以竹籠石、葦葺土為遏，壞敗無已。請疏山採石，疊以為障。』工防宜石，古籍顯著。」為固工節帑計，遂於道光元年，與總督孫玉庭合奏，略云：「徐城舊有護堤碎石，即濱山工埽，亦以填護埠禦湍溜，碎石既利於徐，

於長河宜無不利。夫河防平時恃埽，水盛沒灘始恃堤，至河流紆曲，溜勢逼堤，則又恃埽衛堤。埽壩專用柴秸，即堅實亦易朽腐，每歲拆舊使新，費倍力殫。自間埽填石，上下均倚為固。且埽斗立，易激水怒，故埽前淘深或四五丈，或六七丈，石則迆下，高一而坡二之，水遇坦坡，即游緩無湍激。又膏以河泥，凝致鞏固。故有石之埽，恒少蟄陷；其上下無石之埽即朽塌，補築亦易為力。難者謂石數衝擊，漸入中深，恒病梗閡。不知南北堤相距千餘丈不等，至狹率七八百丈，河流經者不過二三百丈，餘盡灘淤旁溜，遷徙靡常，攻塌南堤，則北堤生灘，逼扼此堤，則彼堤沙湧，埽石既不患攻塌，則溜且去而刷灘。夫以廣千丈之河，豈懼此十餘丈之埽石，且河中深率一二丈，獨埽前溜激，始鍥齧至四五丈，中深不及埽前之半，石既沉重，偎護埽前，庸能舍此之下而就彼之高哉？」奏入，得旨：「歲行之為例。」時議始息。此河工用石護堤之一爭議也。

　　道光十五年，栗毓美督河東河道，時串溝久為河患。串溝者，在堤河之間，始僅斷港積水，久而溝受河，又久溝尾入河，於是串溝遂成支河，而遠堤十餘里之河，變為切近堤身，往往潰堤。毓美蒞任，乘小舟周歷南北兩岸，時北岸原武泛串溝，受水已三百丈，行四十餘裡，至陽武泛，溝尾復入大河，又合沁河及武陟、滎澤諸灘水，畢注堤下。兩泛素無工，無秸石，堤南北皆水，不能取土築壩。毓美乃收買民磚，拋成磚壩數十所。工甫就而風雨大至，支河首尾皆決數十丈而堤不傷，於是始知磚之可用。疏陳辦理情形，以圖說進，尋奏請設窯造磚。御史李蒓疏言其不便。十七年五月，命宗室肅親王子尚書敬徵赴東河查辦，並令李蒓隨同往勘。七月奏云：「密採輿論，用磚搶辦險工，未可深恃。治河之法，不外以土制水，鑲埽以料合土，取其柔能抵剛。碎石質重體堅，取其剛以制柔。磚本土成，可濟料石之不足，但沿河土性沙鹹，斷難堅實。且近堤例有取土之禁，近料宜防意

外之虞，應請停止。燒磚已停，應以改辦碎石為急務。請自本年始，將豫提防險銀十萬兩，盡數採辦碎石，限明年伏汛前運工。其舊例於添料銀十萬兩內，以六成購石，仍照常發辦。」奉旨「如所請行」。毓美疏爭言：「豫省歷次失事，皆在無下處所，堤長千里，未能處處籌備。一旦河勢變遷，驟遇風雨，輒倉皇失措。幸而搶護平穩，埽工費已不貲，鑲埽引溜生工，久為河工所戒。昧者轉謂非此別無良策。查北岸為運道所關，往者原陽分溜，幾掣動全河，若非用磚，費何可數計？今祥符下汛，陳留一汛，灘水串注堤根，形勢正與北岸同。濱河士民，多有呈請用磚者，誠有見於磚工得力，為保田廬，情至切也。夫事有益於民，斷無不利於國；特事近於創，難免浮言。前南河用石之始，眾議紛如，良由工程平穩，用料減少，販戶不能居奇；工簡務閑，遊客幕友不能幫辦謀生，是以妄生浮議。賴聖明獨斷，敕下東河試辦，至今永慶平成。惟自用碎石，請銀幾七十餘萬兩，嗣改辦六成碎石，然因購石不易，埽段愈深愈多，經費仍未能節省。自試辦磚，三年未生一新工，較前三年，節省銀三十六萬。蓋豫省情形與江南不同，採石只濟源、鞏縣，採運維艱；磚則沿河民窯不下數十座，隨地隨時無悮事機。且石性滑，入水流轉；磚性混，入土即黏，卸成坦坡，自能挑溜。每方磚塊直六兩，石價則五六兩至十餘兩不等。碎石大小不一，堆垛半屬空虛；尺磚千塊為一方，平鋪計數堆垛均實。每方石重五六千斤，而磚重九千餘斤。是一方石價，購磚兩方，而拋磚一方，可當石兩方之用也。或謂磚塊入土易損裂。不知磚得水更堅，拋成磚壩，一經游泥，即已凝結。或謂拋築磚壩，近於與水爭地。不知堤前之地，尺寸在所必爭。自來鑲埽之法，堤前必先築土壩數十丈，然後用埽鑲護，磚則無須乎埽。師土壩之意，不泥其法，拋作坦坡，大溜自然外移，未有可築土壩而不可築磚壩者。所占河面無幾，安得有與水爭地之患？夫堤前水深則險，水淺則平；水近則險，水遠

則平。自拋築磚壩，凡堤前水之深且近者，莫不淺且遠。尚書敬徵來豫，據道廳密稟，謂『磚辦險工，未可深信』。連年水小，未敢自謂必可施行。今十八年盛漲，較二年、十二年尤為猛迅，磚壩均屹立不移，並未出險生工，可知遇大水亦能得力。且上年春間儀睢廳、秋間中河廳河水下卸，塌灘匯壩，搶鑲埽段，旋即走失，因磚拋護，均能穩定。磚辦險工，較鑲埽更為便捷。昔衡工失事，因灘陷不能鑲埽，馬工失事，因補堤不能得碎石。使知用埽不如用磚，運磚易於運石，則費省而工已固矣。各廳有工之處，皆易為力；惟無工之處，串溝隱患，必應未雨綢繆。若於黃沁、下南豫儲磚塊，則可有備無患。應儲之磚，仍令向民間採買，不必廳員燒造。此外別無流弊。」疏入，奉諭：「該河督既確有把握，朕即責成辦理。」毓美又言：「從前治河用卷埽法，並有竹絡、木囤、磚石、柳葦，自用料鑲埽，以秸料為正宗，而險無定所，亦無一勞永逸之計。緣鑲埽陡立，易激水怒，其始水深不過數尺，鑲埽數段，引溜愈深，動輒數丈，無工變為險工。溜勢上提，必須添鑲；溜勢下坐，必須接鑲。片段愈長，防守愈難，新工既生，益形勞費。埽工無法減少，不得已而減土工，少購碎石，皆為苟且因循之計。自試拋磚壩，或用以杜新工，或用以護舊工，無不著有成效。且磚工不特資經久，而堆儲亦無風火堪虞，從此工固瀾安，益復培增土工，專用力於根本之地，既可免漫溢之患，亦保無沖決之虞。」宣宗嘉納之。巡撫牛鑒入覲，諭以毓美治河得手，遇事毋掣其肘。此河工改用石為用磚之又一爭議也。

　　漕運之制，未行海運以前，為承明代軍運之法。明軍制遍設衛所，復唐府兵之舊，而漕則始由民運，後乃兌與衛軍。明代軍制既紊，除邊衛尚有任戰之軍外，腹地衛所，有漕之處尚充運，其餘調充班軍，只以供役。萬曆末年以後，衛兵不可用，紛紛召募，兵已重出，餉已不盡由於各衛之屯田。屯田亦輾轉侵變，原額紛舛。清初所

恃武力在八旗，餘則招降之官兵及群盜，不編為漢軍旗者，悉隸綠營。向所謂衛所屯田之軍，不任戰守之事，惟於有糧運之處仍任運糧而已。

> 《清通考》：「順治三年，更定屯田官制。每衛設守備一員，兼管屯田，量設千總、百總，分理衛事。其原設指揮、副指揮等，俱裁去。改衛軍為屯丁。凡衛所錢糧職掌及造船事務，並都司、行都司分轄，皆仍舊。七年，令衛所屯田，分有無糧運科徵。先是衛所屯田，分給軍丁承種，因有操演、城守、捕盜、領運之責，科徵較民地稍輕。至是裁汰衛軍，凡有運糧衛所，屯糧仍舊派徵；其無運糧衛所，屯田俱照州縣民田例，一體起科。十三年，定屯丁貼運之例。浙江金鄉等衛，有屯無運；杭、寧、溫、臺各衛，嘉、湖、嚴、衢各所，有屯帶運；金華等所，處、紹等衛，無屯有運，應均算津貼。向例漕船一艘，派屯田一百五十一畝有奇。今議定帶運衛所，照數分派，餘田徵租銀撥貼無屯衛所。至有屯無運衛所，若有願運者，照例給田僉運；若無領運者，計田徵租銀，撥貼無屯衛所運丁。至康熙十年，以屯丁缺額，定每船給田一百一十三畝。」

此清初以來規定之漕制。至道光時漕事弊極，其大弊與河患相連，而政事之不理亦居其一。今先言政事之妨漕者。政既妨漕，漕又妨政，亦論政之可為炯戒者。蓋屢次開捐，到省候補之員多，無缺可補，則以差委為調劑。鹽、漕、河，皆容納差委之大窟穴。以漕而論，據當時包世臣《剔漕弊說》：「各衛有本幫千總領運，而漕臣每歲另委押運幫官，又分為一人押重，一人押空。每省有糧道督押，又別委同、通為總運。沿途有地方文武催趲，又有漕委、督撫委、河委，

自瓜洲抵澱津，不下數百員。各上司明知差委無濟公事，然不得不借幫丁之脂膏，酬屬員之奔競，且為保舉私人之地。淮安盤糧，漕臣親查米數，而委之弁兵。通州上倉，倉臣親驗米色，而委之花戶。兩處所費不貲。又一總運費二三萬金，一重運所費二三千金，一空運，一催趲，費皆浮於千金。又沿途過閘，閘夫需索，一船一閘，不下千文。故幫丁專定運糧，其費取給於官而有餘；合計陋規賄賂，雖力索州縣之兌費而尚不足。此幫丁之受腰削於大吏也。」又據江督孫玉庭《恤丁除弊疏》：「旗丁勒索州縣，必借米色為刁制。各州縣開倉旬日，各厫即已滿貯。各丁深知米多厫少，必須先兌。每藉看米色為由，逐厫挑剔，不肯受兌，致使糧戶無厫輸納，往往因此滋事。旗丁即乘機恣索，州縣不敢不應其求。或所索未遂，即藉口米色未純，停兌喧擾。及至委員催兌開行，各丁不俟米之兌足即便開船，冀累州縣以隨幫交兌之苦。」此旗丁於受兌前刁制州縣之弊。「漕米兌竣，運弁應給通關，而過關出自尖丁。尖丁者，積年辦事旗丁也，眾丁及運弁皆聽指揮。尖丁索費，必先議定私費，再議通幫公費。故有尖丁後手及程儀等項名色。州縣不遂其欲，則通關勒靳不交，至使州縣枉罹遲延處分。」此弁丁於既兌後刁制州縣之弊，此州縣之受勒索於幫丁也。又據江督蔣攸銛《擬更定漕政章程疏》：「州縣既須貼費，勢不能不向糧戶浮收；州縣既有浮收，勢不能不受包戶挾制。縉紳之米，謂之衿米；舉貢生監之米，謂之科米；素好興訟之米，謂之訟米。縉紳之米，不能多收；刁生劣監好訟包攬之輩，即升合不足，米色潮雜，亦不敢駁斥。並有虛收給串，坐吃漕規，以圖買靜求安。受制於刁衿劣棍，仍取償於弱戶良民。良善鄉愚、零星小戶，收至加五六而不敢抗。始則忍受剝削，繼亦漸生機械，賄托包戶代交，較自交加五六之數，所省實多。包戶日多，鄉戶日少，刁民效尤，良民亦漸趨於莠。吏治民風土習，由此日壞。此漕弊之相因而成積重無已之實情也。」

　　至運河受黃河之累，當嘉慶間，已成不可救藥之勢。《清史稿・河渠志》：「嘉慶十四五年間，淮、揚、運河三百餘里淺阻，兩淮鹽政阿克當阿請俟九月內漕船過竣，堵閉清江三壩，築壩斷流，自清江至瓜州分段挑浚。下部議，覆稱：『近年運河淺阻，固由疊次漫口，而漫口之故，則由黃水倒灌，倒灌之故，則由黃水墊高，清水頂阻，不能不借黃濟運，以致積淤潰決，百病叢生。是運河為受病之地，而非致病之原。果使清得暢出敵黃，並分流濟運，則運口內新淤不得停留，舊淤並可刷滌。若不除倒灌之根，而亟亟以挑浚運河為事，恐旋挑旋淤，運河之挑浚愈深，倒灌之勢愈猛，決堤吸溜，為患滋多。』命尚書托津等偕河督勘辦。」此勘辦未言結果，蓋河無辦法，運河終無辦法，部覆已言之甚明也。又曰：「自嘉慶之季，黃河屢決，致運河淤墊日甚。而歷年借黃濟運，議者亦知其非計，於是有籌及海運者。道光五年，上因漕督魏元煜等籌議海運，群以窒礙難行，獨大學士英和有『通籌漕、河全域，暫雇海船，以分滯運，酌折漕額，以資治河』之議。下所司及督撫悉心籌畫，卒以黃、運兩河受病已深，非旦夕所能疏治，詔於明年暫行海運一次。」時議論之士多有力促海運之成者。齊彥槐有《海運南漕議》，謂：「駁海運之說者三：一曰洋氛方警，適滋盜糧。二曰重洋深阻，漂沒不時。三曰糧艘須別造，柁水須另招，事非旦夕，費更不貲。然三者皆無慮。出吳淞迤南多磯島，水深瀾巨，非鳥船不行；迤北多磧，水淺礁硬，非沙船不行。鳥船必吃水丈餘，沙船大者才吃水四五尺。洋氛在閩、粵，皆坐鳥船，不能越吳淞以北也。不足慮者一。沙船聚上海，約三千五六百號，大者載官斛三千石，小者千五六百石。船主皆崇明、通州、海門、南匯、寶山、上海土著富民。一船須銀七八千兩，一主多者有船四五十號，名曰船商。自康熙二十四年開海禁，關東豆麥至上海年千餘萬石。布、茶各南貨至山東、直隸、關東者，亦由沙船載而北行。沙船有會館，立董事以

總之，問其每歲漂沒數，不過百之一。今南糧由運河每年失風，殆數
倍於此。上海人視江寧、清江為遠路，而關東則每歲四五至，殊不介
意，水線風信，熟如指掌。關東、天津之信，由海船寄者至無虛日。
此不得以元、明之事為說也。不足慮者二。秦、漢、唐漕粟入關，未
言官艘，唯〈劉晏傳〉有官漕之說，諒亦雜雇民船。國家除南糧外，
百貨採辦，皆官與民為市，且間歲有採買米糧以民船運通之事。山
東、江南撥船，皆由雇備。雇船未嘗非政體，何必官艘？沙船以北行
為放空，南行為正載。凡客商在關東立莊者，上海皆有店，有保載牙
人，在上海店內寫載，先給水腳，合官斛每石不過三百餘文。船中主
事者名耆老，持行票店信放至關東裝貨，並無客夥押載，從不聞有欺
騙。又沙船順帶南貨，不能滿載，皆在吳淞口挖草泥壓船。今若於冬
底傳集船商，明白曉諭，無論其船赴天津，赴關東，皆先載南糧至七
分，其餘准帶南貨。至天津卸於撥船，海南糧一石，給水腳銀五錢，
上載時每石加耗米三升，卸載時以九五折收，合計南糧三百五十萬
石，不過費水腳一百七八十萬兩，曾不及漕項十之三四。陸續開行，
二月初，江、浙之糧即定可抵澱，往返三次，全漕入倉矣。船商以放
空之船，反得重價，而官費之省者無數，又使州縣不得以免費、津
貼、旗柁名目，藉詞浮勒，一舉而眾善備。先期咨會浙江提鎮哨招
寶、陳錢，江南提鎮哨大、小洋山，會於馬跡，山東鎮臣哨成山十
島，會於鷹遊門，以資彈壓護送。而澱津有撥船數千號，足數超載。
由澱津抵通二百里，無糧艘阻滯，挽行順速。惟裝卸及發水腳，若任
吏胥克扣需索，則船商或畏怯不前。悉心端意，了此一節，亦非難
事。至行之有效，然後籌裁撤糧艘，安插柁水，清查屯田，皆有條理
可循矣。」

　　彥槐在嘉慶季年上此議於蘇撫，蘇撫召與詰駁，終以不必改章為
言，寢其事。至陶澍撫蘇而辦海運，世以鹽、漕兩大改革推澍，澍亦

善用通人議也。當道光四年，南河黃水驟漲，高堰漫口，自高郵、寶應至清江浦，河道淺阻，輸挽維艱。吏部尚書文孚等，請引河入運，添築閘壩，鉗束盛漲，黃水挾沙，日久淤墊，為患滋深。朝廷亦知借黃濟運非計，於是嘉慶間駁斥之海運議復興。當嘉慶時，蘇撫之寢彥槐議，亦承朝旨而然。蓋勒保督兩江，時有患運河阻滯建議海運者，勒保挈浙江大吏會奏海運十二不可行。於嘉慶十六年奉諭「海運既多窒礙，惟有謹守前人成法，將河道盡心修治。萬一盈絀不齊，惟有起駁盤壩，或酌量截留，為權宜之計，斷不可輕議更張」等語。明旨煌煌也。海運議再起，詔江督、漕督、蘇、浙巡撫魏元煜、顏檢、張師誠、黃鳴傑各就轄境情形籌議。諸臣憚更張，以窒礙難行入奏。其時前任江督孫玉庭，因渡黃艱滯，軍船四十幫須盤壩接運，請帑至百二十萬金。未幾，因水勢短絀，難於挽運，復請截留米一百萬石。上令琦善往查，覆稱：「玉庭所奏渡黃之船，有一月後尚未開行者，有淤阻御黃各壩之間者，其應行駁運軍船，皆膠柱不能移動。」帝震怒，元煜、玉庭、檢均得罪。協辦大學士戶部尚書英和建言：「暫停河運以治河，雇募海船以利運。國家承平日久，航東吳至遼海者，往來無異內地。今以商運決海運，風颶不足疑，盜賊不足慮，黴濕侵耗不足患。以商運代官運，舟不待造，丁不待募，價不待籌。至於屯軍之安置，倉胥之稽察，河務之張弛，胥存乎人。矧借黃既病，盤壩亦病，不變通將何策之從？」詔仍下有漕各省大吏議，遷延半載不決。會澍由皖撫移蘇，與總督琦善奏言：「海運雖屬創行，海船實所熟習。折漕變價數百萬，勢必銀湧貴而穀陡賤，恐官民交困。請以蘇、松、常、鎮、太四府一州之粟，全由海運，其安徽、江西、湖廣，離海口較遠，浙江則乍浦、寧波海口或不能停泊，或盤駁費巨，仍由河運。使布政使賀長齡親赴海口，督同地方官招徠商船，籌議駁運兌裝等事。澍又親往雇定沙船千艘，三不像船數十，分兩次裝載，運米百五六十

萬石。朝命設海運總局於上海，並設局於天津，覆命理藩院尚書穆彰阿會同倉場侍郎駐津，驗收監兌，以杜經紀人留難需索諸弊。海道水師會哨防護，並如十餘年前齊彥槐所議。六年正月，各州縣駁運之米，以次抵上海受兌，分批開行，計水程四千餘里，旬月抵津，一船不損。穆彰阿赴驗米色，瑩潔遠過河運。海商運漕而北，載豆而南，兩次得價，且由部發帑，收買海船耗米十餘萬石，其出力之商，優給頂帶，皆踴躍過望，先後共用銀百餘萬兩。不請一帑，而漕項銀米，自解津應用及調劑旗丁外，尚節省銀米各十餘萬。其海關免稅不過萬餘，視河運又省費過倍。此商民具有組織能力，而國家始利用之；書生具有政治通識，而公卿能採取之，皆世運之漸變也。明年，江督蔣攸銛再請踵行，而朝議以河湖順軌，又不許。歷二十年，各省歲運額漕，逐漸短少，太倉積粟，動放無存。二十六年，詔復行海運，始為常例。至輪船通行，益無風險之說，而招商局且攬為國營公司專利，不許外國商船承運，則無復河運之事。由今思之，漕事本不成大議論，且交通既便，亦無庸議漕，而古來代有煩言，清世於道光朝作一改革，在當時為極可紀載之事實，撮述之，以見昔人知識之無法驟開，而士大夫之明通強干者，能救一時之弊，已不可謂非難能可貴矣。

第七節　鴉片案

　　道光朝兵事，六年有叛回張格爾之役，十二年有叛瑤趙金龍之役，不旋踵而皆定。清廷之威信尚存，亦恃川、楚立功宿將。楊遇春、楊芳之於回，羅思舉之於瑤，轉戰迅速，而賞功必以旗籍大員居上。實則平回大帥長齡，主張割西城膏腴，封回酋而退守東四城；平瑤欽差宗室禧恩攘功逃責，均暴露勳貴之無能，其事皆不足述。至鴉片一案，則為清運告終之萌芽。蓋是役也，為中國科學落後之試驗，

為中國無世界知識之試驗，為滿洲勳貴無一成材之試驗，二百年控制漢族之威風，掃地以盡，於清一代興亡之關匪細也。

三代以後，至清中葉以前，國無外交名義。「外交」二字，作罪惡之稱。《禮記》所謂「為人臣者無外交，不敢貳君」。《穀梁傳》所謂「大夫無境外之交，束修之饋」。至於國君，則名為天子，即無敵於天下。四徵不庭，乃為王者。至力屈於敵，明明卑以事之，仍稱彼來曰「款」，我往曰「撫」。此古來夷夏相對之通例。鴉片案乃引起事變之端。中國之盲於外交，應受事變之教訓，則固不自量力者所必致也。政治不自量力，必使萬國就臣妾之列；學問不自量力，致使國防民用皆自趨於弱與貧，而以強與富讓人。苟非如此，鴉片案何由發生？即發生鴉片害人，烏即成束手屈服之交涉？故鴉片非主因，中國之政與學相形見絀，乃其主因。今先略述鴉片案之來歷。

中國自古有罌粟，詞賦家皆或賞豔其花，農學家或採用其實，為濟荒之用，從未有發明其為毒品者。明萬曆間李時珍作《本草綱目》，始有阿芙蓉一品。時珍解云：「阿芙蓉前代罕聞，近方有用者，云是罌粟花之津液也。」又引王氏《醫林集要》，言是天方國種紅罌粟花，不令水淹頭，七八月花謝後，刺青皮取之者。作《醫林集要》者為王璽，當與李時珍時代尚近。天方國用以入藥，據云紀元前早已傳自希臘，既而流行各國，印度尚為最後。取漿凝為乾塊，款客嚼食如檳榔。明末，始有蘇門答臘人吸食之法。康熙中，臺灣平，海禁弛，沿海居民，得南洋吸食法，精思之，遂成中國吸煙特色。流行各省，至開館賣煙。雍正七年定興販鴉片罪至充軍，開館賣煙照邪教惑眾律擬監候，船戶地保鄰佑人等杖徒；失察之地方文武及關監督嚴加議處，是為鴉片定罪之始。時尚未定吸食者罪名也。嘉慶十五年以後，一再飭禁。而自英吉利以公司侵占印度之後，製煙土益精。英商以販煙為大利，始猶泊於澳門，以葡萄牙既有之埠地為卸載轉販地；既且移之黃

埔，於貨物中夾帶私售。道光元年，申禁洋船至粵，先令行商具結，所進黃埔貨船，並無鴉片，方准開艙。若行商容隱，查出加等治罪。開館者絞，販賣者充軍，吸食者杖徒，法愈密矣。行商者，粵商十三家，經官立案，開設洋行，以承接外商之販貨來者。其初十三家謂之洋商，而外商則曰夷商。後訂約諱言「夷」字遂稱外商為洋商，洋行並廢，外商得自設行棧銷售。乾嘉以來不如是也。當有洋行時，外商非投行不能銷貨。英人設公司經理貿易，主其事者名曰大班。大班來粵，率寄寓洋行。洋行優其供應，而朘削之無所不至。初定行傭，每兩貨價奏抽三分，繼而軍需出其中，貢價出其中，又與關吏相比，課稅增、規費亦增，取之十倍二十倍於前。而十三洋行為世業，悉索於外商，養尊處優，駕兩淮鹽商之上。今所傳粵中富家刊刻叢書，若海山仙館潘氏、粵雅堂伍氏，皆當時洋行十三家之一也。鴉片不過商品之一，其實即無燒煙案，通商既久，必有變端。一緣葡萄牙擅澳門之先占利益，二緣粵關之加重規費。葡商在澳門，築高樓而居，其商船到者，只納船鈔，別無課稅。他國之商，船泊黃埔，鈔課並納，又非投行，無寄頓銷售之策。既銷之後，又不能久寓，必回澳租賃葡人之屋，謂之住冬。葡人儼然為各國之東道主，各國皆羨之。而英人商務尤盛，印度又近，重以鴉片之銷行，視中國貿易尤重，而不得如葡人之有根據，嘉慶間，一再窺澳門，葡人輒請中國援助。粵督輒宣諭不許相犯，或且絕其互市，迫令退師；其時英人不敢深抗。中國固地主，有主權。而心不能平，必欲謀一相當之地，以雪見絀於葡人之憤。此一事也。中國關徵之法，應本寬大，守「譏而不徵」之訓，各關所定徵額甚微。以粵關論，乾隆《會典》所載十八年奏銷之額，廣東海關五十一萬五千一百八十八兩，為天下額徵最巨之關。其時江蘇海關額徵只有七萬七千五百有九兩。今以上海關為收數最高，年必數千萬。可知通商以後，國家之受惠實多矣。昔時額徵之外，或解羨

餘，不為常例。而士大夫往往用名刺討關。關督愛才者，過客投一詩，以為可觀，即許其滿載而去。百年以前，中國國民為別一種風味。但國家並無多取之意，官吏自有婪索之能。課賦之外，加以規費，關員之外，加以行商。所領軍需、貢價，未嘗不為公用，而又決非正供。洋行求取於外商者多端，遂分內用外用名目。當康熙間平定臺灣，始開海禁，外商通互市之處，原不限定粵中。康熙三十七年，設定海關，英人始來通市。然粵近澳門，寄寓近便，多聚於粵，粵關即迭增重費，外商爭執不見應。雍正中控於大府，稍稍裁減，未幾如故，乃有移市入浙之志。商舶赴舟山者日多，粵督爭之，奏請浙關增稅使倍於粵。朝旨亦以寧波番舶雲集，日久留住，又成一粵之澳門，將示限制，許增浙關稅。未幾復定制，外商不准赴浙貿易，歸併粵港。粵洋行益據壟斷之利，誅求不已。於是乾隆二十四年英商喀喇生遣通事洪任輝仍赴浙，請在寧波開港。而浙撫已奉新令，悉毀定海關夷館。聞又有舟泊舟山，發令驅逐，斷其岸上接濟。洪任輝憤甚，自海道至天津，乞通市寧波，並訐粵關陋弊。七月，命福州將軍來粵按驗，得其與徽商汪聖儀交結狀，治聖儀罪，而下洪任輝於獄，久之乃釋。後又禁絲斤違禁出洋，亦為英商所不便。隱忍既久，乃於乾隆五十八年，英王雅治遣使臣馬嘎爾尼等來朝貢，表請派人駐京，及通市浙江寧波、舟山，天津，廣東等地，並求減關稅。不許。六十年，復入貢，表陳中國大將軍前年督兵至的密，英國曾發兵應援。的密，即廓爾喀也。奏入，敕書賜齎如例。

　　英國兩次入貢，其後一次有表文，無專使，特由在粵大班名波朗者呈粵督請轉奏。《東華錄》具載之，故宮復發表原檔。蓋為前一次貢使回國後之回訊耳。附帶土宜，作為貢物，亦不過大呢六箱。所欲就此次說明者，為廓爾喀之役曾有助力，補述之

以見好於中國而已。其動機為欲避粵關，改市赴浙。商人請之
不得，由國王具禮命使代請之。此其君民利害之相共，資本主
義之實行，與當時中國人心理不同。轉譯表文，亦失原意。在
康熙、雍正朝當不如此盲昧。

英國經此鄭重聲請，仍不得當。嘉慶中，英遂有一再謀占澳門之
舉，中國又禁格之，使不得逞，事在七年及十三年。至十五年，其大
班又稟控粵撫，謂貿易資本皆自國帑借領，不堪虧折，請酌量裁減，
以利遠人。粵撫韓崶飭司議，寢不行。二十一年，英國復遣使分入京、
粵。其入粵者，先以謁見儀注起爭執。蓋舊制，外夷貢使見制府、將
軍皆免冠俯伏，大吏坐堂皇受之。英使加拉威禮不可，署督董教增勉
許免拜伏禮，使者免冠致敬，大府離席立受，在粵主賓，尚為成禮。
其入京之正貢使羅爾美、副貢使司當東，舟抵天津，朝命戶部尚書和
世泰就津賜宴，有司諭以謝宴應跪叩，不可。又告以乾隆五十八年該
國使臣入覲儀注，不答。和世泰導使臣至圓明園，仁宗御殿受覲，使
臣稱病。帝怒其無禮，卻貢不納，旋雖酌收數事，仍頒敕賜以珍玩以
答之。然為粵關規費事而來，本意竟未能達，怏怏而去。

乾隆五十八年覲見禮節，據檔案：八月初六日字寄留京王大
臣，有「使臣遷延裝病，不知禮節。伊無福承受恩典，亦即減
其接待之禮，以示體制」等語。次日又有寄字，有「該使臣等
經軍機大臣傳諭訓戒，頗知悔懼。既遵天朝法度，自應仍加恩
視，以遂其遠道瞻覲之誠」等語。則是此次英使曾為中朝勉行
拜跪禮也。然據嘉慶二十一年英使來聘檔案，司當東原係乾隆
朝貢使之子，隨帶來京，此次責以拜跪，並據當時已行之禮為
諭。而司當東言，「彼時禮節，雖經目睹，實係年幼不記得」等

語。或者彼時中朝自行斡旋之處，對外言貢使已悔懼，而實未面行覲禮，但留其文於案牘中耶？

至道光時，外商已自立公局為寓所，不住洋行，不復循回澳住冬之例。會粵城外大火，民居蕩然，外商修葺公局，多占民居舊址，為民所控，粵撫朱桂楨督役拆毀。英商稟訴，以八事相要脅，「移泊外洋，停止開艙」，相持半年始解。凡此糾葛，外商率致怨於粵。此二事也。

有以上兩種積嫌，國家不足酬遠人傚惠之恩，即惟有震以畏威之策。若示以威不足畏，則要脅狡展，勢必有變端矣。鴉片則會逢其適之物也。當時有一派，目擊煙銷日旺，銀錢外泄，成中國絕大漏卮，昌言自種自銷，抵制英印所產，收回利權。此光祿卿許乃濟所奏陳，知名之士若吳蘭修、儀克中皆有是說。疆臣則盧坤約略言之，不敢明請。粵撫祁𡌶則具稿請鄧督領銜，鄧亦允之，而為粵紳持清議者所阻。同光間有偽撰《洪經略奏對筆記》行世，其中主張種煙抵制印土，殆即許乃濟、吳蘭修輩所為，托之洪承疇以惑宮寢。蘭修有〈弭害論〉，見梁廷枏《夷氛記聞》，暢發此指。十八年，鴻臚卿黃爵滋有「漏卮宜防，請置重典」一奏，詔下內外諸臣，廣收眾議。眾無敢言開禁者，獨湖廣總督林則徐言尤悚切，且規畫防禁之法尤備。宣宗為所動，讉言弛禁者。降太常卿許乃濟為六品頂帶，召則徐至京面授方略，以兵部尚書佩欽差大臣關防馳驛赴粵，會督撫商辦。定販賣吸食皆死，著為令。則徐至粵，粵督鄧廷楨亦賢者，體朝旨屬行禁約。除嚴拏販煙吸煙之犯，又窮治外來煙土，務盡毀之以絕根株。時英商盡匿煙土於躉船，泊椗零丁洋面者二十有二艘。欽差、粵督坐堂皇，傳集十三洋行，發交諭帖，令轉諭英商公司，呈報存儲煙土實數。時公司大班名義律，得諭遷延不復，則徐偵知英最巨之煙商查頓已遁，其

次顛地尚與義律在夷館謀遁，乃錮其所用買辦華人，而調巡船圍泊夷館後，使不得下河；又筏斷河口。義律計無復之，乃請就黃埔棧房及椗洋躉船所有，共二萬二百八十三箱，盡數呈繳。則徐親赴虎門驗收，凡二百三十七萬六千二百五十四斤。奏請派員解京。得旨令在海口銷毀，俾軍民知所震畏。乃開池引鹵水入，隨投隨夾以石灰，俟其揚沸，旋自糜爛。蓋以火燒之，煙灰亦為吸品。同存性之石灰，隨水糜爛，乃與灰黏合，無復煙之用也。則徐之布置周密如此。奏定繳煙外商，計箱賞茶葉五十斤。當時出洋茶稅石二兩五錢。洋行會館，由公司包餉費六兩七錢，並運至海口水腳，及武夷山買價。恩賞則一律躧兌，所得亦頗抵煙值。遴隨員知府余保純、劉開域頒漢夷字結式，令諸國繕繳。義律堅不具結，負氣繳還所賞茶斤，謂「遵結則後有煙土夾帶，貨沒入官，人則正法，恐各商在途尚有煙土，不敢由彼一身代認此責」。時在澳門會議，葡商亦謂「貨可充公，人則西國無斬首例，請不具正法字。」則徐以所請不與內地辦法畫一，斥之。保純亦無以難義律之說，為具牘代請，而義律則謂委員已許之矣。既為則徐駁斥，乃怨大吏反復，以護貨之兵與我舟師抗，我舟攻其躉船於零丁洋，毀其二艘。義律率貨船屢戰，皆中於炮而退。有英船願繕結紙求入者，義律揮兵阻之。具結請入之船，見提督巡洋，坐船樹紅旗，又誤以為來戰，亦燃炮迎擊。接仗凡六次，卒為舟師擊斃無算。時別國貨船向不帶煙者，皆遵令具結，惟英船不就範。大理卿香山曾望顏請封關禁海，設法剿辦。下粵中議，則徐以違抗只有英商，不拒各國，正可以夷制夷；粵人以海為生，尤不宜設禁自窘。奏覆而止。

　　案林文忠禁煙之切實，備戰之嚴密，分別各國之審慎，皆無可議。惟嚴催具結而不急為英商裁革粵關規弊，無以慰其積年希惠之心，未免視外人之弊害稍有隔膜。即取結，亦稍操切。但

　　嚴屬禁煙，為民除害，外人輿論亦不甚以為非。若有恤商之德
　　意，平眾商之怨尤，義律雖狡，無能鼓煽，事可不至擴大。且
　　體念遠人，保其商利，亦大國應持之正義也。文忠未免忽之。
　　繳煙每箱賞茶葉五十斤，計煙價略相當，出《夷氛記聞》。然文
　　忠《政書》原奏作五斤，且總計賞十餘萬斤，合五斤之數，豈
　　《記聞》之誤耶？

　　英市既絕，英商船至者三十艘，阻於義律，不得入，咸怨咎之。
義律懼，請許率諸商還澳，俟本國信至，開艙貿易，詞頗婉順。而朝
旨雖允不禁海，然對英封禁甚嚴，則徐不敢更張，峻拒之。英船泊外
洋，以厚利購接濟。則徐自出駐海濱，罔避風雪暑雨，辛勤籌備，民
多感愧，相戒無復私售。十九年冬，朝命改則徐督粵，調廷楨督兩
江，旋改浙閩。英國自得粵中焚煙之訊，其國會議禁煙理直，當聽中
國之命。而義律以商人煙土被焚，請國庫給價；且印度煙銷為大利，
慫恿發兵。英廷爭議洶洶，卒決稱兵，命其國戚伯麥率本國兵船十餘
艘、駐防印度兵船數十艘，聯艅東向。則徐自奉旨斷英市，首責諸國
毋聽英假借船號，毋代運出入貨物；激勵美、法，使不直英國所為。
又以俄舊親華，而與印度鄰，英、俄相忌，又約屬夷廓爾喀伺印度之
隙。且知英遠來費巨，鴉片減值而售，成本不敷盡供軍用，決其持久
必蹙，與提督關天培定議，嚴防要隘，全力剿辦，懸賞購捕斬義律及
白夷黑夷價有差；獲其船者，財物盡充賞。移會閩海、江、浙，各刻
意防其舍粵他犯。二十年夏，英兵船至，則徐奏聞，尚有「以逸待勞，
以主待客，彼何能焉」之諭。英船至粵月餘，無隙可乘，駛三十一艘
赴浙，經福建，突攻廈門。浙督鄧廷楨駐閩，出駐泉州，檄金廈道劉
耀椿守禦，炮擊沉其兵船一，水師焚攻其一船，斃英兵數十。英全艅
駛至浙之定海，陷之。朝命江督伊里布為欽差大臣，赴浙視師。革浙

撫烏爾恭額職，旋定罪絞候，以劉韻珂代。經此一挫，而朝旨突變。
此宣宗意志之不定，任事者之不能執成命以行事，亦世變之所以不可
支援也。

　　浙未失事以前，剿辦意甚堅決。則徐對英人請求較近情之語，亦
不能留伸縮之餘地。當上年九月義律以兵抗戰時，九龍炮臺擊沉英船
奏捷折，奉批：「不患卿等孟浪，但患過於畏葸。」而於折內又累加旁
批。折文云：「苟知悔悟，盡許回頭。」其旁批云：「不應如此，恐失
體制。」折文云：「奉法者來之，抗法者去之。」其旁批云：「未免自
相矛盾。恭順抗拒，情雖不同，究係一國之人，不應若是辦理。」十一
月初八日，有詔：「英夷反復，先放大炮。未絕其貿易，不足示威。即
使此時出結，亦難保無反復情事。茲屢次抗拒，仍准通商，殊屬不成
事體。區區貨稅，何足計論。彼自外生成，尚何足惜！著林則徐等酌
量情形，即將英吉利國貨貿易停止，船隻盡行驅逐，不必取結；兇犯
亦不值令交出。著出示列其罪狀，宣布各夷，倘敢包庇潛帶入口，從
重治罪。」云云。則徐接此字寄，所以對義律之婉求無從通融也。洎定
海一失，粵中之蜚語亦即上聞，謂「繳煙時先許以值，後負之而致激
變」。此事當時有數說。

　　　　《夷氛記聞》云：「林公至粵，居越華書院。洋行總散各商，僑
　　　寓其側，備日夜傳訊。義律呈繳稟至，夜傳總商入見，責以
　　　『汝為官商，倘有私許以價，而後設法賠補事，慎汝腦袋』。總
　　　商叩首力言不敢而出。蓋是時粵人紛紛疑夷人居奇之物，不數
　　　日而呈繳淨盡，意行商必許以事後給價。及聞公言，畏得罪，
　　　不能不負約以自保，不暇復計夷怨，而夷已稟繳無及。然語皆
　　　出揣測，事秘，固有顯據也。」
　　　金安清撰《林文忠公傳》云：「公才望赫奕冠寰宇。英酋義律懾

公威重，與廣府余保純、洋商伍姓者密議，願繳在海船土二萬一千箱，易絲茶償。余乃常州紳士，為公撫吳時激賞，素以干力著。伍則與義律最昵，知使節不久留，欲彌縫其間，而陰與洋行、分年償其直。其稟牘恭甚。公據其詞入告，奉旨嘉獎，有「不慮爾等孟浪，但慮爾等畏葸」語。公乃馳檄宣示英國王，詞意剴壯，外國爭傳其文。就省城外浚大地，焚毀數月始盡。陶文毅卒，旋奉旨調兩江總督。樞相忌其功，思困之，乃請以鄧調兩江，而移公為粵督。命下，余、伍之初計沮。」

據上兩說，許給煙價事有之，而非則徐所知。但釁之由生，亦不由償價負約。義律並未形諸文牘。因勒令具結，致成決裂。且即給價購焚，亦不甚失體。果有其事，則徐盡可先奏，何必諱言？朝廷以此罪則徐，上欲加之罪耳！當浙陷定海之際，英船留澳門者，忽焚澳門後通香山之關閘，為守閘之前山營都司炮傷英兵數十，沉其小舟。七月十八日，則徐所遣副將陳連升率游擊班格爾馬辛，攻其泊磨刀洋之兵船，戰勝，以捷聞。奉批斥則徐貪功啟釁。則徐遂力陳六月後粵海防範情形，請戴罪赴浙竭力圖克復。不報。

奏言：「竊臣奏報拿獲鴉片煙犯折內，欽奉朱批：『外而絕斷通商，並未絕斷；內而查拿犯法，亦未能淨，無非空言搪塞。不但終無實際，又生出許多波瀾，思之曷勝憤懣，看汝以何詞對朕也。欽此。』」此為當日所奉嚴旨，亦未有許給價後負約之說，但轉變太速，殊乏君人之度。

是月，伯麥偕義律駛天津陳訴，出一漢文奏本，上直隸總督琦善轉奏。其文為英人所具，可證則徐無許給煙價之語。文惟見《夷氛記

聞》，錄以明以前粵中英人所藉口之真相。

　　奏云：「英吉利國臣統領本國水師主帥子爵巴兒多兔，謹呈天朝
大清國大皇帝駕下：竊巴兒多兔現奉敝國主命，協同本國陸路
統領總兵官布林利，帶領水陸軍兵戰船，前來貴國。緣為去年
本國之正領事官義律，暨來貴國貿易之商民，竟被廣東欽差
林、鄧總督凌辱無道，以眾欺寡。並一向敝國之商民到廣東，
被該省大憲等欺壓無辜。為此奉命前來上訴。惟思船多兵眾，
夫用兵必須水陸擇地，護船安營，是為首要之機，熟思貴國各
直省大憲，以為業已封港，不通貿易，決不納言，不肯接呈代
奏，準有相拒之形，此即必彼此相鬥，因此不得不直登定海，
俾得各船安營有所倚。去年林欽差到廣，不數日，首先將西洋
各國人，用水陸官兵圍困在省城寓行之內，立即封艙，連日不
准出入，兼絕伙食，勒繳在洋面停泊船內之煙土。又言限日盡
繳，否則要斬要殺。如於限內繳出，則仍前交易買賣也。竊思
貴國新例，禁買禁賣煙土，但既已禁絕，無人敢買，則西洋人
亦必不再來。即有愚人帶來，亦無人敢買，然則帶來何益？且
去年所繳之煙土，係在洋面，並非起運入內地，而外國商人亦
萬萬不能運得入港也。奈林、鄧二憲勒繳，而英國商人等如不
繳，則不受殺亦要餓死，雖不懼殺而饑渴難當，只得含恨忍氣
以繳之，然後再酌議論。詎料繳之後，忽又要具結，稱『如有
嗣後查出船內夾帶煙土，即將貨物全行入官，其領事人即正法』
等語。但查犯禁貨物入官，其領事人連船逐出，不准交易，此
例西洋各國古今通行。惟正法條，西洋古今無殺頭之刑。況且
船多人眾，萬一遇有水手一二不肖，私自夾帶，不拘多少，豈
不累人。貨物入官，而人亦受殺戮之慘。即因此，正領事官義

律暨諸客商，皆不肯具此結之原委也。林、鄧二憲因前事不服
眾，未得具結，即著封港，不准交易。切思英國荷蒙通商已
來，百十餘年，貿易買賣場中，豈無賒欠通融？今計貴國洋行
商人，前後共欠已有數百萬兩之多。一旦封港，不獨不能貿
易，又壞了到廣東船內之貨物，不勝枚舉。英國商人所失之
本，何可勝言。且封港之後，林、鄧二憲曾與義律商允具結，
嗣後貨船到廣，任從查搜，如無夾帶煙土，方准入口，否則逐
回，不准貿易。奈林、鄧二憲，前言不對後語，反復無常，忽
然改變，仍執前議，具甘受正法之結也。後來義律等另有求商
事體遞呈，奈林、鄧二憲絕不肯收。即去年封港後，適有英國
兵船巡海，到廣洋面，該船之總兵官遞呈，係請詢封港之由，
以為開解，奈二憲仍不獨不肯收呈，更又命水師提督帶領水師
官兵前來相拒，是以不得不還炮相喧矣。去年林、鄧二憲禁止
買辦，不准供辦伙食之後，有呂宋貨船一隻，與英國貨船同泊
洋面，正欲回帆之際，適其船內人過來英船探望，即或隨送些
少食物，林、鄧二憲，責言呂宋人不應與英船人往來，不應送
食物，竟用毒計，命人於黑夜之中將呂宋船隻燒毀，並傷斃三
人。可憐該船無辜，受此慘害，神人共憤。切思歐羅巴洲各
國，即大國小邦，帝國王邦，無分統屬。呂宋國與英國，火煙
相益，非親即故。今同在異邦客地，過船探候，即或送些伙
食，亦係人情之常事。且歐羅巴洲與亞細亞洲相隔九萬餘里，
不獨無分統屬，而且只有西洋船隻到中華，而中華船隻萬萬不
能到西洋。今林、鄧二憲，係中國之官，在廣東止可管中國廣
東事，豈能管到西洋？即今大英國主仁慈，憐含呂宋船人無辜
受此慘苦，即命如數賠其銀兩。但未審林、鄧二憲，此事如何
奏報？」

　　此奏中只言林、鄧於具結事反復，即上所云「余保純允為具牘代請，義律謂委員已許之」之事也，並不言許給煙價，則並余保純等亦未嘗許之可知也。今以理度之，當是實是以商捐茶葉，用給賞之名。以代給價。故《夷氛記聞》較量其值，言土每箱給茶五十斤，鑿鑿可據。林折只言五斤，乃不欲多舉其數。以本係捐辦，無需奏銷，對朝旨嚴辦之意為合。此正余保純之幹才。其後因具結有違言，義律亦未受賞，其為五斤、五十斤，更無可辨。竊謂此為事實也。

　　英帥奏辭溫雅，其於初次兵船開仗，直曰「還炮相喧」，輕僄已極。要於中國並無必用武力之意，特視其可侮而侮之，亦是事實。奏意雖出自英帥，而達意必有漢奸。以兵官而具此辭令，程度自高。當時中國去文，動足招侮。《中西紀事》載英人在定海遞書，內言：「二月間遣使暫討煙價數十萬，入粵東配茶，天朝大臣粵憲回復言，『本大臣威震三江五湖，計取九洲四海，兵精糧足。如爾小國不守臣節，定即申奏天朝，請提神兵猛將，殺盡爾國，片甲無存』等語。」此語出自英人所遞書中，或非實有其事，然夏燮自加數語云：「此蓋回復外夷之詞，不嫌俚俗也。」然則著書之人有此寒陋，亦見當時士大夫之荒唐召侮，何足與西人比也。奏文外又出其國會致我國相書，要求六事：一索貨價，二求廣州、廈門、福州、定海、上海為市埠，三欲敵體平行，四索犒軍費，五不得以外洋販煙船貽累岸商，六請盡裁洋商浮費。琦善以聞，又令嫻習西文之鮑鵬作覆書，稱義律為公使，謂「上年繳煙，必有曲折，將來欽差大臣往粵查辦，不難水落石出」。並犒以牛酒。詔革則徐、廷杠職，令俱在粵候勘，而命琦善馳驛至粵代則徐職。琦善在天津見英帥語平和，謂不難馴伏，畜意稍給煙直，仍許貿易，即當了事；而給值則意粵關監督即能任措。既至粵，義律輩亦回粵守待，見新欽差易與，求索益高。而粵關利厚則費亦素巨，無餘存，乃知棘手。惟撤海防兵以示無敵英意，冀英人鑒諒。詰開炮創英

者將加罪，軍心解體。又欲從英人訴詞，謂則徐拒不上聞，將奏譴之，欲證成於巡撫怡良；怡良不敢應。檢案牘，則又無可指摘，不得發。先是，則徐防海所募，擇海濱漁蛋亡命熟沙礁險要者，一旦撤裁使失業，為英購漢奸招引而去。向之所憚，轉濟其用，形便曲折盡泄，要脅益無顧忌。堅索香港為埠地，以抵葡之澳門。琦善不敢決允，但增許煙價，冀就範。提督關天培請添兵設守，則峻拒以媚英。義律以議遲遲不決，突攻陷沙角、大角兩炮臺。敢戰之將，副將陳連升以下，束手身殉者數人，事在二十年十二月十五日。琦善委罪於天培，奏請重治，仍請續與夷議款。天培與鎮將請增發兵藥，琦善靳之。然亦恐再有失陷，重得罪，亟奏請開禁通商，給廈門為市地，以明年正初旬為期，還以煙價。其與義律伸約，則稱之為公使大臣，許以香港全島相界，而以浙江所獲英俘易定海。義律覆文，請繳還兩炮臺，及所掠粵船，願由海道赴浙撤兵，求備文代遞伊里布，俾知繳還定海之由，送給留定英船兵目。琦善依言達浙，而伊里布亦遂無守禦意。時朝旨以兩炮臺失陷，又決痛剿，革琦善、天培頂戴，調湖南、四川、貴州及南贛兵馳赴粵。琦善不知，猶自出閱視虎門，與義律晤商條款。義律耀兵炮以示之，琦善更張惶入奏。奉嚴旨：「朕斷不能似汝之甘受欺侮，迷而不返。膽敢背朕諭旨，仍然接受夷書懇求，實出情理之外，是何肺腑！無能不堪之至。汝被人恐嚇，甘為此遺臭萬年之舉。今又摘舉數端，恐嚇於朕，朕不懼焉。」此諭見《東華錄》二十一年正月二十四日辛亥，其失態固與琦善相稱矣。

其前，於正月初七日甲午，命宗室奕山為靖逆將軍。湖南提督楊芳方入覲，道皖，命折往粵，與戶部尚書隆文同為參贊大臣。前在粵候勘之林則徐、鄧廷楨，亦於上年十二月中奉旨著琦善督同辦理。於是杜門候勘之林則徐復出，則徐詢知舟勇已盡撤，無可為計。正月初五日，義律已知朝議復變，驅船攻橫檔炮臺。臺藥不繼，關天培陣

亡。嗣是英艦進攻岸臺，輒領鴉片舟尾入，約窯戶艇泊其旁載運。粵兵名為迎敵，亦與通同，以護販為利。忠勇之軍，撤潰已盡。利之所在，對敵如戲。楊芳以宿將負威望，官民望其來，道佛山，一路呼噪相迓。既至則謂「夷炮命中，能在船舶蕩漾中擊我實地，較我實地所發轉有準，此必邪教挾術所致」，傳令地方保甲，遍收婦女溺器為厭勝具，載以木筏，約聞炮急瞑器口向敵，伏卒即抄出夾攻。敵掠筏而過，守筏副將先遁，芳急勒兵入城。敵船未敢猝入省河，亦震芳威聲，恐有布置，乃使人持書至鳳凰岡臺營，求入城面致芳。營將總兵長春遽引使入，迨返而敵盡知虛實，分攻獵德及大黃滘炮臺，皆下，芳猶奏長春有禦敵功，賞花翎勇號，時在二十一年二月。其先，義律、伯麥以琦善已允給香港，聯名出示香港居民，稱為英國子民，有事須稟英官治理。並以此照會大鵬協副將賴恩爵，恩爵以呈怡良。則徐勸怡良實奏，怡良遲徊，為粵紳所懇促，乃允。奏入，而江督裕謙參琦善畏葸偏私之奏適至。詔革琦善職，拏解赴京，籍其家；以奉命駐江西理餉之刑部尚書祁墳代粵督。而楊芳亦有攻守八難之奏，乞允通商，意多與琦善合。奕山、隆文繼至，芳亦勸其勿浪戰取敗，意在徐就撫議。而奕山忽為人言所動，以三月晦發兵衝突省河英船，搜義律於夷館，義律先遁，官兵遂掠其貨物。越日，英船反攻，官軍潰退，輜重船筏盡失。乘勝奪北門外山巔耆定炮臺，俗名「四方炮臺」，於是俯瞰城中，窺以遠鏡，纖悉畢見。子彈時以城中官署為的。城守始洶懼；而楊芳獨以鎮定聞，火箭巨彈，肅肅聲過耳畔，笑罵而已。或勸稍避，不顧也。於時民居遭毀，兵多擅逃，城守岌岌，款夷之議遂決。則徐已於上月奉旨以四品卿銜赴浙候旨。蓋裕謙以欽差大臣入浙，與閩督、浙撫先後皆奏則徐在粵無誤故也。粵城上懸白旗示服從，軍帥以下會印付保純，縋城出，就商義律。旋議定，餉軍六百萬圓，計四百二十萬兩，作清還商欠，限五日內交足。大將軍挈外來兵

離省遠駐，英船亦退出虎門。洋行括銀不足額，僅得百二十萬兩，由藩、運、關三庫墊足，由大將軍奕山，參贊隆文、楊芳，駐防將軍阿克精阿，督祁墳，撫怡良，副都統格瑞會奏給商欠銀議款事。其銀是否即作煙價，及香港是否停給，款議未之及，奏中亦不以陳明。其實英兵方缺餉，得貲為窺犯要脅地也。款成，耆定臺未退出，伯麥自臺下率眾闖諸村落淫掠，至奸及老婦。舉人何玉成柬傳南海、番禺、增城諸村，各備丁壯，出護附郭三元里。各鄉義憤集至數萬人，夷目畢霞率眾與戰。始民稍卻，旋各鄉眾大至，圍之竟夜，天明搜殺，伯麥、畢霞皆死，收其調兵符券及防身兵器，夷兵乞命之聲震山谷。村民圍耆定臺英兵，計令餓斃臺上。義律密遣人求救於保純，或勸以兵助民並縛義律，重與約法。所給商欠銀，時僅交四之一，當事以款銀已去，敗盟無利，事在和後，不欲為戎首，不用其策。粵督令南、番兩令隨廣府保純出，步向三元里拱揖代夷乞免，民乃解圍。粵人至今舉三元里為快。嗣是粵人踵行團練，遂為後數年拒夷入城督撫封爵之用。

　　三元里役之後，民氣極盛，英兵已約定退出虎門。粵督大修守備，義律因不欲復入虎門，請與粵人市，不忍肆擾，別營市地於香港，請官為示，召商民就港貿易。請之至再，而內商以越海不願往，又請以退出之尖沙嘴、九龍山二地易香港。當事以未奉諭旨卻之，反勸其入市黃埔。義律以入市須經虎門，阻我興築炮臺。糾紛不已，款市仍滯不行。五月，革則徐卿銜，發伊犁，廷楨亦遣戍。會英國王別派朴鼎查為將，巴葛及思亞剌、力巴、敦時為副，增兵增艦來粵；義律遂返英。朴鼎查以軍官兼管商務，與伯麥為將時又有異。奕山偕隆文離省，居三水縣之金山，撤湖南兵歸，而獨留楊芳駐省彈壓。隆文居金山，獨以憤不食死。朴鼎查按義律所議約，止收商欠而撤在粵兵，無與他省事。思嘗試覘中國意，或不止就義律已成之功，於是舍

粵洋北抵潮之南澳，泊船於長山尾，且登陸秣馬，漸造屋為層樓；澳官無止之者。澄海縣諸生在粵受課作海防論，乃及此事。書院監院梁廷枏發之，祁督飭海陽令查毀。朴鼎查遂以七月初十日犯廈門，投書駐廈提督，自稱公使，吧噶稱水師提督，敦時稱陸路提督，謂不照上年天津所議事款，應有兵事，暫借廈門屯軍，定議即繳還。提督陳化成適改官江南去，閩海亦奉旨以粵夷就款撤兵，總督顏伯燾倉卒迎擊，大敗，將士多死喪，遂失廈門。伯燾故有志殺敵，且非議鄧廷楨在閩，謂能守而不能攻，事前購船鑄炮，稱有備。其置炮在臺牆深處，炮口止能對一點。英船窺知之，避其中點，鼓行無阻，奪臺反炮向內攻，所備適以自殺。英既破廈門，不留據其地，即分擾臺灣、定海，而尤以定海為注意。犯臺灣者為小股嘗試。守臺總兵達洪阿、兵備道姚瑩，早以海警戒防，瑩尤以練達通博知名。當鄧廷楨督閩時，已請奏起泉州在籍提督王得祿，故李長庚部下，平蔡牽封子爵者，出襄軍事。八月十五日，英船挾三板犯雞籠杙，越日進口，炮壞二沙灣兵房，臺炮擊中其船，遁而觸礁，生禽黑夷二百數十、殺數十，白夷殺二人，沉一人。後一日，又搜殺白夷五，獲其圖冊。九月十三日，英船再撲二沙灣，擊斃二夷遂退。其擾定海者，亦以八月十二日至。自伊里布以欽差入浙，一意附合琦善，撤防待義律交還定海。定海名交還，尚留船盤踞，伊里布示諭居民毋敵視，並以已起之船數移慰巡撫，又奏收復定海。巡撫劉韻珂以敵方築炮臺，開河達城中，踞住岑港、沈家門，開兩處民房，又出偽示招居民接濟，縷奏其患。會朝命於粵義主剿，逮琦善籍其家，遂革伊里布大學士職，仍留江督任，命裕謙馳往代之。旋召伊里布入京；六月，革職發軍臺。裕謙入浙，奏保則徐，恃為謀主。未幾，則徐遣戍去。至聞廈門失守，急檄處州鎮總兵鄭國鴻、壽春鎮總兵王錫朋，會同定海鎮總兵葛雲飛，以兵五千守焉。至是，敵至，連日拒擊小勝。至十七日，敵大舉猛攻，三總兵

同時陣亡，定海城再陷，進犯鎮海，分攻金雞、招寶二山炮臺。金雞山奮擊，斃敵數百。提督余步雲守招寶山，先有二心，前數日，裕謙召步雲盟神誓師，見裕謙無退志，稱足疾不跪。敵至，不令兵開炮，甫抵山麓，遽棄臺走。敵據招寶山，俯攻鎮海城，城陷，裕謙殉節。裕謙故誠勇公班第曾孫，壯烈思無忝祖先，劾琦善、伊里布，慕林則徐，蓋旗籍之矯矯者。既陷鎮海，即攻寧波，步雲又奔上虞，道府從之，時為八月二十九日。巡撫急守紹興，扼曹娥江，防其犯省。九月初，英兵迭入餘姚、上虞、奉化肆掠，毀其倉庫，旋退而亂民乘之，浙東蹂躪甚慘。

　　九月初四日乙卯，命宗室大學士奕經為揚威大將軍，馳驛赴浙辦理軍務。所命參贊大臣，皆不果行，旋以侍郎文蔚、副都統特依順為參贊。又命怡良為欽差大臣赴福建，擢河南巡撫牛鑑督兩江。出琦善於獄，使効力軍前。奕經客宿遷舉人臧紆青，勸奕經奏召林則徐來浙勷辦，止琦善，斬余步雲。奕經庸懦不敢用，僅止琦善。乃改發琦善軍臺，未幾即為葉爾羌幫辦大臣，旋仍柄用如故，蓋有首相穆彰阿為之內主也。二十二年正月，奕經軍次紹興，與文蔚定議，分襲寧波、鎮海。預泄師期，兩處皆敗。二月，敵攻慈溪，金華協副將朱桂與戰，督抬槍兵匿崖石樹林自蔽，斃敵四百餘，兵無傷者。軍無後繼，桂請文蔚發兵數百為援，不許。至暮發兵二百，敵已分兵繞出桂兵後，桂與其子武生昭南死之。文蔚從隨員侍衛容照等議，防敵夜攻，棄軍走，軍資盡失。時朴鼎查方嗾兵艦再攻臺灣，姚瑩督官兵禦之於大安港，別設伏於迤北土地公港，誘敵艦入，觸礁不能駛，盡覆之。除淹斃殺斃外，擒紅白夷十九、黑夷三十。上年獲禁之百三十餘夷，言官請無庸解京，就臺正法。及是，並新獲者皆斬於臺，僅留禁其夷目勿殺。後遂為朴鼎查誣控所殺非兵，而係商民。穆彰阿主於內，使怡良就訊虛實。怡良嫉臺灣鎮道未以功歸欽差，證成之。鎮道皆下

獄，以饜英人意，旋釋之。至三十年，宣宗崩，文宗宣示穆彰阿罪，始正言鎮道之受屈。而擾浙之英人既得志，又以浙為無可戀，更北擾，乃可脅成前約。有鄭鼎臣者，前戰死之處州鎮鄭國鴻子，志復父仇，投軍自效，率定海水勇，多挈火具，附敵船焚攻，輒燼其船，多有擒斬。文蔚退還浙西，盡撤戰火諸船。鼎臣不從，隨行請治以法。奕經心重鼎臣忠孝，諾而未行。鼎臣於三月中累焚英船，焚溺英兵五六百。奕經、文蔚前經因敗奪翎頂，至是因焚攻有功，皆蒙賞復。而浙撫劉韻珂意在羈縻，奏請仍命伊里布至浙主款；又以殺零夷為非，以鼎臣等為虛報冒功。鼎臣具四大艦，載所獲夷級衣械及擊碎船板送核，事乃白。時朝廷已覆命宗室尚書耆英為欽差大臣入浙，並署杭州將軍。耆，滿洲親貴，為一時庸劣之尤，足以顯清室之王氣已盡者也。三月二十七日，英軍棄寧波北犯，奕經遂奏收復郡城，旋又棄鎮海，未及誇張克捷。乍浦已於四月初九日失守，駐防副都統長喜投水死。駐防橫暴，平時已與土人不洽，至有警，更多所指摘，謂為漢奸，於調集助守之福建水勇亦凌辱之，戰時遂舉火為內應。英水兵登岸，頃刻而城陷，平湖、海鹽大擾，會城亦戒嚴。事聞，以乍浦頃刻潰散，皆余步雲屢走屢失城池，未議重譴，有以倡之。始奉嚴旨拏解治罪；久之，至歲杪乃伏法。鴉片之戰，失律逃潰者相望，正法者止步雲一人。當時朝議，能卻敵者，既以挑釁得罪；其逃避者，自應以彌釁邀賞，則步雲之見法亦冤也。

浙撫劉韻珂，以煦煦為惠，得民心。浙中軍事，有大將軍、參贊及欽差輩先後坌集，責亦不在巡撫。其竭力贊和，惟恐失敵意致敗，則不可掩。然民乃諒其弭禍，亦頗感之。伊里布之再來，韻珂所請，專為議款。乍浦既失，伊里布詣英船商款事，英人氣驕甚，無成而返。韻珂意鄭鼎臣輩屢獲英俘，未還俘，故仇不解，乃奏出所獲白黑夷於獄，載送乍浦，則英又棄乍浦，虜其軍資去矣。追送鎮海，俘還

船不謝，受俘者亦默無一言以復。五月己酉朔，朝命乃以伊里布賞四品頂帶，署乍浦副都統，而英船於是日已泊吳淞。江督牛鑒以辦防駐海口。初三日，英攻寶山。至初八日，提督陳化成在南門外海迎戰，炮沉英船二，折一船檣，英船以炮彈火箭，焚及民舍。牛鑒方與化成分守海口，炮彈落其近處，失色退走還城，所督諸軍從而皆潰。英軍大進。余步雲舊部徐州兵先遁，化成余親軍不及百，為夙所訓練，隨化成不退。化成手燃巨炮擊賊，臨危猶破一舟，中炮遽卒。鑒遁而城亦陷，駐上海文武官皆走松江。英船隨入上海，城已空矣。十四日，更向松江，先奉調來援之壽春鎮總兵尤渤，沉船塞港，置炮相拒於城外八里之地。英兵亦緣道示威，無意深入，被拒，遂退出吳淞，改駛長江口。六月七日甲申，牛鑒奏請仿照乾隆年間征緬罷兵事，准予英人通商。奉批：「中伊里布之害不淺矣，曷勝憤懣。」又批：「朕之用兵，實出於萬不得已。若將征緬之事比擬，事不相類，擬甚不倫，想卿必為伊里布簧惑矣。朕愈加憂憤。儻將士有所窺伺，稍有解體，將成瓦解，可設想耶？總因朕無知人之明，自恨自愧。」先是，寶山失守之報至，朝命伊里布、耆英馳赴上海，會同牛鑒籌防堵。至是，又命伊里布回乍浦副都統任，止留耆英會辦防剿。其時江防蕩然，英船已過江陰、瓜洲抵鎮江矣。牛鑒遁還江寧，京口副都統海齡守鎮江，忌漢人，謂有漢奸，搜索騷擾。參贊齊慎、提督劉允孝以兵至，亦拒不延入。相持二三日，英軍梯陴而上，鎮江陷，海齡自縊，家屬多殉。江寧相距，一日可達矣。

　　樸鼎查先奉英王命，仍赴天津請議約通商，故由寧波迭退而北，闖吳淞，闖長江，皆視可侮而取勝以壯聲勢。既陷鎮江，其部夷馬理遜者，其父為貢使，曾至北京，父亦名馬理遜，當時謂之秧馬理遜，自命為知中國地理政事，進言於樸鼎查，謂江寧為南北咽喉，踞以要挾，無不得志；或且揚言將沖挖高家堰堤，壞河防，阻運道，北京必

洶懼，勝往天津。朴鼎查從之，令諸船齊進。一路聲炮，焚毀瓜洲、儀徵所有鹽舶商船殆盡。以六月二十八日，集船八十五，逼江寧城。伊里布以議款情熟，仍具奏馳抵江省，其先既奉有「設法招撫，許便宜行事」之旨，遣其家僕張喜赴英船，以候款開導。英果不攻城，但責成議甚亟。初六日，耆英亦至，復遣員與張喜再詣英船。朴鼎查用馬理遜預議：索三千萬圓。稍減為二千一百萬，以六百萬為補償煙價，三百萬為續還舊商欠，千二百萬為軍費。本年先交六百萬，餘分三年帶交。又索香港為彼商僑居地，廣州、福州、廈門、寧波、上海五口為通商貿易地。稅項公立章程，遵中國例則徵輸，先占廈門、寧波、鎮海、定海、乍浦、寶山、鎮江各城岸，俟五口通商即退還。貿易各口設關，自設領事官經理。貨至，責成領事官赴關納稅。裁去官設行商，由來商自行交易。彼國官至，與中國官用平行禮。及事後彼此釋放俘虜。語畢，即促歸商定。委員佐領塔芬布等還報，當事以不但悉如英初意，且所索更奢，遷延不敢覆。更往返議擬，英船已易白旗以俟，忽於初八日夜令易紅旗，約次日復開仗。謂聞之諜者，中國用緩兵計，實調兵來決死戰也。

　　總督、欽差急遣布政使黃恩彤，借前委員侍衛咸齡見英帥，開誠告以無他，並一切勉循所請，船眾歡呼。於是牛鑑、伊里布、耆英會奏言：「夷逼金陵，情形危迫，呼吸即成事端。根本一有挫動，鄰近如安徽、江西、湖北，皆可揚帆直達。所請雖貪利無厭，而意但在求市地通商，尚非潛蓄異謀可比。與其兵連禍結，流毒滋深，曷若不惜巨費，以全大局。所索紋平七折銀一千四百七十萬兩，商欠折二百十萬兩，行令粵商按數歸還。本年先交四百二十萬，就將揚州商人現給之五十萬圓扣抵外（英攻鎮江，揚州鹽商賂以五十萬圓，稱犒師，祈勿過江擾累），令江蘇捐備百萬，再擬於浙江、江蘇、安徽三省庫存，及關徵粵稅庫通融借撥；其餘三年帶交，歲不及三百萬（計數實應歲

三百五十萬，故意輕減，為掩耳盜鈴計），彼國貨稅既新加饒裕，可以作抵（此則甚確），較用兵費實不及三之一。至廈門，夷雖退，尚未收復；香港、古浪嶼、定海、招寶山，則仍據守未退。與其久被占踞，不若歸我土地。既願遵輸稅課，即屬悔過向風。此後彼因自獲馬頭，我即藉以捍蔽海疆，以為國家之利。所請與官講平禮，虛文本可通融。事定後，亦應釋俘囚以講和好，寬脅從以安反側。」附單詳載條款以聞。奏入，帝甚怒。穆彰阿委曲曉譬，為東南數百萬民命強為抑遏，加恩勉如所請，而諭令反復詳議，永消後患。耆英等同詣英船，與立和約十三條、善後事宜八款，鈐以關防。海關丁書巡役陋規，亦悉予禁革。八月初十日，恭值萬壽，英官仰祝純嘏，虔請代奏。英船以八月二十五日出江入海，諸帥設餞於正覺寺而去。此所謂壬寅《白門約》，即所謂不平等條約之第一締結也。

第八節　鴉片案究竟

鴉片案之賠款割地，戰敗以後事也。所異者，當時歐亞交通之難，兵艦炮械亦遠非後來堅利之比，中國以毫無設備而敗。若稍講設備，則如林、鄧之辦海防，亦頗使英人卻顧。惟海岸線長，不能得復有如林、鄧者二三人。又奸壬在內，始以忌刻而欲敗林，繼則務反林之所為，並譴及力能卻敵之鄧，乃至並譴及禦敵獲勝之達洪阿、姚瑩。此皆滿首相穆彰阿所為，而漢大學士王鼎至自經以尸諫，請處分首輔，而為首輔所抑，竟不得達。林則徐褫職，裕謙奏請入浙勷辦，則必令遠戍伊犁，惟恐其禦夷有效。王鼎再留則徐助塞河決，又力促其赴戍。鼎至以死冀一悟君，而卒為穆黨所厄。宣宗之用人如此！至歎息痛恨之伊里布，卒倚其與英人情熟，使卒成和議。琦善既議斬而復大用，耆英則議和之後專任為通商大臣。蓋帝猶遵祖制，重任必歸

滿洲。滿洲無非庸怯，帝亦以庸怯濟之，以乞和為免禍之至計，故口憾之而實深賴之也。王鼎尸諫之事，《國史》不載，私家紀之。《清史稿》乃直書於鼎傳，蓋據湯紀尚之《書蒲城王文恪遺事》、陳康祺之《郎潛紀聞》。康祺又取證於孫衣言之《張芾神道碑》，此亦道光間一大事。

湯紀尚《書蒲城王文恪遺事》：「樞相穆彰阿秉政，張威福，尤深嫉兩廣總督林公勛名出己上，乃巧構機牙，媒蘗其短，以觸上怒。由是林公罪廢，虎門防撤，海氛益熾。逮公逼朝奏對畢，痛陳御座前，力諍不可得。退，草疏請罪大帥，責樞臣。懷疏趨朝，待漏直廬中。燈火青熒，遽自縊暴薨。疏卒遏不上。朝野駭愕，事隱秘，莫測其端。……惜乎，公子孫下材，無以成公志，使公之曲艱隱憝，卒幽隱而不彰也！」

陳康祺《郎潛紀聞》：「蒲城王文恪公鼎，為宣宗朝名宰相……值西夷和議初成，公侃侃力爭，忤樞相穆彰阿。公退草疏，置之懷，閉閣自縊，冀以尸諫回天聽也。時軍機章京領班陳孚恩，方黨穆相，就公家減其疏，別撰遺折，以暴疾聞。設當時竟以公疏上，穆相之斥罷，豈待咸豐初年！葸爾島夷，知天朝有人，或不至驕橫如此。……康祺初入京，聞老輩言是事，猶以為未確，不敢遽筆也。嗣見馮中允桂芬《顯志堂集》有公墓銘，稱公自河上還，養屙園邸，行愈矣，卒以不起。詞意隱約，殆公後人諱言之。朱侍御琦記公事，亦言一夕暴卒。頃見孫方伯衣言所撰《張文毅芾神道碑銘》，……又云：『巘巘蒲城，深臏太息。閉閣草奏，忠奸別白。疏成在懷，遂縊以絕。或匿不聞，聞以暴疾。』則情事昭然矣。」

吳增祺《清史綱要》：「道光二十二年五月己酉，大學士王鼎自殺，予諡文恪。鼎自河防歸，為遺疏數千言，極言穆彰阿等欺君誤國之罪，並薦林則徐可大用，遂服藥自盡。穆彰阿使人以危言恇其子，竟

不得上。」

此皆為《清史稿・王鼎傳》所本。吳增祺，閩人，或得諸林文忠之後。言使人以危言悚其子，與湯紀尚所云「公子孫下材，無以成公志」其說合。後文宗初立，宣示穆彰阿罪狀，不及王相尸諫事，蓋遺疏既改上，官書中無此一事矣。

《白門約》定，牛鑑革職拿問，以耆英為江督，而以伊里布為欽差大臣、廣州將軍，辦理善後事宜。奕山、奕經、文蔚，均議斬候；後仍大用。是年十二月，耆英奏英吉利控訴臺灣鎮道，妄殺遭風被難洋人。蓋樸鼎查於約成後交換俘虜漢奸，始知臺灣所俘先已正法，無以對所部，遂冀洩憤於鎮道。奏入，命怡良渡臺查辦。怡良以欽差兼署閩督，臺灣為轄境，戰勝由臺專奏，怡良心嫉之，兼體樞臣意媚夷，遂證成夷訴，逮鎮道入都下刑部獄。輿論譁然，尋釋之。二十三年二月，伊里布卒於粵，贈太子太保。三月，以耆英為欽差大臣，赴廣東辦理通商事宜。先是，法、美等國皆在粵通商，燒煙之役，二國頗居間和解，且不直英之所為，示善意於中國。英約既成，美、法求援例，未允。英得香港，欲使諸國市舶就彼按船抽鈔，而後入黃埔輸稅中國。至五口，亦如之。美、法皆大憤訝，英始不敢持前說。而法、美以必得中國許援英例五口通商，耆英奏許之，自後援例者紛起矣。

通商非辱國也，中國當時則以為不得已而允之。《白門約》十三條，其於賠款割地，乃城下乞盟，一時之事。其於通商，英人亦尚未知以不平等束縛我也。不過以中國不用平等相待，於優待儀式爭平等耳。在本有外交之國，彼此立約，從無需此。英人與中國約，自不能不及此。官立洋行之勒索，關署胥役之徵求，英人所視為創巨痛深，國家亦本不當為此黑暗。若照《白門約》通商範圍與各國訂定，原無不平等條約發生。其不平等者，中國君臣強要之，使英人不得不覆，而後節節授以侵占之便利。然其初英人且有不願承受之端，覆辭責中

國官不應退讓至此者。略舉如下：

> 傳教在西國實非惡意，且確有利益於人。中國從前視教會為蛇
> 蠍，深信挖眼采生等說，以為西人技術之神，必藉人眼人胎等
> 物以濟其惡，教堂即收集此等物之機關，因而謂傳教之訂入約
> 章，亦始於《白門約》。今檔案具在，《白門約》十三條中無有
> 也。而《中西紀事》言之，近劉氏《續清考》亦載之，殊失檢
> 點。傳教入約，自咸豐八年始，自此中國受教案之害者數十
> 年。非無駐外之使節、留學之學生，於教案之癥結竟無人了
> 解。至清末大批留學日本，法政之書嫻習者眾，始知教士本無
> 干政之理，奸民無復倚教為惡之緣，於是教案截然而止，信教
> 者反多上流人士，此亦外交知識之一進步。

　　《條約》十三條，與《善後事宜》八款，原非同時所定。自定約奏
聞，奉旨指出顧慮各節，著耆英等向該夷反復開導，不厭詳細，應添
注約內者，必須明白簡當，力杜後患，萬不可將就自前，草率了事。
於是耆英等與朴鼎查再定《善後事宜》八條，乃中朝求商於英而加訂。
名為章程，尚非條約。至咸豐八年，《中英續約》第一款，乃言壬寅年
七月二十四日，江寧所定和約，仍留照行；廣東所定《善後舊約》並
《通商章程》，現在更章，既經併入新約，所有舊約作為廢紙。則英人
所可執為侵占之根據者，併入約中，並廢前日之補充非正式之文字
矣。因既作廢，外務部公布之條約中遂不見此八條原文。今惟《夷氛
紀聞》獨存之。逐條皆中國向英要求，而由英酋照覆允行之語。總
之，國際知識太淺，遂至無事生事。自以為不厭求詳，正所以畫蛇添
足也。八條為他記載所不具，錄以見當時外交真相。其形式蓋為八項
照會，每一項一去照一來照也。

——廣東洋行商欠。除議定三百萬圓，官為補交外，此後英國自投之行，即非中國額設行商可比。如有拖欠，止可官為著追，不能官為償還。查此項業據該夷照覆：嗣後通商利害，均由自取。若有欠項，由管事官呈明內地官著追，萬不可再求官為償還。

　　此為第一款。洋行商欠，並非官為擔保，本不應官為償還。以後所謂洋行，且由洋人自設。即其時洋人尚未定自設洋行，洋貨或需華商百貨行代售，更屬商民貿易常例。因其關涉外商，遂由國家於常法之外特別加以聲明，希冀解除責任。其為畏洋人如虎狼之心理，烏得不引狡猾西人生心。

——和議既定，永無戰爭。所有廣州、福州、廈門、寧波、上海五處，止可貨船往來，未便兵船游弋。其五處之外，沿海各口，及直隸、奉天、山東、天津、臺灣諸處，非獨兵船不便往來，即貨船亦未便貿易。均宜守定疆界，以期永好。查此款業據該夷照覆：一俟《五港開關則例》頒行，即由英國君主出示，曉諭英民，止准商船在五口貿易，不准駛往各處。至該國向有水師小船數隻，往來各口，稽查貿易，亦當協同中國地方官，阻止商船，不准他往。並請中國地方官嚴禁華民，除議明五港外，不准在他處與英商貿易。

　　此為第二款。既有五口通商之約，他口之不通商已明。多此詞費，卻輕輕將兵船游弋引入，且並不阻止。正緣英人謂兵船之來，乃協同中國官阻商船他往，中國官不敢與外商煩言，反有借重外國兵船之意。英早已窺之矣。

——既經和好，各省官兵應撤應留，須聽從中國斟酌。其內地炮

臺、墩堡、城池業經殘毀者，均應次第修整，以復舊規，實為防緝洋盜起見，並非創自今日。英國既相和好，不必有所疑懼，或行攔阻。查此款業據該夷照覆：以上各事宜，均聽中國斟酌修整如舊，係屬正辦，英國斷無阻止之理。蓋此次和好，惟賴中國誠信踐約，而英國亦當專心以信守為務。

> 此為第三款。中國竟不敢自行修復軍備，且不敢增減兵額，請示於英國而後定，則早放棄其獨立自主權矣。英在當時不願再開玩笑。設若作難其間，宣宗之為君，穆彰阿之為相，耆英之為欽差，其驚惶哀乞必有可觀者矣。

——廣東、福建及浙江等省，距江寧較遠之處，不知和好資訊，見有英國兵船駛入，或相攻擊，均須原情罷戰，不得藉為口實，致乖和好。查此款業據該夷照覆：兩國和好消息，業經由火船速行曉示，所有英國水陸軍師自必與中國兵民互相友愛。倘有攻擊之誤，未足為仇。惟求臣等速將議和情由，飛行各省一體知照，免起紛爭，更屬欣幸。

> 此為第四款。廣東等三省有伊里布、祁塡、怡良、劉韻珂等在，自無向英攻擊之事，而猶必請英國不復藉口攻擊，其情如繪。

——和好之後，付給本年所交銀兩，各兵船自應退出江寧、京口；即福建、廣東、浙江等省停泊兵船，亦須約定同時退出，散遣歸國，方堅和好。其定海之舟山、廈門之古浪嶼，據議仍留英兵暫為駐守，但不便多駐兵船，致中國百姓暗生疑忌，與該二處通商之事，轉

多窒礙。所有每處泊船若干隻，自應預為申明，以示限制。查此款業據該夷照覆：俟本年銀兩交清後，所有兵船自應退出江寧、京口等處。其他省停泊船隻，除舟山、古浪嶼二處酌留兵船數隻管理貨船，及香港仍須留兵駐守外，其餘均可遣散歸國。蓋留兵於他國，未免重費。英國意在省費，必不多留兵船。中國不必多慮，致傷和好。

　　　　此為第五款。

　　　　——舟山、古浪嶼泊有兵船，須令帶兵官約束兵丁，不得侵奪民人，致乖和好。並聞古浪嶼所泊兵船，曾有攔阻中國商船扣收貨稅之事。此時既經通商，應令各兵船不得於中國商船再行攔阻抽稅。查此款業經該夷照覆：各處兵船，本應帶兵官嚴為約束，此時和議已定，尤當彼此親愛。所有攔阻商船，即行釋放，不得再行抽稅各情，早經行文各處曉諭在案。嗣後倘有不遵，致有侵奪攔阻情弊，即當嚴行訊究，不致有乖和好。

　　　　此為第六款。

　　　　——英國商民既在各口通商，難保無與內地居民交涉訟獄之事，立即明定章程，英商歸英國自理，華民歸中國訊究，俾免釁端。他國夷商，仍不得援以為例。查此款業據該夷照覆：甚屬妥協，可免爭端，應即遵照辦理。

　　　　　　此為第七款，當時為英人夢想所不到。不自意處人法律管轄之下，竟能不受管轄也。是為領事裁判權之由來。領事裁判權，乃日本所定之名，舊譯作治外法權，謂統治之外能行使法權

也。英所未請，中國強予之。英人報以「甚屬妥協」四字，不平等之禍，遂延至今而未已。日本對歐洲交涉，初沿我弊，甲午戰勝後乃爭回。我日夜痛心不平等條約，當時則推出此權以為得計。蓋官畏夷，而不敢臨其上以損威重；士大夫則以夷狄為禽獸，不屑以中國之法律治之，聞此損權之條件，亦未嘗以為非也。故許英通商，彈劾者紛起；贈人領事裁判權，反歷久無詆斥之聲也。

——內地奸民犯法應行究辦，若投入英國貨船、兵船，必須送出交官，不可庇匿，有違信誓，致傷和好。查此款業據該夷照覆：內地犯法奸民，若投入香港及英國貨船、兵船，即行送出交官，斷不庇匿；其英國及屬國逃民、逃兵，若潛逃內地，中國亦須送交英國近地理事官領回，以敦和好。

此為第八款。

後耆英以伊里布死，改調入粵，再訂《通商章程》九條，即咸豐八年《續約》所云《善後》及《通商章程》皆併入約文者也。《通商章程》無大關係，不錄。要之，此兩章程，今皆不見官書，惟恃《夷氛紀聞》存此耳。官中所存官修之《籌辦始末》亦尚不載，則《夷氛紀聞》所存之史料多矣。

其所謂強予英人而不受反遭斥者，《白門約善後》第七款以治外法權奉英，尚云「他國夷商仍不得援以為例」，則似有所靳於無約國人矣。乃後於咸豐八年《中英續約》附件中，又有去照稱：「其無約之國，本不應與有約之國視同一律，只以本大臣等未悉外國情形，不肯遽行立法防弊，合先奉商，再為定見」云云。英人來照則稱：「至於未

立條約各國民人，貴大臣來文詢以作何辦理。此語揆之本大臣，似難置答。何則？因有不歸本國所屬民人，諸凡作為，本國不任其責。除此，當立將茲款轉報秉政各大臣，奏候御覽外，合為先奉一詞：果在各口海關，派員曉暢練習著名誠實之人，徵餉皆從一律辦理，相待商民，毫無偏袒，諒貴大臣所指情弊，定必大半消除。來文所稱因貴大臣等不明外國情節，是以行文詢訪。思貴國原謂大邦，貴大臣職推大員，本大臣中懷敬慎，敢問中士大員何以必措不明外事之詞？泰西各邦，並無難達秘密之景，各國都城，人皆可履其地，恭遇大皇帝特派稱任大員，前往西土，命以凡有益於國體，保其無礙，應知之學，必得明了。本大臣不論別國，而本國則必以實心友誼接待。如留意博訪審察各節，任便諮詢通徹。由此兩邦永存和好之據，日見增廣，保全周妥矣。」

英人於無約國拒絕干預，且訓斥中國議約大臣如此。其時英、法、美三國同訂續約，前項商詢無約國人事，亦及法、美。法則覆言「有約之國，不與無約之國視同一律。貴大臣未悉外國情形，不肯遽行設法防弊，合先奉商，再為定見。本大臣查此甚屬有理。但刻下尚無定見，只可將貴大臣照會詳至本國，飭令法官之在無和約之國者，轉告無和約國之官，一一遵辦」云云。美則覆言「本大臣身為和好大國奉使之員，向知此事自應變通，然因稍有難行。今請將中國所能行者略為陳列。首應與討問欲立約之國定立條約也。前大呂宋即西班牙國，來求立約，而中國不允。今大西班即葡萄雅爾，亦已求取矣。使中國肯同定約，自當稍減無約之國。今姑無論，即任其仍前如是。本大臣尚有一法，可稍通融。按泰西各國公使，凡此國領事奉遣至別國者，若不得所往之國準信延接者，即不得赴任。今凡有稱領事，而中華國家或省憲地方官不肯明作準信延接者，彼即無權辦事。是則中國於此等兼攝領事，立即可以推辭不接。凡已延接者，亦可刻即聲明不

與交往。設有美國人兼攝無約領事，藉以作護身符以圖己益者，既屬美國之人，地方官可以直郤，不與延款。遇有事故，著彼投明美國領事，自應隨時辦理。間或美國人兼攝領事，而代無約商民討求地方官幫助申理等情，地方官礙於情面代為辦理者，亦可以對彼說明，並非職守理所當然，乃只由於情面而已。又若此等自稱領事，有與海關辦理船只飼項事宜者，地方官可郤以必須按照條約遵行之語。倘彼固執己見干犯制例者，中國或出於不得已，地方官自應用強禁阻。當五月二十日在天津時，本大臣照會桂中堂、花冢宰，以中國必須購造外國戰艦、火輪船只者，特為此故，足征所言非謬也」云云。據此，則法尚答以圓滑語，不過中含調笑；美覆詞則支節橫生，既為他國說項，請允通商，又稱無約國外商固執己見干犯制例，則有強權禁阻，先當購造戰艦。事勢誠然，然大出中國議約大臣虛中請教之意外。畢竟無約國人，任其投有約國領事或商人，皆可包庇，則不平等之領事裁判權，適為推擴至無窮盡之域而已。

　　道光中通商約雖成，士民洶洶，所嫉大抵非今日所謂條約之不平等，乃以夷入華地為大戚。傳言洋人如何無體凌人，亦未知其信否？粵人嫉夷尤甚，屢起紛糾。余保純為大府奔走款事，為粵人所嫉，事成乞病去。後任廣州府劉潯，因杖衝道之民於路，民遽訛言府署藏納英夷，遂聚而火其署，至藩司出為解釋，搜府無夷乃去。他口通商，英商頗通官署，照約講鈞禮。粵人則習見暹羅、越南貢使，隨貢物乃入領宴，必易中國冠服成禮，英人以夷服若入會城，視為中外大防裂矣。英商視粵垣城門為禁地，益欲臨門窺探，必為守門者斥退。若遇居民，必鼓噪聚眾，使之驚遁乃散；亦有闖入而輒遭毆擊者。城外則西人向本不全禁遊行，但此期日，得由洋行備通事導遊近處。約定後，洋行已裁，西人輒自適野遊獵，動輒與住民齟齬。二十七年夏，城西黃竹岐村有英遊船駛至，婦女見而嘩，村人畢集，英人舉槍擬

眾，眾憤激，殺三英人。時徐廣縉始任巡撫，為縛殺三人以償之。英人照會耆英，謂遊處必不能廢，應保後無效尤乃可。粵紳民持之，官亦無以應英人。先是，英人謂其國難宮院名勝地，他國人至，必導以遊觀為樂，豈有一城而客商不得瞻仰？時時訟言於督撫。耆英與巡撫黃恩彤患之，將以約宴為酬酢禮，他日非延請無緣自至；與約有所商，仍出城就之，以此為權宜兩全之計。未定期日，而省紳已聞之，具呈力爭，遂據以拒英人。英人曉曉不已，且據約謂可租地建屋，指地請諭民議租值。托詞阻止，則一再易地相要。彼不厭煩，窮於應付，婉轉商拒，仍以得許入城為請。且由香港運兵雜貨闖越虎門，入駐夷館近地，占居民房，要以必允。欲以兵逐之，則恐壞約啟釁，不逐則人心惶惶，乃預訂二年後入城之約。謂當於此二年間，調解紳民。英兵乃退。且報其國主，普告西人之商中國者，屆期觀禮。耆英於二十八年奏請述職，明年春即行，請以巡撫徐廣縉佩欽差大臣印署督，布政使葉名琛署撫。先英約入城期而去。二月，英領事以文來踐約，廣縉、名琛商拒無效，乃用紳民為後盾，鼓三元里之餘焰，就其已編團練之名籍，張惶用之。士紳人人以為夷夏大防在此一舉，一時而集至十萬人，武裝旗幟，如臨大敵。法、美顧商利，勸阻英人，入城之說暫輟。督撫奏報張其事，朝廷亦以為不世之偉績，與蕩平巨虜獻俘功等，封廣縉一等子爵，世襲，賜雙眼花翎；名琛一等男爵，世襲，賜花翎。粵垣官以軍功議敘，紳士許祥光、伍崇曜等皆優獎。督帶壯勇者三百七十餘人，有職者進一階，無則給以九品職。是為道光朝外交之一段落。醞釀至咸豐間，廣縉以禦粵變失機，褫職籍沒論斬，旋釋出從軍自贖，予四品卿銜卒。名琛以使相留督粵，英再請入城不允，為英所虜，居之印度一樓上，自署所作書畫曰「海上蘇武」，賦詩見志，日誦《呂祖經》不輟，卒於拘所。

第五章
咸同之轉危為安

　　清至咸豐朝，文恬武嬉，滿洲綺紈用事，伏莽遍地。清室本以八旗武力自豪，為英吉利所嘗試，而旗籍大員之奸佞庸劣無一不備。舉國指目穆彰阿、琦善，謂之奸臣。文宗即位，雖斥退穆相，琦善以下債事之旗員，仍以勛戚柄用。揭竿四起，以太平軍為蔓延最廣。國際應付尤荒謬，召鬧取侮，乘內亂方亟之際，挑激不已，致四國聯軍逼京師，文宗走避熱河，清之不亡如縷。其時講學問，研政治，集合同志，互相策勵，遂收救國之效。同治一朝，逐漸定。至光緒初，尚乘勝勢盡復新疆，且開設行省，矯正乾隆間旗人專為私利之習。一時名以中興，誠亦不愧。要其既危而獲安，非清之主德有汙隆，實滿、漢勢力之升降也。滿既必亡，漢既必昌，清若能順應之，與全國為一體，惟材是用，竟破滿、漢之限，則以二百餘年統治之名義，國人習為擁戴，君主尚有威權，重造一進化之國家可也。氣數有窮，女戎復作，中興之象，轉瞬即逝。然其旋轉之機，不可不審觀之，以知興亡之關鍵焉。

第一節　太平軍（上）

　　道光三十年正月十四日丁未，宣宗崩，大臣啟鐍匣，立文宗，改明年為咸豐元年，而洪秀全以三十年六月起於廣西桂平縣屬金田村。先是，二十七年間，廣西歲饑，本多盜，巡撫鄭祖琛不能戢，而湖南新寧有亂民雷再浩之擾。新寧與桂接境，桂盜回應，柳、慶、思、

潯、南寧、梧州各郡尤甚。按察使勞崇光捕治稍平。二十九年，新寧
復有李沅發之變，竄及柳、桂。三十年四月，逐回新寧就擒，而桂亂
愈熾。上年，匪首張家祥，官兵因不能捕獲，強為招安，餘黨四散勾
結，慶遠、柳州、武宣、象州、潯州、平樂，所在分股肆擾，以柳州
陳亞貴一股為尤悍。六月，祖琛出督剿，駐平樂。洪秀全以其時起，
未有名也。秀全籍廣東花縣，以嘉慶十七年生，師同邑朱九濤。九濤
倡上帝會，亦名三點會。秀全既與馮雲山同師之，旋九濤死，以秀全
為教首，時在道光中葉。至十六年，秀全及雲山至廣西鵬化山中傳
教，地在桂平、武宣間。秀全妹婿蕭朝貴，家桂平，與楊秀清比鄰。
秀全就桂平人曾王珩家訓蒙，與秀清相結，桂平韋昌輝、貴縣石達開
皆來入教，以拜上帝為名，各納銀五兩，為香燈資。入會不稱師，但
稱兄弟姊妹，示平等。秀清等兄事秀全，秀全又附托西洋耶教，以耶
穌為兄，名「天兄」，而撰天父名曰耶火華。官修《紀略》謂欲駕耶穌
教而上之，最上奉天父，未知信否？要其為非耶教正宗則可見也。

　　道光之季，兩廣群盜如毛，廣西尤遍地皆匪。秀全與秀清創保良
攻匪會，公然練兵籌餉，招收徒眾。官捕之，搜獲入教名冊十七本。
巡撫鄭祖琛不能決，釋秀全出獄。秀清率眾迎歸，招集亡命。貴縣秦
日綱、林鳳祥，揭陽海盜羅大綱，衡山洪大全皆來附，陰受部署者至
萬人。以歲值丁未，應紅羊劫讖。丁未為二十七年，後三年始以起事
稱。然其時官軍防剿，尚在修仁、荔浦諸股，未以金田村為意。八
月，調固原提督向榮於廣西。九月，以林則徐為欽差大臣，並命前雲
南提督張必祿，俱入桂會剿。十月，奪鄭祖琛職，命以則徐署巡撫，
則徐卒於潮州途次。十一月庚子，命湘陰告養在籍之兩江總督李星沅
為欽差大臣，周天爵署巡撫。是月，秀全等出犯平南思旺墟，官軍炮
擊卻回，戕巡檢張鏞。星沅飭隨張必祿來桂之總兵周鳳岐赴剿。時有
嘉應州客民與貴縣民哄，投金田。二十九日戰，官軍敗績，副將伊克

坦布等陣亡。咸豐元年正月初五日壬辰諭旨，始有「金田村賊為韋政、
洪秀全等，恃眾抗拒，水陸鴟張」等語。蓋秀全之名始見朝旨，韋政
即韋昌輝又一名也。

> 林文忠公為欽差，督剿廣西，時金田名尚未著。所見奏報，乃
> 象州竄修仁、荔浦之賊，為鄭巡撫剿而無功之股。其餘桂境奔
> 竄各股，不計其數。言官所謂「桂省郡縣，有賊擾者十之
> 七八」。當林任欽差時，未知有金田。即李星沅代任時，亦未必
> 注意金田。至思旺墟告警，始專員往剿，而主將陣亡，據明年
> 正月諭旨，有韋政、洪秀全之名，當即未敗時之奏報。自此金
> 田村洪秀全之名始大。《清史稿・文宗紀》：道光三十年八月丁
> 卯書：「洪秀全窺修文、荔浦，敕鄭祖琛剿之。」誤也。各紀載
> 皆言林文忠為剿秀全入桂，亦不確。

　　提督向榮自上年十二月奉巡撫咨調，由橫州回師專剿金田。金田
眾又出向大黃墟，榮進攻亦敗。秀全遂自稱太平王，是為太平有名之
始。後毀棄大黃墟，分向桂平、貴縣、武宣、平南等縣，入象州。三
月，朝廷又以事任重大，命滿大臣大學士賽尚阿為欽差大臣，率都統
巴清、副都統達洪阿，馳往楚、粵之交調度，賞遏必隆刀壯其行，隨
帶鎮將、員司及部庫餉銀甚盛。四月出都，李星沅又卒。未卒前，已
因病劇命賽尚阿往代，並命周天爵專任軍務，授鄒鳴鶴為巡撫。自五
月以後，官軍累報捷。八月，向榮戰敗，革職留營效力。達洪阿又
敗。巴清病歿於平樂。秀全乘勝攻永安州，閏八月朔日甲申，陷之，
遂建國號為太平天國。秀全稱天王，楊秀清封東王，蕭朝貴封西王，
馮雲山封南王，韋昌輝封北王，石達開封翼王，洪大全封天德王，餘
各稱丞相、軍師等職。是為稱太平天國及天王之始。

秀全既踞永安，出屯莫家村為犄角，副都統烏蘭泰稱敢戰，攻克之。以十一月合向榮等軍圍永安。二年二月，秀全潰圍東出，官軍不能禦。烏蘭泰陣擒洪大全，旋中炮亦卒。總兵陣亡者多至四人。大全送京師，磔於市。起事之渠，且最以通文事著，一出即斃。《紀略》言大全八齡能默誦《十三經》，陰自負，所傳詞筆當可信。若石達開之詩，往往與小說黃巢所作為合，或出附會。太平軍始終限於秘密社會知識，殆所親信者不足矯正之也。

秀全軍自永安突出，間道撲桂林。向榮疾馳先至，會同巡撫以下官守城，被圍三十一日，不下，越而北走。馮雲山、羅大綱先驅，陷興安、全州入湘。湘在籍浙江知縣江忠源，先奉賽尚阿調，募勇赴粵，是為湘軍出境剿賊之始，亦為湘書生學者以兵事自顯之始。既屢有功於粵。至是援軍不及，扼下游蓑衣渡擊之，斃雲山。太平軍棄船走道州，衡、永以安，長沙有備；而道州會黨大集。湖南固積亂之區，雷、李諸禍首皆入桂煽亂，是時由桂入湘，附合為一，太平軍勢益盛，要為嘉道間養成之莠民。而湘人之辦團成大功，亦由鄉里有急，自為弭亂計，久之而辦有經驗也。時在二年五月。自是迭破湘南州縣，官軍至輒棄之。七日，陷郴州，秀全、秀清等留據郴，蕭朝貴率李開芳、林鳳祥等直趨長沙，以七月二十八日至，巡撫駱秉章督官兵鄉勇力守。秉章方以賽尚阿劾其吏治廢弛內召，蓋使相督師，巡撫不善供應，有此劾也。新任張亮基至，縋城入；秉章亦奉命暫留城防。朝貴攻城，官軍擊之斃。秀全、秀清知朝貴死，急悉眾馳赴之。所率自入湘南糾合之煤礦山夫，善穴地，用以攻城，三發皆轟毀城垣，城中皆搶堵無失，秀全等夜引去。攻守歷八十一日，省城卒全。於是湖南遂為將帥勇丁根本地。亮基延左宗棠入幕，辦全省團練。團紳事有倚官力而辦者，皆以宗棠為內主，亮基遷總督，秉章復來，更專倚宗棠。屬僚以事上白，直曰「問季高先生」。湖南遂有兩巡撫之

說，而為異日謗禍所由來矣。

太平軍攻長沙不下，走寧鄉、益陽，殺追兵將領，掠民船數千，出臨資口，渡洞庭，抵岳州。提督滿洲博勒恭武先三日棄城走，太平軍入城，盡取舊存吳三桂軍械炮位，奪民舟五千餘，遂東下。十一月，陷漢陽；十二月，陷武昌，巡撫常大淳以下司道守令皆殉。時向榮追襲，壁城外洪山，日有戰捷。大淳閉城不敢應合，城遂陷。總督程矞采尚留衡州，褫職，旋遣戍，以張亮基升督湖廣。三年正月，太平全軍裹掠人民男婦約五十萬，船萬餘艘，糧械財帛充載，新舊徒眾夾江兩岸行，所過沿江郡縣縱掠，直至廣濟縣之武穴鎮，與欽差大臣江督陸建瀛相值。建瀛自上年十月被命出省防江、皖，募勇未集，率兵無幾，節節潰退。太平軍尾之，直向江甯省城。中途陷安慶，安徽巡撫蔣文慶死之。以正月二十九日，遍壘江寧城外。兵民方謀協守，而聚寶門米商所辦團練出隊赴敵，城頭炮傷練勇數人，遂駭散。布政使祁宿藻見之忿甚，嘔血死。二月初十日城陷，建瀛及同城文武多被戕。駐防據內城守二日，力竭皆殉。太平軍入城，遂以為都城。而向榮以二十一日追至，結營孝陵衛，成相持之局。是日，太平軍所封丞相林鳳祥等軍已東下陷鎮江，越二日又陷揚州。鎮、揚當時為最衝要，遂分據旁邑為南北梗。林鳳祥等率大軍北上，迭陷郡縣，留指揮曾立昌據揚城。向榮軍攻江寧，不能下其城，城內亦不能擊之使卻。江北官軍則絡續來會攻揚。湖北則張亮基檄郡邑辦團練，以捕治回應太平之群不遑。上游稍定，而湖南肅清土寇，曾國藩亦以辦團著矣。

國藩，湘鄉世農家，務耕讀，為學篤實，兼漢宋之長。講理學惟課躬行，不矜朱陸門戶；談考據，乃以《十通》為歸宿，重在制度損益，而亦不薄形聲訓詁之事；尤受文辭，以桐城為宗，而聲氣足掩方、姚以下。《十通》者，《九通》加秦蕙田之《五禮通考》也。以寡過克己，誠信照人，治身治心，而後治事、治政、治軍，皆有使人信

賴之原本。撥亂反正，擔負綦重，固非有厚重之度者不能勝也。由翰林累官至禮部侍郎。咸豐二年七月，丁母憂回籍。十一月，奉命會同巡撫張亮基辦本省團練。時太平軍已由湘入鄂，積年亂黨，未離巢翁附而去者，所在屯結。其羽黨散佈，地方官不敢詰。國藩以軍興法，十旬中捕斬至二百餘人，謗讟四起。毅然以不要錢自矢，閭閻稍安。羅澤南時以諸生講學，篤守程朱，國藩招與講束伍技擊之法，一以戚繼光《練兵實紀》為規律。參將塔齊布，雖旗籍而勇敢有膽識，方為提督、副將所忌，國藩為劾罷副將，奏保同治團事；且言如塔齊布出戰不力，臣甘與同罪。由是國藩所部為軍鋒冠者，塔、羅並稱。塔固所率偏裨多將材，羅挈其門弟子從軍，尤多為名臣儒將。若李續賓、續宜兄弟，若王鑫，皆其自始相從之最著者也。卒伍中拔楊載福、彭玉麟，亦以諸生而為富家司質庫，劉長佑以訓導，皆為國藩所敬禮。湘中人才，別有風氣，盡劃朝野承平積習。蓋湘人勛業，以國藩為中心，而奇傑所聚，最著者固為胡林翼、左宗棠。然澤南開湘中理學之大宗，顯儒者預人家國之實效，尤非但以一身為世棟梁而已。

　　《羅忠節公年譜》略言：「公幼貧，其尊人至不能具饘粥，勉從師讀。十九歲，應童子試，不售，始授徒自給。為學亦僅留心詞章。三十歲，讀性理書，遂究心洛閩之學。三十三歲，始補弟子員。三十四歲，著《周易・朱子本義衍言》。三十八歲，著《姚江學辨》。三十九歲，著《孟子解》。四十一歲，補廩膳生，改定《人極衍義》。四十二歲，著《小學韻語》。四十三歲，著《西銘講義》。四十四歲，著《皇輿要覽》。是年，湘鄉令朱孫詒舉公孝廉方正。四十六歲，是為咸豐二年，太平軍入湘，長沙被圍，湘鄉始辦團練，公與同邑王鑫、劉蓉任其事。鑫，公門入；蓉，公論學摯友，始仿戚氏法部署其眾，教之擊刺。

四十七歲，巡撫橓公與王鑫帶勇赴省，會曾公國藩辦全省團練。五月，奉橓剿桂東由江西上游竄犯之匪，於路先平衡山土匪，逐桂東匪遁退。六月，太平軍自金陵分軍犯江西，江忠烈公守會城，乞援湖南。曾公橓公往援，李忠武公續賓在庵下。六月，至江西擊賊有功。」

　　此為湘勇出援鄰省之始。澤南所至，無堅不摧，節制之師無能敵也。時國藩從郭嵩燾、江忠源議，以東南阻水，敵得掠民船，瞬息百裡，官軍無可邀截，軍行反有阻梗，非有舟師不得志。乃駐衡州造船、練水勇，計成師而後出。下游則金陵為敵都，揚州亦為敵據。欽差大臣向榮督和春、張國梁等營金陵城外，攻守相持，是為江南大營。欽差大臣琦善率直隸、陝西、黑龍江馬步諸軍攻復揚州，是為江北大營。太平軍以金陵大營壓都城而駐，多顧忌而不能卻，則分軍四出以擾之。遣丞相吉文元等由浦口至亳州，與陷鳳陽之林鳳祥合，遂入河南。朝廷又以直督訥爾經額為欽差大臣，會山東、西大吏合力防河。太平軍又遣豫王胡以晃等出安徽，再陷安慶，更遣丞相賴漢英、石祥貞攻九江、湖口，進圍南昌。江忠源時已官湖北按察使，奉命赴金陵大營，道聞南昌急，疾馳救。太平軍見楚軍旗幟，驚曰：「江妖來何速！」忠源入城助守，時出戰挫敵，飛書湘中乞援，時方五月。至七月，而羅澤南軍至，解圍。其在河南之太平軍，又渡河趨懷慶，攻城未克，走山西。以八月陷平陽，學士勝保統帥收復之。朝廷以勝保代訥爾經額為欽差大臣。太平軍由洪洞東趨，直入畿輔，踞臨洺關至深州。逮訥爾經額，命惠親王綿愉為奉命大將軍，科爾沁郡王僧格林沁為參贊，總統四將軍，督旗營察哈爾精兵，會勝保進剿；京師並設巡防所。是為太平軍直逼燕京之師。而太平所都之金陵，則亦為向榮所統之江南大營緊逼不舍，且亦間分其兵收復旁郡失陷之地。而太平

軍則以清中葉之廢弛養癰，伏莽遍地，地方官又積慣承平粉飾之習，所到即破，以故力不能摧向軍，惟有分軍旁突，使向軍自陷於孤立而撤退。既圍南昌未克，退趨九江，陷之，遂入湖北境。連陷黃州、漢陽。其踞安慶者，則由桐城、舒城向廬州。舒城有督辦團練之在籍侍郎呂賢基殉之。廬州則自安慶陷後，大吏僑寓以為安徽省治。江忠源既出南昌圍中，即由臬司超授安徽巡撫。聞廬州急，疾趨入廬城，所部兵僅數百，胡以晃以十萬眾圍之，拒守月餘，敵勢盛，外有赴援者亦格不能達，以十二月十七日城陷殉節。時林鳳祥等北上之軍，為僧格林沁等所扼，秀全乃命皖北之軍渡河入山東，以為河北之軍應援。鳳祥已進至天津，據靜海縣，以獨流鎮為堅壘地。四年正月，僧格林沁軍攻破獨流鎮，鳳祥南退河間之阜城。入山東之太平軍由金鄉破臨清，冀聲勢與相接。時在四年三月。旋為勝保克復臨清，退走冠縣、鄆城，至曹縣堅守。勝保追至，四月破之，逼入黃河，並緣道所追殺，此一軍自丞相曾立昌、許宗揚以下皆沒。而僧格林沁亦攻克阜城，鳳祥退連鎮，復分兵入山東，冀應合曹縣之軍；蓋未知勝保已肅清曹縣也。五月陷高唐州。是時太平軍之北上者，日退日蹙，而曾國藩之所治水陸軍已成。會湖北官軍由總督吳文鎔率以出剿，敗死於黃州，太平軍連陷德安諸郡縣，金陵復益師會之。溯江，復入湘，陷嶽州，至湘陰。舟集靖港，國藩與戰不利。太平已間道襲湘潭，益掠民船，將溯湘江通兩粵。國藩於靖港之敗，投水將殉，為人救起，乃派水師楊載福、彭玉麟等，陸師塔齊布等，急援湘潭。水師連戰，焚毀太平軍船六七百隻，斃者千餘，並退入湘潭城。四月初五日，陸軍克湘潭。太平軍水陸死者萬數，解散之眾稱是。以團勇克此大敵，湘軍之氣始揚，自信必可任征討之任矣。

　　太平軍之由漢入湘，越武昌而過，期得志於嶽州以上。曾軍既克湘潭，太平軍尚走陷常德，兵鋒至辰州。既知曾軍將規取岳州，湘中

太平軍皆退。先至岳，期扼守以阻曾軍。在漢陽者，亦渡江陷武昌。武、漢、岳州扼長江衝要，而肆掠於荊、襄間。曾軍於六月之杪以水師攻岳，七月初一日克之。陸路塔齊布軍亦陣斬太平驍將丞相曾天養。閏七月，復大捷於高橋，遂迭復通城、崇陽各邑。八月二十一、二十二兩日，水陸攻武、漢，同時並下其城。九月，克興國、大冶。十月，克蘄州。十一月，克廣濟、黃梅。十二月，方攻九江、湖口，而太平軍乘湘軍已至下游，突再入鄂。湖廣總督楊霈敗於廣濟，武、漢岌岌。五年正月，漢口復失，太平軍入襄河，迭陷各邑。湘軍回救，而水師之已入鄱陽湖者遂為九江太平軍所梗，不得出。別為內湖水師，調羅澤南移師，與水師相依倚，洗清江西腹地。而湖北荊、襄軍大敗。三月，武昌復陷，巡撫陶恩培死之。於是胡林翼署鄂撫，圖規復，湘人始有任地方兼兵柄者。前江忠源甫任皖撫而殉節，曾國藩有督師之名，至今尚困於江西，餉事握於各省長官之手，軍權由其自奮而有立，政權則未之屬也。林翼以湘中第一流，當武、漢兵事之沖，任全鄂地方之責。武、漢經三陷，百孔千瘡，至林翼之收武、漢，乃為第三次克復，遂能用為東征根本。察吏安民，以政事足財用，以一身系湘軍全域。問兵事，曰「惟我在」；問餉事，曰「於我取」。朝廷所置荊、襄等處欽差大臣兼湖廣總督滿洲官文，人尚長厚，而為清廷所倚，務交歡之，使不掣肘，有功則推與之。官文亦惟命是聽，結為兄弟，登堂拜母，相得無間。遂以其間出境督師，收復濱江九江、安慶各要地。敵於其時，猛撲鄂境，以撓後路，武、漢時有危機。林翼遣將赴援，卒不撤九江、安慶之圖，以終其事。向時積亂釀禍之湖北，林翼用之而為平亂弭禍之淵泉。以此與太平軍相角，乃非浮寄之軍。一切接濟，聽命於朝廷所置賢愚不等之大吏矣。其時直取畿輔之太平軍，亦於五年正月為僧格林沁攻破連鎮堅壘，擒林鳳祥送京師磔之。二月，復高唐州，餘眾退踞馮官屯，四月破之，擒李開芳

等。北軍盡覆，無復子遺。凱旋，撤大將軍、參贊大臣，京師解嚴，是為成敗大略可睹之一段落。

　　當秀全始下金陵，議圖河北，即詔丞相林鳳祥、李開芳等間道疾趨燕都，先東下破鎮江、揚州，為北上之路。羅大綱以懸軍深入為不然，且謂秀全不應安居金陵，委諸軍犯難而不顧。則林、李之全軍皆覆，即秀全輩之無志於中原，事載《清史稿》為詳。

　　《史稿・洪秀全傳》：「既都金陵，欲圖河北。羅大綱曰：『欲圖北，必先定河南。大駕駐河南，軍乃渡河。否則先定南九省，無內顧憂，然後三路出師：一出湘、楚，以至皖、豫；一出漢中，疾趨咸陽；一出徐、揚，席捲山左。咸陽既定，再出山右，會獵燕都。若懸軍深入，犯險無後援，必敗之道也。且既都金陵，宜多備戰艦，精練水師，然後可戰可守。若待粵之拖罟咸集長江，則運道梗矣。今宜先備木筏，堵截江面，以待戰艦之成，猶可及也。』乃遣丞相林鳳祥、李開芳、羅大綱、曾立昌率軍東下。秀全詔之曰：『師行間道，疾趨燕都，無貪攻城奪地糜時日。』大綱詔人曰：『天下未定，乃欲安居此都，其能久乎？吾屬無類矣。』」

　　此段據李秀成供。其北上之軍盡沒，果如大綱言。至東南必用水師，其識與郭嵩燾、江忠源同，而國藩能用之。大綱謂廣東拖罟船來，猶以拖罟船為可懼。其實拖罟之來，亦無甚效。湘軍乃取法戰船而自造自練，以湖南固水陸皆備，材木亦豐富之土地。定都可在金陵，但未宜高拱不出。後來之敗，俱如大綱言。故湘軍既成師，北伐又已絕跡，金陵城下終未能擺脫留攻之清軍大營。湘之人才，利用清廷二百年之威令，勝負之數頗可料矣。

第二節　太平軍（中）

太平軍時代軼聞，近日所得自外國者，率鄙誕無識，頗易為人所卑視。據《紀略》所載，及曾軍托武穴行營所據蘄州、田家鎮俘獲文籍編行之《賊情彙纂》，比而觀之，尚不及《清史稿》所敍，於太平尚有一時紀律可言，且刪汰當時官書醜詆之語，專明其治軍、治民之法，較為修潔，錄如下：

> 金陵建都，擁精兵六十餘萬，群上頌稱明代後嗣，首謁明太祖陵，舉行祀典。其祝詞曰：「不肖子孫洪秀全，得光復我大明先帝南部疆土，登極南京，一遵洪武元年祖制。」軍士夾道呼漢天子者三。頒登極制詰，大封將卒。王分四等，侯為五等。設天、地、春、夏、秋、冬六官丞相為六等，殿前三十六檢點為七等，殿前七十二指揮為八等，炎、水、木、金、土正副一百將軍為九等，炎、水、木、金、土九十五總制為十等，炎、水、木、金、土正副一百監軍為十一等，前、後、左、右、中九十五軍帥為十一等，前、後、左、右、中（九十五軍）師帥為十二等，前、後、左、右中二千三百七十五旅帥為十四等，前、後、左、右、中一萬一千八百七十五卒長為十五等，前、後、左、右、中四萬七千五百兩司馬為十六等，又自檢點以下至兩司馬，皆有職同名目。其制大抵分朝內、軍中、守土三途：朝內官如掌朝門左、右史之類，名目繁多，日新月異。軍中官為總制、監軍、師帥、旅帥、卒長、兩司馬，凡攻城掠地，嘗以國宗或承相領軍，而練士卒，分隊伍，屯營結壘，接陣進師，皆責成軍帥，由監軍總制，上達於領兵大帥，以取決

焉。其大小相制，臂使指應，統系分明，甚得馭眾之道。守土
官為郡總制、州縣監軍、鄉軍師、鄉師帥、鄉旅帥、鄉卒長、
鄉兩司馬。凡地方獄訟錢糧，由軍帥、監軍區劃，而取成於總
制。民事之重，皆得決之。自都金陵，分兵攻克府廳州縣，遂
即其地分軍。立軍帥以下各官，而統於監軍，鎮以總制。監
軍、總制受命於朝。自軍帥至兩司馬為鄉官。鄉官者，以其鄉
人為之也。軍帥兼理軍民之政，師帥、旅帥、卒長、兩司馬，
以次相承，皆如軍制。此外又有女官：曰女軍師、女丞相、女
檢點、女指揮、女將軍、女總制、女監軍、女軍帥、女卒長、
女管長，即兩司馬也。共女官六千五百八十四人，女軍四十，
女兵十萬。而職同官名目亦同。總計男女官三十餘萬，而臨時
增設及恩賞各職，尚不在此數也。

　　此為太平天國官制，當是初制。其後於侯爵之下更設豫、燕、
福、安、義五名，每名之上冠天字，天字上再冠一分別字，如承天
豫、頂天燕之類。此尚無有，故云初制。自丞相以上，皆為爵而非
官。官則各有司存，如殿前檢點，必云殿前掌某檢點。檢點、指揮、
將軍，皆朝內官。其軍中官及守土官，職有治軍、治民之分，而各級
名目無別。就其創制之意而言，不可謂非大有思想。朝官不用元以前
之三省總攝，亦不用明以來之七卿分治，有檢點、指揮、將軍之等
級。額定之外，復有職同之名，以濟額限之窮。其職掌，則據《紀略》
言，朝內官有掌朝、掌率、尚書、僕射、承宣、侍衛、左史、右史、
疏附等名。蓋名多法古，但各職不相統屬，乃漢列卿治事之意。

　　職同二字，文內已兩見。又據《紀略》言，更有職同、恩賞等
職。……封賞不時，改革不一。曾見有撰偽官表者，大率以節

令星辰肆意編造。一職有至三十餘者，爛羊都尉，灶下中郎，猶不足狀其惡態也。據此，則職同與恩賞並稱，猶古之所謂儀同耳。草創之朝，官職冗濫，不免因事因人，亦不足怪。

國宗當包括丞相以上凡有爵者而言。《賊情匯纂》中，全錄太平禮制稱呼原本。中一條云：「朕仁發兄、仁達兄稱國兄，嫂稱國嫂，慶善伯、續奎伯、元玠伯輩稱國伯，慶軒、紹衍叔輩一體同稱國叔，仁正兄仁賓稱國宗兄。元清、輔清四福、韋賓輩，一體同稱國宗兄。貴妹夫及後宮父母伯叔兄弟輩，一體同稱國親。細分之：後宮父稱國丈，後宮母稱外母，後宮伯、叔稱國外伯、國外叔，後宮兄弟稱國舅。」詳其文義，仁賓當是凡洪族仁字輩者，自仁正以下皆是，蓋非若仁發、仁達等近支。據《紀略》，仁發、仁達，秀全異母兄。恤王洪仁政與干王洪仁玕，俱秀全同祖兄弟。然則同祖以下之仁字輩，皆稱仁賓，即皆稱國宗兄矣。兄為太平全國通稱，惟耶火華稱天父。耶穌即稱大兄，而秀全自為二兄。《賊情匯纂》言：「壬子十二月，賊陷武昌。初十日，於臘馬場設高臺，賊日登其上，曰講道理，鳴鑼於市，命闔城人往聽。內有漢陽生員馬姓者，擠出人叢，挨至臺下，云有要言關白，賊目令其前，問有何說？馬生云：『爾才說之言，一派傷天害理，犬吠之聲，何道理之有！試問自有人即有五倫，爾賊頭於群醜皆稱兄弟，是無君臣；父子亦稱兄弟，媳亦稱姊妹，是無父子；男女分館，不准見面，是無夫婦；朋友、兄弟離散，是無朋友、兄弟。可謂五倫俱絕。即依爾所述，亦只有兄弟一倫。況舍親兄弟不認，而別呼他人為兄弟乎？如此悖謬，是真無用之狂賊也。』」據此，則講道理之時，即講明人類皆為兄弟之義。馬生所斥，主觀不同，不足深論。要之，太平國中盡人皆稱兄弟，在廣泛稱謂中，父子亦兄

弟之，固是事實，猶今言四萬萬同胞也。

四福之義，據禮制稱呼中，東王、西王之第二子以下皆稱萬福，南王、北王下不見此文，或是略之。則四福者，東、南、西、北四王之第二子以下。其長子則稱某嗣君千歲。又後增之侯以下五等爵，其第三等為福，或亦於此有關，今未能定。元清當是楊秀清，輔清為秀清之弟。韋賓輩則包括五王之兄弟子侄。一體同稱國宗兄，此國宗之義也。

軍中官與守土官，名目皆同，此尤有意義。守土治民之官，其於民人，亦以人數編制，是即《周官》比閭族黨之制。自鄉軍帥以下，悉用鄉人為之，是自治系統已成，戶口之調查亦確。領之以朝命之郡總制、州縣監軍，則州縣以上為官治，以下皆自治，與今各國制頗相合。

女官別編四十軍，是男女平權，女子亦服軍役。就太平制度論，皆謂其男女之別甚嚴，雖夫婦同居亦斬。咸豐五年正月，以舊人亦多逃，詢知為不准有家故，乃許婚配。此武昌馬生所謂男女分館不准見面者也。其有奸掠，乃初到未禁縱掠時。分館後則不然，此亦見紀律之嚴。

〈傳〉又云：其軍制，每一軍領一萬二千五百人，以軍帥統之，總制、監軍監之。其下則各轄五師帥，各分領二千五百人。每師帥轄五旅帥，各分領五百人。每旅帥轄五卒長，各分領百人。每卒長轄四兩司馬。每兩司馬領伍長五人，伍卒二十人，共二十五人。其陣法有四：曰牽陣法，凡由此至彼，必下令作牽陣行走法。每兩司馬執一旗，後隨二十五人。百人則間卒長一旗，五百人則間旅帥一旗，二千五百人則間師帥一旗，一萬

二千五百人則間軍帥一旗。軍帥、監軍、總制乘輿馬隨行。一
軍盡，一軍續進，寬路則令雙行，狹路單行，魚貫以進。凡行
軍亂其行列者斬。其牽線行走時，一遇敵軍，首尾蟠屈鉤連，
頃刻全集。敗則聞敲金方退，仍牽線以行，不得斜奔旁逸。曰
螃蟹陣，乃三隊平列陣也。中一隊人數少，兩翼人數多。其法
視敵軍分幾隊，即變陣以應之。如敵軍僅左右隊，即以中隊分
益左右，亦為兩隊。如敵軍前後各一隊，則分左右翼之前鋒為
一隊，以後半與中一隊合而平列，為前隊接應。如敵軍左右何
隊兵多，則變偏左右翼以與之敵。如敵軍分四五隊，亦分為
四五隊，次第迎拒。其大陣包小陣法，或先以小隊嘗敵，後出
大陣包之。或詐敗誘敵追，伏兵四起，以包敵軍。窮極變化。
至於損左益右，移後置前，臨時指揮，操之司令。兵士悉視大
旗所往而奔赴之，無敢或後。曰百鳥陣，此陣用之平原曠野。
以二十五人為一小隊，分百數十隊，散布如星，使敵軍驚疑，
不知其數之多寡。敵軍氣餒，即合而攻之。曰伏地陣，敵兵追
北，至山窮水阻之地，忽一旗偃，千旗齊偃，瞬息千里，皆伏
地不見。敵軍見前寂無一卒，詫異徘徊，伏半時，忽一旗立，
千旗齊立，急趨撲敵，往往轉敗為勝。其營壘，或夾江夾河，
浮筏阻山，據村市及包敵營為營。動合古法。每數營必立一望
樓瞭敵，守城無布帳，每五垛架木為板屋。木牆土牆，亦環度
板屋。地當敵衝，則浚重濠，築重牆。濠務寬深，密插竹簽。
重牆用雙層板片，約以橫木，虛其中如復壁，中填沙石磚土，
築二重牆。築物無定，或密排樹株，或積鹽包、糖包及水浸棉
花包，異常堅固。其攻城，專恃地道，謂之龜翻。土營而外，
又有木營、金營，組織諸匠，各營以指揮統之。其總制至兩司
馬，皆如土營之制。立水營九軍，以軍帥統之，但未經訓練，

不能作戰，專以船多威敵而已。

觀太平軍制，亦迥非烏合之比，蓋亦訓練成軍而後出。太平軍自言其起事在丁未，應紅羊劫懺，時在道光二十七年。廣西群盜方熾，而秀全輩直至三十年冬，金田始有官軍接觸，一戰而勝，遂不可制，其部勒固已甚久矣。惟水軍為虛名，恃據掠民船，結成巨幫，便運輸而壯聲勢。其船不能作戰，確系事實。湘軍水陸均練。水師一出，太平軍船艦遇即被焚。後江湖之險，惟湘軍利用之，此為太平軍最露短之一事。初都金陵，羅大綱言之而楊秀清不用，以此馳逐於東南水鄉，勝敗之數亦定於是。

〈傳〉又言：行軍嚴搶奪之令，官軍在三十里外始准據劫。若官軍在前，有取民間尺布百錢者，殺無赦。

觀此則搶奪令嚴，專防官軍利誘。去敵三十里即可據劫，非有要結民心之術。因糧於敵之說，不可行於弔民伐罪之時。若因糧於民，即與民為敵矣。

《紀略》：賊之所至，先貼偽示，令人貲送，首重來穀，次則銀錢珍寶，名曰進貢。給以字條，名曰貢單。云貼門首則賊不敢擾，人爭趨送，單貼門首為護符。殊不知後到之賊，稱屬別隊，照單復索，疊擾不已。最後則入室搜劫，罄所有而後已。更有專事搜括之賊，名曰打先鋒。每至一處，即肆意據掠，必招本地無賴為眼目，就富家大小，以次搜索。有預為埋藏者，亦十不免一。蓋賊傾水於宅，遇坎即入，從而掘之。有溝渠，則戽水以求，無不得者。是以逆氛所經，蓋藏如此。

太平軍因糧於民，確是事實。吾幼時聞諸年稍壯長之人，無不言之鑿鑿，與《紀略》言合也。

當咸豐五年，胡林翼既為湖北巡撫，從上游規復武、漢。時曾國藩所率水師尚困於江西，不得出湖口。而林翼急思得湘軍上將為助，請調羅澤南入鄂。國藩方倚澤南軍肅清江西腹地，而澤南以為武、漢不急復，不足圖九江，即江西之師終不得與外江合。自請行，國藩許之。會江西之義寧州被由鄂來之太平軍攻陷，澤南赴剿，以七月十六日克其城，而官文、胡林翼調援武、漢之檄至，遂由義寧入鄂。緣道皆太平軍據地，澤南連克通山、崇陽、蒲圻、咸寧，轉戰至十一月而達武昌。林翼亦從上游會官文督率楚軍，攻克德安府，又克漢川縣，與湘軍水師之在外江者楊載福、鮑超等均來會。林翼見澤南，以師禮事之極恭，事必咨而後行。羅門弟子李續賓、續宜兄弟輩，林翼與親密如昆季，是為湘楚會攻武、漢之師。

方澤南之赴剿義寧，曾軍正由塔齊布籌攻九江，力辟出江之路，而塔齊布忽於七月十八日驟卒。曾軍始起，稱將材者以塔、羅為首，羅既入鄂，塔又不幸，年止三十九，江西部曲稍弱，又增調湖南平江勇，以李元度等為管帶，由南康渡湖，攻湖口，克之，惟石鐘山未下，並復都昌。是時江南北兩大營亦尚能久駐，且亦分軍出剿，克復旁近郡邑，但亦旋得旋失。江中官兵亦有水營二：一為浙艇，泊焦山；一為粵艇，泊金山，然不足斷江南北太平軍之聯絡。蓋湘水師未下駛，太平軍所憚之粵艇不過如是。咸豐六年三月，揚州再陷，十餘日而復。太平軍於江南北四出攻掠，江、皖之間，城邑迭陷。向榮疲於援應，遂以五月失陷江南大營；賴張國梁力戰，保榮突圍出，退守丹陽，是為江南大營第一次敗退。向榮旋卒，朝命江南提督和春代榮。而其先湘、楚軍力攻武昌者，以三月初乘勝薄之，羅澤南中流彈入腦，傷重，數日卒，時官至寧紹台道。其部眾即由林翼派羅門弟子

李續賓接統，攻武昌如故。

　　向榮之卒也以七月，由廣西提督與太平軍相角，雖不能全捷，而尾追出境，直至太平所定都之金陵，攻守歷三年有半，使太平軍根本之地無一日釋警。張國梁，本廣東高要人，少習賈於貴縣。值太平軍興，已被脅附，令入向軍詐降為內應。榮察知之，而重其人，感以誠，遂真服，所向立功，與榮相處如父子。榮死，以軍事屬之，江南大營遂能復振，和春實受成而已。太平軍初聞榮已死，以為莫予毒也。楊秀清在軍中攬事過秀全，凡有誥諭，首署秀字，拆為禾乃二字。其文曰：「禾乃師、贖病主、左輔、正軍師、東王楊。」至是，遂令其下呼以萬歲。秀全懼逼，召北王韋昌輝、翼王石達開歸圖之。昌輝自皖先至，秀清招飲，即飲次刺秀清死，割而烹之，盡殺其黨。達開自鄂後至，責昌輝處秀清太過。昌輝怒，並圖之。達開夜遁，昌輝盡誅其母妻子女。秀全益懼，復與秀清黨共攻殺昌輝，傳其首招達開乃返。時同起事之五王皆盡，惟達開存，終覺為秀全所猜，未久復出之皖，而國梁之師已由丹陽日逼，時在六年八月。至十一月，胡林翼偕官文以一日間同復武、漢，水師乘勝下清江面，迭克興國、大冶、蘄州、蘄水等州縣。時湖南以曾國藩久困江西，由巡撫駱秉章募勇二千，遣國藩弟國荃往援。國藩諸弟國華、國葆，亦先以父命乞師於林翼，林翼予以五千人，先後由湖南入江西，收復袁州並旁近諸縣地，兄弟會於南昌。而上游水陸軍由武、漢捷後東下者，李續賓軍亦自大冶、興國入江西，克瑞州，遂攻九江。南昌已無西顧憂，國藩親至九江視師。續賓所統，即上年國藩所遣援鄂之師。轉戰各一年有半，至此方會。江南張國梁軍亦迭勝，克江寧諸屬邑，而太平軍以內變後勢又大蹙。七年二月，國藩丁父憂，與諸弟奔喪回。續賓浚長壕困九江，力攻又閱一年半，至八年四月乃下。

　　太平軍既不得志於畿輔，而金陵為定都根本之地，官軍留屯攻剿

不絕，勁敵惟有湘、楚，而長江關鍵，腹地門戶，武、漢而下，集中於九江、安慶兩城。官軍欲圖金陵，非克此兩郡城，不能固其後路。胡林翼既平武、漢，專意二城；太平軍亦以全力救護之。英王陳玉成率大兵屯皖、豫、鄂三省之處，結合撚匪為用，四出摧陷，冀解兩城之圍，尤注意武、漢，將覆湘、楚根本。李續賓既專攻九江，林翼亦率師出省，助之規劃。守九江太平貞天侯林啟榮力扼鄱陽、湖口，使湘軍水師入湖者數年不得出，國藩但力保南昌，分剿旁郡，以為鄂、湘捍蔽。七年二月，以父喪歸，准假三月。國藩連疏終制，乃開兵部侍郎缺，令守禮廬候旨。楊載福接統水師。時外江、內湖尚梗，湘軍雖一克湖口，然石鐘山太平壘仍堅踞，湖口終非官軍所能守。載福總理內外水師，時官提督，以彭玉麟為協理，時官惠潮嘉道。玉麟建議，拔石鐘山乃為克湖口，克湖口則九江自下。於是年九月，約外江進攻，內湖衝出，陸師拔臬司李孟群一軍，聲言開皖北禦玉成軍，繞山后攻其壘，水師攻其前，太平方悉眾堵禦，出不意焚其壘，遂克湖口。兩軍傷亡皆巨，為湘軍第一血戰。後國藩有石鐘山《昭忠祠記》記之。克湖口之日，為七年重九節。湖口下六十里為彭澤，江中有小姑山，太平築堅壘以守彭澤，與湖口共為九江聲援。玉麟既下湖口，計非拔彭澤小姑山不能取九江。林啟榮以善守聞，陳玉成則善戰，皆為國藩所極口稱道，而惜其為敵。玉麟於九月二十二日再克小姑山，並破彭澤，遂賦詩自喜，所謂「彭郎取得小姑回」之作也。內外水師既合，順流耀兵，直過安慶，至池州，破太平沿江各城壘，望江、東流、銅陵三縣皆復。旬日間轉戰千餘里，與江南水師營會。江南水師所用廣東之紅單船，久攻銅陵下流泥、汐兩壘，懸賞萬六千金購之，不能克。湘軍水師至，擲火彈入壘，適中儲火藥處，壘石迸裂，登岸剿戮殆盡。得其米六屋，悉推與紅單船，獎其久屯敵境。紅單船驟見湘軍旗幟，正驚愕，復見立破敵壘，又得厚賄，奇詫感愧。而湘水師

立回駐彭澤以攻九江，已名震各軍中，知水師無能及湘、楚者。而太平之無水師，雖踞長江南岸，無奈此中流之大敵何！官軍得水陸相依倚，即攻堅不難。太平軍所控濱江險要，設守亦不易矣。時江南軍張國梁復逼金陵，漸復向榮大營之舊。八年四月初七日，李續賓克九江，太平軍斃者至一萬六七千，得林啟榮屍於亂屍中，寸磔梟示。江西列郡風靡。太平軍退赴閩、浙。林翼指揮湘軍進規安慶。是為收復長江中游一段落。

第三節　太平軍（下）

　　曾國藩守制不出既逾年，九江下後，閩、浙告警。胡林翼趣起國藩，朝廷亦急於援浙，遂以咸豐八年五月二十一日乙未，即家召國藩起。始命赴浙，又改命援閩。蓋石達開自六年離金陵，橫行皖、贛境，至是犯浙及閩。國藩候命江西，未定所向，而廬州復陷，李續賓趨救陣亡，國藩弟國華偕殉。續賓以羅澤南門人，從辦團練，澤南死，代統所部，七年間克四十餘城，經六百餘戰。至是，歿於廬州城南八十里之三河鎮。廬州為安徽僑省，二年一失而江忠源殉。五年，江南軍復之，復為省會。太平軍以金陵敵軍漸逼，急取遠勢解危局，以七月陷廬州。適林翼亦丁母憂去，續賓以安慶後路所在，而三河又為水陸衝途，急攻之。太平軍陳玉成、李秀成、李世賢諸軍皆會救，眾至十餘萬。續賓軍止五千人，被圍血戰竟日，力竭陣亡，國華等從死者數十員。會達開回竄江西，福建、浙江回應之太平軍皆不振，官軍進剿，屢有克捷，而江、皖軍事轉亟。朝命急起林翼，並詔國藩統籌全域，規進取形勢。國藩遂於九年正月奏：「數省軍務，安徽最重，江西次之，福建又次之。計惟大江兩岸各置重兵，中流水師，三路鼓行東下，剿皖南以分金陵勢，剿皖北以分廬州勢，閩省則兵力足自

了。皖、豫撚匪與太平軍相結，能以馬隊衝鋒，請調察哈爾戰馬三千匹，赴營調練應用。」詔允之。方部署間，達開自江西窺知湘軍盡出，本省空虛，擁裹脅之眾十餘萬，由南安趨崇義，入湖南，陷桂陽、興寧、宜章各縣。巡撫駱秉章與湘紳左宗棠急召湘中假歸將士久習戰陣者，所在募勇設守，飛咨楚中。林翼乃分軍水陸援湘，自駐黃州固守，令圖皖之軍不受掣擾。達開方悉銳北圖犯鄂，鄂中援湘軍以李續宜統之。達開方圍攻寶慶，援軍屢挫敵。敵勢大，號眾數十萬，屹不為動。續宜後至，與劉長佑、劉岳昭諸將領決策大戰，解寶慶圍。達開南退，湘軍躡追，遂由東安、永明回桂。是時達開與金陵久隔絕，軍制官名皆有不同。俘獲中旗號名色，有統戎、佐旗、提審、通傳等名，皆太平軍向所未有。以九月犯桂林，湘軍劉長佑、蔣益澧、蕭啟江等躡至，擊走之。達開軍遂盤旋於湘、粵、桂之間。時江南軍屢克金陵城外要隘，太平軍出襲各郡邑以圖牽制。十年二月，由廣德趨安吉、武康，撲杭州，陷其城，旋退。巡撫羅遵殿等皆殉，滿城未陷。蓋太平軍圖解金陵圍，非力能取江、浙也。顧欽差大臣和春頗自謂克金陵在近，有驕意，援浙值敵退有功，兵分在外，餉又不繼，以四十五日發一月餉，太平軍驟乘之，自閏三月初七起，撲大營，張國梁拒戰數日，漸不支，再退丹陽，並陷溧陽、宜興，進圍丹陽大營。國梁受傷投水死，和春走常州，再敗退滸墅關，亦以傷重死。常州為總督僑駐地，總督何桂清遽率司道退蘇州，巡撫徐有壬不納，乃退常熟。士民守常州，數日城陷，蘇州繼之，有壬殉焉。於是由蘇而浙，東南糜爛。朝命逮桂清，加國藩尚書銜，署兩江總督，督辦江南軍務。國藩又與林翼會保左宗棠募勇赴敵。宗棠在湘居撫幕，負才氣，任天下事，巡撫駱秉章倚任專。會劾罷永州總兵樊燮，燮訐控於總督官文，以紳士把持官事為罪，官文檄宗棠赴鄂質審。樊燮者，湖北鍾祥人，樊增祥之父也。宗棠故高視一切，不為人下，秉章奉以賓師，

不受保獎。視湘中立功之將帥，指揮或加訓迪，以諸葛孔明自居，嘗稱「老亮」。而郭嵩燾之弟昆燾，亦以佐理幕府，稱「新亮」配之。以避督府威焰，出走至湘軍諸帥軍中。曾、胡乃奏請給京堂職名，獨當一面，是為國藩以督帥任地方，始有軍餉兼理之權。宗棠出幕府，為朝官，遂為封拜之初步。而太平軍事居勘定之功者，遂皆出湘軍或其所提掣，無有與之同功者矣。

　　江南大營之陷也，在十年閏三月十五日。時宗棠已避仇入林翼軍中，聞而歎曰：「江南營將蹇兵罷，不足資以討賊。得此洗蕩，而後來者可以措手，天意其有轉機乎！」林翼亦曰：「朝廷能以江南事付曾公，天下不足平也。」四月十九日癸未，朝命國藩署江督；翌日，宗棠奉賞給四品京堂，襄辦國藩軍務之命，促救蘇、常。時國荃已由林翼遣攻安慶，議者謂國藩當撤安慶圍師，先所急。國藩謂安慶關係淮南全域，即為克復金陵張本，不可動。身自渡江趨祁門，扼江西、安徽軍衝。以六月十一日至祁門，二十四日奉諭實授江督，並命為欽差大臣，督辦江西軍務。七月，英、法兵陷天津，八月，文宗幸熱河，國藩、林翼疏請入衛。會和議成，敕止北上，得專力對太平軍。國藩既駐祁門，太平軍在江南者，李世賢、李秀成、黃文金等，迭出江、皖之間，斷祁門餉道。宗棠率鮑超、張運蘭諸將轉戰，敵屢卻仍奮進，國藩大困。蓋自靖港初出時一困，鄱湖隔絕時再困，至此凡三困。十一年四月，乃移駐東流，與水陸相依倚，全域始活。時宗棠已以功擢三品京堂，補太常卿。國藩請改宗棠為幫辦軍務，俾事權漸漸屬，儲為大用。而江、皖經宗棠收復郡縣，太平軍漸退入浙。其在江北者，陳玉成以安慶為必救，家屬亦留居安慶，糾合太平諸將，從英山、霍山間道入鄂，擾安慶圍師根本。林翼先遣李續宜回援，繼自返赴急。國荃圍安慶之師，迄不分解。國藩亦身至國荃軍，商撤否便宜。國荃示以必可駐攻狀，日夜與太平軍之來援者血戰，卒不退撤。

是年七月十七日癸卯，文宗崩於熱河，穆宗立。八月初一日丁巳，國荃克安慶，是為肅清東南之基。時林翼久病咯血，力疾成此勝算，至二十六日，卒於武昌軍次，蓋猶及見安慶之捷也。至九月，國荃軍連克安慶以下沿江諸隘，駸駸直指金陵。十月十八日，朝命國藩統轄江、皖、贛三省，並浙江全省軍務。所有四省巡撫、提、鎮以下，悉歸節制。宗棠赴浙援剿，浙省提、鎮以下歸宗棠調遣。又諭江北軍將軍都興阿、皖北軍欽差漕督袁甲三，遇緊要軍務，均會商國藩辦理。國藩力辭，並請明降諭旨，令宗棠督辦浙江軍務，謂宗棠前在湖南，贊助軍謀，兼顧數省，實應獨當一面。奉諭不允辭，惟宗棠准自行奏事。

十一月，太平軍陷杭州，將軍瑞昌、巡撫王有齡皆殉。先是，浙江軍務猶命瑞昌為幫辦，至是，專待湘軍入浙，亦宗棠所謂洗蕩而後可以措手者也。十二月，詔授宗棠浙撫，李續宜皖撫。時江、浙淪陷，江蘇則江北僅保揚州以東里下河，江南僅保鎮江及上海。鎮江依水師而存，上海依洋商開埠而太平軍不願擾。浙江則浙西僅有湖州，為籍紳趙景賢所固守，而四面皆太平軍，孤懸隔絕。浙東則衢州一線為官軍由贛進浙之路。宗棠先平江西，進趨衢州，為綽有後路之軍。蘇則大軍尚在皖境。朝廷原意以國荃下援鎮、滬，規復蘇、常。國荃意金陵指日可達，攻彼都城，足致敵救，攻金陵正所以分蘇、常敵勢，使之易取。國藩壯之。其時上海為退守之官、避難之紳麇聚棲托之地，群推代表舉人錢鼎銘等，攜公函，籌雇洋商輪船，乞師於安慶大營，即以輪船迎載。又有蘇籍大學士翁心存奏言：「蘇、常紳民，結團自保，盼曾國藩如慈父母，請飭該大臣派援。」奉旨詢國藩，並詢國荃「安慶克後，回湘募勇，曾否回營？著速東下」。國藩乃定留國荃攻金陵，而薦幕下延邵建道李鴻章堪膺封疆重寄，請明詔令署蘇撫，赴滬圖進取。鴻章以道光二十八年丁未進士，入翰林。父文安，以刑部

郎中記名御史，其通籍與國藩同歲，故鴻章早以年家子師事國藩，國
藩賞之。太平軍既陷金陵，各省紛起辦團練，安徽以旌德籍侍郎呂賢
基為團練大臣，奉命擇人自助。鴻章方在籍，賢基奏留之，鴻章始從
戎。未幾，陳玉成攻陷皖北各郡縣，賢基在舒城殉，朝命江忠源撫
皖，國藩以鴻章可任事告忠源，而忠源又殉於廬州，遂從新巡撫福
濟，建議欲復廬州先取含山、巢縣，福濟授以兵，遂復二縣，時咸豐
四年十二月。福濟將以道員疏薦，而左右忌者爭擠之，遂輾轉無所
就。八年，國藩以奪情起，督軍江西，鴻章遂入軍幕，多所贊助。
十一年，安慶既下，議攻金陵、援浙、援蘇三大任。國荃願任金陵，
宗棠已由贛漸向浙，蘇為財賦重地，亦急於收復，遂委之鴻章。疏保
鴻章才大心細，可獨當一面，令招淮勇七千，以淮甸人健銳，且久為
太平軍出入地，習攻守擊刺者多。遂選鄉里帶勇之劉銘傳等數人，並
編修劉秉璋、舉人潘鼎新等為將領，並綜營務。弟鶴章亦從軍。又於
湘軍中選程學啟、郭松林等，用曾軍編制法成軍，是為淮軍與湘軍代
興之始。自此以國藩一身，總戡亂之成，而大功告蕆之基，悉定於是。

　　同治元年正月一日，詔授國藩以江督、協辦大學士。初四日，又
授國荃浙江按察使。倚畀之殷，加於往日。旋以軍中奏報較簡，諭詢
其故，並列款問當時要務，敕國藩及浙撫左宗棠、皖撫李續宜速奏。
國藩奏言：（一）國荃募勇，二月底可抵安慶，擬令進攻巢、和、含以
達金陵。楊載福回湘，因辰、沅有警，留湘防守，已催令先於二月回
營。（一）鴻章新募淮勇立營，另撥湘勇數營，二月可成軍，擬由陸路
赴鎮江。（一）攻金陵必腳根先穩。（一）潁州被圍，續宜派兵赴援。
（一）謀浙從衢、嚴入，現左宗棠屢獲大勝。（一）松、滬告急，擬借
洋兵防守。並陳奏報甚少之故：凡謠傳之言，未定之事，預計之說，
皆不輕奏。嗣後擬十日奏事一次，急則加班。諭又以「各路軍營，往
往以遊移無據之詞馳奏，本屬陋習，擬定十日一奏，有警加班，轉覺

拘滯，仍當毋失常度，力求實濟」。二月，國荃抵安慶，詔授江蘇布政使，並諭兄弟無庸回避。淮勇成軍，本擬由巢、含繞越金陵，從揚州達鎮江，而江蘇紳民備銀十八萬兩，雇輪船八艘來迎，遂以三月初八日由安慶分起開行，徑抵上海。旋奉命署江蘇巡撫。是月，國荃與弟貞幹，盡克皖境江北岸各隘，直破西梁山堅壘。四月，復南渡會彭玉麟水師，克太平府、金柱關、東梁山、蕪湖縣，於是金陵上游門戶盡闢。會皖北軍將軍多隆阿克廬州，陳玉成走壽州投苗練沛霖，沛霖縛獻勝保軍前斬之。玉成號「四眼狗」，久踞皖北，屢突上游，為安慶解圍，卒不可得。至是，為苗練所賣。苗練者，苗沛霖以練起，既擁眾，反側於官軍與太平軍之間。本諸生，自稱「老先生」，諸練目皆稱「先生」。久與玉成往來。玉成事急往投，遂為縛獻，因以為勝保功，而師事勝保，勝保之。為攻金陵之師去一後路患，未始非當時一功也。

五月初一日，國荃攻秣陵關，收降其守將，遂進逼大勝關。初三日，又奪大勝關，平三汊河壘。彭玉麟以水師助攻江心洲堅壘，又奪之，遂泊金陵之護城河口。國荃由陸路逼紮雨花臺。是為規取金陵之始。與向榮、張國梁時故壘略同；而上游穩固，各軍帥取遠勢相應合，則迥不侔矣。時廷旨尚盼鴻章至鎮江，會江北都興阿之軍並攻金陵，命國藩量其緩急。鴻章方以太平軍逼上海，軍初至，裝械皆遠遜洋兵。洋兵守衛租界者，稱常勝軍，頗笑淮軍之陋。鴻章思以戰狀雪之。五月初，乘洋兵小挫之後，鴻章、學啟以數千人戰太平軍聽王陳炳文、納王郜雲官之眾數萬，斬首一二千，解脅從數千，奪獲器械無算。洋兵大服，翕然聽命。鴻章因陳洋兵助防之難恃，舍滬赴鎮之非便，乃不復移師鎮江。國荃獨攻金陵，以雨花臺為最得形勢。山高，可俯視城內，而中窪，且平坦，可藏兵。太平軍竭全力守雨花臺城，國荃累攻未克。皖南鮑超等軍，累克寧國、廣德等郡縣，削金陵旁郡滋蔓之勢。宗棠漸收衢、處、嚴各郡邑，將向杭州。會江南大疫，攻

堅力戰之兵皆病，國藩疏陳危懼，乞派在京親信大臣來會辦。奉旨溫
慰，且言「恐朝政多闕，上干天和，非該大臣一人之咎」。其簡派大臣
一節，則諭以「環顧中外，才力氣量，無如國藩，非特在京無可簡派
而已」。蓋倚任專之至矣。是時，士卒方多死亡，而太平軍忠王李秀成
率蘇、常之眾二十餘萬至，堵禦歷十五晝夜，不得休息。侍王李世賢
率浙江數十萬眾繼至。雨花臺營被圍四十六日，穴地轟發數次，國荃
左頰中槍，將士獰目猱面，皮肉幾盡。軍興以來，無此苦戰。不得逞
而退，遂分掠皖南、北新復之地。國荃又分兵守東、西梁山以禦之。
蘇、浙兩軍迭有進取。十月，洋將美國人白齊文閉松江城索餉，遂至
上海大嘩，鴻章奪其兵，捕治之，裁常勝軍為三千人，以戈登、李恒
嵩同領，而白齊文遂投太平軍。久之，被獲於閩，解上海訊治，覆
舟，斃於水。

　　二年正月，宗棠肅清浙東各縣，並分軍會鮑超軍攻剿皖南，謂不
難攻取杭州，而難於杜其分竄，故先清旁邑，不急圖省城。鴻章自二
年克常熟，太平軍力爭之，累戰至二月乃卻。三月，詔授國荃浙撫，
以宗棠為閩浙總督，兼署浙撫。四月，太平軍欲解金陵圍，分股一由
徽、寧窺贛，一由和、含圍鄂。鄂中有撚匪回竄，皖北苗沛霖亦復
叛，與太平相結，氣焰頓張，將圍裏安慶以救金陵。賴鮑超援剿卻
蔽。鴻章亦克昆山，逼蘇州。國荃以是月克雨花臺城，及聚寶門外九
石壘。五月，會水師克下關、草鞋夾、燕子磯，並破九洑洲壘，長江
肅清。太平軍忠王李秀成率水陸號數十萬，援江陰，犯常熟，鴻章軍
大敗之。六月，鮑超軍逼扎金陵北面諸門。八月，鴻章克江陰，又大
捷於無錫，秀成痛哭去。失兩王，船百餘艘，死者萬眾。十月，鴻章
克蘇州。太平軍納王郜雲官等約誓於程學啟，斬慕王譚紹光首來降。
旋以雲官等擁眾要脅，誅之。事仍為學啟所主張。洋將戈登服學啟勇
略，交最密，至是以其殺降背誓，且設誓時已為證人，乃雲官輩所取

信，憤極，將與學啟哄，鴻章力解之乃已。論者則以為蘇城乃李秀成份地，秀成全力在焉，雲官約降，學啟本令圖秀成、紹光自效，雲官輩不忍於秀成，會秀成亦知蘇不可守，與紹光泣別他去，雲官等四王、四天將刺死紹光，擁精壯二十四萬而降。其眾自歃血誓生死不相離棄。八人者，要總兵、副將官，部署其眾，仍屯閶、胥、盤、齊四門，雲官且未薙發。學啟密白鴻章，設宴邀八人，即坐伏甲駢殺之。副將鄭國魁乃雲官所由以通學啟，先與雲官誓不相負者，亦怨學啟相賣，憤不食，臥三日，鴻章亦咎學啟太忍。學啟大怒，將引軍去，鴻章慰謝之。又欲慰國魁、戈登輩，令國魁為雲官設佛事，親詣祭吊，泣數行下，眾乃輯服。學啟固為地方弭變，為鴻章任怨，使鴻章得以情感轉旋其間，皆預定之機密也。未幾，學啟以蘇州軍收嘉興各屬邑。明年二月，攻嘉興府城，先登，中炮傷而殞，人猶有謂其應誓致殃及者。學啟，桐城農家子，始從太平軍，為陳玉成部。玉成奇其勇，極籠絡。學啟雅不願終事太平軍，國荃圍安慶，知其情而愛其材，地近學啟故鄉，求得其族媼往勸降，學啟諾之而事泄，率三百人逾城出，扣國荃弟貞幹壁門，大呼：「某來投誠，有追賊在後。戊納之，不信急擊我，無兩敗。」貞幹大驚，遽納之。太平軍殺□□妻子，懸首城上。安慶之克，學啟在國荃軍中功最，故鴻章□國藩選良將為助，商國荃遣學啟，強而後可。迨圍江寧事□又欲索學啟回軍，鴻章以淮勇成軍，最良者推學啟，不□後，彼此且有相尤相靳語。克蘇州後半年，學啟以傷卒。□中人而述其戰跡云。其歿，乃乞得其戰時大旗二，攜歸□□。

　　當國荃克雨花臺、鴻章規折贛，□□。達開蓄大志，能籠絡其秉章所擒斬，於是太平軍□西督師，官軍苦之。達開亦轉戰無下，自離金陵，頗欲□達開圖竄浙、閩，既而
所就。咸豐八年，

變計西向，盤旋湘、桂、粵、蜀、滇、黔諸省，皆不得志。以蜀為古來據地自王之國，尤出入不舍。自咸豐十一年四月，始由黔竄蜀。時駱秉章督蜀，剿蜀匪藍朝柱、李永和等，蜀中守備嚴，達開連犯不得逞。蜀匪未幾悉平，達開退走黔走滇，輒復入，官軍禦卻至五六次。至二年正月，復殲其犯寧遠之中旗將賴裕新；達開猶以圖蜀為志。四月，復渡金沙江走土司境，計避實而蹈其虛。秉章已策其必至，預懸重賞示土司，使抄其後；檄總兵唐友耕迎擊其前。達開將渡大渡河，河水暴漲，官軍復擊其半渡，死亡多。達開冕涉松林小河，冀遁瀘定橋入天全，復為土練所遏。土司自後偃古木塞路，糧罄路窮，奔老鴉漩，官軍誘擒送成都斬之。太平軍之別部，本可不與金陵同盡，乃反自趨絕地而先亡，則疆臣能事之效也。鴻章軍既克嘉興，已由蘇入浙，時在三年二月。先是，宗棠亦自肅清浙東後，師入浙西，由嚴州進克富陽，遂薄杭州，海寧自以城降，進復桐鄉，與由蘇來克嘉興之軍會。杭州太平守將聽王陳炳文知不能守，官軍急攻之，遂與出援餘杭之康王汪廣洋皆棄城走德清，時為二月二十四日。三月初四、五日，又克武康、德清、石門三縣。同時，鮑超軍由東壩進克句容，旋收金□，鴻章軍由蘇州進攻常州，四月六日未時克其城，與咸豐十年失陷常□同日同時，時以為異。自是蘇、浙之間無堅城，江寧旁近諸邑迭下□□□□平軍所謂天□□軍苦戰江寧城下，自正月二十一日克鐘山石壘，即太與原扎洪山、□□城圍遂合。蓋天保城既克，於太平門外築二營，蘇、浙、皖南及西路相應，堵神策門大路，城內外援應始絕。死，埋屍宮中，秘□□復層遞進逼，秀全遂以四月二十七日仰藥天王位。子年十六，□□可不可復秘，諸王號酋帥共立秀全子襲名，名下並列二小字「真□」□□秀全生時即號之為幼主。其刻印稱報皆稱太平幼主為洪福填□□□「福填」二字相連為名，一時軍□□□□□□□□□書不改。後就獲日供於江

西，乃得其說，然洪福填之名猶流播也。太平軍既立幼主，人心尚堅附不變。國荃仍以苦戰，得於五月三十日攻克龍膊子、地保城，乃得附城穿穴，於六月十六日克江寧。李秀成掖幼主，冒官軍號衣，從城壞處雜出，由別將擁之去。軍中先報福填已死，後得秀成供，仍以為疑義。逮江西席寶田軍截獲之，始信城破未得幼主，因有捷報不實之議，朝廷亦不深問也。克江寧時，搜獲李秀成、洪仁發，連日搜殺十餘萬眾，及其稱王、稱主將、天將有名號者三千餘人。大封功臣，國藩兄弟以次均得上賞。太平餘黨走江西者，由昭王黃文英挾幼主行，以九月二十五日為席寶田所獲，並擒洪仁玕、洪仁政、黃文英等，餘眾竄閩竄粵，由宗棠追剿之，迭有捕斬。直至是年十二月，踞嘉應州，宗棠師至殲焉。

第四節　太平軍成敗及清之興衰關係

洪秀全舉事無成，既經官軍戡定，一切紀述，自多醜詆。然改元易服，建號定都，用兵十餘省，據守百餘城，南北交爭，居然雄……論者以為必有致此之道。於是求輯太平天國事實者甚夥。……斷簡，乃無非淺陋之迷信，不足以自欺而偏欲以欺……聽者。則所文，拘忌舛改之字，無有足以達政治之理想、動……也。其戡亂之謂馬上得之馬上治之，縱有戡亂之具、終無……詆之詞耳。其次以具，第一能軍，官書所載，反有可觀……節〈太平軍中篇〉。至其軍法部勒民事，頗與三代寓兵於……政非如軍政，一定制即可收……頹敗，則李秀成被獲後……為太平之後起用事者。咸豐三年，

秀成一

陷金陵，定為都，大封拜，時固未有秀成與玉成也。玉成有叔承鎔，為金田起時舊目。玉成以幼故，未任戰事。至咸豐四年，向榮軍方駐攻金陵，太平諸將四出圖解圍，乃有玉成上犯武、漢，秀成與其從弟侍賢犯江西、福建之舉。是時玉成為十八指揮，秀成為二十指揮，蓋偏禈耳。六年，金陵內亂，楊秀清、韋昌輝相戕俱斃，蕭朝貴、馮雲山、洪大全俱早被擒殺，石達開又自離，秀成與玉成始用事，支柱太平軍事最勤且久。玉成尚前死於苗練，秀成則金陵破後，手挈幼主出城，而後就獲。蓋以馬與幼主，已則恃鄉民相憐，匿民家圖觀望，為蕭孚泗親兵王三清所搜得。此親兵旋為鄉民捉而殺之，投諸水以為秀成報怨，其能結人心如是。既入囚籠，次日又擒松王陳德風，見秀成猶長跪請安，其能服將士如是。國藩因此二事，不敢解京，訊得秀成親供四萬餘字，即以七月初六日斬之。當時隨折奏報之親供，相傳已為國藩刪削，今真本尚在曾氏後人手，未肯問世。或其中有勸國藩勿忘種族之見，乘清之無能為，為漢族謀光復耶？聞親供原稿尚存之說甚確，今但能就已行世者節采，稍證太平軍自伐自亡之故。

咸豐

困急，援兵二月，玉成自江浦回援安慶，秀成獨屯浦口。時金陵封玉成英王，秀成以玉成兵最強，請加封王號寄閫外。秀全乃如秀成，無遵調令印，便宜行事。玉成雖專閫寄，然威信遠不年以城降清，授以參者，本天長撚首，名兆受，或作昭壽，上事不如玉成？今玉成已帝優禮有加。君雄才，胡，致書秀成，言：「君智謀勇功，何尚書莫仕葵，以勦軍至秀成，秀全憒憒可知。吾始反正，清奇從我遊。」太平朝內官兵部大驚，示秀成。秀成曰：

「臣不事二君，猶女不更二夫。昭壽自為不羲，乃欲陷人！」仕葵曰：
「吾知公久矣。」乃代奏之。秀全命封江阻秀成兵，並遣其母妻出居北
岸，止其南渡。仕葵曰：「如此則大事去矣。」偕蒙得恩、林紹璋、李
春發入宮切諫，曰：「昭壽為敵行間，奈何墮其計，自壞長城？京師一
線之路，賴秀成障之。玉成總軍數月，不能調一軍，其效可觀矣。今
宜優詔褒勉，以安其心。臣等願以百口保之。」秀全遽召秀成入，慰之
曰：「卿忠義，誤信謠傳，朕之過也。卿宜釋懷，戮力王室。」即封為
忠王榮千歲。太平自楊、韋構殺，秀全以其兄弟仁發等主政，甥幼西
王蕭有和尤所倚任，以一將畜秀成，不與聞大計。至是晉爵為王，以
秀全任己漸專，不料其疑己也。浦口當金陵咽喉要地，迫於清軍，糧
援又無措，南渡時見秀全問計，秀全語以事皆天父排定，奚煩計處，
但與仁發等謀。留秀成助守金陵，秀成曰：「敵以長圍困我，當謀救
困，俱死無益。」乃襲浙江以分江南大營力，是為明年春杭州失陷之第
一次。秀成為解金陵圍計，棄杭州不守，而和春果奔命，以致敗死。
九年之末，秀全更大封諸王。當秀全初定金陵都，一切文武之制，悉
由秀清手定，規模甚盛。正殿為龍鳳殿，即朝堂。有議政議戰大事，
鳴鐘擊鼓，秀全即升座，張紅幰，諸王、丞相兩旁分坐，依官職順
列，諸將侍立於後。議畢，鳴鐘伐鼓退朝，是為第一尊嚴之所。第二
則說教臺，每日午，秀全御此，衣黃龍袍，冠紫金冕，垂三十六旒，
後有二侍者，持長旗，上書天父、天兄、天王、太平天國。臺式圓，
高五丈，階百步。說教時，官民皆入聽，有意見亦可登座陳說。文從
左上，武從右上，士民由前後路直上，立有一定之位。第三則軍政議
事局，乃軍事調遣、糧餉器械總登所。秀全自為元帥，東王為副元
帥，北王、翼王為左右前軍副元帥，六官左右副丞相為局中管理各科
員，中分軍馬、軍糧、軍械、軍衣、軍帳、軍船、軍圖、軍俘、軍事
諸科。又有糧餉轉運局、文書管理局、前鋒告急局、接濟局，皆屬軍

政議事局內，以六官左右副丞相領之。其最尊者為軍機會商局長，以東王領之。遇有戰事，籌畫一切，東王中坐，諸王、丞相、天將左右坐立，各手地圖論形勢，然後出師。秀清在日所定所行如此。

　　秀清為秀全所圖，東、北兩王同盡，翼王繼東王領軍機會商局長。翼王脫離去，秀成領之。後東入蘇、杭，此局遂虛設。內訌以後，人心解體已久，秀全以不次超擢，冀安諸將心，自此幾無人不王，轉以王號攝行丞相、天將之職，各持一軍，勢不相下。可以調遣諸王者，秀成分擁東下之眾，其與金陵掎角者，僅玉成一人在諸將上，能呼召救急。故八年以前，太平軍攻守互用，八年以後，不過用攻以救守，遂至日危，以底於亡。十年閏三月，秀成、玉成既解金陵圍，聲勢大張。秀全之旁，只有親貴攬權嫉功，政事既不問，軍中有功亦不及獎敘，只教人認實天情，升平自至。仁達、仁發嗾秀全下嚴詔飭秀成，限一月取蘇、常。秀成果取之，遂以蘇州為份地，不恒入朝矣。秀成踞蘇，改北街吳氏復園為王府。入城十有一日，而後出示安民。後蘇人習於秀成，盛稱秀成不嗜殺，蓋較之他被難區，尚為彼善於此。由蘇入浙，勢如破竹，而奉秀全命趣還江寧，令經營北路。秀成鑒林鳳祥、李開芳之失，未敢輕舉，而江西、湖北匪目具書來降，邀其上竄，自稱有眾十萬備調遣，秀成允之，留陳坤書守蘇州，自返江寧，請先赴上游，招集各股，再籌進止。秀全責其違令，秀成堅執不從，秀全亦無奈何，乃定取道皖南上犯江、鄂之計。方是時，秀成與江寧諸將領議曰：「曾國藩善用兵，非向、張比，將來再困天京必此人。若皖省能保，猶無慮。一旦有失，京城即受兵。應豫謀多蓄糧為持久計。」秀全聞之，責秀成曰：「爾怕死！我天生真主，不待用兵而天下一統，何過慮！」秀成歎息而出，因與蒙得恩、林紹璋等議，勸自王侯以下，凡有一命於朝者，各量力出家財，廣購米穀儲公倉，設官督理之。候闕乏時，平價出糶，如均輸故事，以為思患預防

之計。洪仁發等相謂曰：「此亦一權利也。」說秀全用鹽引牙帖之法，分上中下三等販米，售帖即充樞府諸王祿秩，無須報解，稍提稅入公，大半充洪氏諸王私橐。商販無帖以粒米入城者，用私販論罪。洪氏諸王擅售帖利，上帖售價貴至數千金。及販至下關，驗帖官皆仁發輩鷹犬，百端挑剔，任意勒索，商漸裹足。而異姓王侯因成本加重，米價昂，不願多出資金，米糧反絕。秀成請廢洪氏帖，秀全以詰仁發，仁發謂「恐奸商借販米為名，私代清營傳遞消息。設非洪氏，誰能別其真偽。我兄弟輩苦心所以防奸，非罔利也」。秀全信之，置不問；秀成憤憤然去。及安慶圍急，玉成赴救不利，分兵竄鄂，以圖掣圍師。秀成歎其誤，謂湘軍決不舍安慶，長江為官軍水師所獨擅，運道無梗，非後路所能牽掣，與昔時攻浙以誤和春往救，遂陷江南大營者，敵之堅脆不同。後玉成卒敗走死，秀成頓足歎無為助矣。金陵食糧，昔時江南、北皆有產米之地，太平軍禁令嚴明，新得之土，民得耕種。江南米出蕪湖金柱關，江北米出和州裕溪口，皆會於金陵。自湘軍逼攻，耕農已廢，沿江各隘復盡失，不待合圍，已足制其死命。軍令既弛，營壘草率，無復舊規。封王至九十餘人，各爭雄長，敗不相救。當時知無幸，獻城歸降者日多。至同治二年冬，蘇州已為清軍所復，秀成潛入江寧圍城中，勸秀全出走，圖再舉。秀全侉然高座曰：「我奉天父、天兄命，為天下萬國獨立真主，天兵眾多，何懼之有！」秀成又曰：「糧道已絕，餓死可立待。」秀全曰：「食天生甜露，自能救饑。」甜露，雜草也。秀全既戀巢，而諸王聞秀成謀回粵，後入黨之湘、皖等籍者皆沮之，遂坐而待亡。城未下，秀全先自盡。幼主有從亡之臣，遺臣亦多並命不悔。失國之狀，似尚較清末為優，則知清代之自域於種族之見，正自絕於華夏之邦也。

　　太平軍事以前，清廷遇任何戰役，皆不使漢人專閫寄。至燒煙一案，能卻敵者皆漢臣，辱國者皆旗籍，然必譴立功之漢臣，以袒旗

員。西人固無意於戰，以利啖之即止，此固旗人所優為也。太平軍則與清無兩立之勢，不用漢臣，無可收拾，始猶欲以賽尚阿充數，後已知難而退，一委湘軍。間有能戰數旗員，皆附屬於曾、胡兩師之下。若塔齊布為曾文正所手拔，固不必言；都興阿用楚軍，始能自立；多隆阿與湘軍將領習處，得顯其戰績；舒保為胡文忠所識拔，皆以旗員從漢將之後，乃始有功。惟官文職位較高，胡文忠極籠絡之，使惟己之命是聽，方不掣肘。金陵既下，文正且推使奏捷領銜，極保向來清廷重滿輕漢故習，乃未幾為文正弟忠襄所劾而去。文正能容此庸劣，忠襄竟不能忍，而朝命亦竟聽之，尊漢卑滿，前所未有。是滿族氣數已盡之明驗也。乃事定之後，縱容旗人如故，保持旗習如故，無絲毫悔禍之心，清之亡所由不及旋踵。名為中興，實已反滿為漢，不悟則亡，其機決於此矣。

第五節　平捻

　　道光以來，伏莽遍地。太平軍興，向應附合。熾則百難併發，平則百孔皆填。同治四年十二月，嘉應州克後，凡與太平軍相屬者，已悉被戡定矣。惟有兩起性質不同之叛變，不可與太平軍並為一談者，曰捻、曰回，當附存其略。

　　捻子之起源甚久，不與太平軍同時生，亦不名太平軍之名，隨其名號而滅。捻子馳騎衝突，舊稱馬賊，亦曰紅胡，稱一股為一捻，故曰「捻匪」。軍興時，捻亦熾，其捻中人數特多，公然與大軍搏戰，有異於前後無兵亂時。其實今亦有之，最著者乃東三省耳。咸、同時記載，多所附會，稱捻為捏，或謂有捻物為號，皆非也。

　　《東華錄》：嘉慶十九年十一月戊申，諭軍機大臣等：「御史陶

澍奏紅胡匪徒日熾，敬陳緝捕事宜一折。河南南、汝、光一
帶，以及安徽潁、亳等處，向多紅胡匪徒，屢經降旨飭緝，總
未斂戢。今據該御史奏稱，近來日聚日多，橫行益甚。每一股
謂之一捻子。小捻子數人數十人。大捻子一二百人不等，成群
結隊，公肆搶劫，或奪人貲財，或搶人婦女，甚至挖人目睛，
且有頭目指揮。河南之息縣、光山、正陽、羅山、汝陽、項城
為尤甚。其在逃未獲之王鏃子，即屬頭目，而地方官捏稱為
從。其在安徽者，有李東山、馬大旗二人，最為出名，現在藏
匿阜陽縣境內，每人手下約有千人，州縣顢頇不辦」等語。
《山東軍興記·皖匪篇》：起於皖北潁、壽、蒙、亳之間，有盧
旅，有妻孥，不饑寒而抗榷稅。國家因用兵粵匪，撻伐稍稽，
遂乃子弟父兄，相率為盜，私立名號，曰堂主，曰先鋒。或數
百人為一捻，數千人為一捻，故當時號曰「捻匪」。恒於春秋二
時，援旗麾眾焚掠，自近及遠，負載而歸。飽食歌呼，糧盡再
出，有如貿易者。

此皆得捻匪真相，但咸豐時之每捻以數百人、數千人為量，則擴
大於陶文毅所云。蓋乘軍事方啟，無暇捕此不立大號、不據地方之小
丑，遂放膽為此耳。咸豐初，捻為潁、亳間土匪，不甚著。三年，太
平軍陷安慶，踞金陵，分黨進至皖、豫，於是匪蹤蜂起，張樂行起於
蒙城雉河集，為群寇冠。朝廷遣重臣剿辦累年，忽聚忽散，此起彼
滅。太平軍陳玉成久踞皖北，常與捻合而擾官軍，以救九江、安慶之
危，捻匪奔突，蹤跡愈遠。同治二年，科爾沁親王僧格林沁方為欽差
大臣剿捻，攻破雉河集老巢，斬張樂行，其眾仍屬樂行侄張總愚，奔
突如故。當是時，太平軍扶王陳得才、遵王賴文光等，挾捻上竄，由
豫、鄂入陝，連陷興安、漢中各郡邑，已開西捻之路。旋因金陵圍

急，得才等復糾捻東還，豫、鄂、魯、皖遂所在皆捻氛矣。得才聞金陵陷，服毒自殺，餘太平諸王多降，賴文光遂入捻黨。僧格林沁奔命不遑，官文堵禦累敗。三月十日，朝命曾國藩赴楚、皖、豫交界督兵剿賊，李鴻章暫署江督。鴻章奉命至金陵，國藩與商，東南軍事告竣，楚軍急應裁撤。北捻未平，淮軍舊部在鄉里團練，素為捻所畏，屬鴻章留淮勇剿捻。於是淮軍僅裁老弱數千，是為國藩急避擁兵之嫌，暫留後起之淮軍，以靖中原之餘匪，而平捻遂為淮軍所專任之績。國藩又以僧王、官相，並為欽差大臣辦賊，己再加入其間，啟匪輕視，疏請但駐安慶調度。會朝廷知陳得才大股或死或降，命國藩仍留江督任。四年四月，僧格林沁追剿張總愚、賴文光等大股於曹州，全軍敗歿，仍命國藩赴山東督辦直隸、山東、河南三省軍務。捻又竄海、沭，向徐、淮，官軍與戰而勝。然捻已併合大眾，疾馳日數百里，非官軍所能跟蹤。國藩以賊成流寇，若寇流而兵與俱流，則彼之資糧無限，我之兵力有窮。乃定議以四省十三府州之地，設四鎮重兵，安徽以臨淮為老營，山東以濟寧為老營，河南以周家口為老營，江蘇以徐州為老營，另派馬隊一支，為游擊之師。從前各軍剿捻，以追截為能事，自四鎮設而變尾追之局為攔頭之師，以有定之兵制無定之寇，此應流寇之一勝著。又議捻跡太廣，完善之區皆彼擄掠之地，雖欲堅壁清野，而相距甚遠，不及預計，然匪倏忽可達，收保無及。於是就山東之運河東岸，沿堤築牆，以兵守之，不令捻越運河而東。捻自五年二月圖渡運，徘徊於曹、徐、淮、泗者兩月餘，不得逞。官軍就所在與戰，輒破之。時捻眾至十萬，張總愚、牛洛洪等股，渡沙河而南，入蘇、豫之間；任柱、賴文光等股，渡賈魯河而西，入豫。國藩以運防有效，再議防河，自周家口下至槐店，扼守沙河，上至朱仙鎮，扼守賈魯河，逼賊於豫之西南山多田少之處，使賊騎隊不便衝突。河督張之萬謂賈魯河沙淤已久，萬難興挑；豫紳亦執是言。國藩

奏言：「河防上下千餘里，地段太長，本是極難之事，惟馬隊不敵賊
騎，賊可隨地掠奪驛馬，官兵購馬餵養，皆有所限制，戰事別無把
握，不能不兼籌防守。防河之舉，辦成有大利，不成亦無大害。」仍力
任其難。並請將朱仙鎮以上至黃河七十里，中間有開封省城，上距河
三十里，下距朱仙鎮四十里，商豫撫駐省堅守，不得議豫軍頓兵不
進，至全河防局無成，願獨任其咎。因進駐周家口調度。自借用水道
設防以限戎馬，又為應流寇之第二勝著。既而於八月十六日，捻由豫
撫防地竄入，河防無成，國藩以所策失效，自請開協辦大學士及江督
缺，以散員留營效力，另簡欽差大臣接辦。時諸軍力戰賊於山東境，
保運防；賊屢敗。九月，遂復西竄，而分為二：張總愚一股回豫境，
經剿益西，遂入秦；而任柱、賴文光盤旋楚、豫間。從此捻分兩大
股，世謂東捻、西捻。十一月，朝命國藩回江督任，授鴻章欽差大臣
剿捻。時西捻已由湘軍劉松山躡其後，捻不得東還。而陝中有回亂，
朝命左宗棠以陝甘總督為欽差大臣，兼剿回、捻。東捻則回竄山東，
鴻章方踵國藩成規防運，而運河在濟寧以北防段由山東巡撫任之。會
天旱水涸，人馬可行，六年五月，突破運防，議者譁然，以為防河防
運有同兒戲。鴻章不為動，乃創倒守運河之策，截東捻於運河以東。
捻更東趨入登、萊，鴻章乃更於膠萊河設防，蹙賊於海隅而殲之。並
嚴運防，以為膠萊河防之重固。七月，捻又反撲，由海神廟潛渡濰
河，山東軍不能禦，膠萊防潰，急扼運防，迫賊至贛榆，降人潘貴升
陣斃任柱，餘賴文光眾無幾，復流竄至揚州，守運軍擊擒之，東捻遂
平，時在六年十二月。禦流寇之法，以不流之兵待之，限以河道，守
以長牆，無河之處，掘濠續之，某事甚拙而不能保其無失；一失，則
譴責隨之。疆臣尤不樂於境內設防，以為戰鬥乃督帥之責，代分防線
之任，又且域而限之，使久戰於其土，皆所不便，故訾議防河之說甚
盛，朝廷亦疑之。鴻章堅持國藩始議不少詘，雖累遭失敗，然辦賊得

多迎戰而少尾追，防賊得縮小其區域，而少保聚不及之患，使賊之擄掠日少，損折日多，以至於亡。此亦曾、李有功以後之威信足以堅持之，不然亦敗於群口矣。

　　西捻之竄陝也，由湘軍劉松山躡之，不令停足。惟陝中回匪方熾，捻酋張總愚乘機奔進，終以湘軍緊迫，無從久踞。六年，宗棠入陝，聲勢益壯。時總愚竄渭北，屢為官軍所敗。宗棠慮其回竄鄂、豫，檄諸軍扼渭上，並檄山西按察使陳湜防河。而賊無所戀於關中，急趨北向，竄陷綏德，分擾米脂。以十一月二十二日，由龍王廟乘河冰已合，呼嘯過河，山西平陽、蒲州並警。晉、豫急急防守，賊已由絳州、曲沃、垣曲山僻小路竄豫。十二月初九日，過晉、豫界邵原關，抵濟源縣境，遂遍竄懷慶、衛輝兩郡地，逼近畿輔。其時正東捻就殲、論功行賞之日，近畿驟警。宗棠自賊竄渡河，急督所部入晉，請敕劉典暫行督辦陝省剿回事務。至是，由翼城東趨入直，已奉「調度無方，革職留任」之旨，而山西巡撫趙長齡、防河按察使陳湜，則遣戍矣。劉松山之軍，由宗棠飭從北路徑向畿南，朝命又嚴催鴻章入援。時直督為官文，亦以毫無布置被責。七年正月，松山軍追賊及之於河內，大捷。賊竄直隸境衡水、定州等處，再降宗棠二級。而松山軍已抵保定，宗棠亦抵獲鹿，又有旨獎之，而切責鴻章不即至，亦奪職。鴻章疏陳：「辦流寇以堅壁清野為上策，川、楚教匪辦理十數年，卒賴此收功，任、賴捻股流竄數省，畏圩寨甚於畏兵。豫東淮北，民風強悍，被害已久，故圩寨到處高堅，與城池等，捻不能久停肆擾。湖北、陝西素無圩寨，籌辦不及，賊得盤旋飽掠，其勢愈張。自渡黃入晉，沿途擄獲騾馬，步賊多改為騎，我軍騎少步多，即騎兵每人不過一馬，追逐病斃，即已無馬，賊每人二三騎，隨地擄添，狂竄無所愛惜，官軍不能也。又彼可隨地擄糧，我須隨地購糧，勞逸饑飽，皆不相及。今欲絕賊糧，斷賊馬，惟趕緊堅築圩寨。如果十里一寨，賊

至無所掠食，其技漸窮，或可克期撲滅。」蓋以平東捻之經驗言之。時朝命恭親王節制各路統兵大臣及各督撫，又命宗棠總統各軍。宗棠連破賊於獻縣、深州、束鹿、博野、深澤、饒陽、肅寧等處。二月，賊再竄衛輝，直至臨清；官軍追剿。四月，突回竄直境，襲天津，宗棠又以落賊後降三級留任。鴻章亦到，遂與宗棠會籌且防且剿之策。閏四月，黃、運兩河增漲，官軍既逐捻南下過滄州，滄州南有捷地壩，在運河東岸，當減河口，乃開壩導運入減，就減河北築牆，以為滄、青、靜海遮罩，復圈之於徒駭、黃、運之間，湘、淮諸軍就而蹙之。六月二十八日，諸軍追捻至東昌之茌平境，水溜泥陷，總愚奔走無路，攜八騎至徒駭河濱，下馬投水死，西捻亦平。諸大帥所被降黜嚴譴皆復，且有加賚焉。治馬賊之法，卒用阻水築牆，堅壁清野，是為長策。明之亡於流寇，蓋以將帥不足任此。捻禍之與闖、獻，相去能幾何哉！

第六節　平回

回亂乘太平軍事而起，然不與太平相應合。有宗教之隔閡，有種族與地域之限制，故無迎附太平之意，亦不遽逐鹿於中原。中原方急，清廷可置為緩圖，惟養亂久，故戡定較費力耳。回事分三部分：（一）陝、甘，（二）新疆，（三）雲南。陝、甘、雲南，皆自古為回族入居之地，而聲勢又不相聯絡；新疆則域外之回部酋長乘虛來襲，而南疆回部從之，北疆亦為所薦食，俄羅斯又從而生心，此回亂糾紛之派別也。未亂之前，甘、陝、雲南漢回仇殺之案，相續不絕。人數則漢少於回。回有宗教之團結，漢又較分散無力。平時受制於官法，尚時時釀亂。太平軍時，兵餉皆絀而官力微，又往往招募回丁助戰，益藉寇兵而長其焰，此回亂之因也。

（一）陝、甘回。陝、甘回民之多，不能劃定其來自何代，但以種族之固結，與漢民仇，與國家抗，其來已久。以清代論，順治五年四月，有河西回米喇印、丁國棟攻陷甘、涼，渡河連陷蘭、岷、臨洮，遂圍鞏昌。時所奉為明故延長王朱識錝，則猶有眷懷故國之意也。既為總督孟喬芳所敗，盡復河東地，渡河而西，游擊張勇擒朱識錝，斬米喇印，復涼州，僅餘甘州未下。圍之累月，食盡乞降。逾月復叛，盡殺撫、道、提、鎮以下官多人，西破肅州，又立回酋土倫太為王子，關外諸回蜂起回應。張勇等復破斬之，至六年十一月而始平。其間漢回械鬥仇殺，由官捕治，不勞師旅者不計。至乾隆四十六年，甘肅循化廳回馬明心創新教，所奉墨克回經，變舊教之默誦為朗誦，遂兩派相仇。新教徒蘇四十三，聚黨殺老教百餘人。官捕之，殺一知府、一協鎮。總督勒爾錦大調兵剿捕，獲教首馬明心，囚蘭州。回眾陷河州，犯蘭州，敗督標兵，斷黃河浮橋，噪索馬明心。詔以大學士阿桂為欽差大臣，率禁旅征之，逮勒爾錦，以李侍堯代。阿桂至軍，築汲道。閱三月乃復河州，賊平班師。閱二年，四十八年四月，新教徒田五復起，據通渭之石峰堡為巢，分出擄掠。朝命褫總督李侍堯職，逮提督剛塔。大學士阿桂再率禁旅往討，以尚書福康安、內大臣海蘭察為參贊。先剿平隆德、寧靜竄踞之回，進攻石峰堡克之，封福康安嘉勇侯，阿桂由公加一輕車都尉，海蘭察由侯加一騎都尉，敕撰《石峰堡紀略》。蓋亦張惶之以為貴戚封侯地耳。

回變多在甘肅，而陝西之回眾聲勢，其時有巡撫畢沅一疏，因查禁新教苛擾激變而言，可借見陝、甘回民之狀。疏言：「陝屬回民，較他省為多，而西安及所屬之長安、渭南、臨潼、高陵、咸陽，及同州府屬之大荔、華州，漢中府屬之南鄭等州縣，回民聚堡而居，戶口更為稠密。西安省城，回民不下數千家，城中禮拜寺七座，其最大者係唐時建立，各寺俱有傳經掌教之人，稱為阿洪（或作「阿渾」），不相

統屬。從前長安回民械鬥案件頗多，究因地方有司管教不善所致：非存心姑息，遇事寬縱；即因其回民，有意從嚴，遂致私圖報復，互相仇殺。此後如實有隨同新教，或別立邪教，即當嚴絕根株。倘不過尋常念經禮拜，即不必另立科條，致滋擾累。」疏入，諭各省行之。自此內地回族安堵。咸豐末，河南巡撫嚴澍森遣募荔、渭、涇陽回勇六百，赴汴防守，頗資其力。未幾，澍森調湖北，遣撤回勇。回勇詣陝省團紳投效，時在同治元年。太平軍陳得才合捻匪入武關，窺省城，省防標兵多遠征，巡撫瑛棨飛章乞援，官文、曾國藩商遣多隆阿或舒保援陝，道遠弗能至，民團戰敗，回勇亦散歸，經華陰小張村，伐民家竹為矛，主家噪逐，格鬥斃回人二，餘逃入回居之秦家村，糾眾復仇。會太平軍阻渭不得渡，仍出潼關入豫境，而回亂則已醞釀甚熾，漢民亦起相抗，焚殺相踵，村鎮往往為墟，詔瑛棨諭解，而由團練大臣張芾親往，遂被戕於回，由是困城戕官，殺屠萬計。同州、西安回焰既熾，鳳翔回亦殺漢民與相應。甘肅回皆蠢動。時川、滇土匪，及太平軍與捻匪，出入奔竄，多隆阿已入陝，又追剿東還，詔勝保督陝西軍，以雷正綰副之。二年二月，甘回陷固原，寧夏、河州、狄道、平羅、靈州皆反側。旋又圍攻平涼。多隆阿既逐賊出陝，仍返剿回。自二月至四月，連戰皆捷。八月，甘回陷平涼，復攻涇州。詔趣多隆阿西援鳳翔、平涼。九月，解鳳翔圍，鳳翔被圍已十四月。將進剿甘回，而於十月滇匪藍大順竄陷盩厔，多隆阿移師困之。盩厔城小而固，大順百計守禦，久不能拔。而陝回憚多隆阿軍威，漸西趨。寧夏又有漢回互鬥之事起，兵備道侯登雲練民備之。將軍慶瑞主撫，奏劾登雲，勒漢團繳械，回遂夜襲陷寧夏城，登雲被害，漢民屠戮無遺。滿城隔數里，慶瑞佯為弗聞。次日，靈州回起陷州城，而馬化隆本據金債堡，設碉卡，納亡命，反側鴟張。寧夏既陷，其酋赫姓，使使迎入城，群回跪道左，咸聽命焉。化隆自其父馬二與穆大阿渾善，

穆大阿渾習新教，臨死，以所服白帽紅衣授化隆，屬徒眾歸其管束。大阿渾之孫穆三、穆四、穆五，均為新教阿渾，自京師、天津及黑龍江，吉林之寬城子，山西之包頭，湖北之漢口，均有新教徒黨，潛匿勾引。化隆又自托神靈，妄言禍福，群回傾信之。化隆既起，遂足以號令甘回，厚集其毒矣，時陝回已漸肅清，多隆阿兵若不頓，甘回可以被懾不動。既為由滇入川之藍匪所掣，而旗員之為將軍於寧夏者又助成之，是為陝、甘、回毒盡發之日。

多隆阿攻鰲屋久，朝廷以多隆阿行軍決勝最神速，怪此役獨遲，嚴旨催督。多隆阿以為恥，三年二月，力攻之，自登炮臺援枹鼓，槍傷目，卒克其城。藍大順走漢陰，為鄉團所截殺。多隆阿以傷重，請以穆圖善權欽差大臣，四月，卒於軍。朝命西安將軍都興阿督辦甘省軍務，提督雷正綰幫辦。又以楊岳斌為陝甘總督，代熙麟。巡撫為劉蓉，亦湘中名流，督諸將進攻回所陷城邑，時勝時敗，此克復彼又蠢起。又艱於糧運，軍以缺餉而嘩變，即不變亦屢為回所乘。當同治五年間，甘省小麥一石值銀一百六七十兩，他糧稱是。甘既窮瘠，不能不仰給於陝。西捻復入陝蹂躪。六年春，曾國藩檄鮑超霆軍、劉松山老湘營西援。超以勇著名，為宿將。松山為王鑫舊部，能得鑫部勒法，而益以識力膽勇，為後起之異材。國藩之為陝計，為剿捻計，可謂周矣。顧於是時，鮑超方剿東捻，與淮軍劉銘傳共扼捻於湖北德安、安陸之間。尹隆河之役，超出銘傳於險，銘傳恥素輕霆軍，而今反倚霆軍自救，乃以其失利諉咎於霆軍之失期。李鴻章據銘傳言入奏。時超已援銘傳於圍中，續得累勝，自喜有功，忽奉嚴飭，大憤，引疾解軍職。惟松山獨入關，逐捻方急，亦不暇問回。岳斌督陝甘被困，乞養，且陳病。朝廷乃移左宗棠自閩浙督陝甘，時為五年十一月。未幾，宗棠於武昌途次，又奉欽差大臣之命，且從所請，以按察使劉典改三品卿幫辦軍務。松山於其時先抵西安，蓋五年歲杪事也。

甘回乘陝有捻患，時時入掠，逐之則退，去輒復來。劉蓉以事罷，喬松年代。六年二月，回、捻分擾全陝，各路請援，松年無以應，惟奏催宗棠。宗棠頓漢口，募勇未集。陝官紳瀝請宗棠速赴，宗棠非於軍事餉事有成算不遽進，惟松山一軍戰捻，所至必勝。蓋用老湘營之節制，又倚國藩之餉源。老湘營者，王鑫始起之名也。是時剿捻尚得力，而甘回蔓延，不暇深問。其入陝，則遇輒剿之，亦倏進倏退。至六月，宗棠始抵潼關。九月，赴涇西分布諸軍，所部近百營。劉松山領萬餘人，郭寶昌三千人，劉厚基三千人，是為剿捻之師；高連升三千人，劉典五千人，是為剿回之師。楊和貴、周金品三千餘人屯鳳翔，周紹濂二千餘人屯宜君，吳士邁千餘人防渭，復以親兵三千餘人、水師千人、黑龍江馬隊千餘人，分屯華州、華陰、潼關、渭南、臨潼間，是為兼討捻、回之師。於是群捻銳意渡河，掠山西以窺畿輔。朝廷召宗棠，宗棠急東下，置回為緩圖，而以前之部署皆暫輟，奏以劉典代督陝甘軍，與將軍、巡撫聯銜奏事，自金鎖關移駐省城，諸將均聽節度。時肅州亦久陷，甘省遍地皆回。七年二月，劉典以喬松年病免，兼署陝撫，身駐三原捍回，或退咸陽，或回駐三原，遣兵漸擊回於北山，寇巢皆盡。六月西捻平，宗棠入覲，所部松山、寶昌等軍及喜昌之馬隊皆還陝。

　　宗棠之入覲也，帝詢平陝、甘期，奏五年竣事，時為同治七年六月。至十月，還西安，既克減賊期，亦約定竭鄰省力供餉，士飽馬騰，一洗關、隴饑困故態。蓋無此時會，無此信用，無此籌策，皆不足以成之。自宗棠入陝而西陲氣象一變。西捻由陝竄晉，浸向畿輔，急於入衛，而又一停頓，至是乃有一全域之規劃，與自立不敗之把握，則必勝之道在是矣。宗棠既還西安，分檄諸將定屯騎地，兼顧防剿，獨留松山一軍稍憩於洛陽，待畢婚乃行。宗棠檄由茅津北渡入晉，乘冰過河，徑趨陝北。時陝中漢民屯結禦回者，久而成盜，遂為

陝省土匪。匪以延、綏間董福祥為悍，犯綏德，窺榆林，失業無賴及
饑軍潰卒附之，眾至十餘萬。十一月，松山至汾州、永寧，購行糧渡
河入綏德。匪巢散布大、小理川間，縱橫二十里。松山分軍攻大理
川，自攻小理川，所下匪巢以百數。度榆林，至靖邊，屯定邊，又屢
敗之。匪並竄鎮靖堡老巢。松山抵鎮靖，福祥之父世獻跪地乞降，旋
福祥亦降，收其眾十七萬，自是土匪無悍股，得專力於剿回。回方自
陝麇集隴邊慶陽，北通金積，東走陝疆，往來無阻。甘省大帥以撫回
為得計，迴旋叛旋服，玩弄諸將。隴西士民，望左軍如時雨。八年正
月，陝境漸平。二月，宗棠移駐乾州，益督諸軍西進。時慶陽群回，
以董志原為堅巢，十八營凶渠皆聚。宗棠檄諸軍克期破董志原，凶渠
亦敗死相繼，乃議棄董志原，併入金積堡。老弱輜重既去，官兵攻之
輒下，遂以董志原為入隴諸軍駐地，四出收復慶陽、涇州所屬，殲回
至二萬餘，獲騾馬萬計，拔難民萬餘人。三月，詔促宗棠赴涇州受總
督印，兼顧秦、隴，以陝事責劉典，邊外事責金順。四月，諸軍肅清
陝境，宗棠檄分趣隴東，自率親兵道永壽、邠州、長武以赴涇，開賑
恤，集流亡，勸民種秋糧。兵燹遺黎，栩栩有生意矣。

　　宗棠之檄諸將入隴也，松山獨受令由定邊趣花馬池，蓋使徑向靈
州攻回中最巨之酋，以拔禍本。巨酋以金積堡之馬化隆為最。化隆又
名朝清，能嗾使群回，而又陽代陝中諸回乞撫，反側取便利。隴中寧
夏將軍署督穆圖善惑撫議，西寧辦事大臣玉通更惟回是聽。松山以八
月抵靈州，甘回自謂已撫，詣軍訴疑懼狀。松山曰：「陝回拒命者集
此，故來討。已撫甘回皆良民，何懼？」飛札金積回酋馬朝清，告各
寨安居無恐，且以甘回十餘人前導，示無猜。乃奮擊陝回所踞郭家
橋，毀其堡二十一。戰時甘回恐動，榜堡列隊，放槍大呼，松山誡軍
士勿問。旋徑來犯，始開壁擊之，回敗勿追。陝回既敗，竄踞吳忠
堡，金積回陰合之，復來犯。松山擊之，回敗，遂逼吳忠而壘。自是

累躄回，並撓其刈禾。而都中乃有言松山濫殺激變者，穆圖善亦疏言馬化隆不宜剿，恐激其走險。朝廷疑松山不可恃，命宗棠別派軍顧北防，適宗棠報捷疏至，疑稍解。陝回被攻，輒因馬化隆乞撫，令繳馬械乃議撫，則出朽槍羸馬以應，而晝夜修備如不及。官軍盡破金積旁近回壘，乃進攻靈州。先諭化隆令回獻城，化隆陽乞展期，陝移靈州眷屬入金積，引陝回入城助守。不數日，攻下靈州，並其城南石壘，斬回酋數人，俘獲亦夥。十月，西向掃蕩狄道、河州間，而駐軍安定、會寧、靜寧，以通省城驛路。官兵連破回寨，化隆亦連乞撫。十一月，宗棠又移駐平涼。松山督諸軍逼金積，盡剪其旁近堡壘。宗棠以平涼、固原、涇州、慶陽急，檄數將領分屯一路要隘，以相犄角。此當時湘中所推左軍獨以避長圍防後路為勝著，正此謂也。化隆屢喀諸回間道拊官軍之背，或斷其糧道，皆以有備不得逞。官軍得步進步，故失敗恒少。九年正月，化隆喀黨返擾陝，一由寧州、正寧入陝之三水，一竄甘泉，與延綏土匪合，於是陝北皆警。朝旨嚴催宗棠還顧陝。化隆自詡得計。松山攻回酋馬五寨，寨大而堅，誓以死拒。松山自督軍士舉薪燒寨門，飛炮中左乳，諸將奔視，松山叱其出戰，遂俘馬五，克其寨，還報松山，乃瞑。

　　松山字壽卿，湘鄉人。兄弟皆從王壯武公鑫軍。兄名厚榮，從鑫岳州戰歿，是為襄勤公錦棠之父。松山嗣子鼎，當即厚榮少子。《舊國史・劉錦棠傳》：「自新疆敉平，建置略定，錦棠即引疾，且以祖母老病陳請終養。（光緒）十三年二月，復申前請，諭令錦棠弟河南候補道劉鼎回籍侍養」。則知鼎系錦棠胞弟也。其卒後，左公奏言：「松山以勇丁從征，遊擢提督，剿辦發、捻、回匪，無役不從，無戰不克。自入靈州以來，蕩平堡塞五十餘，賊巢九十餘。上年七月初，師由花馬池前進時，馬

化隆潛調西寧馬朵三，嗾撤回助逆，馬朵三以千五百騎應。未及一月，經松山剿敗遁歸，自此西寧逆回不敢復至。河州逆回馬占鼇前在寧夏大言於眾，密助陝回。及松山屢捷，目睹軍威，不敢復逞。故化隆求援於臨洮謝四及靖遠馬聲子，而河回終未與俱。其威震西陲如此。治兵嚴，不尚苛察，臨財廉，不肯苟取。行師禦敵，得古人靜如山、動如水之義。居心仁厚，而條理秩如。語及時局艱危，輒義形於色，不復知有身家性命。從征伐十八載，僅募勇歸籍一次，家居十餘日耳。年三十有七，聘婦未娶者二十餘年。臣由直隸西旋，知其婦家送女至南陽已兩年餘，囑其行抵洛陽，於募勇未到之暇，克期完婚。適甘肅土匪蔓延，臣飭令督隊入秦，松山奉檄即行，婚甫半月。觀人於微，雖古良將何以過之。」曾文正公亦奏言：「松山在軍，無日不討士卒而訓迪之。雖戰罷宵深，尤殷殷勸誡不休。平日公忠自矢，又實足以激發士氣。是以守寧國之時，疾疫盛行，十人五病，餉項久虧，而有警則一呼齊集，弁勇不以為困；渡江剿捻，誅罰不用命者，弁勇不以為酷；北道崎嶇，軍中盛暑運糧，與騾驢負重並行，弁勇不以為虐；綏德之役，哥老會匪，一見主將歸來，羅拜輸服，不聞退有後言。（西征軍屢有嘩變，中有哥老會匪嗾之，老湘營亦有此事。松山聞變，自入變軍，曉諭即帖服。）其與淮軍及豫、皖、秦、隴諸將相接，亦皆推心置腹。至性相孚，眾情之翕服，實為近今所罕見。乞並宣付史館，俾名將行實昭著。」

松山既歿，所部即以其從子錦棠代將。天生劉氏叔姪以定西陲之亂，以成左相之功，非偶然也。宗棠善與賢者共功名，然遇年輩相臨、名位相埒者，則務欲以意氣勝之。金陵克城時，以曾軍先報洪福

瑱已殲，及逸寇皆戮，遂極詆曾軍奏報欺飾，致相齟齬。然至西捻平時，有奏云：「臣嘗私論曾國藩素稱知人，晚得劉松山，尤徵卓識。松山由皖、豫轉戰各省，國藩常足其軍食，俾一心辦賊，無憂缺乏，用能保垂危之秦，救不支之晉，速衛畿輔，以步當馬，為天下先。此次巨股蕩平，平心而言，何嘗非松山之力。臣以此服國藩知人之明，謀國之忠，實非臣所能及。仰懇天恩宣示中外，以為疆臣有用人之責者勸。」其推挹松山，因而歸美國藩。後國藩既逝，宗棠即以此為挽聯，所謂「謀國之忠，知人之明，自愧不如元輔」者也。要其用意氣結合松山者至矣。松山卒於同治九年正月十五日，馬化隆知之，兇焰頓熾，號召河州、狄道諸回，亦皆受嗾來犯，突陷雷正綰所守峽口壘。又自寧州、正寧竄陝境。朝廷恐宗棠所留兵不敷分剿，詔李鴻章入陝，督辦陝省援剿事宜。旋劉典奏陝已肅清，乃止。錦棠益痛擊金積內外援應之回。化隆既踞峽口，決渠水灌官軍，錦棠預浚溝泄水，因以築堤困金積。化隆再乞撫，仍嗾回黨犯陝，既皆不得逞，盡逐來援諸回益遠，金積外援益絕，掘濠築牆以困之。至十一月，力盡乃降，繳出炮數十尊，槍數千杆，金銀銅錢合銀十九萬有奇。又掘地搜得所匿洋槍千數百杆。十年正月，訊得北口貿易交通洋人等罪狀，化隆及其子耀邦俱礫死，殺其弟姪等助逆者十三人，及偽官八十餘人。其客民及被脅甘回三千餘，安插平涼。金積男婦一萬二千餘，安插固原。毀其王城、東府、西府，搜違制諸物悉焚之。化隆就俘，回黨見之，猶長跪，呼之始起。既誅，回勢遂瓦解。

　　金積堡既下，宗棠搜捕平涼以北、寧夏以南回、土餘匪，匪盡西竄河州。宗棠檄諸將修治蘭州道，利轉輸，儲軍火於平涼之靜寧，徐圖進取。三月，朝旨促進規河州。宗棠以洮河湍急與黃河等，自狄道、隴西、安定進兵，皆須造船架橋，勢難立辦，且收穫期遠，前無可因之糧，非穩著也。五月，橋成糧備，乃檄諸將進。錦棠扶櫬南

旋，以蕭章開暫統其軍。七月，宗棠移駐靜寧。陝回入甘者，自寧夏
既平，益竄而西，白彥虎、崔三、禹得彥等巨酋，皆掠西寧旁近；肅
州回先已納降，至是復叛，甘、涼戒嚴。八月，宗棠復移駐安定，諸
將轉戰，攻毀洮河以西回壘。三甲集在洮西，為河州門戶，十月下
之，進克數堡。會諸將攻河州大東鄉，回獻馬乞撫。察其未至極窘，
非誠意，弗應，迭破四壘。至十一年正月，諸將傅先宗、徐文秀先後
戰歿，軍氣稍挫。宗棠急檄王德榜接統傅軍，沈玉遂接統徐軍，申明
紀律，乃復振。河州回酋馬占鰲聞官軍增壘復進，使使詣行營哀請繳
馬械聽撫，先後繳馬四千有奇，槍矛一萬四千餘件。西寧回目馬永福
等亦乞降。二月，各遣子弟赴宗棠安定大營，獻馬五十匹。宗棠縱令
歸巢，群回疑畏盡釋。乃奏：「辦撫以遷徙客回、安輯土回為要。河州
全境周五六百里，回多漢少，雜以番眾，同治元年變亂以來，陝回多
避居其中。自陝境肅清，金積掃蕩，固原東、西山繼平定，各屬倡亂
之回，亦多寄孥其間，此客回之應徙者。其本籍漢民，有受河回脅
制，甘心役使，名為隨教者；有仇隙已深，逃至洮、岷、狄道充當勇
丁，而親屬仍留者，宜分別拔出。其外來漢民，有被陝回裹脅而來
者，有被河回裹脅、認為義子、齒諸奴僕者，宜勒令交出，送回原
籍，此漢民之應徙者。至安輯之法，則檄安定、會寧、平涼、隆德、
靜寧各牧令，擇荒地便水草者，安置降回。」以此分別辦理，河州平。

　　肅州之叛也，宗棠奉詔派勁兵西赴，已檄徐占彪赴之。四月，占
彪進屯肅州中和橋。五月，攻肅州東關，克其大卡一，遂攻塔爾灣，
破其堡四、墩卡十九。時錦棠自湘還隴，宗棠令道平涼、蘭州趨西
甯，蓋白彥虎、禹得彥猶踞西寧旁近拒命。錦堂至碾伯，榜諭甘回安
堵，專討陝回。七月，宗棠進駐蘭州省城。時肅州東西南三面賊壘皆
盡，而陝回禹得彥、崔三、白彥虎等旋圍西寧。九月，錦棠破走之，
西寧解嚴。十二年正月，悉定西寧各回堡，群酋皆降，惟白彥虎向肅

州，官軍攻肅州不下，彥虎先遁關外，入安敦玉境，遂獨與回疆踞回合。肅州城濠深三四丈，冬夏不涸，古所謂「酒泉」。官軍以巨炮轟城，城圮而阻濠不得進，輒被回酋砌補。占彪因攻堅傷足，宗棠乃親赴肅州督軍。八月，至肅州，將士踴躍攻城，炮中數將，不克。宗棠見仰攻損精銳，乃增修濠壘困之。錦棠蕆西寧事，檄令至肅助剿。九月，錦棠至，日令降回馬福壽等馳馬城下，呼回酋馬四等曰：「死期將至，善自為謀。」馬四乃親詣大營乞命。諭令先繳馬械，次造土、客各回名冊，聽候安插。核對冊籍，拔出漢民。磔馬四等八人，殺客回一千五百餘、土回五千四百餘，皆積悍所並聚也。肅州平，大升賞，宗棠以總督協辦大學士，追松山功，賞男爵，餘給賞有差。

（二）新疆。乾隆開闢新疆，前已敘及。至道光初，昔時大和卓木博羅尼都，子孫遁居敖罕，有孫曰張格爾，以和卓之名，乘回疆辦事旗員昏憒失職，境外屬回之憤怨，得用安集延布魯特之眾作亂，陷喀什噶爾，時在六年八月。當是時，朝廷猶以故事主兵者必旗員，詔用伊犂將軍長齡為揚威將軍，宿將楊遇春以署陝甘總督為參贊。賊旋盡陷西四城，官軍扼渾巴什河，東四城無失。楊遇春、楊芳等迭復各城，以七年歲杪，會擒張格爾於喀爾鐵蓋山。是役經年餘而畢，以非甚勞瘁，不詳列其曲折。自是歷三十餘年，至同治初，陝回乘太平軍之釁倡亂。有陝中阿渾妥明出關，至烏魯木齊，結參將索煥章，煥章奉妥明為帥。會烏魯木齊都統勒捐防餉，奉行之役皆回人，漢民怨憤，抗捐兼有仇回之意。

　　都統時為平瑞，為回所戕，《國史》列之〈忠義〉，遂不言其激變之由。此從《湘軍記》。

三年四月，奇台縣回漢民鬥於市，回敗。其時庫車有能叛回警，

南路回皆蠢動。烏魯木齊為都統、提督所駐，乃新疆都會。提督業布沖額遣兵赴南路討叛，其兵多回人，至喀喇沙爾（今改焉耆），潰歸，舉城反，時在六月。索煥章手戕提督，並其家屬，據漢城，推妥明為主，煥章自為元帥，進圍滿城，八月陷之，都統平瑞殉節。於是烏城屬邑奇台、綏來、昌吉、阜康及哈密、吐魯番、呼圖壁、庫爾喀喇烏蘇，先後失守。妥明進號清真王，不用煥章，多引馬姓諸回為元帥。此為陝、甘出關之回，其人與內地回無別，亦與漢人無異式，是為新疆東路之回變始擁有名號者也。

　　既而東路回結新疆纏頭回，共取南八城。纏頭回與境外屬回為近。屬回舊以敖罕部為敢戰。敖罕一作浩罕，有四城。其東一城名安集延，距回疆喀什噶爾城僅五百里。其人好賈遠遊，新疆南北各城處處有之，故即以安集延名敖罕。敖罕其時為俄所逼，國都已被併入俄，其酋號帕夏，宗棠奏中謂即「伯克」轉音。其人名阿古柏，東保安集延而王。喀什噶爾奸回金相印導帕夏入境，以兵取喀什噶爾，次第攻奪南八城。纏回以其同類，頗歸附之。妥明欲結纏回取此八城者，已為纏回導屬回先之，遂遣黨分陷山北諸城，塔爾巴哈台回民亦叛。五年，纏回又攻陷伊犁九城，新疆南北皆亂。其間漢民乃結團自保，寇至則戰，寇去則耕。其田公種公收，立壯士為之長，兵事田事皆屬焉。烏魯木齊諸屬城皆有團，團各有長，先後戰死，而迪化徐學功戰最力，而歷久不敗，遂獨以民團支拄其間，隱然為一重鎮。學功者，烏魯木齊農家子，好技擊。值回亂，結健兒數十，掠回莊貲貨自贍，遇漢民力護之。後附者益眾，集至五千人，精練馬隊，每戰突陣，驟如風雨，回見之輒走。帕夏聞其名，憚之，使使約和。九年，妥明遣將攻庫車而敗，帕夏潛勾妥明他將馬仲，自吐魯番共攻妥明。妥明降帕夏，帕夏仍令為清真王，居烏垣；以馬仲為阿奇木，總回務。仲又與學功戰，被陣斬，仲子人得襲職。人得與妥明積仇，糾安

夷攻妥明。帕夏乃約學功共攻吐魯番、烏魯木齊，皆下之，妥明走綏來死。於是安夷又跨烏魯木齊。始叛之回，名號無復存矣。新疆遂為安夷所據地。

帕夏之交學功也，以學功善戰，計必為清廷所用，冀與相結，向清廷薦己王南八城，而以烏魯木齊至哈密地，使學功歸獻清廷以為功。既見學功百戰不得一階，乃輕之，令還南山，以烏垣仍任馬人得綰回務。

> 《湘軍記》云：初，帕夏聞徐學功善戰，故與友善，冀其柄用，薦己為哈密王，以南八城歸獻朝廷。《清史稿·學功傳》因之。夫帕夏乃安集延酋，失其本國之西境，東取中國回疆八城，其壤地故相接也。若謂冀作哈密王，而以八城使學功歸朝廷，則回疆全歸中國，而東取哈密，與其本部安集延相隔數千里，且棄安集延本土，帕夏亦何愛於錮入腹地之哈密一隅以自王乎？以其不近事理，且此本帕夏之願望，後來並無事實可征，輒為改其文如上。

學功大恚，屢攻烏城。土回、纏頭時投學功，時投人得，輾轉受役，迄不得息。十年五月，俄羅斯以代收伊犁來告，且言將進攻烏魯木齊。詔署伊犁將軍榮全赴伊，收回城池；直隸提督劉銘傳出關，規復新疆；都統景廉、成祿規復烏魯木齊；左宗棠、穆圖善撥兵顧關外。銘傳等皆不果行。宗棠則飭徐占彪馳赴肅州，代成祿，使出關而已。時攻河州方急，不遑圖遠舉也。其冬，俄人果糾土回、纏頭襲烏垣，陽稱赴綏來市易，驅駝馬羊隻數千，載洋貨銀鈔以行。學功截之於石河，距綏來止八十里，斬俄人及回、纏數十，餘悉縱還，盡奪其畜牲貨鈔，俄東窺之念乃息。十一年春，景廉率師抵古城，招學功率

所部開屯；哈密辦事大臣文麟亦招之，於是烏垣附近屯田大興。學功及哈密團首孔才，皆以其眾為朝廷任耕戰，官皆漸擢至提、鎮。回疆稍見中朝號令措置矣。十二年三月，陝回白彥虎西竄，官軍方攻肅州，彥虎為肅回應援，敗走出關。至秋，掠烏垣、綏來，為學功所截，奪其駝只貨物，彥虎勢益孤弱，遂服屬於安夷矣。九月，宗棠克肅州，陝、甘平，乃議掃除關外。

　　左軍之掃除關外，事已在光緒年間，與本節標題不合。但收復新疆與戡定關、隴，人才國力，俱是相連之一事，不能不乘關內既平，並述其始末，且認此為同治中興之結果，湘、楚立功之終局。以後之事，即西後干政，賄賂公行，有亡徵無起色矣。故越時代界限而列之於此。

　　新疆向為旗員豢養之地，清廷本不願漢人過問。當陝、甘既平，有詔乘勢進規關外，但令金順、景廉、穆圖善輩主兵事，而命宗棠接濟軍餉，指派左軍中張曜、宋慶馳往哈密，會文麟剿賊。蓋以漢人領兵者為偏裨而已，初未欲以督師之任畀宗棠也。是時新疆形勢，南八城已為帕夏所據，伊犁為俄所代收，其極東之一州三廳，原與安西同屬甘肅。然自肅州嘉峪關以外，清廷已視為禁臠，故使穆圖善自涇州移駐安敦玉，為景廉、金順等聲援。其於宗棠，蓋以外人視之。至十三年七月，命宗棠為大學士，猶使留陝甘總督任，而以景廉為欽差大臣，督辦新疆軍務，金順為幫辦，是時猶未有任宗棠出關意也。光緒三年二月二十七日乙未，景廉乃奏宗棠籌辦糧運未能合宜，以宗棠主由北路烏里雅蘇臺、科布多用駝運，戶部侍郎專辦西征糧台之袁保恒主由南路肅州，用車騾運，意不合。宗棠既已奏爭之，景廉乃右保恒而抑宗棠。蓋不但兵事不欲任宗棠，餉事亦不欲任宗棠也。宗棠復奏稱：「涼與甘肅向稱腴郡，亂後人少地荒，關外安玉敦尤甚。今採買至十九萬石，抵承平時全省一年額賦，猶疑其尚可加採，奪民食以餉

軍，民盡而軍食何從出乎？以挽運言之，車騾負糧多，而飼養所耗亦多；駝負糧少，而飼養所耗亦少。以所運程途言之，車行三十日，而所負之糧盡；駝行三十日，而所負之糧尚可稍餘，以濟待餉之軍。駝行內地及戈壁，日耗糧三斤，若行邊外，則食草不必食料，所省又多。自來軍行北路，用北路之糧，無由關內運濟北路者。今肅、甘、涼運安西，由安西運哈密，已為從前承平時所難，若尚責其逾天山運巴里坤，更由巴里坤運古城，勞費固不必言，試思關內之糧，除人畜食用，無論騾之與駝，能運至哈密者幾何？能運至古城、至巴里坤者更幾何也？臣前稱糧僅可運至哈密者，只就運至哈密尚有餘糧供軍計之，且指負多食少之駝而言，非指車騾也。景廉但知烏、科之糧難運，不知肅州之糧可採可運，而無可供前敵之軍，翻不如北路駝運，勞費相當，免耗糧草，究有可供前敵之軍也。臣指烏、科為言，蓋以北路商旅往來，有一捷路：由歸化城、包頭而西，稍北至蛇太、大巴，共十餘站。其間為烏、科及歸化各城所屬蒙地，無台站而有屯莊。蒙、漢雜處，自為聚落，產糧之地頗多，雇駝亦易。由大巴西北十六站抵巴里坤，則無台站，無屯莊。計程以駝行一日為一站，自歸化城起，駝行三十餘日可抵巴里坤，遂呼為三十餘站。所經之地屬何城管轄，無從確悉，但稱烏、科，實則近時商旅赴西路者，均以此路為捷徑，未嘗繞道烏、科兩城也。臣意欲此路糧運可辦，於前敵軍食有裨，而關內之糧遞運安西、哈密，亦可由巴城由駝接運，庶前敵軍食，以兩路供之，不虞缺乏。此後安敦玉耕墾漸廣，庶運糧兩事尚或不至束手。」

由此奏，可見新疆用兵，以軍食為最難繼。宗棠惟確有成算，乃有用兵關外把握。軍機中恭王及文祥輩皆尚曉事，故能知旗員之不足恃。又因宗棠言，召回景廉，並召還袁保恒，遂以宗棠為欽差大臣，仍用金順為幫辦，是為宗棠任關外軍事之始。顧宗棠既任關外事，朝

論又主棄關外矣。道光以來，海防緊急，曾、左、李諸帥，於太平軍事之後，即兢兢以造船製械取法泰西為務。同治九年五月，天津教案，毆死法國領事，焚毀教堂，法人責言洶洶。曾國藩方督直，委曲與法議結，正法滋事人民至十五人，軍流者二十一人，天津府縣官皆遣戍，國藩至有「外慚清議，內疚神明」語。其實是時普、法開戰，法且不國，而時無電信，中國不之知也。十三年四月，復有日本船避風泊臺灣，為生番所殺，日本派兵登岸，進攻番社，朝命沈寶楨為欽差，與日本議恤金五十萬，乃撤歸。議者多注重海防，遂以新疆為當棄，乃可專注意於海上。由今思之，恐亦旗員不主新疆兵事之影響也。從前軍事，雖非若新疆之本為旗員私物，猶未嘗以漢人主兵。太平軍明明由漢人戡定，金陵既下，報捷猶推官文領銜。淮軍平捻，當時亦推都興阿領銜奏捷，都興阿絕不敢自任，乃止。是為漢人主兵之始。新疆則事更不同。撤景廉而命宗棠，或旗員以為與其坐失湯沐地以資漢人，不如滿、漢均失之之為快也，遂倡言棄南八城封帕夏為外藩；英使威妥瑪乘機復為之請。二年春，宗棠方將自蘭州啟行出關，而關外應棄之說甚盛。時宗棠方籌定糧運之法，又與俄商訂定購糧，諸有次第，乃奏言：「烏城之賊，土回居多。白彥虎復挈陝、甘悍回，分踞紅廟、古牧、瑪納斯，與相聯絡，而皆南通帕夏。帕夏即敖罕部安集延回酋和碩伯克也，帕夏當即伯克之轉音。自帕夏踞南路各城，吐魯番、辟展以西土回皆附之。帕夏能以詐力制其眾，又從印度多購西洋槍炮，勢益猖獗，土回、纏頭皆倚之為重，然不敢顯與俄國較，俄夷亦頗言其狡悍異諸賊。今官軍出塞，自宜先剿北路烏垣等處，而後加兵南路。當北路進兵時，安集延或悉其醜類，與白彥虎合勢死拒，當有數大惡戰。如天之福，事機順利，白逆殲除，安集延悍賊亦多就戮。由此而下兵南路，其勢較易。是致力於北而收功於南也。若賊情先圖自固，但作守局以老我餉，則曠日持久，亦在意中。外間議

論，或以為事可緩圖，或以為功可速就，或主撤兵節餉，或言難得易失，其命意皆因裨益洋防起見，豈真由衷之言哉！臣一介書生，高位顯爵，為平生夢想所不到，豈思立功邊域，覬望恩施？況年已六十有五，日暮途長，乃不自忖量，妄引邊荒艱巨為己任，雖至愚極陋，亦不出此。而事固有萬不容已者。烏魯木齊各城不克，無總要之地以安兵。今伊犁為俄人所踞，喀什噶爾各城為安集延所踞，此時置之不問，後患環生，必有日蹙百里之勢。此區區愚忱，不敢不盡者也。」疏入，軍機大臣文祥力贊之，乃獲成行。

　　是時英、俄、印度之接觸，英欲扶回部以為印度藩籬，故安集延親英而遠俄。俄與安夷不洽，故不禁其商民售糧於中國征回之軍。俄糧可直運至軍前，其價必需現金，現金不易驟集，因有募債之舉。募債之事，起於宗棠。時有杭州鉅賈胡光墉，恒與洋商交易，為宗棠獻策，可以預提經入之款，作目前急用，稍付利息，分期償還。宗棠前曾借三百萬兩充西餉，而於同治十三年，因日本啟釁臺灣，亦曾為沈葆楨介紹借款。其借款無須政府名義，但由借債之主管官，給予付息還本之印票，胡光墉即作保人。至西征餉款，出自各省海關協解，借債即由各關扣還。宗棠任關外餉需，早已籌及，故定借洋債一千萬兩。江督沈葆楨奏以為債不可借，而西征兵不可罷，當國家自為計。東撫丁日昌則以為借債之額，愈少愈好。乃定為借四百萬，而奉旨准借五百萬，並於部庫撥借四成洋稅二百萬，各省應解西征協餉，提前撥解三百萬，仍足千萬之數。斯為朝廷曲諒勞臣，亦宗棠之廉名有以致之。夫西征軍事，有老湘營之節制，有劉氏叔侄之才氣，有百戰之經驗，有宗棠之調度，何愁不克，所難者餉與運耳。宗棠於二年二月二十一日由蘭州啟行，奏言：「所部已陸續拔行，至肅州取齊，分起次第繼進。」

　　另奏有云：「師過哈密，行戈壁中，糇糧可裹帶以趨，柴薪草束
可儲峙以待。惟水泉缺乏，雖多方疏浚，不能供千人百騎一日
之需，非分起緩進不可。」

　　「大約由肅州以西，接台站行走，中途無須停頓。由巴里坤達古城
十一站，應察看地形，留駐數營，防賊旁竄。抵古城後，須軍糧取
齊，乃可趣戰。臣宗棠所帶親兵馬步各營，暫駐肅州，俟前路糧料運
至古城，後路肅州、安西、哈密各有糧積，乃可前進。其前路進止機
宜，已面授總理行營營務處西寧道劉錦棠，令其相機辦理，不為遙
制。俄糧之運古城者，截至四月，可四百八十餘萬斤，僅敷金順全軍
馬步之需。繼進之軍所需糧料，除官私駄騾駝只裝運，軍士自行裹帶
外，餘均取給哈密、巴里坤。哈密糧源，自甘州、肅州、安西而來；
巴里坤糧源，自歸化、包頭、寧夏而來，遠者五千餘里，近者三千數
百里。截至四月，巴里坤存糧可六百餘萬斤，安西、哈密之糧運至古
城者，可四百餘萬斤；存儲待運者尚千餘萬斤，然勞費已不勝計矣。
其巴里坤有數徑可達安西，不復經由哈密，已飭記名提督徐占彪，俟
臣宗棠到肅後，帶所部馬步四營駐之。哈密則有張曜一軍，馬步十二
營，宋慶所留步隊八百人，擇要扼守，以防吐魯番東犯之賊。如此，
庶後路常通，糧運不匱，乃可言勁氣直達也。」

　　觀此措置，糧料運道及軍之後路，無一不穩，料理軍事如家事。
向來出兵混戰，有得有失，甚或大敗決裂，以大軍而敗於小丑者，亦
坐無此預備耳。古城子在後設之奇台縣西，奇台為迪化府屬邑，迪化
即烏魯木齊。是時官軍所規取者烏垣，古城已逼近烏垣。徐學功輩能
據其地而守作耕屯，故可為前敵根據地。總之，回非勁敵，所易致失
敗者，調度之失宜也。宗棠自稱「老亮」，生平以諸葛自居，其真實本
領，讀史為不可不尋其肯綮。

　　道光以前，國家財政，中央主之。咸豐軍興以後，各省習慣，各
自籌措，惟以造報為統一，故督師而不兼督撫，餉源盡仰他人，即不
可恃。西征一舉，督師雖兼督撫，而陝、甘貧瘠，仰外協者多。宗棠
之受任，先理舊日西征軍之原餉，並其所帶軍隊之原餉，一一清其來
源。惟指定為一事，實解又為一事，信用、威望、交情，缺一不可。
宗棠之量出而後入，從無失敗。其所分配鄰省協餉，自較他人任此事
者為有力。又恐欠解及緩不濟急，乃用指協款借外債之策。斯時沈寶
楨為臺灣事借款之原在事者，故宗棠以同條件再借與商，而寶楨即奏
阻之，略言：「舉債之故不同。開礦、造路、挖河，以輕利博重利，故
英、美等國，有國債而不失為富強。若以國用難支，姑為騰挪，後此
且將借本以還息，歲額所入，盡付漏卮，此舉債之故不同也。舉債於
本國之商，國雖病而富藏於民，有急尚可同患。若輸息於外，一去不
返，此所舉之債不同也。臺灣之役，本省羅掘一空，外省無絲毫協
濟，急何能擇，出此下策。然日本貿然深入絕地，無可欠之資，堅與
相持，情見勢屈，照原議借六百萬，則善後備舉。煤礦、茶山所出，
漸足饋軍，一借斷無須再借。嗣借過二百萬，倭事已定，部令停止，
臣即不敢再申前議。新疆廣袤數萬里，戈壁參半，回部本其土著，既
無盡剿之理，又無乞撫之情，似非一二年間所能就緒。即使諸城盡
復，與俄為鄰，互市設防，重煩擘畫，非放牛歸馬之時。洋人以鉅款
借我，恃有海關坐扣，海關仍待濟於各省，各省協餉愆期而海關病，
海關無可彌補，虧解部之款而部庫病。雖日劾各省督撫藩司，亦坐待
嚴譴而無如何！前屆宗棠借洋款三百萬，計息七十萬，若以七十萬供
餉，未必無補。今以一千萬照臺灣成案，八釐起息，十年清還，計息
約近六百萬，幾處虛一年之餉。若照除，則西征僅得四百餘萬實餉
耳。前屆三百萬，至光緒四年始清。續借千萬，今年即起息，明年即
還本，海關應接不暇，而西陲之騰飽不及兩年，涸可立待。進兵愈

遠，轉運愈難，需餉亦愈巨。半途而廢，勢必不可；責各省還債外另
籌解濟，勢又不能；將再借洋款，則海關無坐扣之資，呼亦不應。徒
令中興元老，困於絕域，事豈忍言！然謂西征可停，則又斷斷不可。
我退則敵進，關、隴因而不靖，徒棄祖宗辛苦締造之地，而列戍防
秋，勞費亦等。臣等以為左宗棠此行，不當效霍去病掃穴犁庭，而當
師趙充國養威負重，扼其衝要，堅壁清野，開水利，廣屯田，考畜
牧。關外多一分之產，即關內省一分之運。甘餉之巨，困於運耳。運
省，則一年之餉可支兩年。目前飭各省勉力籌濟，臣請朝廷發曠代之
德音，以內庫為之倡。數不在多，足生疆吏同仇之感。並懇敕下部
臣，熟權緩急，將有著之款，移稍緩者於最急之區，庶各省、關可以
勉強從事。」

　　寶楨此奏，視西事為不易速了，不料宗棠兵事之神速也。又請發
內帑以免借外債，此是正論，是以有撥庫存四成洋稅二百萬之旨。夫
四成洋稅，本專為海防而設，時海防之任，在南、北洋大臣。寶楨為
南洋大臣，自謂兵事非其所長，推之北洋大臣李鴻章，造報興辦海
軍。鴻章不能折孝欽奢欲，遂多移作頤和園經費。此為後數年孝貞後
崩後之事。其時本可借用，同是向協餉歸款，何必以息擲與洋商！宗
棠以主兵之人，自不能指內庫索餉，反嫌要脅而敗事；寶楨徑言之，
則當時士大夫謀國之忠。後來新進言官，或間有戇直者，疆吏已無此
風概矣。

　　宗棠既得的餉，於是年五月糧運遞達古城。閏五月，前敵總理行
營營務處劉錦棠駐古城，宗棠調兵節節填防後路。錦棠偵踞烏垣者馬
人得，而白彥虎踞紅廟子，土回馬明踞古牧地。古牧為馬垣、紅廟藩
籬，法當先取，而又當先據阜康，以遏賊西竄之路。六月，宗棠親赴
金順所駐之吉木薩，約金順屯阜康城。白彥虎聞大軍至，亦自紅廟移
踞古牧，薙髮易服，附於安夷，安夷亦遣纏頭回助戰。是月二十三

日，錦棠圍古牧，安夷騎賊來援，敗之。二十八日，克古牧，殲守賊六千。明日，趨烏垣，安夷、土回已宵遁，遂克迪化州及偽王城，城為妥明所築。諸將分迫賊到戈壁，烏垣旁近守賊皆遁，帕夏後遣援騎至距烏垣二百里之達板城，不敢進。新疆北路已略定。七月，宗棠檄金順等分扼要隘，檄錦棠等進規南路。時帕夏踞托克遜（在吐魯番南），築三城自衛：北守達板，拒錦棠烏垣之兵；南守吐魯番，拒張曜哈密之軍；烏垣敗黨麇集達板。白彥虎踞南山小東溝，錦棠趨之，彥虎驅眾併入托克遜。帕夏勒其眾盡薙髮易服，傍其三城以居。宗棠檄張曜、徐占彪攻吐魯番。時北路回城尚有瑪納斯、南城未下，金順攻之不克。八月，錦棠遣軍助之。九月，克瑪納斯、南城，殲妥明餘黨。於是分屯北路要害。而冬令大雪封山，不能逾天山而南。帕夏遣白彥虎、馬人得守吐魯番，其子海古拉守托克遜，遣大通哈守達板，自居喀喇沙爾策應之。大通哈，安夷官名，猶大總管。是為二年歲杪相持未靖之局。

　　三年三月，錦棠自烏垣逾嶺攻達板，張曜自哈密西進，與徐占彪會趨吐魯番。初五日，集達板城下，城回發西洋槍炮下擊，軍頗有傷亡，不退。錦棠坐騎亦中槍，易馬而進，飭各營築壘掘濠困之，敗托克遜來援之回，回騎皆反奔。次日，遂克達板。錦棠使人呼「縛異裝者賞」，於是大小頭目悉致麾下，所謂大通哈名愛伊德爾呼里，亦就擒。大通哈以下各酋，同聲代帕夏乞款。願縛白彥虎、獻南八城。錦棠聽其致書招帕夏，而釋所俘南八城纏回及被脅之土爾扈特人數千，悉給衣糧縱歸。十四日，錦棠遣軍會徐占彪等軍攻吐魯番，馬人得及纏頭回萬餘降。錦棠亦於是日克托克遜三城，海古拉先遁，降纏頭回三萬餘。自此南八城門戶洞開，纏頭回降者繳馬械即釋不問。南八城回傳相告語，思自效。帕夏日夜憂泣，四月於喀喇沙爾之庫爾勒城飲藥死，海古拉昇其屍西行，將達庫車，為其兄伯克胡里所戕。伯克胡

裡非帕夏阿古柏所愛，本以海古拉為小帕夏，帕夏死而小帕夏為兄所戕，遂繼其父保南八城，令白彥虎守庫爾勒。彥虎自踞開都河西岸，覬入俄，而英人又與中國駐英使臣郭嵩燾再為安夷緩頰，事下宗棠。

嵩燾奏在帕夏死後，其言云「觀英人意指，尤懼俄羅斯侵有其地，謀為印度增一屏幛，是以護持尤力。西路軍務情形，此間一無所聞。能乘阿古柏冥殛之時，席捲掃蕩，當不出此數月之內。或尚有阻滯，及時議撫，亦可省兵力，以為消弭邊患之計」云云。

宗棠奏言：「安集延侵我回部，詔附英人，英人陰庇之十餘年，明知為國家必討之賊，從無一語及之。上年官軍克復北路，乃為居間請許其降，而於繳回各城、縛獻叛逆節目，一字不及。經總理衙門向其辯斥乃止。茲德爾比、威妥瑪復以此絮聒於郭嵩燾，以護持安集延為詞，以保護立國為義，其隱情則恐安集延之為俄有。臣維安集延係我喀什噶爾境外部落，英、俄均我與國，英護安集延以拒俄，我不必預聞；英欲護安集延而駐兵於安集延，我亦可不預聞。至保護立國，雖是西洋通法，然安集延非無立足處，何待別為立國？即別為立國，則割英地與之，或即割印度與之可也，何為索我腴地以市恩？雖奉中國以建置小國之權，實則侵占中國為蠶食之計。且喀什噶爾即古之疏勒，漢代已隸中華，固我舊土。喀什義為各色，噶爾義為磚房，因其地富庶多磚房故名。八城富庶，以喀什噶爾、和闐、葉爾羌為最，此中外所共知。英以保護安集延為詞，圖占我名城，直以為帕夏固有之地，其意何居？從前恃其船炮，橫行海上，猶謂只索埠頭，不取土地；今並索及疆土，彼為印度增一屏幛，公然商我於回疆撤一屏幛，此何可許！我愈示弱，彼愈逞強，勢將伊於胡底！彼向總理衙門陳

說，總理衙門不患無辭；來臣營陳說，臣亦有以折之。現在南路之師，與嵩燾片奏『乘阿古柏冥殛之時，席捲掃蕩』一語，尚無不合。惟迫於數月之內，轉戰三千餘里，竊恐勢有難能。臣前聞英有遣淑姓赴安集延之說，已馳告劉錦棠、張曜善為看待；如論及回疆事，則以『奉令討賊，復我疆土，別事不敢干預。如欲議論別事，請赴肅州大營』。臣於此次奉到諭旨，當加飭其體察情形，妥為經理，務期預為審量，以顧大局。」云云。奏中於數月內掃蕩，以為難能，不肯先作自滿語。其實本年全疆悉平，距此不過六閱月耳。

據宗棠疏，郭嵩燾在外國所進言，自緣不知國內事實，且亦言「數月內果能掃蕩，即無異說。倘有阻滯，則趁此議撫，亦省力之一法」。此尚不足深論。其時國內主棄南八城者，實為旗人，故知旗人以新疆為私擅之湯沐地，不得擅則頗欲割棄，蓋不服其徒為漢人見長地也。時有庫倫大臣志剛上言：「西事今昔不同，慮其陽不與我爭而陰助之。宜於天山南北，安置兵勇，招徠農商，為深根固本之計。然後與兩大從長計議，畫定疆界，庶不至與接為構，進退維谷。」廷臣議者，亦皆謂「西征耗費過多，烏城、吐魯番既得，有屯兵之處，當眾建以為藩籬，借省兵力」。宗棠貽書總署爭之；詔統籌全域，密速奏聞。宗棠乃合對俄對英，陳其利害。略言：「我朝定鼎燕都，蒙都環衛北方，而後畿甸宴然。蓋削平准回，開新疆立軍府之所貽也。重新疆，所以保蒙古；保蒙古，所以衛京師。新疆不固，則蒙部不安，匪特陝、甘、山西各邊，防不勝防，即直北關山，亦將無晏眠之日。況今俄人拓境日廣，由西而東萬餘里，與我北境相連，僅中段有蒙部遮閡。徙薪宜遠，曲突宜先，不可不預為綢繆者此也。高宗平定新疆，拓地週二萬里，一時不能無耗中事西之疑，聖意堅定不搖者，擴舊戍之瘠土，置新定之腴疆，邊軍仍舊，餉不外加，疆宇益增鞏固，可為長久計耳。今北路已復，惟伊犁尚未收回；南路已復吐魯番全境，只白彥

虎偷息開都河西岸，喀什噶爾尚有叛弁逃軍，終煩兵力。此外各城，
如去虎口而投慈母之懷，自更無抗顏行者。新秋採運足供，餘糧樓
畝，鼓行而西，無難挈舊有之疆土還隸職方矣。英慮俄蠶食其地，有
所不利，我收復舊疆，兵以義動，彼將何以難之？設有意外爭辯，枝
節橫生，在我仗義執言，決無撓屈。新疆全境，向稱水草豐饒、牲畜
充牣者，北路除伊犁外，奇台、古城、濟木薩（濟木薩後改孚遠縣），
商民散勇，土著民人，聚集開墾，收穫甚饒，官軍高價收取，足省運
腳。餘如經理得宜，地方有復元之望。南路各處，以吐魯番為腴區。
八城除喀喇沙爾地多磽瘠，餘雖廣衍不及北路，饒沃過之。今已復烏
魯木齊、吐魯番，雖有駐軍之所，而所得腴地尚不及三之一。若全境
收復，經劃得人，軍食可就地採運，餉需可就近取資，不至如前此之
拮据靡措矣。地不可棄，兵不可停。餉事匱絕，非速復腴疆，無從著
手。至為新疆劃久安長治之策，紓朝廷西顧之憂，則設行省，改郡
縣，事不容已。懇敕戶、兵兩部，將咸豐初年陝、甘、新疆報銷冊，
及新疆額徵、俸薪、餉需、兵制各卷宗，由驛發交肅州，俾臣得稽考
舊章，斟酌時勢，以便從長計議。奏請定奪。」

　　奏入，議乃定。蓋英人之無理要求，本盡出中國人情理之外，乃
旗下親貴自有此主張，而朝士或附和之，足為外人張目耳。時金順又
有「願以本軍，乘俄用兵土耳其，襲取伊犁」之議，宗棠則貽書總理
衙門，謂「北路兵力未必足恃，即有把握，亦無容舍堂堂正正之旗，
為乘間抵隙之計。縱目前因事就功，將來必更難了結」，乃止。於此知
宗棠決不冒昧圖功，非萬全不力主其說也。

　　是年八月朔，錦棠遣軍啟行，趨開都河。白彥虎已壅河漫流百餘
里，阻官軍，師行繞道百餘里始達。九月朔，抵喀喇沙爾。城內纏
回，已為白彥虎掠去，城中水深數尺，廬舍蕩然，招回避亂之蒙古數
百人，令遷幕至開都河東，以實後路。初三日，收復庫爾勒城，城亦

已空，掘窖糧得數千石，救食乏。偵賊知所向，待糧三日復進。及之，則步騎數萬，以遠鏡瞭之，持械者才千餘人，餘悉老幼回民挽車牛雜遝以隨。乃下令惟執械者斬。寇委難民去，追及，敗之，遣軍護難民還。初十日，再及賊，敗之。次日，收庫車。自庫爾勒六日馳九百里，拔難回約十萬，宗棠遣員隨軍設善後局，招耕收，籌籽種，治塗造船，以通商賈，纏頭回爭思歸附。白彥虎經拜城，與安夷夷目掠城外纏頭回，城內回閉關拒之。十五日，官軍至，拜城回開城迎降。十六日，追及賊於上、下銅廠，連敗之。十七日，度戈壁百四十里。十八日，薄阿克蘇，城回十萬出降。白彥虎見官軍日近，乃與安夷分竄，冀各緩其死。安夷竄葉爾羌，彥虎竄烏什。錦棠不以寇分而自分其兵力，乃令數將緩安夷而專追彥虎。十九日，行戈壁八十里，俘其渠馬有才等。二十日，再敗之烏什城東，遂復烏什。彥虎仍由布魯特邊遁喀什噶爾，與安夷合。於是東四城皆下。東四城者，最西烏什，稍東阿克蘇，迤東而庫車，而喀喇沙爾是也。東四城距三千餘里，以二十日取之。錦棠開西寧道缺，晉三品京卿秩，備大用，餘諸將給獎有差。

十月初二日，張曜軍由喀喇沙爾進庫車。有回酋麻木爾，自庫車南之沙雅爾遁還阿克蘇西南之哈番。至是，謀襲庫車官軍。錦棠自阿克蘇偵知之，初七出兵，初九日擊哈番回，破之，解散其眾，麻木爾受創遁。時西四城猶在安酋手：伯克胡里自踞喀什噶爾，其南英吉沙爾，又南而偏東葉爾羌，再南而東曰和闐，和闐距喀城最遠，其伯克名呢牙斯，圍葉爾羌以應官軍。伯克胡里憤甚，率眾救葉爾羌，呢牙斯敗走，降張曜軍。伯克胡里進踞和闐，其留守喀城酋名阿里達什，於白彥虎之失烏什而來投，拒不納，而喀城原有從逆之守備何登雲、章京英韶，及滿、漢兵弁數百人，守漢城反正，使使迎官軍。阿里達什保回城以攻漢城，告急於和闐。伯克胡里方以復保西四城向外國

英、俄兩邊告捷，聞警，棄和闐奔回喀城之回城，且先屬收納彥虎自
助。錦棠方自阿克蘇遣軍將攻葉爾羌，而喀城漢城反正並告急之使
至，乃分軍三道取喀城，期以十一月十四日入喀城。十三日日中，兩
路進取之軍皆抵喀城，距數十里之外。錦棠自統之兵，方進駐葉爾
羌、和闐間衝要，以為聲援。賊候騎猝遇官軍，急歸呼言「大軍至
矣」，纏回皆駭潰，安酋禁殺不能止。安、白兩酋皆逃走，其黨猶城
守。夜三鼓，軍抵城下，騎賊出戰，漢城降弁憑城大呼助威，賊大
敗，守城賊亦盡走，未明而克喀城。追獲著酋於小虎、馬元、王元林
等。白彥虎、伯克胡里及阿里達什遁入俄。錦棠師截殲逸賊，疾驅而
前。十七日，復葉城，二十日復英吉沙爾，二十九日復和闐，於是南
疆西四城皆下。俘故帕夏四子、三孫及妻子，按律治之。磔於小虎、
馬元、麻木里及倡亂之金相印父子於市。誅悍黨安回、纏回、陝甘回
千一百六十六人。新疆平。以次查各城流寓番夷，英國有商官、商人
凡十人，乳目國有洋操教習二、商三，阿剌伯人三，皆給資遣還國。
印度痕都斯坦及回部各國人五千餘，去留聽自便。希魯特本分十九部
落，喀城西北五部落已附俄，其餘十四部落附安集延，至是附安者求
內附，納之。嗣是，四年十月、五年正月，俄迭縱逋回犯境，皆擒斬
極多，並由回目捕獻其來寇之酋阿里達什，迨俄交還伊犁約定後乃
已。新疆之改行省，亦在俄約定後，事由錦棠主政。其郡縣名，與舊
設治之沿革，《史稿・地理志》詳之，不具列。

附：俄還伊犁始末

俄乘亂據伊犁，由其駐使以代收來告，事在同治十年五月。並告
將收烏魯木齊，其地有結團自保之漢民徐學功等，非純在亂回手，故
不得遽而退。伊犁已為俄據七八年，而後回疆平，而後索返之事起。

蓋據伊犁在金積堡下後，寧夏始告肅清之日。光緒元年五月，俄兵官索思諾福斯齊等五人，奉命來華，取道甘肅出關歸國，至蘭州，謁宗棠於節署。是年正月，英翻譯官馬嘉理在滇為騰越官軍所戕，英使威妥瑪揚言英將調印度兵由緬甸入滇，結俄兵由伊犁進，以牽制西師。既而有俄使過隴之事，廷議皆疑其受威妥瑪指，來觀我虛實，告宗棠毋示以瑕。宗棠復總署董尚書恂書，略謂：「我復舊疆，與英無涉。英欲越緬甸開市滇邊，以銷鴉片，非各國共有之利，必不甘附和。由緬至滇，非用兵地，以主制客，不為利誘，地險心固，足捍吾圉。此時即與顯起釁端，亦不可專以柔道牽之。至俄使奉命來在上年，何知有馬嘉理事？何從受其指使？至則坦懷示之。隴禍已十數年，無可掩覆。」至是，果至，宗棠引居節署，間日一會食，詢以外傳與英有約之事。俄使言：「英人叵測，俄與中國從無釁端，國主意與中國永敦和好。伊犁駐兵，乃防回侵害。俟中國克烏魯木齊、瑪納斯，即以交還。」又言：「此行意在請由內地開通茶市，徑運隴邊。」宗棠念俄已於恰克圖通商，此請徑銷茶引，正可杜私販，自我定釐稅章約，許以邊事定後徐議。俄使即以關外糧運艱，自請代購其國，徑運古城，欲速師期以通茶運，相與訂約而別。

　　二年六月，官軍復烏魯木齊，北路略定。宗棠奏言：「新疆與俄毗連，疆場之事，一彼一此，不但措置乖方，動多妨礙；即語言交際，偶爾失當，亦啟猜嫌爭執之萌。臣奉恩命督辦新疆軍務，身在事中，得害安危，不敢不引為己任。應懇敕下將軍、都統各大臣，於俄人交涉事件，除本有定章應各照常辦理外，遇交涉新疆者，應諮臣定見主辦，不必先與商議，致遠人無所適從，庶徑路絕而軌轍互通，論說少而爭辯自息。」從之。於是議者謂「俄人始約克烏魯木齊、瑪納斯，交還伊犁。各城已復，當與即申前議」。宗棠以為北路鮮當一面之才，即與旁緣舊說，必多要脅；即收回後，或別有意外之虞，翻難兼顧，不

若姑以此委之，得壹意南路。南路平，即伊犁亦為不索而還。既而兵
事愈順，京朝益議交還伊犁。駐京俄使數以邊境商民交涉各案未結為
詞，宗棠皆為平情定讞以報。三年十二月，新疆悉平，叛回渠魁遁入
俄。四年正月，宗棠請敕總理衙門與俄使按約索取，復飭金順移書俄
邊官，以還伊犁、交叛逆兩事並議，而許以重犒。久之不報。是秋，
俄藉貿易，給白彥虎等路票，入邊為寇，擒斬甚眾。時五年正月，俄
復縱逋回犯邊，亦多擊斬。朝廷已命吏部侍郎崇厚為全權大臣，與俄
政府議收還伊犁事。據宗棠奏俄據伊犁後地方情形：「伊犁西面舊有拱
宸、瞻德、廣仁、塔勒奇四城，均棄而弗守，傾圮殆盡；綏定一城，
近以之雜置陝回，距伊犁僅三十里。伊犁大城，人煙甚少，俄兵及商
戶，均萃居東面惠寧、熙春、寧遠三城，而金頂寺煙戶尤多。伊犁管
事俄官名馬伊爾，品秩不過中國同知、通判之類，主伊犁之事者，七
河巡撫也。七河一作七水，其官為固必納三爾，其名為喀爾怕科斯克
依。所駐阿爾圖，地屬俄境，在伊犁西八百餘里。其兼轄之官，名圖
耳齊坦總督，名為克復滿，亦呼高伏滿，自稱代國大臣，駐浩罕故都
塔什干城，距我喀什噶爾不過數十程。」云云。觀此，知俄於伊犁並不
設重兵防華，金順輩之欲以兵襲取，自是無識之談。襲取不患其不
得，交鄰固不當輕以兵相見也。

　　崇厚使俄，在四年五月。其後俄屢縱逋回以通商為名入犯，奏請
俄人未交伊犁以前，應禁其通市。五年三月，崇厚奏言：「俄人於還伊
犁，以通商、分界、償款三端相要，而先請沿邊弛禁通商。」廷議通商
地方太廣，界務復圖侵占，償款又無的數，詔崇厚不可急於索還伊
犁，遽行弛禁貽患。下其書於宗棠，宗棠亦剖析其利害甚切。至八
月，崇厚遽依前議，迭電報稱約章見皆定議，於八月初八日起身赴黑
海畫押後，即回京覆命，並將現議條約十八款摘要知照等語（此語見
宗棠奏中所敘八月二十三日上諭）。蓋此約為崇厚與俄皇面訂。中國有

全權使臣，俄國即君主身任，並無留待批准之手續，此見曾紀澤與總
署書。崇厚曾任三口通商大臣，曾以全權大臣訂中與丹麥通商條約，
曾承辦中葡換約事宜，未嘗非經過訂約之熟手。紀澤又謂其牽於私
事，回華太急，則其匆匆畫押，直是為早作歸計。一時輿論譁然。洗
馬張之洞特疏，修撰王仁堪、庶起士盛昱等公疏，皆請立誅崇厚，宣
布廢約。今觀其索償不過二百五十萬兩，所不足計。通商設領事雖多
處，在當時為大患大辱，較之後來開埠日繁，未為甚病。惟分界，於
伊犁西以霍爾果斯河為界，已劃進數百里；南界於伊犁山外特克斯河
流域悉割予俄。伊犁之通道南疆，越天山而行者本有兩路，皆在此特
克斯河流域以內，割去則只可通烏魯木齊，再與南疆相接。伊犁將軍
舊兼轄南北，今無可達之道矣。塔爾巴哈台城，界址亦改。照同治三
年議定之界，劃去地段不少。尤無理者為南界，伊犁本天山北路重
鎮，乃不得復自達於天山。此蓋除中國之使臣，旗員之奉使，必無更
有冒昧及此者矣。朝命逮崇厚下獄，以六年正月初三日命曾紀澤使
俄，改訂條約，俄亦接受新使，惟以舊使入獄為辱及俄皇。紀澤電請
寬釋，以全顏面，乃允開議，惟索全權字樣，且一不合則云派員赴
華，與華政府直接商訂。宛轉磋商，卒將特克斯河爭回，餘亦無大更
改，然已為交涉之破格矣。方事之殷，宗棠以備戰進駐哈密，輿櫬而
行。俄亦使兵艦遊弋中國北洋，畿輔戒嚴。朝廷召宗棠入都備顧問，
以劉錦棠代為欽差大臣。至七月約成，其於白彥虎等，錦棠主索回，
俄以國事犯公例相抗，卒以由俄圈禁定議。回疆從此不擾，又保數十
年之安。當其時，左帥兵競於內，曾侯名重於外，人才會合，力等回
天。較之軍閥稱雄，舶來表異，微有殊焉。此可以覘士大夫之風氣矣。

　　（三）雲南回。回之變也，多由聚族而居，與漢人痕跡不化。始而
以漢貌回，迨天下多故，則以回仇漢，而漢人無以禦之，則變作矣。
故回有地域與宗教之系著，陝、甘、新疆尚不盡一氣，雲南與陝、

甘、新，更隔絕自為一系。湘中良將，未暇及此。貴州平苗，尚出湘
軍之席寶田、劉岳昭輩。戡定滇回，大功成於岑毓英；岳昭雖督雲
貴，亦惟虛己聽之。毓英自有部屬，自有節制。蓋惟此一隅，不在湘
軍建績之列。

今先言滇事之起因。滇自漢至於唐初，亦為中國郡縣地。《新唐
書‧地理志》：「戎州、姚州及瀘州三都督府，所隸諸蠻州九十二，皆
無城邑，椎髻皮服。惟來集於都督府，則衣冠如華人焉。天寶末，諸
蠻中南詔蠻蒙氏據有其地，旋自立國號大理。」輾轉易姓改號，自五代
石晉至宋，皆稱大理國。宋末，元起北方，當理宗寶祐元年，即元之
憲宗三年，滅大理，復為蒙古統地。時蒙古尚未取宋，先有雲南。其
色目種人，自西域回部移來者至夥。雲南回民之多，蓋自此始。回漢
相仇之事，自來不可勝數。至道光間，漢回互鬥，焚殺幾無虛日。賀
長齡為雲貴總督，二十五年十月，永昌府又有回匪糾眾肆掠之事。迤
西道羅天池殺戮永昌回民，指為內應，殲除幾盡，回益懷憤報復。長
齡以辦理不善降調，代以李星沅，稍理其紛，未久調任兩江，又代以
林則徐。是時梗法為暴者，與其謂為回民，寧謂實由漢民改變，回以
被迫而控之官，省不能理，至控之京部。官不庇漢以虐回，提犯鞫
訊。而漢民先以毀官署，劫獄囚，搜殺回戶，拆橋梗道，抗敵拒捕聞
矣；惟亦有回人滋事者。則徐所謂「止問良莠，不問漢回」，自是正
辦。然粵亂漸熾，賢長官不能久任滇中。漢回相仇，回以種族、宗教
之結合，心力易齊；漢以各地之土豪，逞其勢力於一地，至回合各地
以成眾，則聲勢不相侔矣。於是遂成十九年據地僭號之禍。

僭號之回為杜文秀，以大理為都，久攻始下。其在道光時，則受
漢民所欺壓，挺身赴京控訴，而為呈首者也，非不奉法之亂民也；後
又助林則徐緝獲亂黨，且有功於平亂者也，此事近罕知者。

> 金安清撰《林文忠公傳》：保山回民滋事，公奏親臨督剿。……
> 中途間彌渡有警，乃疾趨先擊之，一鼓掃蕩。保山匪徒聞風震
> 懾，公未至，即呈請縛獻。公素偵知首要各犯姓氏。別有杜文
> 秀者，機警多智，曾入都控滇事，公撫而遣之。入賊巢，按名
> 就縛，無一人遁。公詳列各犯罪狀，五雀六燕，悉當罪。即漢
> 民有勾煽附和先事凌激者，亦一一窮治之。中外讋服。

此言緝回犯，以杜文秀為眼目，所得悉當罪。別言漢民有犯法
者，所以別於文秀所偵之回。文秀赴京呈控者漢人，若緝漢犯，自不
能托之文秀，然則文秀以回人緝回犯，不以同教推諉，其初固深自效
於大吏者。但保山之役，罪在地方官過於袒漢，多戮回人，犯法亦以
漢人為甚。文秀即為保山事京控，其助官緝犯，當是保山以外案犯。
錄《國史舊傳・林則徐傳》。

> （道光）二十七年，升雲貴總督。時雲南漢回互鬥垂十數年，焚
> 殺幾無虛日。則徐抵雲南，適回民丁燦廷赴京疊控保山縣漢民
> 沈振達，串謀誣害，劫殺無辜。經地方官提犯鞫訊，漢民遂糾
> 眾奪犯，毀官署，劫獄囚，搜殺回戶，拆瀾滄江橋，道路以
> 梗。永昌鎮、道舉兵往擒，漢民遂拒捕。二十八年，則徐督兵
> 赴剿，途次聞趙州之彌渡有客回勾結土匪滋事，遂就近移兵剿
> 之，破其柵，殲匪數百，並撫恤受害良民。趙州底定，保山民
> 聞風懾服，縛犯迎師，則徐按其罪重者百數十人，立誅以徇；
> 復乘勢搜捕永昌、順寧、雲州、姚州歷年拒捕戕官諸匪千餘
> 名，置諸法。

據此，知漢回仇殺，在雲南歷年已久。保山為漢人犯重，他處回

犯正多。傳言京控者為丁燦廷，據則徐奏議，則丁燦廷與杜文秀皆為迭次控辭呈首。

> 則徐有飭提永昌京控人證未據報解情形片，內言：「兩起回民京控，欽奉諭旨，交臣等審辦。其原告丁燦廷等一起，於十月十七日由部諮解到滇。又杜文秀等一起，亦於十一月初三日咨到。」

是兩起京控之原告，文秀確居其一也。

> 則徐又有審明丁燦廷等兩次京控折，內言：「十一月內，又準部文，奉旨：『此次復據雲南回民杜文秀等控告匪棍劉書等，挾嫌藉端，誣控從逆，致被搜殺搶掠。迨招撫回籍後，又被殺害多命等情。』」

文秀等所控，亦不盡係漢人。文秀之未婚妻，即為回人帶去窩藏，並殺其妻父，但為署知縣嗣代府事之知州恒文所用之家丁名黃潰者為之，並經慘殺其家多命。溯其起釁原因，則緣道光二十五年四月間，有已經殲斃之陝省回匪馬大等，在保山板橋地方唱曲譏笑漢民，被逐起釁。漢回互相糾眾，仇殺焚掠，經永昌文武帶兵往拿。回匪率眾拒戰，戕害大小營員及兵練多人。各處漢村回塞，彼此互燒。其燒斃殺斃之人，事隔數年，難以追查確數等語。此唱曲，必是山歌。南方山歌，原有專練相罵歌無數，彼此以歌詞多而惡毒，層出不窮為勝。若在慣用械鬥之處，必為啟釁之一大原因。至其助亂壯膽之資，則又有緊皮藥，服之刀砍不進，槍打不透，此似即義和拳等方法。今之大刀會、小刀會，亦多有此語。昔之小說所謂金鐘罩、鐵布衫等

法，似亦其類。

　　道光二十九年，林則徐告病去滇。明年，金田事起，朝廷不暇多問邊遠事，不成兵禍者不見官書。而於咸豐三年六月，東川府屬回起事，總督吳文鎔帶兵出省剿辦，報迭有斬馘，其首匪馬二花仍不獲。至九月，滇督已易羅繞典，匪尚據東川之翠雲寺、小雪山。護總兵王國才奉檄窮剿，擒獲馬二花及餘匪，安插難回一萬三千餘人，東川、尋甸始平。具見國史館羅繞典、吳振棫等傳。可知回變歷年未息。是時中原騷亂，鄰滇之黔、桂兩省亦群盜縱橫。滇省內又有猓夷、玀夷等出掠。朝廷以全力禦太平軍，遠省之兵事餉事，聽省自為計。大吏坐困無術，則聽將領料民為兵，就地徵餉。驕將悍弁，所以對地方者益不可問，五年而杜文秀起迤西之蒙化廳矣。

　　文秀之起，官書皆甚隔膜。至後專到剿迤西時，始揭其名。同治十一年克大理時，滇督劉岳昭、滇撫岑毓英奏捷疏中言，「杜逆倡亂，歷十八載」，則自其年上推十八年，知為咸豐五年也。又同治七年，毓英始擢巡撫，疏陳軍事，首言「杜文秀竊踞迤西十有三載，根深蒂固」。自其年上推十三年，乃係咸豐六年。蓋五年起事，六年而踞有迤西也。《東華錄》於咸豐五六年間，屢言漢回互鬥滋事；又言回民抗糧，朝廷與疆吏皆存一敷衍之見。疆吏諱重為輕，朝廷不求甚解。當時總督為恒春，出省剿貴州苗；巡撫為舒興阿，其奏報論旨，有如兒戲。如六年五月甲戌（十八日），舒興阿奏：「楚雄回匪，迭受懲創，剿撫兼施，尚易得手。惟尋甸悍匪，理喻不從，地方多被擾害，現已飛調昭通、開化各鎮兵，相機剿辦。」得旨：「尋甸豈不能剿撫兼施？若必期剿洗殆盡，焉有多兵？但不可遷就了事也。」此蓋以尋甸屬迤東道，逼近川、黔，為省城通內地之後路，不能拋棄；楚雄雖已在大理之東，距省不遠，然尚屬迤西道轄，意將置之度外，以一撫字掩飾了事。而論旨，則並不責其兵取迤東矣。是時滇事，朝廷與疆吏互相粉

飾，究其實狀，乃從旁見側出之文，略知咸豐六年亂象。劉岳昭等同
治十一年折，有追敘文云：「咸豐六年，提臣文祥調川軍助剿，克紅
崖，圍賓居，而東西各回圍省，退兵還援，則**彌渡**、雲縣失矣。」賓居
塞在賓川州，紅崖當即賓川州之赤石崖，與趙州之白崖為對。**彌渡鎮**
在趙州，雲縣即大理之雲南縣。據此，知大理初陷，提督尚調鄰省兵
赴剿。賓川、趙州、雲南，皆大理所屬州縣，而省城於是被圍，遂加
陷數地。又《史稿・忠義・談樹琪傳》：「咸豐六年，以知府候補雲南。
先是，雲南各郡縣漢回相殺，回人據大理諸州縣。樹琪至滇境聞變，
遣家屬還，間道至省城。次日，城門晝閉。……初，樹琪以部郎出守
貴州，苗匪亂，辦賊有聲。……大吏率遣樹琪及副將謝周綺防堵碧雞
關。關去城三十里。……樹琪旋遇害。時六月二十六日，距至雲南僅
七十餘日。」是即六年省城被圍事，而大理則早被回據。樹琪於抵滇境
時已聞之，必是春間之事。《東華錄》於六月十六日辛丑諭，據滇撫舒
興阿有「回匪勾結日眾，現飭分股剿辦」一折。又另片奏「漢回仇鬥，
勢難姑息，擬次第查辦」等詔。八月初二日丙戌，又奏西路剿匪獲
勝，及剿辦海口回匪各一折，並不言省城被圍。朝廷亦方飭滇督恒春
由黔回滇，仍令其酌度情形，先其所急。初九日癸巳諭，本日侍郎何
彤雲奏滇省回匪滋事情形，略言：「當漢回互鬥之初，自應持平辦理；
迨至因焚殺而戕官，回已叛逆，漢無此事，地方官力持並剿之議，又
盡撤各鄉團練，而轉募回匪守城。現在迤東、迤西各屬，回勢燎原。
海口、碧雞等處，逼近省垣，回皆屯踞，非大加懲創，不能使之畏威
斂跡。」並保前任知府彭崧毓及在籍侍郎黃琮、御史竇墭、總兵周鳳岐
等，辦團練佐兵力；劾從前縱回袒回諸員，責令恒春、舒興阿查照商
辦；並詢恒春能否回滇。旋又諭恒春奏貴州剿辦吃緊，未便折回，惟
為滇請兵請餉，朝廷亦無如何，惟飭四川助兵二千，籌撥三四萬金，
往資接濟而已。九月十九日癸酉諭，乃由恒春奏澄江、臨安兩府幾無

完區，海口未能獲勝，姚州未復，浪穹失守，大理被焚，開化滋擾等語。於是三迤皆匪區，滇亂不可復掩。詔恒春回滇督剿，而舒興阿仍奏回方求撫。十二月十五日戊戌，又以恒春奏，迤西大理、永昌，迤東開化、廣南，回仍猖獗，責舒興阿前奏難信。二十四日丁未又諭，有人奏滇回猖獗，總由官意專主撫，致墮術中，大理紳民赴省請剿，舒興阿置若罔聞，現患怔忡，任信門丁、巡捕，表裡為奸，著恒春查奏。七年正月，恒春奏回省調度，依違剿撫之間。諭旨責令出省剿辦，恒春覆奏在省可以兼顧，不敢出省。舒興阿旋乞病回京，回又逼省垣。六月初一日夜，恒春與妻博禹特氏在署皆自縊，乃調前曾任滇撫之川督吳振棫督滇。

　　振棫，杭州人，承平文學侍從之才，原難倚以戡亂。時回雖猖獗，漢亦不弱。惟回有特殊結合，其勢見強。官無用漢人之方略，思倚外省之兵之餉，則方太平軍益熾，無可徵調，益成坐困。苟幸撫局羈縻，益摧散漢人抗回之力。振棫由川來，前所諭撥之川兵川餉，可以措辦攜來，暫供支柱。回於省吏，但得事事聽命，即任其存在，亦無相害之意。其所謂撫，有求割地言和之意。省吏雖不敢明許，終以撫事上聞。即明明不剿，不啻默許連和矣。振棫未至滇，猶奏言：「必需大兵巨餉，痛剿一二處，方可就撫。」七月二十五日甲辰，得旨稱獎。迨行抵曲靖，即奏「籍紳黃琮、竇墭辦團設局，刻關防，貼告示，令民集團殺回，以致回亂蔓延」等語。諭琮、墭革職，交振棫查訊治罪，事在十一月。旋御史陳浚、尹耕雲奏：「吳振棫辦理失當，恐誤地方。」吳焯復復奏：「愚民誤會，恐團練解體。」朝廷方倚振棫，諭斥言官為顛倒是非。蓋中外希望撫局或有成也。四月，振棫奏至，則大理回蔡七二陷順寧府城。七二為杜文秀姻婭，見《湘軍記》。五月，振棫又奏「回民就撫，省城解嚴。經疊次推誠曉諭，漢回均各輸服。並據回人出具永不滋事甘結，其屯聚省城外之回民二萬餘人，咸已解

散，地方肅清」。是為振梲敷衍叛回，暫促離去省城之局。至十一月，遂乞病去，以巡撫張亮基代督滇。亮基薦按察使徐之銘升巡撫。之銘以勦匪自命，躥躋高職，實傾險挾回為重，亮基不能制。十年十月，亮基又乞病罷，之銘復疏請留亮基。詔候新督劉源灝至乃行。亮基在滇不敢發之銘事。源灝久不至，明年亮基徑去。二月，至湖北，疏陳之銘罪狀。會雲南布政鄧爾恒，前總督廷楨子也，升陝西巡撫去滇，於曲靖途次為賊所殺。亮基亦奏「傳聞係候補副將何有保之練丁所為」，並有「撫臣主使」語。朝廷罷源灝，改任潘鐸督滇，並命亮基督辦雲南軍務。之銘嗾所撫回將馬如龍等拒亮基來。同治元年，鐸先至滇，奏鄧爾恒獄正犯何有保已斃，之銘主使無實跡，候亮基來再會同查辦。又以馬如龍可用，澄江知府岑毓英有將材，皆為之銘所識拔，密陳之銘尚能撫回。朝命改亮基署貴州巡撫，以羈縻之銘。未幾，之銘文檄杜文秀之叛黨馬榮署武定營參將。二年正月，榮忽率二千人至省，駐五華書院。鐸令遷出，不應。自往諭遣，被殺，並殺府縣各官，縱兵大掠。時毓英代理藩司，獨守藩署拒戰。馬如龍來援，榮乃率眾攜所掠去。回眾戕總督，已擁其掌教馬德新為總督。之銘故詔事德新，以聯絡回眾。及是，如龍逐德新，取總督關防授之銘，之銘遂以巡撫讓如龍，如龍不受，遂令署提督，一切拱手聽命。是時雲南如化外，之銘疏但報杜文秀勾匪犯省被卻退而已。論者謂之銘與亂謀。朝命褫職，以勞崇光為督，賈洪詔為撫。皆不能至。數年無督撫，兵事由岑毓英、馬如龍為主，而毓英乃卒成平亂之功焉。之銘未就逮旋死，死時尚保毓英、如龍。滇事所賴，其言亦驗。後雖有言之銘罪者，朝廷亦不究。

毓英，廣西西林州附生，咸豐初辦團保縣丞。六年，帶勇入雲南，投效迤西軍營，轉戰至迤東。九年，有克宜良縣功，即署縣事。十年，有偕參將克路南州功，即署州事。方報丁憂，以之銘奏不令解

署任。十二月，兼署澄江府事。十一年正月，剿毀澄江賊壘。時馬如龍尚為迤東叛回酋帥，毓英屢破其眾。杜文秀僭號大理，授如龍職，不受，遂有隙。如龍自據近省諸州縣入寇，勢駸盛。迤西杜酋復陷楚雄、廣通、祿豐諸城，亦逼首垣。之銘主撫迤東回，其酋如龍亦自陳為殉難九江鎮總兵馬濟美之侄，三世效忠，願反正。毓英奉檄往諭，如龍聽命，獻所據八城，之銘即奏毓英暫代藩司，如龍徑令署臨元鎮總兵，留省襄解撫事。朝廷以為投誠叛酋，遽擅授鎮將，諭張亮基、潘鐸查辦。嗣納駱秉章言，暫置不問，以羈縻之，遂授如龍鶴麗鎮總兵。如龍旋出剿臨安回。二年正月，馬榮之變，毓英率所部粵勇千餘人，與弟毓祥、毓寶、毓琦死守藩署，密馳書如龍，以大義趣赴援，乃夾擊殲賊。時滇民健者，楊玉科、李維述，皆從毓英，以戰回為樂。蓋滇事起於漢回相仇，誤在大吏怵於回強，務抑漢人以媚，漢人無所憑藉。惟毓英以粵勇來，久戰有功，漢人有材力者附之，毓英之軍益盛。如龍則擁回眾為一軍。文秀貽書掌教馬德新，斥如龍自殊同教。如龍亦馳書迤西，數文秀狂悖，德新不明大義，勸回眾勿為所惑。德新入省申割地媾和議，如龍力止之。毓英方進兵迤西，屢復城邑，而迤東回馬榮、馬聯升等復陷曲靖各邑。毓英回救，所復地復盡失。毓英與如龍分下尋甸、沾益諸城，盡擒馬榮、馬進才、馬聯升諸酋，剖榮屍祭潘鐸。四年，迤東平，如龍加提督銜，賞效勇巴圖魯號；毓英加布政使銜，賞勉勇巴圖魯號。五年，毓英署布政使，勞崇光方入省就督任，乃命如龍主迤西軍事，圖大理；毓英出省剿貴州豬拱箐苗，清後路。豬拱箐隸大定府之畢節縣，毗連雲南昭通之鎮雄、四川之敘永廳，險隘，為三省要害。楚軍劉岳昭、席寶田用兵貴州，久未竟功，朝廷方擬以主軍。同治四年，授岳詔雲南布政使，以援貴州，未赴。五年正月復擢雲南巡撫。川、黔大吏爭留岳昭蒇黔事乃行。勞崇光乃檄毓英由滇入剿，毓英約百二十日，以滇軍獨任豬拱箐

事，如期克之，僅逾四日，時在六年六月。七月，又攻克海馬姑。崇
光卒於滇，如龍徵文秀屢失利，聯升部回練多通文秀，如龍稱疾還
省，文秀大舉東犯，連陷二十餘城，省垣告急。岳昭奉令毓英回師，
朝旨亦催岳昭赴滇。如龍既失回眾，專倚漢兵守省城。其冬，毓英凱
旋抵曲靖。七年正月，迤西回迭陷附省各縣，新督張凱嵩未赴乞病，
詔以岳昭升總督，毓英為巡撫。迤東回馬添順距尋甸應文秀，如龍部
回弁亦倒戈，毓英將李維述救之乃免。嗣是，如龍昵就毓英，無復角
立志，滇事待毓英而辦。岳昭亦散遣其弟岳畯軍，專倚毓英。是年，
文秀遣巨股應尋甸，迭進迭退。省城糧路再絕再通。八年五月，岳昭
諸弟岳曙、嶽畯攻克尋甸。八月，省城圍解，岳昭入省。是年，再定
迤東，惟澄江、新興尚未下。迤西軍事，亦克楚雄，至彌渡，進圍蒙
化，距大理百里而近。至歲杪，收賓居及麗江，攻克劍川、緬寧，圍
永昌、騰越、威遠、姚州。九年正月，克威遠。二月，澄江回又出
犯，新興回亦得援襲陷圍師營。毓英自將攻澄江，如龍自將攻新興，
岳昭親至觀地勢。四月，楊玉科克姚州。姚州回悍，攻之三月餘，地
雷再發乃克。五月，如龍克新興。澄江至十年二月乃克。時大理北已
略定，官軍已復三十二城，攻廣西州彌勒縣之竹園，逾一年乃下，回
舉火自焚死，無一降者，其悍如此。十一年，東南兩迤悉平。迤西惟
大理及順寧、騰越未下。楊玉科方攻大理，十一月毓英抵大理，督將
士斷順寧、騰越來援路，直薄城下，掘地轟城，奪東南兩門。回猶守
西北門，及文秀所築內城，謂之王城。文秀自出戰而敗，退入內城，
服毒將死，其靈昇獻，並其偽帥印，毓英以為詐，悉斬之。限城內餘
黨，三日內繳械出城。其黨約半年。毓英飭玉科選死士二百人，入城
收械，嚴布重兵於城外夾擊之，斬其將軍、參軍等三百餘名，生擒其
大司衡楊榮、大經略蔡廷棟、大塚宰馬仲山，磔之。岳昭、毓英奏
言：「杜逆倡亂，歷十八載，攻陷五十三城，西及四川會理，東及貴州

興義，偽造禁城，規僭王制，與東南巨寇，並駕一時。官軍四次西征。咸豐六年，提臣文祥調川軍助剿，克紅崖，圍賓居，而東西各回圍省，退兵還援，則彌渡、雲縣失矣。九年，提臣褚克昌攻鸚鵡關雲南驛，而館驛澄江回眾攻陷廣通、楚雄、鎮南以襲其後，則褚克昌之全軍覆矣。（克昌敗死在十年。此云九年，乃克鸚鵡關時。）同治二年，臣毓英在署藩司任內，連拔景東、鎮沅、永北、楚雄、廣通、定遠，進規鎮南，而馬連升、馬榮率沾益、尋甸之眾，占據曲靖、馬龍、平彝，撤兵回顧，而大理之役遂不果矣。六年，提臣馬如龍甫至定遠，前軍失利，而合國安、楊振鵬等內外勾結，連失定遠、楚雄以次二十城，則省圍幾莫解矣。皆由東南黨援未除，則迤西寇氛益熾。故先從各路征剿，克曲靖而東隅固，解省圍而內患清，復澄江而內地甯，平臨安而南徼定。內顧無憂，遠圖易舉。臣等所以先事東南而後專事迤西者，職是故也。」是月，李維述、楊玉科克蒙化大、小圍埂，為文秀倡亂地。十二年二月，楊玉科克錫臘，蔡標克猛郎，玉科克順甯。四月，玉科、蔡標克雲州，和耀曾克小猛統。五月，李維述克騰越，雲南平。玉科、維述為驍將。玉科初事毓英，驕蹇，嘗殺仇，持其頭謁毓英，意詰責即為變，毓英笑釋之。維述，駔馬為業，不知有榮貴，及奉朝廷賞搬指，適與指合，驚以為天子聖神，益效忠藎。所設市肆，悉以巴圖魯名號名之，憨直榮幸朝命如此。其他諸將，和耀曾、蔡標、段瑞梅、夏毓秀、何秀林、楊國發、張保和，皆滇人，而從毓英積功為大將，皆滇之率練勇起家者。方事之初，大吏務媚回抑漢，摧敗練事，不顧後路，而坐圖省中；或畏亂而不入省，皆不能收漢人為用，遂獨以功名讓毓英。毓英能用諸將，嶽昭又善用毓英，並善用如龍以彈壓回眾，如龍以師事岳昭焉。此皆成平復之功者，舉與前數輩有殊也。

中華文化思想叢書 A0100064

老北大講義　清史講義

作　者　孟森

發 行 人　林慶彰

總 經 理　梁錦興

總 編 輯　張晏瑞

編 輯 所　萬卷樓圖書股份有限公司

　　臺北市羅斯福路二段 41 號 6 樓之 3

　　電話 (02)23216565

　　傳真 (02)23218698

出　　版　昌明文化有限公司

桃園市龜山區中原街 32 號

電話 (02)23216565

發　　行　萬卷樓圖書股份有限公司

臺北市羅斯福路二段 41 號 6 樓之 3

電話 (02)23216565

傳真 (02)23218698

電郵 SERVICE@WANJUAN.COM.TW

ISBN 978-986-496-584-7

2021 年 7 月初版

定價：新臺幣 680 元

如何購買本書：

1. 劃撥購書，請透過以下郵政劃撥帳號：

　帳號：15624015

　戶名：萬卷樓圖書股份有限公司

2. 轉帳購書，請透過以下帳戶

　合作金庫銀行　古亭分行

　戶名：萬卷樓圖書股份有限公司

　帳號：0877717092596

3. 網路購書，請透過萬卷樓網站

　網址 WWW.WANJUAN.COM.TW

大量購書，請直接聯繫我們，將有專人為您

服務。客服：(02)23216565 分機 610

如有缺頁、破損或裝訂錯誤，請寄回更換

版權所有·翻印必究

Copyright©2021 by WanJuanLou Books CO.,

Ltd. All Rights Reserved　**Printed in**

Taiwan

國家圖書館出版品預行編目資料

老北大講義：清史講義 / 孟森著. -- 初版. --
桃園市：昌明文化有限公司出版；臺北市：
萬卷樓圖書股份有限公司發行, 2021.07
　　面；　公分. -- (中華文化思想叢書；
A0100064)
ISBN 978-986-496-584-7(平裝)
1.清史
627　　　　　　　　　　　　　110002864

本著作物經廈門墨客知識產權代理有限公司代理·由時代文藝出版社有限公司授權萬
卷樓圖書股份有限公司 (臺灣) 出版、發行中文繁體字版版權。